中国档案
CHINA ARCHIVES

歷史的記憶

——档案见证内江

内江市档案馆 编著

西南交通大学出版社
·成都·

图书在版编目（C I P）数据

历史的记忆：档案见证内江 / 内江市档案馆编著
.—成都：西南交通大学出版社，2018.6
ISBN 978-7-5643-6231-7

Ⅰ.①历… Ⅱ.①内… Ⅲ.①档案资料—汇编—内江
Ⅳ.①K297.13

中国版本图书馆 CIP 数据核字（2018）第 113139 号

Lishi de Jiyi
—Dang'an Jianzheng Neijiang

历史的记忆
——档案见证内江

内江市档案馆 **编著**

责任编辑　杨岳峰
助理编辑　罗俊亮
书名题字　吴小兵
封面设计　叶自明　曹天擎
出版发行　西南交通大学出版社
（四川省成都市二环路北一段 111 号
西南交通大学创新大厦 21 楼）
发行部电话　028-87600564　028-87600533
邮政编码　610031
网　　址　http://www.xnjdcbs.com
印　　刷　成都华方包装有限责任公司
成品尺寸　170 mm×230 mm
印　　张　22.75
插　　页　2
字　　数　389 千
版　　次　2018 年 6 月第 1 版
印　　次　2018 年 6 月第 1 次
书　　号　ISBN 978-7-5643-6231-7
定　　价　98.00 元

编委会

前言

内江，古称“汉安”，距今已有近 2 000 年历史。内江区位优越，素有“川南咽喉”“巴蜀要塞”之称。内江人文荟萃，是国画大师张大千、新闻巨子范长江的故乡。制糖历史辉煌，被誉为“甜城”。

20 世纪上半叶，内江经历了 1911 年的辛亥革命，结束了清王朝在内江的统治。北洋军阀窃取革命果实，内江境内战火连绵，社会极度动荡。抗日时期，内江人民竭尽所能全力支援抗战，做出了巨大贡献和牺牲，确保了前方后方的糖料酒精供应。抗战胜利后，国民党政府发动全面内战，内江经济又严重衰退，人民再度陷于水深火热之中。

为较为全面反映 20 世纪上半叶的内江这段历史，内江市档案馆根据四川省档案局下达的编研课题计划，重点利用馆藏档案资料，选择 20 世纪上半叶内江的重大事件和特色题材进行解读，从不同侧面反映内江的发展历程。在编撰过程中，我们组织大量人力，查阅馆藏中华人民共和国成立前档案资料 1162 卷，从数百万文字、上千件图片档案及大量的文史资料、地方志书中，甄选出与 20 世纪上半叶内江历史事件、重要人物、经济文化、地方风物和民风民俗等相关的内容进行整理，制定编纂题目 30 个，组织文史专业人士进行撰写；撰写书稿 30 余万字，筛选图片 282 张。历时两年多的时间我们编撰完成了《历史的记忆 —— 档案见证内江》一书。在题目编排上，我们主要采取了以时间先后为序，每篇内容独立成章；在行政区域上，主要采取了现辖区域与四川省第二行政督察专员公署所辖区域相结合方式，其旨在于以原始档案为据，兼顾可读性，图文并茂地再现历史的变迁，让封存于档案馆中的档案资料和散落于民间的史事资料再次鲜活起来，让已成为烟云的历史事件变成永恒的记忆，从而充分发挥档案“存史、资政、教化”之功能，服务内江经济社会发展。

读者通过阅读《历史的记忆——档案见证内江》一书，能触摸到20世纪上半叶内江历史进程的脉络，感受峥嵘岁月的沧海风云，揭示内江在蜕变背后所承载着的沉甸甸的历史。将书中的文字介绍和图片进行今昔对比，我们可以体会到现今的内江在党的领导下发生的翻天覆地的变化，从而更加坚定中国特色社会主义道路自信、理论自信、制度自信、文化自信。今天，内江已站在历史的新起点，我们应该以崭新思维视角审视内江，不忘初心，牢记使命，锐意进取，埋头苦干，奋力谱写新时代治蜀兴川内江实践新篇章，从而创造更加美好的明天。

《历史的记忆——档案见证内江》一书，既是承载和见证内江文化积存的历史文献长卷，既是历史的记忆，又是文化的回音。我们希望该书的出版发行，既可以为内江历史的研究、革命传统教育和爱国主义教育提供生动的材料，又可以丰富广大群众的文化生活，从而推动内江的精神文明建设，我们也希望该书可以成为宣传内江的一张文化名片。

目录//

1911—1949年内江行政区划演变历史

一、资州军政署和资州知事公署

1911年11月28日，鄂军在资州诛杀端方反正，趁知州朱晨潜逃之机，资州会党首领周星五打着同志军旗号率众进驻资州城，推李芳为署长，蓝世钲（资州人）为司令，周星五为军校官，宣布资州独立，成立资州军政署，资州军政署成为辛亥革命时期州级临时政府机关。1912年5月改名资州知事公署，蜀军政府委郑贤书“接资州事”。

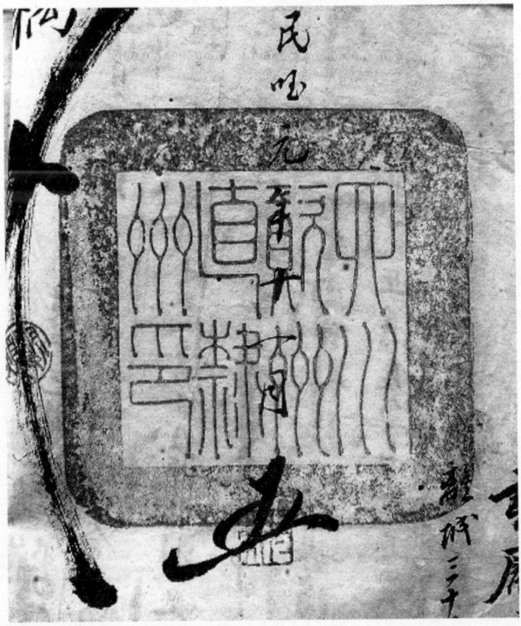

四川资州直隶州印

1913年，中华民国总统府令将府、州、厅改为省、道、县三级建制，四川地方政区统一为省、道、县三级制，撤销资州直隶州。资州知事公署及罗泉分署同时撤销，资州改为资中县，隶属下川南道，1914年，下川南道改名永宁道（治所泸县），县行政机构称行政公署。

二、四川省第二区行政督察专员公署

1918 年到 1934 年，四川由于军阀混战，形成了“防区制”。县行政机构不健全且较为混乱。一般内设一、二、三科，分管民政、财政、文化教育与建设事项。县以下形成“团总制”等。各防区自制法规，任命官吏，把持财政，中央势力鞭长莫及。1934 年，四川善后督办兼二十一军军长刘湘击败了二十四军刘文辉部。红四方面军从陕南入川占领川北 23 个县，由四个师一万五千余人迅速扩为五个军八万余人，表面统一的四川盟主刘湘在军事和财政的双重压力下，从万县赶回成都通电“拥蒋反共”，蒋介石趁机派中央军入川，把四川地方政区制度统一为行政督察区制，共划为 18 个行政督察区，设立专员公署，实现“川政统一”，结束了防区制。

1935 年 6 月 1 日，“四川省第二区行政督察专员公署”（简称“二区专署”）成立，其性质属四川省政府的派出机构，治所资中县（今重龙镇），辖资中、资阳、内江、荣县、仁寿、井研、简阳、威远 8 个县。创立行政督察制度，目的在于提高行政效率。专署的任务为承省政府之命推行行政令，并监督指导暨统筹辖区内各县行政。解放战争时期（即国民党所谓“戡乱”建国时期），专员公署及专员的责任是“察吏安民”，对于辖县的主要工作，包括行政计划、预算决算以及单位法规，均有指导审核之权；辖县行政人员之考核奖惩，需秉公报告省政府。在军事方面，所有辖区内保安团队、水陆警察及一切自卫武力，专员公署及专员均有指挥监督之权。尤其是对于辖县的命令或处分，如果认为其违规失当，且不及呈报省政府，可径直撤销或废止。

三、各县行政区划演变

（一）内江县

1. 行政机构沿革

清末，县级行政机构称县衙。1911 年，内江县衙设有知县 1 员，教谕 1 员，训导 1 员，分驻城把守总 1 员，典吏 1 员，管辖全县行政事务，设团练局护卫地方治安。

1911 年 11 月 28 日，中国同盟会会员吴玉章、吴庶咸、喻培棣、李益文、吴树韩等趁鄂军在资中反正时组织内江起义，宣布内江独立，成立内江县大汉军政府。军政府隶属重庆蜀军政府，拥护共和；设正、副司令及行政、军政、财政、司法、教育等部。12 月 22 日，内江县大汉军政府改名内江县大汉军政署，设正、副署长、参谋及财政、民政、交通、学务、交际等部，设团练局护卫地方治安，辖 3 个营。

1912 年 1 月 1 日中华民国成立。4 月“南北议和”，孙中山辞去中华民国临时大总统职务，由袁世凯取而代之。重庆蜀军政府与成都四川军政府合并，省设都督，县设监督。内江军政公署改为监督公署，隶属四川省资州。团练局改为团练总局，下设分局。另设收支所管理地方经费；劝学所管理地方教育；裁夫马局设三费局；改征收局为征收课，将厘金局并入征收课；设糖捐委员会、庶务课、统计课、案牍课及蚕桑局。

1913 年，县设知事公署，隶属下川南道（永宁道）。县知事执掌地方政权，知事公署设行政、司法两科办理各项事务。县属机构有典狱所、劝学所、警察所、征收课、团练总局等。四川军阀混战时期，内江处于军阀争夺地带，占领内江的军阀随意委任县知事，相互拉锯，战祸不断，县知事及机构均变动频繁。1922 年废道，内江县名义上受四川省直辖。

1928 年 10 月，南京国民政府颁布《中华民国国民政府组织法》，改知事公署为县政府，知事改称县长，县长由省政府委任。但四川军阀混战不止，县长仍由驻军委任。团练总局改为团务委员会。

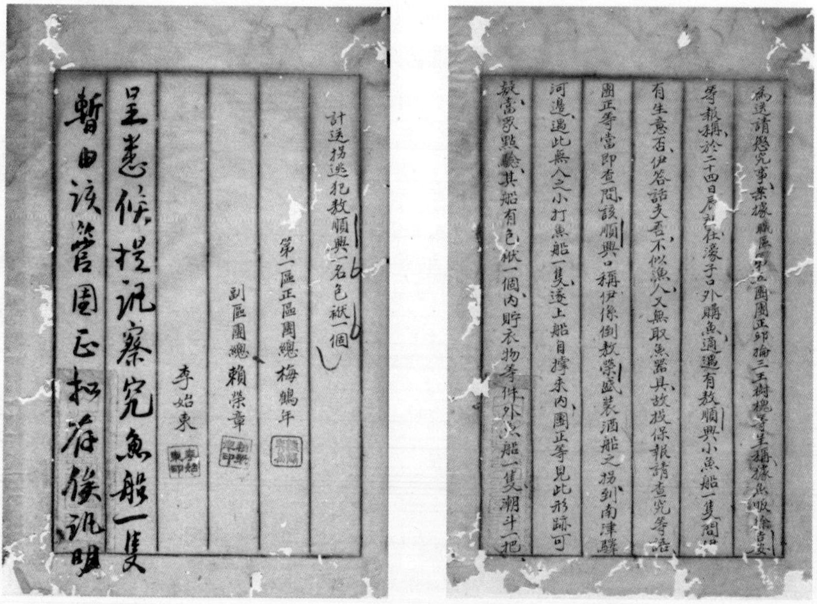
計送拐逃犯敖順興一名，包袱一個
第一區正區團總 梅鶴年
副區團總 賴榮章
李始東
呈 憲 候提訊察究，魚船一隻
暫由該管團正抵存，候訊明

為送請懲究事。案據職區第五團團正邱倫三、王樹槐等呈稱：據漁販徐吉安
等報稱，於二十四日在濠子口外購魚，適遇有敖順興小魚船一隻，問
有生意否，伊答話支吾，不似漁人，又無取魚器具，故投保報請查究等語。
團正等當即查問，該順興口稱伊係倒敖榮盛裝酒船之拐，到南津驛
河邊，遇此無人之小打魚船一隻，遂上船自撐來內，團正等見此形跡可
疑，當眾點驗，其船有包袱一個，內貯衣物等件，外此船一隻，潮斗一把

1930 年内江县第一区团总梅鹤年送惩拐逃嫌疑人的呈

1934 年团务委员会改为国民自卫大队。1935 年 1 月，蒋介石派参谋团入川，将川政统一于南京国民政府。3 月，四川省政府颁布《各县府组织暂行规定》，裁局并科，县政府设秘书、军法两室及民政、财政、教建三科。1937 年增设兵役科、合作指导室和警佐室。1938 年 12 月，教建科分为教育科和建设科。县政府共五个科，对外称一、二、三、四、五科。另设禁烟查缉处。1939 年，国民自卫大队改为国民兵团。

1940 年 3 月 1 日实施新县制，县政府仍设秘书、军法、合作三室，警佐局扩组为警察局，第一科改称民政科，第二科改称财政科，第三科改称教育科，第四科改称建设科，第五科改称军事科。同年 8 月增设社会科。1941 年，增设户籍室、会计室、粮政科和经收处。另设田赋粮食管理处，县长兼处长。1942 年增设统计室。1943 年合作指导室并入建设科，另设指导员，户籍室改为股，直属民政科。1944 年军事科并入国民兵团，增设地政科。1945 年，粮政科并入田赋粮食管理处，经收处更名征收处。1946 年，征收处改为税捐征收处，裁国民兵团恢复军事科。1947 年，税捐征收处改称税捐稽征处。1948 年，新建民众自卫总队。据 1948 年《内江县简要统计手册》记载，县政府设民政、财政、教育、建设、社会、军事、地政七科和秘书、会计、户政、合作、统计五室，行政人员 78 人，公役 33 人，县级机关还有警察局、税捐稽征处、民众自卫总队、卫生院、电话管理所、民众教育馆、救济院、农业推广所、优待委员会、县仓保管委员会、烟毒调验所等，这套行政机构一直沿用到 1949 年。

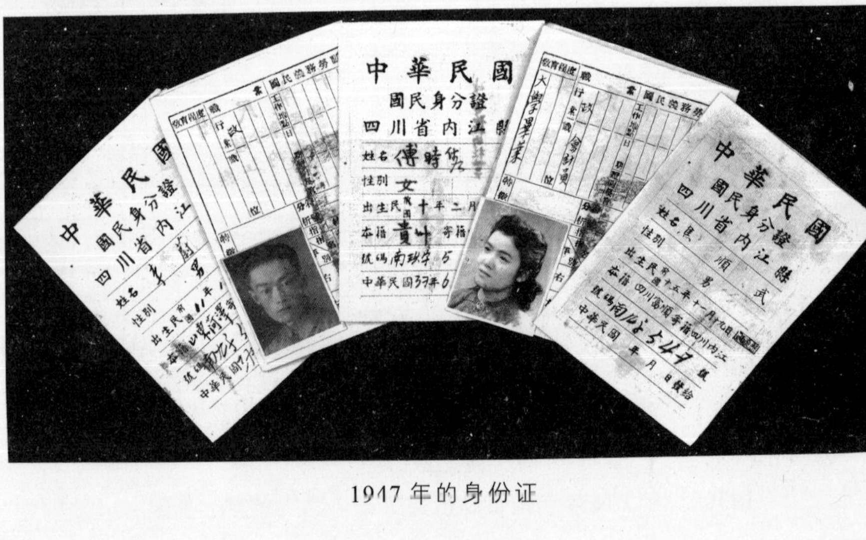

1947 年的身份证

2. 行政区划演变

1918 年的内江

从 1918 年起，内江县场镇陆续改为乡镇。据 1925 年制内江县地图，除标有县治外，还有椑木镇、茂市镇、龙门乡、伏龙乡、凌家乡、张家乡、龚家乡、史家乡、东兴乡、松柏乡、便民乡、富溪乡、来凤乡、贾家乡、田家乡、高粱乡、复兴乡、郭家乡、永兴乡、观音乡、平坦乡、石子乡。

1930 年代的内江县远景

1934年分区设署时，县治设置城厢镇，城郊增设东附城乡、西附城乡，东兴乡改为东兴镇，高粱乡改为高粱镇，万家、杨家、永福、太平、华山、泰安、全安、靖民、新店、双河、同福等场，均改为乡，共5镇31乡。各区所辖乡镇为：

一区驻城厢镇，辖城厢镇、东兴镇、椑木镇、东附城乡、西附城乡、史家乡、松柏乡；

二区驻高粱镇，辖高粱镇、杨家乡、永福乡、复兴乡、太平乡、新店乡；

三区驻观音滩，辖观音乡、平坦乡、石子乡、华山乡、泰安乡、田家乡、郭家乡、永兴乡；

四区驻茂市镇，辖茂市镇、龙门乡、伏龙乡、万家乡、凌家乡、张家乡、全安乡、龚家乡、靖民乡；

五区驻贾家乡，辖贾家乡、双河乡、来凤乡、富溪乡、便民乡、同福乡。

1937年，内江县调整为2坊、3镇、40乡。城厢镇析为城南坊、城西坊；东兴镇析为上东镇、下东乡；椑木镇析为椑西镇、椑东乡；高粱镇析为高粱乡、大佛乡；观音乡析为观左乡、观右乡；茂市镇析出义茂乡；凌家乡析出中兴乡、永安乡；张家乡析出凤鸣乡。一区驻地迁椑西镇，五区驻地迁便民乡。

1940年，内江县实行新县制，调整乡镇保甲，设2镇、43乡、923保、9 307 甲。城南坊改为城南镇，城西坊改为城西镇，茂市镇改为仁茂乡，椑西镇改为椑西乡，上东镇改为上东乡。

1942年再次调整乡镇保甲，全县划为5区、7镇、50乡、874保、9 023甲。城南、城西两镇及东附城、西附城两乡，改设为城东、城南、城西、城北4镇，郊区农村新置乐贤、灵圣两乡；椑东乡析置椑北乡；椑西乡析置椑南乡；高粱乡析置安仁乡；复兴乡、杨家乡析地置苏家乡；田家乡析为田东乡、田西乡；郭家乡析为郭南乡、郭北乡；永兴乡析为永东乡、永西乡；观左、观右两乡析地置观中乡；仁茂乡改为仁茂镇；仁茂、义茂两乡析地置礼茂乡；史家乡析出史东乡。

1947年区号与辖乡略有调整，椑西镇更名椑西乡，双河乡划入第四区，全县设5区、6镇、51乡、874保、8 306甲，直到内江县解放。

一区驻城内，辖城东镇、城南镇、城西镇、城北镇、乐贤乡、灵圣乡、上东镇、下东乡、椑东乡、椑西乡、椑北乡、史家乡，计213保、2 040甲。

二区驻观中乡，辖观中乡、观左乡、观右乡、永东乡、永西乡、郭南乡、郭北乡、平坦乡、石子乡、华山乡、泰安乡，计179保、1 627甲。

三区驻仁茂镇，辖仁茂镇、义茂镇、礼茂乡、龙门乡、伏龙乡、万家乡、凌家乡、中兴乡、张家乡、全安乡、龚家乡、靖民乡、凤鸣乡、永安乡，计 212 保、2 055 甲。

四区驻高梁乡，辖高梁乡、新店乡、双河乡、杨家乡、苏家乡、复兴乡、太平乡、大佛乡、安仁乡、永福乡，计 146 保、1 371 甲。

五区驻便民乡，辖便民乡、贾家乡、同福乡、来凤乡、富溪乡、史东乡、松柏乡、田东乡、田西乡，计 124 保、1 217 甲。

（二）资中县

1. 行政机构沿革

1913 年改资州为资中县，设知事公署，下设民事股、刑事股办理各项事务。同时，撤罗泉分州，分知事改为县佐兼管盐务。1928 年县公署增设教育局、建设局、财务局。1929 年增设保卫团。1930 年县知事公署改为县政府，知事改称县长，增设公安局。1936 年县政府裁局并科，设秘书室、第一科（民政）、第二科（财政）、第三科（教建）、公安局、保卫团。1937 年撤公安局，设合作指导室。1938 年撤保卫团，设兵役科。1939 年增设警佐室。1940 年实施新县制，资中确定为一等县，县政府设 5 室 6 科：秘书室、军法室、合作指导室、会计室、警佐室、财政科、民政科、教育科、建设科、军事科、社会科。1941 年增设粮政科、户籍室；警佐室扩组为警察局，为县政府第一级附属机关。1942 年，增设地政科、统计室。1943 年户籍室改为股，隶属民政科。1944 年，县政府粮政科并入田赋粮食管理处，由县长兼处长，但不属县政府机构。1946 年，县政府设民政科、财政科、教育科、建设科、地政科、社会科、军事科和秘书室、会计室、统计室、军法室、合作指导室，这些机构延续到 1949 年。

2. 行政区划演变

1918 年的资中

1914 年，资中县全县有 1 城、4 镇、30 乡、124 团、1 296 甲、12 960 牌。1 城：城厢（县城及城郊）。4 镇：球溪、罗泉、水南、太平镇。30 乡：发轮、龙结、配龙、大有、金李、铁佛、高楼、鱼溪、金带、甘露、归德、文江、金带铺、苏家、银山、朱家、陈家、龚家、万佛、斯盛、双河、蔡家、舒家、骝马、孟塘、马鞍、狮子、兴隆、石庙、白马乡。

1930 年代的资中县球溪河畔

1935 年，分区设署，编组保甲，推行联保制。辖 5 区、63 联保、1 293 保、13 159 甲。

第一区辖水南、城东、城西、城北镇和附廓、凉水、长冲、牛寨、文江乡 9 联保，177 保，1 855 甲。区署设水南镇。

第二区辖石庙、金李、慈光、铁佛、高楼、贡家、马沿、甘露、归德、鱼溪、亢溪、金带、兴隆乡 13 联保，263 保，2 704 甲。区署设金李乡。

第三区辖球溪、罗泉镇和天马、球东、配龙、傅家、发轮、铧铲、龙结、万法、大有、观音乡 12 联保，246 保，2 493 甲。区署设球溪镇。

第四区辖龚南、龚北、双河、白庙、宋家、陈家、陈盘、斯盛、杨柳、朱家、银山、苏溪、苏家、万佛乡 14 联保，306 保，3 070 甲。区署设龚家乡。

第五区辖太平镇和蔡家、牌坊、黄家、窝店、龙山、狮子、马鞍、舒家、铧头、骑龙、骝马、大佛、孟塘、西洞乡 15 联保，301 保，3 037 甲。区署设蔡家乡。

1937 年，合并联保，辖 5 区、41 联保、1 181 保、11 592 甲，各区署仍设原地。

第一区辖水南、凤岭、龙山镇和凤至、铧头、文江乡 6 联保，179 保，1 791 甲。

第二区辖石庙、金李、铁佛、高楼、归德、马沿、甘露、鱼溪、亢溪、金带、兴隆乡 11 联保，240 保，2 376 甲。

第三区辖球溪、罗泉镇和龙结、配龙、发轮、大有乡 6 联保，222 保，2 171 甲。

第四区辖龚家、双河、白庙、陈家、斯盛、朱家、银山、苏家、万佛乡 9 联保，288 保，2 760 甲。

第五区辖太平镇和蔡家、黄家、狮子、马鞍、舒家、骑龙、骝马、孟塘乡 9 联保，252 保，2 494 甲。

1938 年 7 月，第四区恢复宋家、陈盘、杨柳、苏溪乡 4 联保，共辖 13 联保，其他区联保数未变。全县为 5 区、45 联保。

1940 年，改联保制为乡镇制，设乡镇公所，县辖 5 区、6 镇、39 乡、625 保、7 669 甲。

1942 年，全县划为 8 区，其中 7 个指导区不设区署，改为指导员常驻乡镇。

第一指导区辖龙山、凤岭、水南、凤至、文江、铧头 3 镇 3 乡 100 保。常驻乡：水南镇。

第二指导区辖金李、铁佛、鱼溪、金带、石庙、兴隆 6 乡、60 保。常驻乡：金李乡。

第三指导区辖甘露、马沿、高楼、归德、亢溪 5 乡 69 保。常驻乡：甘露乡。

第三区辖球溪、罗泉镇和龙结、发轮、配龙、大有 2 镇 4 乡 123 保。区署设球溪镇。

第四指导区辖龚家、双河、白庙、宋家、陈家、陈盘、斯盛 7 乡 69 保。常驻乡：龚家乡。

第五指导区辖银山、朱家、万佛、杨柳、苏家、苏溪 6 乡 75 保。常驻乡：银山乡。

第六指导区辖太平、蔡家、马鞍、狮子、黄家 1 镇 4 乡 78 保。常驻乡：蔡家乡。

第七指导区辖舒家、骑龙、孟塘、骝马 4 乡 51 保。常驻乡：舒家乡。

1945 年，恢复 1940 年区划，改 1、2、4、5 区为指导区，3 区为署区，所辖乡镇保甲全同，直至 1949 年保甲数有少量调整。

（三）威远县

1. 行政机构沿革

清末县行政机关为县署，县官称知县。县署设吏、户、礼、兵、刑、工六房，协助知县掌管户籍、赋税、官吏任免考核、民刑诉讼、团练兵事、内部事务、文书收发等事项。

1911 年 11 月 5 日，威远保路同志攻取县城，诛杀知县徐昭益，成立威远县军政府，宣布威远独立。县军政府是军政合一的地方政权机构，下有军务、政务、司法等负责人员。

1912 年，县行政机关称知事公署，县行政长官称知事，由省都督府委任。县知事公署设案牍、征收、统计、庶务四课，各课设课长 1 人，协助知事处理日常事务。

1913 年 8 月，县知事公署内设 3 科，第一科管理行政、司法、办理民刑诉讼、核对标判等；第二科办理教育、实业、仓储等；第三科办理团练警务、财政、统计、户籍等。另设秘书 1 人，掌管机关文书、印章、信件，辅佐知事。

1919 年威远县县长杨明权离任留影

1930年3月，改县知事公署为县政府。县知事改称县长，由省政府委任。县长综理全县行政、兼理民刑诉讼，监督所属职员、机关。县政府内设一、二、三科。一科主管民政，二科主管财务，三科主管教育建设。同年成立县保卫团。1931年，县政府增设秘书室。1933年，县政府设总务、财政、教育、建设等4科及秘书室。

1935年，推行新制，实行裁局并科，筹设区署，编组保甲，改编团队，整理地方财政等。7月将旧有教育、建设、财政各科及县团务委员会，一律裁撤，统属于县政府。设置第一科（原县保卫团）、第二科（原县财政科）、第三科（原县建设科、教育科）及秘书室各司其事，合署办公。将原有模范队、义勇队改编为县保安队，成立县保安大队部。同时成立县财政委员会，接管全县地方收支，实行统收统支制度。

1938年，县政府设民政、财政、教育、兵役4科及秘书、合作、军法3室。1939年增设禁烟科。

1940年3月，实行新县制，依据《各县级组织纲要》规定，县政府设置民政、财政、教育、建设、军事5科及秘书、会计、警佐、军法、合作指导5室。同年5月成立社会科，共6科5室。此后，科室设置有一定变动。1941年增加粮政科、户籍室、统计室。1943年减合作室。1944年设警察局，减警佐室、军事科、户籍室。

1947年设民政、财政、教育、建设、社会、军事、地政科和秘书、会计室及警察局。

1949年，县政府设民政、财政、教育、建设4科及会计、统计、军法3室。

2. 行政区划演变

清末，全县划为1城、4镇、2乡。1城即威远县城。4镇即新盛镇（辖骑龙场、向义场、中溪河、茶叶湾、清水塘）、龙会镇（辖李家坪、华家场、木瓜寺、王镇场、凫滩场、富谷桥、三观音、西山）、镇西镇（辖梧桐场、双青铺、黄连寺、傅家河、杨高山、接官亭）和礼义镇（辖连界场、新场、老场、油草塘）。2乡即高石乡（辖黄山桥、瓦子坳、纸马镇）、山王乡（辖兴隆场、凤凰场、沓水桥）。

1912年，县内政区沿用清末建置，取消保甲。镇下设区，共设27个区。

龙会镇：平东区、抚东区、镇东区、清东区、卫东区、护东区、安东区、绥东区、靖东区。

新盛镇：集南区、安南区、望南区、定南区、守南区、卫南区、抚南区、平南区。

镇西镇：镇西区、佐西区、平西区、保西区、守西区、卫西区。

义礼镇：新仁区、新义区、新智区、新礼区。

1913年2月，废1城、4镇、2乡建置，分设东、南、西、北、新五乡，后新乡又分上新、下新两乡，全县计6乡。

1914年，全县分13乡，各乡设团总。乡下分保设团正，共58团。

1914年乡、团设置情况：

城厢：团总驻地城西南华宫。辖1至4团。

上东：团总驻地龙会镇，辖护东、卫东、清东、平东、安乐。

下东：团总驻地界牌场，辖镇东、靖东、抚东、绥东。

上南：团总驻地骑龙场，辖勤南、安南、定南、望南、集南。

下南：团总驻地新店子，辖守南、抚南、卫南、平南。

上西：团总驻地镇西镇，辖镇西、佐西、守西、保西、平西。

下西：团总驻地伏龙寺，辖护西、卫西、庆西、安西、抚西。

上北：团总驻地盐井溪，辖北永、北乐、北升、北平。

下北：团总驻地高石场，辖1至6团。

新仁：团总驻地山王场，辖新平、新安、新吉、新祥。

新义：团总驻地新场，辖1至5团。

新礼：团总驻地边界场，辖1至2团。

新智：团总驻地兴隆场，辖1至5团。

1916年，复改为东、南、西、北、新5乡。1917年由5乡复改为13乡。

1919年，全县划为城区及东、南、西、北、新共6区。下设团甲。

1920年3月，城区并入东区，年底恢复城区，改名中区。全县划为中区、上东、下东、上南、下南、上西、下西、上北、下北、新仁等10区。

1923年，全县划为中一区、东二区、南三区、西四区、北五区、新六区、新七区7个区。

中一区，办公处为城区南华宫，辖县城。

东二区，办公处为龙会镇，辖龙会镇、李家场、华家场、东兴场、玉镇场（牛皮场）、木瓜寺、界牌、鸭子滩、贯山、针匠街、白马山。

南三区，办公处为新店子，辖新盛镇、向义场、观音滩（今联胜乡内）、骑龙场、（韩家塘）、东岳庙（今护理乡内）、十字店、坳店子、椿子坳、徐家冲、连三冲。

西四区，办公处为镇西镇，辖镇西镇、梧桐场、王家场、双青铺、黄连寺、傅家河、黄石板、雪塘坳、临江寺、雷家凼、双河口。

北五区，办公处为高石场，辖高石场、童家寺、向善场（铺子湾）、黄山桥、纸马铺、石板田、瓦子坳、砚台坝、左家坝、王家桥、富谷桥。

新六区，办公处为山王场，辖山王场、黑沟、灵官沟、湾沟、沓水桥、兴隆场、龟形屋基、凤凰场、崔贡坳、一碗水、汪家墩。

新七区，办公处为新场，辖连界场、刘家坝、李子坝、炼钢厂、新场、老场、曹家坝、宝光寺、二峨山、油草塘、龙门坎。

1925 年至 1929 年曾再度将中一区撤并。1930 年，县公署改称县政府，设 13 个区总团，下设团、甲两级。

1933 年，恢复为 1923 年 7 个区的建置。

1935 年整编保甲。全县编为 3 区、26 乡（镇）联保、664 保、6 716 甲，同年 11 月，将一区改为县府附区。

一区保数 242 个、甲数 2 512 个，所辖第一联保为城区，第二联保为铺子湾、盐井溪，第三联保为高石场、坳店子，第四联保为焦家寺、伞岭坳，第五联保为石板田、富谷桥，第六联保为李家场、金圣寺，第七联保为龙会镇、鸭子滩，第八联保为界牌场、贯山，第九联保为木瓜寺、华家场，第十联保为李家坪。

二区保数 260 个、甲数 2 604 个，所辖第一联保为镇西、佐西，第二联保为卫西、庆西，第三联保为抚西、安西，第四联保为护西、保西，第五联保为守西、平西，第六联保为勤南、望西、集南，第七联保为安南、定南，第八联保为抚南、卫南，第九联保为平南、守南。

三区保数 162 个、甲数 1 600 个，所辖第一联保为 1 至 3 团，第二联保为 4 至 5 团，第三联保为 6 至 7 团，第四联保为 8 至 9 团，第五联保为 1 至 2 团，第六联保为 3 至 4 团，第七联保为 5 至 6 团。

1938 年 4 月，全县仍为 3 区、26 联保，缩编为 500 保（内有特编保 5 个），4 976 甲（内有特编甲 3 个）。

1940 年，实行新县制，3 月，裁撤第二区区署；8 月，裁撤第一区区署，改设县指导员 1 人于县府。全县设置 3 区、25 乡、1 镇、272 保、3 996 甲。一区辖永乐、高石、民让、升平、护卫、龙会、镇抚、绥靖、东兴 9 乡和严陵镇；二区辖镇西、庆卫、抚安、护保、梧桐、望集、甘家、新盛、向义 9 乡；三区辖山王、古佛、凤凰、新义、兴隆、云连、芹香 7 乡。

1942 年 9 月，将一、二两区划为一、二、四区，各区设县指导员 1 人。第三区仍设署。一区辖严陵镇和永乐、安定（原名甘家）、新盛、向义、镇抚 5 乡；二区辖抚安、庆卫、镇西、梧桐、望集、护保 6 乡；三区辖 7 乡不变；四区辖龙会、高石、民让、升平、护卫、绥靖、东兴 7 乡。

1945 年 1 月，全县划为 5 区（其中 4 个区为指导区）、26 乡（镇）、404 保、4 275 甲。第一区保数 87 个，甲数 918 个，辖永乐、升平、高石、山王乡、严陵镇；第二区保数 86 个、甲数 888 个，辖抚安、庆卫、护保、镇西、梧桐乡；第三区保数 89 个、甲数 885 个，辖凤凰、兴隆、芹香、古佛、新义、云连乡；第四区保数 70 个、甲数 775 个，辖民让、龙会、护卫、东兴、绥靖乡；第五区保数 72 个、甲数 809 个，所辖安定、新盛、望集、向义、镇抚乡。

1946 年 10 月，调整为 4 个区，其中 3 个区为指导区。1947 年撤第三区区署，全县设 4 个指导区。

1948 年 5 月，设 5 个指导区。10 月，对各辖乡做了一些变动。第一区辖严陵镇及永乐、升平、安定、新盛、镇抚、向义 6 乡；第二区辖龙会、绥靖、东兴、护卫、高石、民让 6 乡；第三区辖镇西、抚安、护保、梧桐、望集 5 乡；第四区辖山王、兴隆、凤凰、芹香 4 乡；第五区辖新义、古佛、云连、庆卫 4 乡。

（四）隆昌县

1. 行政机构沿革

1911 年 11 月 22 日，隆昌县同盟会会员陈道循、曾省斋、郭蔚华等人组织团防会党发动武装起义，建立民国政权——隆昌地方军政府，受蜀军政府节制。县军政府司令官郭书池、副司令官杨光辉。军政府下设军政部、民政部、交涉部、财政部。恢复和设置县及城镇乡自治机构等。

1912 年 12 月，地方军政府奉命撤销，成立“隆昌县知事公署”，行政长官称县知事。县知事公署的主要职能是征粮赋、管讼狱。公署下设一、二两课，分管征收和教育；外设承审、管狱、警佐、案牍等机构和人员。县知事总管全县军、政、财、文和司法大权，公署内的公务人员均称佐治人员，由县知事委任。1913 年后隶属于下川南道（永宁道）。1918 年，隆昌被划为川军第二师的防区。县知事由师长刘湘任命。此后的十多年间，县知事更迭频繁，平均任职仅 10 个月左右。隆昌县自形成防区制，县知事更迭频繁，知事公署成为军阀部队横征暴敛的工具，无力维持社会治安。

1920年3月，郭榕、兰辅昌、薛晓唐、喻镜如、郭士均等15人发起成立“隆昌县自治会”，准备依靠这个组织发动民众，反对军阀割据的防区制，反对党派纷争，要求当局减轻人民负担，拥护四川独立，选代表参加《四川省宪法》的起草工作，但因军阀阻挠未能成功。

1929年，县知事公署改为县政府，县知事改称县长。1932年12月改组县政府机构，下设征收局、建设科、教育科、总务科、秘书室和财务委员会。

1935年川政统一，县长由省政府统一委任。3月改组县政府，下设3科，第一科统警佐、团务，第二科统地方粮赋税收，第三科统教育、建设。每科设科长1名，科员2至3名。另设督学、技士数人。1938年，县政府机构设有秘书室、会计室、军法室、司法室、财务委员会、建设科、财政科、教育科、兵役科、禁烟科等10个机构。

1940年3月至1942年，隆昌实施“新县制”，按照二等县的编制，县政府设立秘书室、民政科、财政科、建设科、教育科、军事科、地政科、社会科、警佐科、户籍室、会计室、统计室、合作室和军法室等14个科室。同时撤销县以下的区署，改设4个指导区，每区设指导员2名，撤销各联保办公处，改为乡镇公所。1948年，县政府设民政、财政、教育、建设、社会、军事6科和秘书室、合作、会计、统计4室。

2. 行政区划演变

民国初年，隆昌县设中城、东北、西南、乐只、石鹅、石燕桥、迎祥、渔箭、周兴、荣隆、界市、石碾、普润、李市、龙市、倒座、太平、黄家、富隆、双凤、庙坝、胡家、响石、云顶等24个保。

1918年，改24保为团，并新增嘉谟、油房、福庆、付家4个团，全县为28个团。

1918年的隆昌

1927 年改 28 个团为 28 个乡（镇）。

1935 年，县政府奉令编整保甲，实行联保制。县辖区分为区署、联保、保、甲 4 级。全县设 4 个区区署，30 个联保（新增高庙、高洞两个保）615 保、6 077 甲。一区区署驻地县城，辖中城、东北、西南、乐只、嘉谟 5 个联保、117 个保、1 066 个甲。二区区署驻地周兴场，辖周兴、石碾、荣隆、界市、渔箭、高庙、普润、倒座、油房 9 个联保、148 保、1 434 甲。三区区署驻地龙市，辖龙市、黄家、高洞、庙坝、双凤、太平、迎祥、福庆 8 个联保、148 个保、1 459 个甲。四区区署驻地胡家，辖胡家、付家、石鹅、响石、富隆、云顶、石燕、李市 8 个联保、202 个保、2 019 个甲。至 1939 年，区数、联保数均无变更，保、甲或增或减。

1940 年 7 月实行新县制，改联保为乡（镇）二级制，区改为指导区（区署裁撤），各区分别设指导员 2 名。同年，全县析为 8 个指导区：一区驻城区，二区驻响石，三区驻黄家，四区驻龙市，五区驻界市，六区驻石碾，七区驻石燕，八区驻胡家。每区派指导员 1 名巡回工作。不久，仍恢复为 4 个辖区。同时，将 30 个联保调整合并，渔箭、油房、嘉谟合并，普润、高庙、界市合并，倒座、迎祥合并，福庆所属各保原属龙市的划归龙市，原属迎祥的划归迎祥，付家、乐只合并，云顶、石鹅合并，高洞、黄家合并，太平、双凤合并。调整合并后，全县为 20 个乡（镇），各乡（镇）分设乡公所。1941 年 7 至 8 月，又恢复嘉谟、渔箭、普润、福庆、倒座、付家、云顶 8 乡。至此，全县共设 4 个指导区，28 个乡（镇）。

一指导区辖中城、东北、西南 3 镇。

二指导区辖周兴、石碾、渔箭、嘉谟、油房、普润、界市、荣隆 8 乡。

三指导区辖龙市、福庆、迎祥、太平、双凤、黄家、庙坝、富隆、响石、倒座 10 乡。

四指导区辖胡家、付家、云顶、石鹅、石燕、李市、乐只 7 乡。

1941 年 1 月，全县增析为 6 个指导区，每区设指导员 1 人。

1946 年，全县为 3 个指导区，28 个乡（镇）、314 个保、3 986 个甲。其中一区辖中城镇、东北镇、西南镇及石鹅、云顶、石燕、胡家、李市、付家、乐只 3 镇、7 乡。二区辖周兴、界市、石碾、荣隆 4 个乡。三区辖倒座、普润、渔箭、油房、嘉谟 5 个乡。四区辖黄家、双凤、迎祥、龙市、响石、庙坝、富隆、太平、福庆 9 乡。至 1949 年 12 月，区、乡（镇）、保、甲的数量无变化。

辛亥革命时期的内江

1911 年，中国大地爆发了一场以推翻清王朝专制帝制，挽救民族危亡，争取国家独立、民主、富强的资产阶级民主革命运动。这一年为农历辛亥年，史称“辛亥革命”。辛亥革命是中国历史上一次伟大的资产阶级民主革命，结束了中国两千余年的封建皇权制度，建立了资产阶级民主共和国。

这年上半年，四川、湖南、湖北、广东发生了反对清政府出卖川汉、粤汉铁路筑路权的保路爱国运动。其中以四川的保路运动最为壮阔，它促进了武昌起义的爆发，加速了清王朝的覆灭，从而成为辛亥革命的前奏曲和导火线。孙中山先生指出：“若没有四川保路同志会的起义，武昌革命或者还要迟一年半载的。”

一、辛亥革命前的内江

1840 年鸦片战争后，随着外国资本主义、帝国主义列强发动的一系列侵华战争，中国逐渐从一个独立的以农业经济为基础的封建社会沦为半殖民地半封建社会。四川由于交通不便等地理限制，资本主义的侵入晚于沿海地区。但四川丰富的矿产资源和广阔的市场，一直为外国列强所觊觎。1890 年《中英烟台条约继增专条》签订后，重庆作为四川的门户被迫成为通商口岸。随后，帝国主义各国全面加紧了对四川政治、经济、文化的侵略，四川社会也逐渐半殖民地半封建化了。

早在 19 世纪六七十年代，西方宗教势力就侵入了内江一带。1863 年（同治二年）法国天主教就传入内江县，1889 年美国人鹿依士在资州建立基督教堂。随后威远、隆昌县城也先后建起了福音堂和天主教堂，连地处偏远的内江县永福乡，资州的罗泉井、铁佛场，威远的连界场、兴隆场等乡镇也建起了福音、天主支堂。列强各国历来把掠夺路权、矿权作为经济侵略的重要手段。1899 年，法国福安公司迫使川督奎俊批准其开采威远等地煤铁矿的特权；1902 年，英国老牌侵川“能手”立德乐在重庆组建“英中普济公司”，1903 年逼迫清政府签订《保富普济公司合同》，将“蕴藏丰富煤铁的威远县和盛产石油的蓬溪县”列入自己的开矿区域，并把开采年限定为50年。濒临沱江水运便利的资州、内江县更是各类洋货的集散地，“尤以洋纱洋布为主要的外来货”“交易颇形繁盛”。十数年间，洋货充塞城乡市场。

20世纪初，为了让倾销的商品和资本畅通无阻地侵入四川，英法等列强国家贪婪的目光瞄准了川汉铁路的建筑权，“均以借款造路为请”“计求强取，百端纷扰”。为阻止各国列强对川汉铁路建筑权的掠夺，一批开明士绅和留日学生上书四川总督要求川人自办铁路。1903年，新任四川总督锡良奏请清廷自办川汉铁路。次年，川汉铁路公司成立于成都，明确提出“不纳外股，不借外债”。1907年，《续修章程》针对外国强派筑路工程师提出“延本国人为总工程师，其应聘东西洋各国人怠于职务，本公司可随时知照总工程师辞退”。这些规定是与帝国主义的侵略意图针锋相对的，具有鲜明的反帝爱国的政治性质。

为筹措巨额的筑路资金，四川主要采取“田亩加赋”抽租入股的办法。因此，全川人民不论贫富，大多与川汉铁路产生了经济联系。1905年，资州、内江县、威远县、隆昌县先后成立铁路租股局，负责征收筑路资金；随后又成立铁路股东分会。地方上有钱有地的士绅、商人由于购股较多，大都成为分会会员。如威远县当商郭成书购股1 000股（每股银50两）当选为川汉铁路总公司查账员；另一位商人郭宏级以“入股甚巨”，当上了威远县铁路股东分会的会长。至1911年，仅资州一地就“先后上解铁路总公司租股、商股、购股银达20余万两”。就这样，一条川汉铁路如脉络血管般把全川人民的切身利益联系起来。

川汉铁路股票

川汉铁路公司成立后，各国列强并不甘心筑路权的旁落。1909 年初，川汉铁路正式开工后，各国列强对清政府“恫喝要挟”，强迫清政府签订借款合同。威远人吴文伯（同盟会会员）等 12 名川籍留日学生联名向川人邮寄《铁道利害详告书》：“近数十年来，西人灭人之国，又变一种最辣手段，不以强兵大炮灭其威，而以远虑深谋制其命，则铁道是也。”呼吁川人群起抵制。5 月 22 日，旅沪隆昌人郭成爽（步陶）向川督赵尔巽发出“川路借英法德款，全蜀垂危”的电文。27 日，又寄出《告同乡速起反对借款修筑川汉铁路书》，呼吁“速开大会商量一切。速集大股，防患未然”。

1911 年初，在各国列强的鼓动下，清政府悍然宣布“铁路干线国有政策”，强行接收各省铁路公司。5 月 20 日，清政府与美英法德 4 国正式签订了总额为 600 万英镑的粤汉、川汉铁路借款合同，并以地方厘金、盐税作担保。清政府祸国殃民的卖国行为，大大激起了人民的愤恨，于是一场声势浩大、轰轰烈烈的保路运动率先在四川、湖南、湖北、广东兴起，而四川较其他三省更为猛烈，对全国影响最大。

二、保路运动在内江的兴起

1911 年 5 月 8 日，清政府铁路国有政策一经公布，全川人民无比愤怒，一时“函电纷驰，争议嚣然”。一场反对帝国主义掠夺中国铁路主权和清王朝卖国卖路的保路运动勃然兴起。5 月 28 日，川汉铁路公司召开临时股东大会，要求清政府“暂缓接管川汉铁路，若非要接管，则请退还士民所筹路款”。6 月 11 日，清政府明确回电：“如果川省定要筹还路款，朝廷必借外债，必以川省财产作抵。”这样，清政府既要夺路，又要侵吞路款的可耻行径暴露无遗，更加激起四川保路运动的迅速高涨。

6 月 17 日，四川保路同志会在成都成立，提出“破约保路”（即破清政府卖国卖路之约，保中国铁路不为外国所有）口号，各州县成立保路同志会分会。从此四川保路运动由自发分散阶段发展为由四川立宪派领导的斗争。7 月 13 日，隆昌县率先在内江地区成立保路同志分会，到会者 4 000 余人，咸谓：“此次借款问题，为吾川人生死机关，即为吾国人存亡机关，务期努力进行。约不废，款不拒，宁死不稍让。”资州各界千余人在大东街天上宫集会，成立资州保路同志协会。地方士绅张文焯、郑家康等登台演说：“举凡路权自不可失，外款之不可借，合同之不可不废，条分缕析，详为解说。”一时群情感动，极力赞成。23 日，威远县各界 5 000 余人在县城成立威远保路协会，“发起诸君挨次演说合同失利与吾国存亡关系，莫不伤感流涕，咸愿奋死力争”。25 日，四川保路同志会内江分会成立，宋子元任主任，门德之、黎特愚、王伯方为委员，参加者 3 000 余人。“分会同仁云：盛奴（指邮传部尚书盛宣怀）将四省铁路巧卖与人，并以江苏、湖北财政抵押，我国民等被此戕虐，必陷埃、波、印、朝覆灭之祸。”威远县立高等小学堂教师、同盟会员胡驭垓在省城“甚为活跃，多次登台振臂高呼”，遂被推举为“嘉定七属保路同志会”评议长。内江各地保路同志会一经成立，广大群众“争起入会，恇扰若狂”，资州一小茶馆主人读报后“赴岳家退婚，谓时事如此，何以婚为”，又“欲倾其家产，尽数报效国家”，“夏秋之间，保路同志会遍布全川也”。

四川保路同志会一面开展广泛的宣传动员工作，一面采取各种办法和途径力图使清政府改变“夺路卖路”政策。但立宪派这一“文明争路”之举却连连碰壁。清政府不仅撤销了同情保路斗争的王人文护理川督的职务，而且还严饬素有“屠夫”臭名的赵尔丰速到成都接任四川总督，并要他严厉镇压“破约保路”的四川人民。面对清政府的倒行逆施、一意孤行，8 月 24 日，四川保路同志会号召商人罢市、学生罢课，这一号召得到了全省各地的热烈响应。8 月 29 日，“资州罢市，万众一心”，“糖工聚众州城内外，数日不散”。知州朱景岳“怒以为叛，大施压力，拿获三人，指为匪徒，敲捕收禁”。与此同时，内江县、隆昌县、威远县各地商人、学生也群起罢市罢课。一时“南起邛雅，东迄荣隆，西抵绵州，北近顺庆，千里上下，府县乡境，一律罢市”。

清政府对于遍及全川的罢市罢课风潮极感恐慌，一再严饬川督赵尔丰切实弹压，毋任嚣张，并坚称铁路国有政策决不改变。消息传出，群情激愤。这无疑把作为保路运动领导者的立宪派逼到绝境，立宪派除了破釜沉舟，以更加猛烈的行动逼迫清政府妥协外，别无出路。9 月 1 日，川路股东大会再做决定，向全川全国发出以“四不”为主要内容的通电，即不纳正粮、不纳捐输、不买卖田地房屋、不担外债分厘。通电内容直接与清政府相对抗，对保路运动的发展起到了重要的推动作用。随后城市乡村先后出现了群众捣毁经征局、巡警局、厘金局的暴力事件，这预示着保路风潮将向着更加猛烈的方向发展，武装起义一触即发。

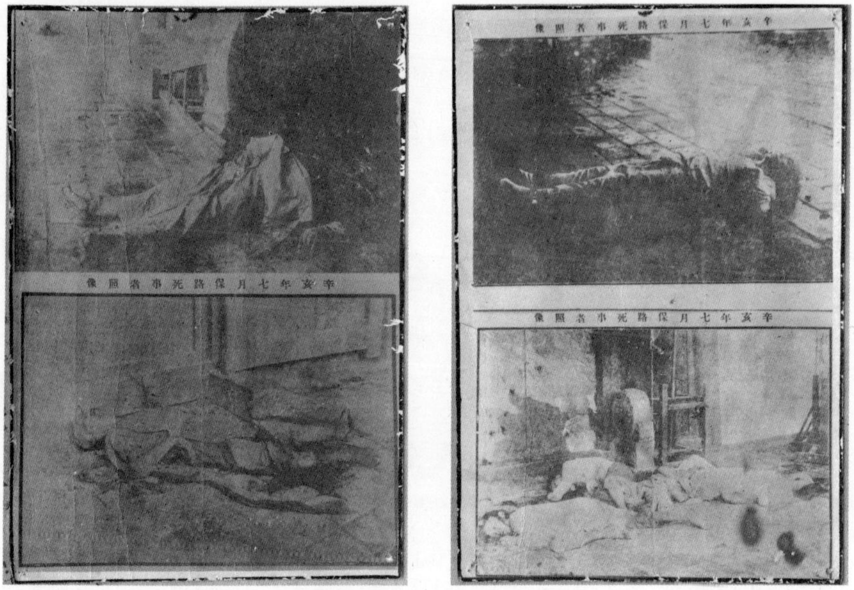

辛亥年七月保路死事者照片

三、同盟会领导的内江各地武装起义

保路运动初期，一部分同盟会会员即以同志会会员身份或其他社会身份加入运动之中，他们“外以同志会之名，内行革命之事”。如威远同盟会会员胡驭垓就以嘉定七属保路同志会评议长的身份回威远联络新场、连界同志会领导人和哥老会首领杨绍南、陈吉五等人，“借保路之名，灌输革命之思想”。当保路运动达到高潮之际，同盟会加紧争夺运动的实际领导权。为了进一步控制地方武装力量，争取具有反清倾向的哥老会团结到同盟会的旗帜下，1911 年 7、8 月间，同盟会先后召开了“新津会议”和“罗泉井会议”，为即将到来的武装起义提前做好了军事准备。

（一）“罗泉井会议”及同志军武装起义

7 月下旬，“罗泉井会议”召开之前，同盟会会员龙鸣剑、秦载赓（川东南哥老会首领）邀约资州哥老会首领张益山来到罗泉井镇上，召开了筹备会议。之所以选在罗泉井召开会议，是因为这里位于成渝中点，便于集中人；又地处资州、仁寿、威远三地交界，远离州、县衙门控制；加之罗泉井的哥老会首领钟岳灵又兼任地方团总，可以保证参会人员安全。龙、秦、张、钟等人在罗泉井街上乡绅胡范渠的书楼中商议，决定“外借哥老会之名，内议起义之事”。随后，秦载赓即以川东南哥老会首领的名义，用鸡毛文书通知各地哥老会首领来此召开“攒堂大会”（攒堂，就是哥老会中有事，召集一个堂口或邀请几个堂口一起商议）。

罗泉井会议会址

8 月 4 日，同盟会会员龙鸣剑、王天杰、陈孔伯、秦载赓和各路哥老会首领罗子舟、胡潭、胡朗和、孙泽沛、张达三、侯国治等人在罗泉井天主教福音堂召开会议，史称“罗泉井会议”。资州哥老会首领周星五、张益山，内江县哥老会首领朱章甫、马心斋，威远县新场、连界场哥老会首领杨绍南、陈吉五也派管事或代表参加会议。

大会议决 4 项：探查敌情，查清全省新旧军警人数，驻地详情；交换和向上传送情报，在华阳和新津总部汇总；起事的枪弹先向各地团练及富绅借用，军用粮饷借用各地积谷、社谷及公共财物，不向民间摊派；严肃军纪，通用同志军之名。大会推定秦载赓为川东军事负责人，侯宝斋为川南军事负责人，张达三、侯国治为川西北军事负责人。举义时间拟于阴历七月间，规定各地都要做好准备，在信号出现的几天之内就要发动。“罗泉井会议”是同盟会继“新津会议”后召开的一次参会人数更多、范围更广、计划更周详的军事会议，为即将到来的武装起义提前做好了准备，是四川保路运动由和平请愿到武装起义的转折点，标志着同盟会会员正式决定利用保路运动开始大张旗鼓地进行武装起义，因而在四川保路运动和辛亥革命史上具有重要地位。

“罗泉井会议”召开后不久，正如同盟会预计的一样，川督赵尔丰果然举起了大肆屠杀的屠刀。

9月5日，同盟会员朱国琛、刘长述等人起草了《川人自保商榷书》，在铁路公司特别股东大会上散发，号召川人共图自保，隐含革命独立之意。川督赵尔丰奉清政府严令于9月7日诱捕四川保路同志会和股东会首要人物蒲殿俊、罗纶、颜楷、张澜、邓孝可等人，封闭铁路公司和同志会。成都数万群众相率奔赴总督衙门请愿，要求释放被捕人员。赵尔丰竟下令清兵当场枪杀请愿群众30余人，制造震惊全川的“成都血案”。

成都血案发生后，赵尔丰发布戒严令，紧闭城门，封锁交通邮电，加强对人民的镇压。为了向全川人民揭露清廷的暴行，同盟会员龙鸣剑、曹笃等人当天制木片数百，上书：“赵尔丰先捕蒲罗，后剿四川，各地同志，速起自保自救”，涂以桐油，制成“水电报”，投入锦江，传警各地。秦载赓、侯宝斋、张捷先、张达三等人得到消息后，按照“罗泉井会议”的部署，当即组织成都附近10余州县的同志军，四面围攻省城。“水电报”沿江漂流至资州时，资州小学堂的老师组织学生“到江边捡拾木牌，捡回后照制木牌，刨光、写字、涂油漆，再放到江里让它顺流漂去，流传各地”。同盟会员胡驭垓组织的威远同志军和王天杰、龙鸣剑组织的荣县同志军，陈孔伯、姚文倬组织的井研同志军分路向成都挺进。资州哥老会首领张益山、内江县哥老会首领余清分别召集同志军开赴成都，增援围攻成都的同志军。9月10日，各路同志军与秦载赓组织的同志军会师，同清军激战于城郊琉璃厂一带。次日，围攻省城未下，退至仁寿县藉田铺，设东路同志军总部，公推秦载赓、王天杰为正副统领，龙鸣剑任参谋长，胡驭垓任行军参谋。东路军是由同盟会直接领导的队伍，“其军所至，势如破竹，旬月间遂下仁寿、资阳、简阳、井研、内江、叙府、犍为、威远、富顺、自贡等十余州县”，“所过秋毫无犯，不愧义师”。与此同时，南路的侯保斋、孙泽沛，西路的张达三、张捷先，北路的侯国治等会党首领也揭竿而起，同志军起义烽火遍及全川，势不可当，造成四川独立的有利形势。

（二）内江人民协助起义鄂军诛杀端方

9 月 8 日“成都血案”的第二天，因同志军围攻省城，清政府急令督办川汉、粤汉铁路大臣端方率湖北新军（简称“鄂军”）三十一标和三十二标一部 2 000 多人从武昌启程赴川镇压四川民军。在政坛历练多年的端方深知“川局诡危”，因此故意在旅途拖延，以此静观时变。10 月 13 日到重庆，11 月 12 日到内江县，端方坐的“轿子是绿色的，很大，四人抬，四人扶，十六个士兵护着”，“与他一齐到的还有几百兵士，十多驮银子。一支庞大的军需运输队以及各式各样的包裹行李，就这样络绎不绝地过了整整一下午”，以此足见这位钦差大臣的排场和拖延。

11 月 18 日，端方率鄂军 1 000 余人方抵达资州城内，设行辕于东门考棚，所率鄂军分驻城内禹王宫、万寿宫、文昌宫和北门外东岳庙等处，并设鄂军司令部于天上宫。端方刚到资州即感到形势不妙。资州以上的资阳、简阳已被同志军占据，成渝大道上的电话线被同志军割断，断了他与成都的联系，同志军在沿途严阵以待，在驿站对人员盘查甚紧；紧邻资州的威远县已宣布独立，同盟会会员胡驭垓带领的同志军已做好了北拒端方、南下自贡的准备；资州哥老会首领张益山、周星五率同志军已分扎于州城外的兴隆、石庙、白庙山及蒿麻山、陡岩山一带，对州城形成犄角包围；此时“隆昌、荣昌、资州、资阳、简阳、威远一带俱为同志军占据”。整个四川的革命形势，使端方处在兵临城下、进退两难的境地。

起初端方还命令统带曾广大率队开赴威远县高石场与同志军对峙，企图将威远的革命势焰镇压下去。但不到两天，端方即感到形势对他越来越不利，于是将派往威远、自流井等处鄂军调回资州城，加强城内戒备，检查邮电，断绝士兵与外界的交通。

11 月 22 日，重庆蜀军政府成立，彻底断了端方的退路。蜀军政府都督张培爵（隆昌县人）与鄂军后队中的同盟会会员田智亮商议，由军政府拨款 5 000 金、拨兵 300 名、炸弹 80 枚给田智亮，由其率队星夜兼程赴资州以图端方。田智亮经过内江时，又与同盟会会员吴玉章、李益文取得联系，共商诛杀端方之事。田智亮到资州后，向军中同盟会会员通报了武昌起义的情况，沿途四川党人表达了对革命的支持，大家一致赞成反正，诛杀端方。

鄂军同盟会会员的活动让端方深为惶恐。25 日，端方召集鄂军上层军官在资州东门湘园开会，假借“北上勤王”的名义，提出率鄂军取得广元后经陕西、河南投奔袁世凯的计划。鄂军中的同盟会会员识破其计，不予认同。随后端方又托鄂军统领曾广大召集全体将校官在资州中学堂开会，为其说项。曾广大主张“端方可贷其不死，扣押回鄂”。群起反对，认为“不杀（端）方，不特不以（取）信川人，更不足以报鄂军政府”。当晚，资州州绅廖承瓌等人赴端方行辕劝其反正，“以都督举公（端方）”遭端方拒绝，“众皆太息而散”。

资中县东岳庙

11 月 26 日夜，鄂军中的同盟会会员在资州北门外东岳庙召开紧急会议。会议一致决议诛杀端方起义。会上公举鄂军督队官、同盟会湖北省分会会长陈镇藩为统领，树立大汉国民军旗帜。陈镇藩当即誓师：“恪遵孙中山先生使命，抱定革命宗旨，打倒专制淫威，达到排满目的。”同时“约法三章：一、誓杀满奴端方；二、剪除发辫；三、回援武汉”。到会同志皆书押、剪辫、毁肩章、袖白布，准备战斗。随后鄂军同盟会会员对起义做了周密安排。陈镇藩密令端方行辕护卫官杨毓林与董卓泉所部联系，以为内应。同时派人秘密通知资州同志军首领张益山、周星五，让其带队布防城外警戒，以牵制巡防军并做外应准备。

11月27日晨，陈镇藩命令王占林、李绍白、刘怡凤等30余人荷枪实弹闯入钦差行辕，将端方及其弟端锦从卧室揪出，押至大东街天上宫鄂军司令部。端方“神色沮丧”，哀告说：“我们都是同胞（端方称本是汉人，陶姓。先世投旗），素相亲爱。今日饶兄弟一命，将来对各位与国家，定有相当办法。”众人说：“今日之事乃国仇，不得顾私恩。”遂由军士卢保清“挥刀直劈其颈”，任永森拔指挥刀自后击端锦，“应手头落”，并将其首级装入子弹箱，撒上石灰，以便带回武昌。随后，起义鄂军立即通电响应武昌起义，并在资州城内张贴大汉国民军布告“满贼端方兄弟，俱予明正典刑。我军长驱回鄂，勿得骚扰人民”。

端方被杀后，原鄂军协统邓承拔、统带曾广大、管带李锦标及端方的幕僚随从诸人恐遭起义鄂军加害，纷纷出逃，资州州官朱景岳也弃印而逃。而驻守城外的资州同志军则鸣炮相庆，城内百姓遍悬“大汉民国”朱红字三角白旗，以示对革命的热烈拥护。

28日清晨，起义鄂军集合于资州城内桔子园，由统领陈镇藩宣布行军禁令，撤离资州返鄂，全城商民鸣炮礼送。29日，起义鄂军过内江县时，将40余支快枪赠给刚刚成立的内江军政府，军政府也回赠银4 000两以作路费。当夜，起义鄂军东下重庆。这支部队回鄂后，改编为鄂军教导团。

（三）同盟会会员领导的威远、隆昌、内江、资州独立

同志军围攻成都不下，遂调整了军事策略，分兵转战各州县。9月25日，同盟会会员吴玉章、王天杰领导了荣县独立，成立了全国第一个县级革命政权，“首义实先天下”。受荣县独立影响，威远县、隆昌县、内江县、资州等州县也纷纷起来驱逐和杀掉清吏，宣布独立，革命风暴很快漫卷全川。

1. 威远独立

响应独立的首先是威远县。威远县西邻荣县，同属嘉定府管辖，南接自流井、贡井。“成都血案”后，按照罗泉井会议的安排，威远县新场、连界、山王、镇西哥老会首领杨绍南、陈吉五、甘东山、晏锡三等纷纷树起“同志军”旗帜。同志军围攻成都之时，同盟会会员胡驭垓就率威远同志军加入到了王天杰、龙鸣剑领导的同志军行列，又一同转战南下，参加了荣县独立。

荣县独立后不久，为扩大战果，军政府做出了出师威远，直捣盐业重

镇自流井的战略部署。11 月 1 日，同盟会会员胡驭垓、陈孔伯（井研人）、姚文倬（井研人）率大部同志军由荣县来威远，联合威远县新场、镇西、山王等地同志军首领杨绍南、晏锡三、甘东山、倪福兴所部共 1 万多人，将县城团团围住，迫使守城团练局长董伯和签下城下之盟。同日，威远宣布独立，在县高等小学堂成立军政府，由董伯和任军政长，胡驭垓任副军政长，陈孔伯任民政长兼全军司令。为坚定县人的反清决心，胡驭垓在荣县军政府派来的同盟会会员马昂、哥老会首领陈华峰等人协助下，冲破军政长董伯和等人的阻挠，将企图化装潜逃的威远知县徐昭益就地正法，暴尸示众。

威远军政府成立不到一周，胡驭垓、陈孔伯、姚文倬等人即率同志军大举南下，配合荣县、贡井各路同志军与驻守在自流井的清巡防军先后在威远与自流井交界的界牌、大塘山、牛角沱、黄泥塘、马鞍山展开激战。同志军“以新招之众，当久练之师；四瓣之土枪，敌五子之精械”，战斗异常激烈，民军死伤惨重。马鞍山之战，威远民政长兼全军司令陈孔伯和同盟会会员姚文倬不幸被捕，惨遭清军杀害。

威远同志军与巡防军交战的马鞍山

正当威远同志军与巡防军激战之时，端方所率鄂军前锋兵临县城以北的高石场。威远军政府面临腹背受敌的局面。这时，军政府财政长、当商郭藩对胡驭垓“劝捐助饷，曾破悭囊”怀恨在心，趁机纠集城内富商一齐指责胡驭垓杀死知县，招来祸端。又散布谣言，称“不杀驭垓，以谢端兵，恐全城将成燋类”。11 月 12 日晨，郭藩、袁葆初等人在军政长董伯和默许之下，指使城内无赖之徒将胡驭垓杀害于南华宫门外，并割其双耳函送端方报功。

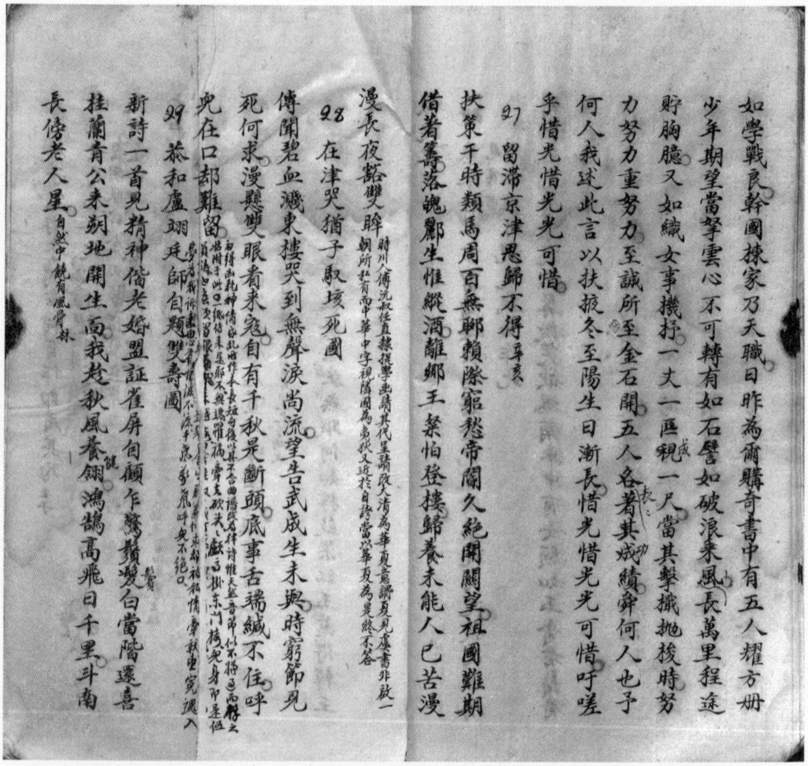

如學戰良幹國棟家乃天職日昨為爾購奇書中有五人耀方册
少年期望當拏雲心不可轉有如石譬如破浪乘風長萬里程途
貯胸臆又如織女事機杼一丈一匹親一尺當其擊攛拋梭時努
力努力重努力至誠所至金石開五人各著其成績奔何人也予
何人我述此言以扶掖冬至陽生日漸長惜光惜光光可惜吁嗟
乎惜光惜光光可惜
97 留滞京津思歸不得辛亥
扶策千時類馬周百無聊賴隊窮愁帝閽久絕開關望祖國難期
借著籌落魄鄙生惟縱酒離鄉王粲怕登樓歸養未能人已苦漫
漫長夜豁雙眸
98 在津哭猶子馭垓死國
傳聞碧血濺東樓哭到無聲淚尚流望告武成生未與時窮節見
死何求漫懸雙眼看來寇自有千秋是斷頭底事舌端緘不住呼
兜在口都難留
99 恭和盧翊廷師自題雙壽圖
新詩一首見精神偕老婚盟証崔屏白頭作鶯鬢髮白當階還喜
桂蘭青公未朔地開生面我趁秋風養翎鴻鵠高飛日千里斗南
長傍老人星 自然中饒有風骨林

胡素民吊胡驭垓诗

胡驭垓虽然牺牲了，但威远同志军仍然在杨绍南等人领导下继续坚持战斗，直到民国成立。

2. 隆昌独立

隆昌地处川南的咽喉要道，一直是同盟会会员活动频繁的地方。不仅很早就成立了同盟会地方组织，而且同盟会还在境内举行过武装起义。老同盟会会员李鸿钧称“隆昌为四川革命发源地，非虚也”。

荣县、威远独立后，同盟会会员陈道循、文鸿谟、曾绍鲁等先后回家乡，以城内县农会和曾绍鲁在城外回龙阁住处为秘密联络点，加紧活动县内哥老会首领程石溪、郑绪三、曾倬三，并派人与川东南一带的同盟会会员加强联系，约定一同起义。

11 月 22 日，随着隆昌城东门外几声土炮巨响，起义人员兵分三路，围攻县城。在陈道循、文鸿谟、曾绍鲁等同盟会会员领导下，哥老会首领程石溪率同志军从普润乡出发，攻占水东门；郑绪三、曾倬三所部同志军自油坊街、罗家山出发，攻占城郊制高点云峰关。三路人马在县城会师后，直扑县衙。面对同志军的进攻，知县陈金华措手不及，只得弃城而逃。起义军攻下县衙，宣布隆昌独立。次日，成立隆昌县军政府，公推郭书池任军政府司令官，曾绍鲁、文显谟为秘书，戴成福任财政部部长，程石溪任标统，曾佐三、郑绪三任副标统。随后，军政府张贴布告，告知市民“剪辫放足”，还打开监狱，释放囚犯，并通电重庆蜀军政府，听其节制。

3. 内江独立

荣、威独立后，军政府组织各路同志军进攻盐业重镇自流井。驻守自流井的清巡防军死命坚守，端方也派兵助阵，形势对同志军十分不利。为了保卫新生的革命政权，正在贡井前线的同盟会员吴玉章和吴庶咸（景熙）决定“到外面去搬救兵”。11 月 22 日两人连夜来到内江县，以同盟会会员喻培棣家为联络点，着手筹划内江起义，以支援荣、威独立。

内江县地处成渝中间，濒临沱江，历来是水陆交通要冲和物资集散地。素以盛产蔗糖出名，较之周边富裕，民众思想也较为开放。辛亥前，地方上已有同盟会会员活动，暗中发展党人。保路运动兴起后，群众参与热情高涨。同志军兴，知县彭卓元加强戒备，城四周均筑防设卡，新招 300 名巡防军，启用城防多年未用的土炮。“八道城门，只开三道，还把城门口堵塞住，只留下一乘轿子进出的通道”，并布告居民不得在城墙、城门一带久留。

吴玉章在内江时，一面安排地方同盟会员李益文、喻培棣、吴庶咸（树韩）、谢绍连设法摸清城内驻军、团防情况；一面与鄂军后队同盟会会员田智亮取得联系，得知鄂军拟于资州起义诛杀端方，响应武昌起义。于是通夜商谈“决定由他们（指鄂军同盟会会员）到资州杀掉端方，我们在内江发动起义”。

11 月 27 日，端方在资州被杀的消息传到内江县，知县彭卓元闻讯携印而逃，500 名巡防军“连早饭都没有吃就逃走了”。城内治安暂由县团练局长谢联辉维持。谢联辉担心资州起义鄂军过境时难以抵挡，次日一早派人找谢绍连、吴庶咸（树韩）到南街总爷衙门县团练局商谈，希望借同盟会之力与鄂军斡旋。

吴玉章得知情况后，“主张大家一道去，对谢晓以大义，如果他能够退让，那么内江起义独立就可以事半功倍”。当日吴玉章等人来到团练局，起初谢联辉拒不交出团练武装，吴玉章等与谢联辉据理力争，针对他提出的治安问题不好解决等假托之言说："治安问题我们完全可以保证，但你必须首先将团练局武装交出。"此刻，周围群众齐声怒吼："非交不可，一定得交！"一时群情激愤，谢联辉只得将团练武装交出，由李益文负责接收。随后由喻培棣之父喻学庵出面沿大街小巷鸣锣，通知民众集会于天后宫大戏台前召开大会，与会者数千人，会场正中悬挂以白色被单书写的斗大"汉"字大旗。吴玉章"上台宣布革命宗旨，主张建立革命政权，群众听说，欢呼万岁，声震瓦屋。当场通过成立内江军政府"。在内江传教的法国神父皮亚尔记录下了吴玉章演讲的内容："我们要摧毁满洲人的统治，建立汉人的中国""我们要拯救祖国！重庆与十四个省已获得胜利，今天四川必须属于我们"。二十五年后吴玉章在巴黎《救国时报》上回忆这段历史时还激动地说："我从奔走革命到最荣幸快活之事，无过于此的。"

内江军政府宣告成立后，发布安民告示："人民安安静静地做生意；通奸与强奸罪犯斩首；抢劫罪犯斩首；不得侵犯教堂和教民；禁止毁坏电线；承认革命政权的人在门上树立我们的旗帜（上书'大汉'白色旗帜）"。紧接着，接收县衙门，筹组军政府机构，决定由谢绍连任司令，李益文任副司令兼财政部部长，吴玉章任行政部部长，吴庶咸任军政部部长，王伯方任司法部部长，伍心言任教育部部长，交涉部由协助起义的城内哥老会首领朱章甫负责。11 月 29 日，起义鄂军路过内江县时，吴玉章代表内江军政府接受其赠送的快枪 40 支，用以护城。内江军政府则酬银以作行资。

内江起义的成功，促进了四川辛亥革命的发展进程。正如吴玉章所说："自从端方在资州被杀，内江起义成功，进攻自流井的民军因此取得了胜利。于是，成都周围的民军势力大振。"

4. 资州独立

11 月 27 日，起义鄂军在资州诛杀端方后，州官朱景岳逃走。次日鄂军即东归，全军撤离资州。资州城内顿成真空状态，城内士绅遂推城防统领李传玖维持治安，紧闭城门。当日，原奉起义鄂军之命驻扎城外的同志军首领周星五急于率部进驻城内。李传玖担心周星五部纪律涣散，入城后难以节制，恐城内商户民众遭殃，遂拒绝同志军进城。于是双方发生激战。城破，周星五率部进城，杀死李传玖，把队伍分驻于大东街资州中学堂等处。一时城内商户闭门，州人恐惧。

11 月 30 日，资州开明士绅李芳自贵州返乡，见百姓寝食难安，遂约集城内士绅，详述各地所见反正情况，“主张恢复秩序为第一要著”，并取得共识。一面派人与同盟会会员赵斯镈（荥经县人）、李哲（威远人）取得联系，请求协助；一面约见周星五，答应为其筹备军饷。12 月 2 日，各方人士在州署召开全体代表大会，宣布资州独立，成立资州军政署。公推李芳任署长，蓝世钲任司令官，周星五任军校官。赵斯镈、李哲二人协助李芳处理军政事务。

随后，城内州绅目睹驻扎中学堂内的周星五部毁坏教学仪器、图书、标本，推举同盟会会员、州绅游运炽出面筹款 7 000 余元，力劝周星五率部出城。周遂率部赴蓉，为四川都督尹昌衡收编。

四、内江在辛亥革命中的历史贡献

考察辛亥革命在内江的发展历程，我们可以看到，内江是四川保路运动和辛亥革命最活跃的地区之一。内江人民为辛亥革命做出了重大贡献，内江在四川保路运动和辛亥革命史上具有突出的历史地位。

（一）产生的辛亥革命重大事件多，影响深远

在内江这片热土上，发生的辛亥革命重大事件较多，影响深远，为四川保路运动史和辛亥革命史写下了光辉篇章。

第一件大事是资州“罗泉井会议”。这次会议之所以重要，首先它是在代表先进力量的同盟会领导下召开的，它表明同盟会开始掌握保路运动的领导权；其次，它是在川督赵尔丰举起屠刀前召开的军事准备会，它体现了同盟会领导人对运动的预见性；最后是事实证明它对保路运动由和平请愿到武装起义是起了关键性作用的。“当头天赵尔丰杀人，第二天（同志军）就包围了成都”。此后“保路同志军起义基本也是按照罗泉会议制定的决策和部署进行的”。这充分说明了罗泉井会议在四川保路运动和辛亥革命中的重要地位和作用。

第二件大事是内江人民协助起义鄂军诛杀端方事件。这一事件历史书上又称“资州起义”。辛亥革命史专家隗瀛涛先生对“资州起义”的历史作用有个很形象的比喻，他说：“清朝在四川的势力就像一根扁担一样，一个在成都，一个在重庆，而资中在中间起义，一刀砍断，促进四川独立。”这一重大事件至少产生了四大影响。一是促成了成都独立。端方一死，赵尔丰援兵无望，只好把政权交给立宪派蒲殿俊，宣布成立“大汉四川军政府”。二是巩固了重庆蜀军政府。重庆虽独立于端方被杀之前，但地方旧官僚还“暗怀观望之心”。端方一死，断了重庆旧官僚的复辟之梦，“重庆知府钮传

善被迫交出大印”。三是迫使驻守自流井的清巡防军放弃了抵抗。端方被杀之前，荣县、威远等各路同志军正在自流井一带与清巡防军激战，同志军处于劣势。端方一死，巡防军畏惧起义鄂军来攻，于是放弃抵抗，四散而逃，自贡遂为同志军所占据。四是震慑了清廷，加速了清王朝的灭亡。端方之死极大地震慑了清王朝高层的顽固势力和其他省份的封建官僚，不敢再做困兽之斗，从而促成了溥仪退位，清朝灭亡。所以隗瀛涛先生认为资州起义这一事件不仅是地方性事件，而且是全国性的事件。因而“资中在中国近代史上特别是中国近代革命史上具有突出的历史地位”。

第三件大事是同志军发起的影响川南的“威井战役”。它是四川保路武装斗争的三大战役之一，也是内江境内同志军与清军交战时间最长、影响最大、战斗最为惨烈的一场战役。它北起威远县高石场，南至威远与自流井、贡井、富顺交界的黄泥塘、夏家凼、界牌、高桥溪、马鞍山、大塘山、牛角沱，战线长达数十里，时间长达一个多月。威远同志军联合荣县、贡井等地同志军先后与清巡防军展开了界牌之战、大塘山之战、牛角沱之战、黄泥塘之战、马鞍山之战等大小6次战斗，战斗异常惨烈。虽然威远同志军因经验不足、武器太差而伤亡惨重，但同志军的战斗意志始终是旺盛的，“威井战役”沉重地打击了清军的气焰，保卫了新生的荣县、威远革命政权，为四川保路武装斗争史留下了光辉一页。

另外，发生在内江境内的大事还有民国成立之初，成渝军政府代表与入川滇军、黔军代表缔结北伐条约的威远“界牌游家祠会议”和成渝两地商议军政府合并事宜的“资州会议”以及蜀军政府都督张培爵在隆昌县召开的行营会议等。

（二）参与运动的人民群众多，范围广泛

保路运动兴起之初，内江人民首先响应，积极投身运动之中。据文献史料记载，资州、内江、威远、隆昌各州县成立同志分会时，入会人数多的达四五千人，少的也有千余人，这还不包括乡镇、码头和同业公会各自成立同志会的人数。从参加同志会的成分看，上层领导者大多为地方开明士绅、商人以及哥老会首领，中下层大多是市民、学生，农民、矿工、糖工，甚至连老人、幼童、僧人、道士、天主教徒也加入斗争行列，从而形成了一个不分团体、不分职业、不分年龄、不分宗教信仰的爱国联合阵线。当运动进入罢市、罢课阶段，资州州官朱景岳拘押罢市商人，威吓民众，却不料被民众驱逐城外，并高声对朱说：“我等身家性命财产，均赖官为保全，今若此，要

官何用？”后竟无人招待，朱乃通夜露宿，狼狈不堪。次日朱知州请乡绅出面说情，答应释放拘押商人，群众才让他进了城。“自回署后，直不敢越雷池一步，多数人民各就署前开会演说，遂亦听其自由，不似从前之赫赫矣！”威远知县徐昭益率团练下乡，镇压同志会，却遭到民众反击，弄得丢靴弃甲，逃回县城，闭城不出。由此看出腐败专制的清王朝已彻底丧失民心，它在地方上的代言人也陷入孤立境地。同志军兴后，民众拿起大刀、土枪、棍棒也敢于与武器精良、训练有素的清军正面交战，往往冲在最前面。交战失败后，“即使撤退回威远，整队入城时，伤了手、跛了足的或被火药熏得满脸焦黑的受伤战士亦个个精神振奋，无丝毫沮丧畏缩之态”。内江人民在协助起义鄂军诛杀端方的斗争中和威远、隆昌、内江起义的斗争中，表现英勇，成为革命的主力军。吴玉章在内江与地方势力派谢联辉争夺武装力量领导权的斗争中，得到了民众的大力支持，“县团练局长谢联辉刚上台准备讲话，台下群众就轰嚷起来，石子、甘蔗皮纷纷丢上台子，谢狼狈不堪，被迫滚下了台子”。后来吴玉章在回忆这段历史时说：“群众把我们拥到县署去办公的时候，我深深感到群众力量的伟大。”吴庶咸（树韩）也感叹地说：“内江的独立，完全是在群众的支持下，才得以成功的。”可见，同盟会领导的四川保路武装起义之所以能取得胜利，是有其坚实的群众基础的。

（三）涌现的辛亥志士仁人多，事迹壮烈

内江是四川同盟会会员较为集中的地区之一，是四川同盟会的发源地之一，这是有其历史原因的。

首先是内江赴日留学生多。甲午战争后，省内许多有志青年面对家国艰难的现实，纷纷赴日寻求救国之路，形成了“于今学战渡扶桑，八千子弟齐叱咤”的留学热潮。据《四川游学日本诸生调查表》等资料统计，资州、内江县、威远县、隆昌县先后赴日留学生不下 100 余人。他们中年龄最大的不过 32 岁，最小的仅 17、18 岁。当时官费派遣的留学生很少，“大县三名、中县两名、小县一名”。因此更多的是富有家族或家庭自费送去留学的。如威远观音滩盐业家族罗氏“六一堂”，仅 1907 年就一次资送 4 名子弟赴日留学。内江经营糖业的喻学庵也顺应潮流，“毅然筹资送两个儿子（喻培伦、喻培棣）远游日本留学”。

其次是在日本加入同盟会的早期会员多。中国同盟会成立之前，川籍留日学生黄复生（隆昌人）、陈道循（隆昌人）、林冰骨（资中人）、李益文（内江县人）等 10 余人，“目击清政不纲”，在东京组织一中坚团体“主张革命”。

1905 年 8 月同盟会成立后，这批人自然归属到同盟会的旗帜下，成为最早加入同盟会的内江人。据《中国同盟会成立初期（乙巳、丙午）四川籍会员名册》统计，仅 1905 至 1906 两年间，川人入盟者 127 人。其中，隆昌 5 人，资州 4 人，内江县和威远县各 1 人，共 12 人。隆昌籍同盟会员黄复生是其中的佼佼者。他不仅参与中国同盟会的筹备工作，而且被孙中山指令为同盟会四川分会会长兼同盟会机关刊物《民报》社经理。在四川早期 127 名同盟会员中，有 77 人是由他亲自主盟入会的，在同乡中发展的会员多。同盟会成立的当年冬天，陈道循、林冰骨、涂德芬奉总部之命先行回川。陈、林二人首先在同乡中发展会员，随后约定“陈道循在川南、林冰骨在川西、涂德芬在川东”秘密征集会员。次年秋，担任同盟会四川分会会长的黄复生和李益文回川，分别受聘为成都府中学堂和四川铁道学堂教习。他们在旅蓉同乡中、亲朋好友中以及“铁道、师范、法政、陆军小学”秘密发展会员，“数月来，收的‘学生’（暗号入党者为收学生）三百多人”。毛建威整理的《内江市辖区中国同盟会会员名录》统计，资州、内江、隆昌、威远一州三县有同盟会会员共 102 人，其中大部分是由留日回来的黄复生、陈道循、李益文、周炯伯、黄金鳌等人介绍入盟的。内江堪称四川革命党人的发祥地，为四川同盟会组织的建立和发展做出了重大贡献。

在内江这片热土上，不仅涌现出了那么多的同盟会会员、辛亥革命先驱，同时从他们中间也涌现出了不少在全川乃至全国都有影响的革命先烈和英雄人物。其代表人物有孙中山亲自追认为“大将军”的广州黄花岗著名烈士喻培伦，有谋炸清朝摄政王而闻名全国的黄复生，有领导重庆独立运动并出任蜀军政府都督的张培爵，有参与荣县独立并领导威远起义的同盟会会员胡驭垓，有刺杀清朝内阁总理大臣袁世凯而壮烈牺牲的杨禹昌等。

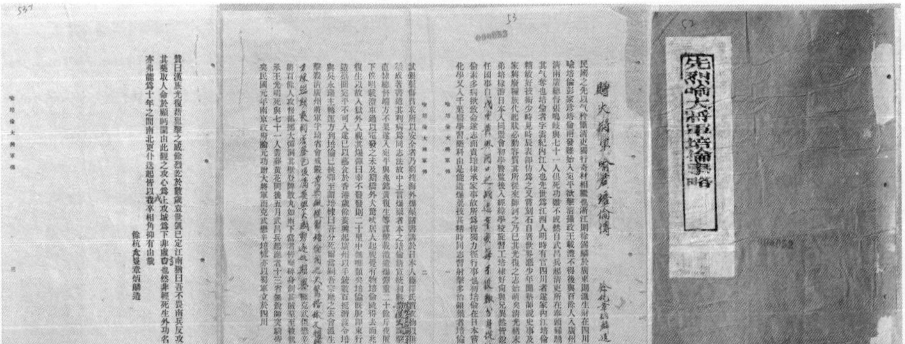

先烈喻大将军培伦事略

内江喻培伦纪念馆

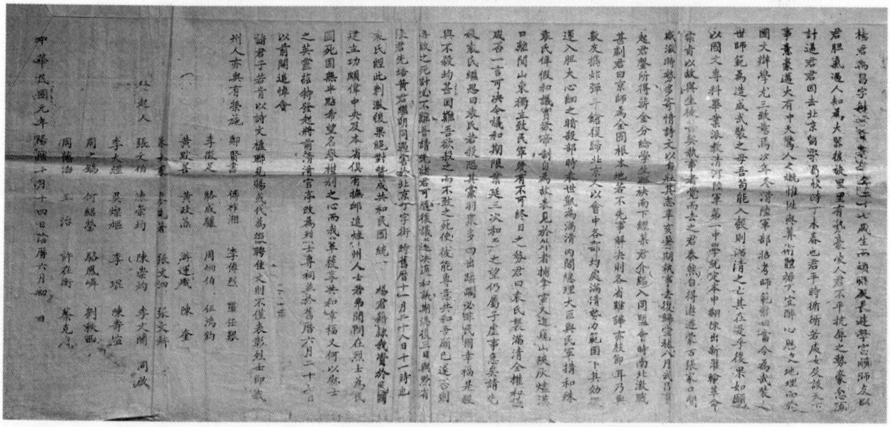

楊君禹昌字[illegible]年二十七歲生而穎悟及長進學宮嘗師友以
君膽氣過人知爲大器後族里有執豪奴人君不平抗辱之勢豪忿[illegible]
計逼君君因去北京留學[illegible]校時丁未春也君平時[illegible]若處女及談天下
事意氣遒大有中天驚人之概[illegible]與算術體操[illegible]心歷史地理而於
國文辯學尤三致意焉次年冬清陸軍部招考師範[illegible]當今爲武裝之
世師範爲造成武裝之母吾苟能人數則滿清之亡其在旦乎後果如願
以國文專科畢業派教清河陸軍第一中學既充本中[illegible]出新[illegible]革命
宗旨以鼓舞生徒[illegible]執事者覺而去之君泰然自得遊進家[illegible]張家口[illegible]
[illegible]多寄情詩文以自壯其志辛亥[illegible]去復歸[illegible]八月武昌事
起君罄所得薪金分給學生[illegible]南下經某君介紹入同盟會時南北激戰
甚劇君曰京師爲全國根本地若不先事解決則各省雖[illegible]亦枝節耳乃與
數友攜炸彈二十餘復歸北京入以會中各部均處滿清勢力範圍下其[illegible]
遂入膽大心細之暗殺部時袁世凱爲滿清內閣總理大臣與民軍議和殊
袁氏俾假和議實欲帝制自爲故袁見於外者捕拿黨人進窺山陝[illegible]
日離閒山東獨立致民軍終有不可終日之勢君曰袁氏挾滿清全權和[illegible]
戰否一言可決今議和期限業延三次和[illegible]之望仍屬子虛事急矣請先
殺袁氏繼思曰袁氏若殺恐其黨羽衆多四出騷亂必非民國幸福是殺
與不殺均甚困難吾欲殺之而不致之死使彼能專意共和吾願已遂否則
再[illegible]之死計是不難吾請[illegible]諸君可隨後[illegible]決適和議期滿後三日與[illegible]有
[illegible]君先培黃石[illegible]同遇害於北京丁字街時舊曆十一月二十八日十一時也
袁氏經此刺激後果絕對贊成共和民國統一 楊君[illegible]
建立功頗偉中央及本省俱有撫卹追[illegible]州人士者[illegible]例在烈士爲民
國死國無半點希望名譽權利之心而我輩獲享共和幸福又何以慰烈士
之英靈茲特發起將前清[illegible]亭改爲烈士專祠并於舊曆六月二十[illegible]日
以前開追悼會
諸君子若肯以詩文楹聯見賜或代爲徵聘佳文則不僅表彰烈士即我
州人亦與有榮施

發起人 鄒賢書 傅作湘 李傳烈 羅任毅
李徽足 駱成驤 周[illegible]伯 任鴻鈞
黃默吾 黃政蒸 蔣運藏 陳奎
[illegible] [illegible] 張文泗 張文斯
張文[illegible] [illegible]崇均 陳崇[illegible] 李大[illegible] 同啟
李大經 吳燦樞 李琨 陳壽[illegible]
周[illegible] 何紹鎣 駱鳳崢 劉秋函
周[illegible] 王治 許在衡 蔡克[illegible]

中華民國元年陽曆[illegible]十四日陰曆六月初[illegible]日

杨禹昌传

1912 年 8 月迁葬四烈士时孙中山及诸同志合影

1913 年四烈士周年纪念合影

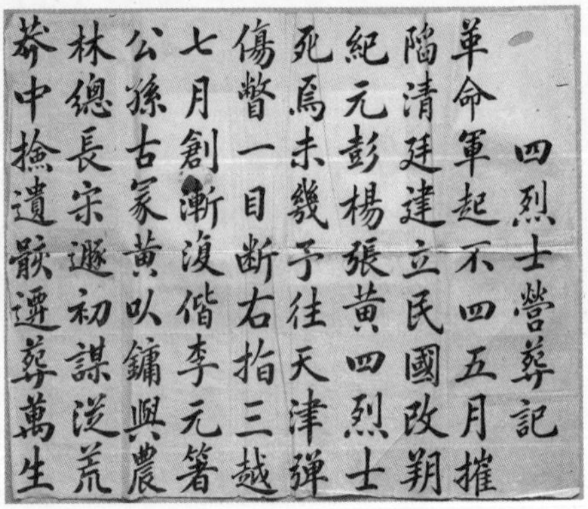

四烈士營葬記
革命軍起不四五月推陷清廷建立民國改朔紀元彭楊張黄四烈士死爲未幾予往天津彈傷瞥一目斷右指三越七月創漸復偕李元箸公孫古冢黄以鏞興農林總長宋遯初謀從荒莽中撿遺骸遷葬萬生

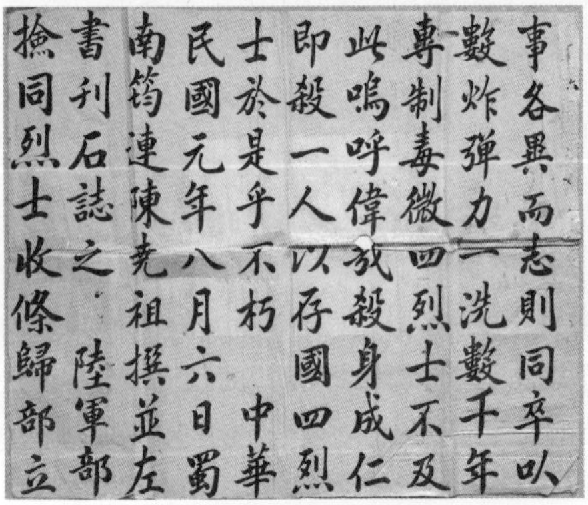

事各異而志則同卒以數炸彈力一洗數千年專制毒徽四烈士不及此嗚呼偉哉殺身成仁即殺一人以存國四烈士於是乎不朽 中華民國元年八月六日蜀南筠連陳尭祖撰並左書刊石誌之 陸軍部撿同烈士收條歸部立

1912 年 8 月陈尧祖撰并书《四烈士营葬记》（部分）

他们的英勇事迹，可歌可泣。从他们身上体现出来的炽热的爱国主义精神，高昂的民主主义精神，百折不挠、自强不息的进取奋斗精神，英勇无畏的献身精神，是他们留给中华民族、家乡人民的一份极为珍贵的精神财富，永远值得我们继承和发扬。

正如隗瀛涛先生所说：“考诸辛亥革命史实，（内江）资州无愧为爱国之乡，革命之城也。”

辛亥革命内江重要人物传略

吴玉章

吴玉章

吴玉章（1878—1966），原名永珊，号树人，荣县双石桥蔡家堰人。中国无产阶级革命家、教育家、历史学家和语言文字学家。1903年东渡日本，入东京成城学校，谋强国之策，接受民主革命思想。1906年加入同盟会，任评议部评议员。先后参加“拒俄运动”“反美运动”等爱国斗争。1907年秋在东京主持《四川》杂志，并参与策划国内各省武装起义。1910年回国，积极从事1911年广州黄花岗起义准备工作，奉令购运军火。起义失败后返川领导保路运动。9月回荣县，助王天杰组织民军北上攻成都，亲自训练民团，筹粮饷，支援前线。军民挥师回荣县，吴玉章不失时机，在龙鸣剑等人积极配合下，于9月25日宣布荣县独立，在全国率先脱离清王朝建立军政府，成为辛亥革命中由同盟会建立的第一个县级革命政权。旋即赴内江，联络鄂军中党人处死清廷大臣端方。11月28日，在内江上南街天后宫发表革命宣言，领导内江独立。同年底赴渝，清除内乱，巩固蜀军政府。1912年赴南京参加全国革命政权的筹建，出任大总统秘书、参议院议员。1913年因反对袁世凯篡国，遭通缉，被迫流亡法国，在法与蔡培元等人组建“华法教育会”，为国培养人才。1916年冬回国，在北京创办留法俭学预备学校，选送留法学生近两千人。1918年在广东参加护法运动。1919年10月回川，建立留法勤工俭学分会和预备学校，输送了陈毅、邓小平等大批青年赴欧留学。1922年出任成都高等师范学校校长。1924年在成都与杨闇公秘密成立“中国青年共产党”，次年加入中国共产党。1927年参与南昌起义的谋划，后被选为中央革命委员会委员兼秘书长。之后去苏联莫斯科东方大学中国部学习和工作，其间钻研中国语言文字学和中国历史学，颇有建树。1935年在巴黎主持《救国时报》，开展抗日救国国际宣传。1938年回国作为中共代表出席国民参政会，任参政员。1939年后历任鲁迅艺术学院院长、延安大学校长、华北大学校长等职，是中共延安“五老之一”。中华人民共和国成立后历任中国人民大学校长、中国文字改革委员会主任、社会主义学院院长等职，直到88岁还登台为师生讲授党史。

喻培伦

喻培伦（1886—1911），字云纪，内江县文英街人。6岁启蒙，8岁与祝明钦之女祝淑槐订婚，13岁就读岳父家。14岁从师资州魏楚珊，深得魏楚珊喜爱。学习中凡涉及国家兴亡，民族盛衰史事，必动容问其原委。1904年与祝淑槐结婚。1905年10月，偕弟喻培棣赴日留学，考入东京警监学校，后改入经纬学校、大阪高等工业预备学校肄业，留大阪自修化学及摄影术。在日本留学期间，深感中国科学与实业贫弱，每致书家中，常倾吐科学实业救国的思想。

喻培伦

1907年冬在东京结识了四川同乡吴玉章，投身革命活动，经同乡吴庶咸和胞弟喻培棣介绍加入中国同盟会。1908年7月，为革命需要，考入千叶专门医学校药科，自修化学及摄影术，研制炸药。9月，与吴玉章之兄吴永在山岗试炸，伤左手三指，辍学半年。复偕黄复生、汪精卫、黎仲实、陈璧君、方君英等人赴香港，试制“安全炸药”，运用电流、化学、钟表等原理发火，引爆成功。1909年2月，从香港返日本东京，识千叶医校日籍同学藤泽氏，交往密切，获读所藏英、德、日等国炸药秘本。日夕研证，终于学得制造“安全炸药”的知识和制作技能。7月，喻培伦、黄复生、但懋辛等奉命刺杀清朝大臣端方，未果。复入千叶医校。1910年同黄复生、汪精卫等人返国，拟炸庆亲王奕劻而事败露，得同乡赖诚昭资助返东京，图谋再举。时黄复生、汪精卫下狱，喻培伦被通缉，化名王光明、尤国楠渡香港，从医以自给，著《安全炸药制造法》一书，约万言、图十余幅，印送革命党人。10月，由香港经上海又去东京，造手掷炸弹成功，被革命党人誉为“炸弹大王”。年底，孙中山征同盟会员800人为“选锋”，喻培伦为“选锋”实行员，负责制造炸弹。

1911 年 1 月，黄兴函约喻培伦举义于广州。起义前夕，喻培伦辗转于香港、广州，经月余制成半磅、一磅、二磅炸弹 300 余枚。4 月抵广州。广州起义原定于 4 月 27 日（农历三月二十九日），先一日，因同盟会会员温生才在广州刺杀清将孚琦事泄，官府戒严，所有枪弹运送受阻，决定延期起义。喻培伦与林时爽急见黄兴，痛陈利弊，坚决表示“与其食言而瓦全，毋宁践约而玉碎。君等即相率去，我辈亦当蹈火以从之”。黄兴素重喻培伦，闻严词益增敬意，经商议决定如期举事。4 月 27 日傍晚五时，喻培伦胸前挂一大筐炸弹，率四川、广东籍“选锋”27 人直奔总督衙门。喻培伦用炸弹将后墙炸裂，攻占总督大堂，继攻观音山敌营，途经莲塘街口，与清兵遭遇，遂登女墙掷弹，炸伤炸死清兵无数。战斗延续至次日破晓，喻培伦负伤多处，弹尽被执。在械讯时，自称王光明，大义凛然，侃侃言：“学术是杀不了的，革命党人尤其是杀不了！”刑前犹呼“党人可杀，学理不可灭，头可断，学说不可绝”。时年 26 岁，葬于广州黄花岗。

民国元年（1912 年），临时大总统孙中山追赠喻倍伦为大将军，并抚恤亲属。为追念烈士，由章太炎为之立传，杨庶堪撰墓表，雷铁崖写事略，喻培棣序年谱。1930 年，在内江县城南街建喻培伦大将军祠。1981 年 8 月，内江市政府于人民公园建立“喻培伦大将军纪念碑”。1985 年内江市政府再于纪念碑后增建“喻培伦大将军纪念馆”。

张培爵

张培爵（1876—1915），字列五，原隆昌县荣隆场人（今归荣昌县管辖）。少时家贫，勤奋好学，年 24 岁入隆昌县学，为秀才。1902 年考入四川高等学堂。1906 年由谢持介绍加入中国同盟会。1907 年，张培爵与熊克武、陈道循、黄金鳌、余切等 30 余人聚集成都草堂寺，拟定利用端午节在成都、江安、泸州等地同时起义，由于准备不及而改期，后均未成。此后，参加商议人员大都外走，张培爵留下秘密主议施计。1909 年，张培爵与杨庶堪汇集重庆，商议起义步骤。杨庶堪与张培爵均为同盟会重庆支部负责人，皆以重庆府中学教员作为职业，以方便进行革命基地建设和会员发展。1910 年，张培爵等集聚在重庆，与杨庶堪等人商议，决定在重庆

张培爵

府扩大组织的基地。杨庶堪为重庆府中学监督，张培爵为监学。重庆同盟会支部就设在重庆府学堂内，杨庶堪、张培爵为支部负责人。在重庆支部召开的第一次秘密扩大会上，公推杨庶堪主盟，张培爵与谢持主持联络交通，负责组织起义所需枪械物资等。1911年夏，张培爵与黄金鳌、黄万里、程石溪等发起成立隆昌同志会。同年11月22日，重庆起义成功。在重庆行台成立重庆蜀军政府，张培爵被推举为都督，夏之时任副都督，陈道循为礼贤馆馆长，黄金镕为四标统之一。1912年4月，四川所属成都大汉政府与重庆蜀军政府合并，推尹昌衡为都督，张培爵为副都督。7月，尹昌衡西征，胡景尹代管都督，张培爵任民政长。9月，袁世凯任命张培爵为总统顾问，实际暗中监视。张培爵于1915年被害。1938年，为纪念殉难烈士，四川省政府将私立叙属中学改名为列五中学，以昭示后人。

黄复生

黄复生（1883—1948），隆昌县龙市镇人。初名位堂，字明玉，易名树中，字理君，号复生。黄复生家贫，幼年师从隆昌宿儒江云生，由于课余好读刺客传记、民族英雄类书籍，有“拔剑直蒿莱”思想，进而萌发了革命理想。1901年，入川南经纬学堂。该校乃宣扬资产阶级革命和传授科学知识的学府。黄复生于师友之间常谈振国安邦宏论，颇受敬重。三年卒业，成绩优异，得校中进步师生资助，于1904年留学日本，选学化工，专心研制炸药。黄复生与先期赴日本的隆昌籍同乡陈道循成为挚友。经陈道循倡议，组建了一个7人小团体，常以纵论时局为主要谈论话题。

黄复生

1905年，孙中山在东京灵南板成立中国同盟会。同年经孙中山介绍，黄复生与川籍数十人入盟，并被推选为四川分会会长，兼任同盟会机关报《民报》社经理。与杨兆蓉、陈伯珩、陈少封、邓亚珍等共商发动四川革命具体步骤。后经孙中山和日本友人介绍，到横滨随梁慕光制作炸弹。1906年，黄复生在日本东京，介绍川南哥老会首领佘英加入同盟会。同年辞去四川分会会长、《民报》社经理，被派回川，开展活动，发展会员。1907年春，经黄金鳌介绍，进成都华阳中学，做翻译以作掩护。是时，川南地区同盟会积极筹备起义，急需炸弹，黄复生应泸州永宁易曼耕邀请，在前去该县兴隆场黄方家以办家学为名造炸弹时，不慎引爆，黄复生左目受重伤，于重庆医治后眼复明，故改名黄复生。由于四川同盟会多处起义失败，1908 年，黄复生与谢持由重庆去上海，与在上海的内江籍同盟会会员喻培伦共同研制安全炸药。在研制中，黄、喻二人常往返于香港、东京等地，寻求药物配方与制作方法，经过多次试验，获得成功。之后，又研究引爆法和药弹壳的制造。二人常典卖衣物购置药物器材，解决了经济短缺难题，确保安全炸弹试制成功。同年，与喻培伦、但懋辛、曹钟澍等在汉口车站谋炸端方，未中。1909 年夏，黄复生与喻培伦等同盟会会员，在北京组织暗杀机关。携炸弹前往汉口，欲杀清重臣端方，由于事机泄漏，端方临时改变所行路线，未果。同年秋，黄复生又与喻培伦、汪精卫、但懋辛等人秘密潜入北京，准备刺杀清摄政王载沣。1910 年 4 月，置炸弹于甘水桥下，惜事败露。几天后，黄复生被捕押入左区警察章署。初，黄复生拒不承认，经时，汪精卫亦执到法庭上，相馆一应物证搬到，警官问道："汪先生和你所用之物都已搬来，看黄先生还有何说？"黄复生为掩护汪精卫，以目向汪示意，厉声说："汪是我的客人，甘水桥埋弹设谋全是我为，与他何干？供词如此，听你们便。"一周后，转内地警厅监狱。一日，清肃亲王善耆推帘而入："看史书最好，我记得先祖叫黄汉升什么的，在狱中与夏侯胜学《易》说'朝闻道，夕死可矣！'"黄复生摇头："不是黄汉升，是黄霸，字次公。"肃王竖指赞道："你真记得熟，现在正好读书，你与汪精卫将来可替国家办事嘛！"旬日后，肃亲王来称："死罪已免，现狱谳已定，交刑部执行。我愿从中斡旋，二位暂屈。"乃囚之，二人分住两室，手足加镣铐，寝藁草，食粗食，监视颇严，但狱卒语气平和，以先生呼之。黄复生常于夜间对狱卒、老囚进行鼓动："你们看本衙中，无论芝麻大的官儿，都是满人当了，而汉人只能做狱卒刑人，这成什么公道？"狱卒无不称是。自此，黄、汪得狱兵照顾，寝能睡，食能饱，并读书阅报。1911 年黄复生阅报得知喻培伦牺牲于黄花岗之役，悲愤万分，在狱中率同盟会会员追悼，泣血陈词。其时宣统下罪己诏，大赦在狱党人。御史赵尧生（名熙，荣县人）冒死上书"请开党禁"，往返于资政院、民政院、刑部之间，说服共同上折请释。虽御史胡思敏作梗，清廷终批谕："政治嫌疑犯黄、汪二人，着发往广东张鸣岐差委。"1911 年，黄、汪获释。在狱中 540 天。出狱正值武昌起义，黄复生辗转京津沪，与彭家珍、杨禹昌组织京津同盟会，建议陈其美利用江南制药厂药料制造炸弹，以济军需。革命党人刺杀袁世凯亲信徐宝山，所用炸弹巧置于古物中，乃黄复生研制。

1912年，成都、重庆两地军政府合并。黄复生被举为四川驻南京代表，后继任参议院议员、印铸局长等，重庆杨庶堪等联名电请尹昌衡委黄复生为四川镇守使。四川省省长一职，亦由孙中山电谕黄复生代理，直到杨庶堪到任。袁世凯妄图称帝，黄复生召集川籍国民党人在上海组建蜀汉军，通过赵尧生在川汉铁路公司筹得军费百余万元。1917年，段祺瑞毁法，孙中山在广州组织非常政府，黄复生组织四川靖国军，自任总司令，以呼应广州政府。1923年，曹锟贿选总统，1924年熊克武奉命讨曹。孙中山委黄复生为重庆监督兼交涉员。1927年，黄复生当选国民党第二届中央执行委员。翌年，改选为中央候补委员。“四一二”政变，黄复生指责蒋介石背叛孙中山，破坏革命。1931年赴广州，当选为国民党第四届候补中央执行委员。1932年，任立法委员。1933年，任国民政府委员兼政务官惩戒委员。1936年因半身不遂后遗症辞去官职，寓居上海。1937年，黄复生挈全家迁居重庆鹅公岩和尚湾，并一度回乡居住。1943 年任国民政府顾问。1945年获抗战胜利勋章。1948年，被聘为总统府国策顾问。10月，病逝于重庆。国民政府拨款5 000元治丧，将其功绩写入《黄复生先生行述》付诸国史，并追赠为陆军上将。

杨禹昌

杨禹昌

杨禹昌（1885—1912），字敏言，资中县马道子乡凤桥村人。杨禹昌自幼在村塾读书，聪明好学。1907年春赴北京，就读蜀校，陆军部师范等。1909年毕业后派往保定陆军第一中学任教官。其间，杨禹昌毅然加入京津同盟会。在内蒙古、张家口一带进行革命活动。1912 年 1 月 1 日民国成立，袁世凯窃取了清廷内阁总理大权后，南北议和未能实现。为除障碍，以捍卫共和成果，京津同盟会决定组织刺袁行动。杨禹昌与革命党人张先培、黄芝萌组织密谋暗杀袁世凯行动组。1 月 16 日晨，杨禹昌、黄芝萌、严奇峰等埋伏在北京东安市场和便宜坊酒楼；税绍圣等分布东单楼和金鱼胡同等地，准备在袁世凯路经此地时，掷弹炸袁。11时，袁世凯至菜市口，突有炸弹爆炸，市民立即慌乱。

杨禹昌知此弹为严奇峰所投，急忙将胸前暗藏于身的炸弹取出，欲投之时，手部受伤，被巡逻士兵捕获。此时，袁车驾驶者抽马前行，在经过便宜楼时，张先培、黄芝萌从楼上投弹至袁车的顶部而滚落在地上，竟未爆炸。袁侥幸逃掉。张、黄二人被捕，严奇峰在混乱中脱险。杨禹昌与张先培、黄芝萌三人被捕后，被拘押在京防营务处。袁世凯先以利诱，后用酷刑。法官陆建章许以高官厚禄，三人均不为所动。杨禹昌受酷刑而不屈服，当晚牺牲于监狱中。第二天，张、黄被绞死。北京防营士兵崇敬三人刚烈气节，将遗体葬宣武门外高碑岗。杨禹昌遗物及受刑血衣则由同乡在京状元骆成骧带回资中。南北议和成功后，8 月 29 日，将杨禹昌、张先培、黄芝萌遗骸由高碑岗掘出，与炸良粥而牺牲的彭家珍一起，移葬三贝子花园，即今北京动物园（当时称万牲园）内，时称“四烈士冢”，孙中山、黄兴、胡汉民、宋教仁及京津同盟会陈宪民等亲临迁葬典礼，赞誉杨、张、黄刺袁三杰。饬在原籍建专祠，每年抚以恤金，表彰功绩。资中县在北门外建有“杨烈士祠”，骆成骧撰写有《杨烈士节略》。1921 年 5 月，胡适写《四烈士歌》，颂扬杨禹昌等四烈士的功绩。1954 年 5 月，中华人民共和国主席毛泽东签署并颁发给杨禹昌家属《革命牺牲军人家属光荣纪念证》。

胡驭垓

胡驭垓（1883—1911），名良辅，字驭垓（又作御阶），威远县界牌场人。幼时，胡驭垓在界牌及威远县城读小学。1906 年春，到成都通省师范学校优级班学习。第二年春，经熊克武介绍加入同盟会。1908 年秋，胡驭垓与同盟会负责人黎元章等密谋，利用清廷大员在十月初九为清廷慈禧祝寿生日之时，一举横扫清廷在四川的文武百官，后因此事泄密，起义失败，幸免于难的胡驭垓出走嘉定（今乐山）、叙府（今宜宾）。1909 年，胡驭垓与王天杰等人商议川南地区的嘉定、叙府、自流井举义，

胡驭垓

也因故未成功。1911 年 5 月，四川掀起保路运动，蒲殿俊、罗纶等在成都成立四川保路同志会。胡驭垓见时机已成熟，迅速到成都与四川保路同志会一道，商议举义之事，胡驭垓被选举为嘉定府所属 7 县同志会评议长后，

马上在资中、荣县、富顺、自流井等地联络。9月5日，见成都血案发生，他连夜赶回威远，建立保路同志军，并带兵声援成都，在成都与赵尔丰率领的清兵交火时，因武器装备差于清兵而未能取胜。后胡驭垓与东路军统领秦载赓、王天杰等转战于成都外围州县。9月25日，由胡驭垓任东路军行军总参谋的起义队伍，在吴玉章的领导下，一举攻下荣县，在全省率先宣布独立。接着，转战仁寿、井研、犍为、自流井等地，奉王天杰之令，回威远与新场、山王、镇西等场镇的同志军首领杨绍南、甘东山、晏锡三等万余人，11月1日，围攻县城，杀死知县徐昭益，宣布威远独立，成立军政府，公推原团练局局长董伯和为军政长，胡驭垓为副军政长。11月6日至7日，胡驭垓率矿工、船工等万余人，与清廷巡防军在北起威远高石场，南至贡井黄泥塘，长达16千米的地带展开了两天一夜的搏斗，以大刀、长矛、鸟枪、罐罐炮等武器，力挫清军，捍卫了威远的独立。11月11日，胡驭垓遭到地方保守派杀害，殉国时，年仅28岁。1921年8月，在威远县城外东堡山修建了胡驭垓烈士墓塔，烈士的遗骸移葬在墓塔之下，并举行了隆重的追悼会。

魏荣权

魏荣权（1883—1915），又作云泉，资中县人。清末，考入日本早稻田大学专攻政治经济。1905年在日本东京加入同盟会。1911年回国。同年夏，四川保路运动事起，魏荣权与同志会人一致奋争路权。1912年任四川都督府及民政署政治高级顾问。并作为四川代表，到南京参加各省代表会议，受到临时大总统孙中山的接见，孙中山对魏的革新除陈赞许有加。1914年，魏荣权在武汉得知四川军政府都督尹昌衡在北京被逮捕的消息后，马上改变路线，欲进京救援。他在北京见到袁世凯的复辟阴谋，于是就在京津地区联络张培爵、邹汉卿等人士商议杀袁世凯的对策，被叛徒告密，于11月23日晚被捕。1915年1月19日，魏荣权与张培爵、邹汉卿同时遇害。1916年，黎元洪令各省查报先烈勋绩，四川督军罗佩金将魏、张、邹等殉国事绩呈报，获准并追封、抚恤，进行公葬。

魏荣权与罗象环

罗象环

罗象环（1889—1968），女，内江县河坝街人。罗家为当时内江大户之一，家境颇丰。罗象环自幼聪慧过人，容貌端庄，生性温和，为人处事得体，故深得父母厚爱。罗家父母与骆成骧相交甚厚，经骆成骧介绍，罗象环与魏荣权（骆成骧门生）定亲，1904 年结婚。她婚后即随夫赴日本留学，入日本东京高等女子精华学校学习日本工艺专业，1909 年毕业。在日本，罗象环刻苦学习日语，阅读日本革命书籍、报纸，并设一学习室，订阅大量日语书报杂志，供来日革命志士学习。她还经常辅导革命同志学习日语，方便来日考察的中国学生学习日本明治维新的经验。同时，罗象环夫妇刻苦努力翻译了 100 多篇有关资料，邮寄给国内朋友和赠予革命同志。同志称罗象环为“罗翻译”，深得大家赞扬。罗象环娘家富裕，给夫妇二人每月汇银五百两做生活费用，而她勤俭持家，经常接济同志，提供同盟会来日考察同志日常生活所需，购赠回国船票、免费食宿等，其家在同志中享有革命之家美誉。罗象环夫妇在东京结识了廖仲廖、何香凝、张群等辛亥革命志士，并参加各种革命活动。

1905 年，罗象环夫妇经何香凝介绍，双双加入同盟会，追随孙中山从事革命活动，成为全国鲜有的早期夫妻同盟会会员。当时，罗象环夫妇家成为不少同盟会会员的聚会地，因夫魏荣权在家行七，故同志均称七哥、七嫂。魏荣权与张群情笃而结拜为兄弟，罗象环与张群夫人马育英结为姊妹。1910 年秋，罗象环夫妇学成回国，定居成都。1911 年其夫魏荣权受聘并兼职多所高等学堂教授，由于执教有方，并常以孙中山先生之革命学说和思想宣传于学生，深得学生爱戴，上门求教者众多，罗象环为此特僻一房作为教育辅导室。魏荣权积极参与四川保路运动和倒袁活动，当时长女淑君待嫁、长子达雄重病、小儿达俊半岁尚在哺乳中。家事、国事都压在这对年轻夫妻身上。魏荣权以国事为先，罗象环毅然下决心，促夫参与反袁活动：“尔去力争成功，我存、魏氏存，我亡也要魏氏兴。”魏荣权遇难前托人带信给妻罗象环：“吾将捐躯报国，千古殊荣，惟望吾妻节哀裁痛，善为抚育儿女读书革命以尽吾未尽之志，则吾死后精神自怡无枉矣。”罗象环因夫被囚，赴京营救亦被袁逆监视，后由骆成骧担保携子女回到四川成都。魏荣权一生俭朴，殉国后留与罗象环孤儿寡母遗产仅有成都金河街 82 号住宅和书籍，惟靠罗象环教书艰难度日，抚养两儿一女。夫被害后，罗象环悲愤万分，立誓要继承魏荣权遗志，抚育儿女，继续革命为夫报仇雪恨，将自己的名字改为罗雪恨，并告之亲友："我存，魏氏存！"大女魏淑君嫁重庆江姓，中华人民共和国成立前已卒。长子魏达雄从四川联合大学化学系毕业后，未婚患病而卒。次子魏达俊毕业于黄埔军校，先后作张群机要秘书及四川省政府参议等职。罗象环于1968年1月12日病卒。

杨绍南

杨绍南（1874—1913），威远永高乡人。自幼喜读孙吴兵书，后为新场哥老会"义"字大爷。曾经营小煤窑。1911年8月，一支由威远新场工人为主的保路同志军正式举旗成立，杨绍南为统领。威远县知县徐昭益在得知杨绍南举义的消息后，马上率清兵前往镇压。杨绍南率领的同志军在瓦窑坪、关帝庙、五和堂一带与清兵对峙。并趁清兵晚餐时用罐子炮进行轰击，徐知县带着人马仓皇逃跑，新场保路同志军取得了胜利。贼心不死的徐昭益，妄图再次偷袭新场的杨绍南同志军驻地，杨抢先占领鸡公岭、牛王庙两处高地，用大炮将清兵击退，打死清兵9人、伤者不计其数。杨率领的同志军两次打败清军，名声大振。因为他在家排行老三，所以人称"杨三统领"。同志军迅速壮大到7 000多人。10月底，杨绍南又率部参加了各路同志军进占自流井的战斗。月底杨杀回威远，与胡驭垓会师后进攻威远县城，取得胜利，威远军政府成立。11月6日，杨绍南率部参加界牌场、高桥溪、向义、大塘山的"威井战役"，重伤清巡防军。1913年1月19日，杨绍南在县城北门遇害。

喻培棣

喻培棣

喻培棣（1889—1950），字华伟，内江县文英街人，喻培伦胞弟。1902年与兄喻培伦去资中就读。1905年随兄赴日本留学，先后考入东京警官学校、经纬学校学习军事。1907年，经资中县人廖碌民和内江同乡吴庶咸介绍参加中国同盟会。1908年3月，黄兴发动云南河口武装起义，召喻培棣前往协助，喻培棣从横滨到越南时，得知起义事败，辗转于腾越、干崖，图再举。1909年，喻培棣从南洋经云南，复去日本就读，继续为革命奔走。1910，喻培伦嘱其密印《安全炸药制造法》转送党人。1911年1月，黄兴约喻培伦弟兄去香港准备广州起义。起义前夕，喻培棣往来于日本、广州之间运送军火弹药，筹备广州起义。喻培伦考虑家境，如弟兄同难，必绝双老之念，执意不让喻培棣做“选锋”，喻培棣从兄意。别时，弟兄抱头痛哭。1911 年 9 月因祖父病逝，返乡奔丧，与吴庶咸共事革命。11 月，重庆派人给吴庶咸通报消息，说：“端方不日西上，所带鄂军中同盟会员甚多，可乘机杀端方。”吴、喻在内江准备行事，然内江同志人少枪无，正踌躇时，吴玉章来到内江，得家人报“隆昌已经独立”，于是喻培棣、吴玉章、吴庶咸等人连夜商筹内江起义事。11 月 28 日晨，闻端方在资中被戮，内江巡防军东撤，知县逃走。内江团练谢联辉来请喻培棣、吴庶咸、李益文、谢绍连议事。喻培棣、吴玉章觉察时机成熟，去谢联辉处晓以大义，迫使谢联辉同意把团练局交由李益文接收。即日宣布内江独立。吴玉章和喻培棣还主持了群众大会宣布内江独立，成立了内江军政署。辛亥革命后，熊克武出任重庆镇守使兼川军第一师旅长，喻培棣出任该师团长。熊克武任四川督军时，喻培棣任川军第一师旅长及川军第一师师长。参加过孙中山的“二次革命”和讨袁护国活动。1925 年孙中山逝世后，蒋介石对老同盟会会员进行迫害，熊克武、但懋辛和喻培棣均被夺去军权，软禁于虎门。虎门脱险后，长居内江。此后先后在南京国史馆、民国党史编委会挂名任职，充任国民参政员，四川省临时参议会参议员。1950 年在内江病逝。

李益文

李益文（？—1943），名钟弟，又作中蒂，内江县城人。早年留学日本，先后考入日本经纬学校、大阪高等工业学校毕业。1906 年经黄树中介绍在日本东京加入同盟会，回国后长住内江。辛亥革命时与喻培棣、吴庶咸、谢绍连等从事革命活动。1911 年 11 月吴玉章来内江策动起义，李益文参加组织、领导内江起义的工作，是接管内江地方武装团练局的负责人，后首任团练局局长，并掌管随粮附加铁路股款。内江军政署成立，李益文担任副司令兼财政部部长。以后历任成都铁道学堂数学教师、成都海关监督、中江县知事、富顺、宜宾征收局局长，内江县师范学校校长，内江团练局局长、国民党内江县指导委员等职。1943 年 1 月病故于内江。

吴庶咸

吴庶咸（？—1960），后更名树韩，内江县人。清末留学日本，毕业于日本经纬学校。1907 年经资中县人廖碌民介绍参加中国同盟会。1911 年

11 月在内江参加由吴玉章领导的起义筹划工作。民国成立后曾任郫县烟酒局长。吴庶咸善书法和写作。1960 年在内江病故。

谢绍连

谢绍连（1876—1951），又作绍濂，字光晋，内江茂市镇（白马）人。1906 年谢绍连考入省优级师范学堂为第一期学生，1908 年肄业回内江县担任县劝学所视学、教谕（即教育局局长），在成都秘密加入同盟会。1911 年，四川保路风潮高涨，清廷派端方率鄂军入川督兵镇压，11 月 22 日吴玉章和吴庶咸在内江与路过的鄂军中的同志田智亮等接上头，商定待他们杀端方后，内江就举行起义。11 月 27 日，资中传来端方被杀的消息，28 日吴玉章率领同盟会会员喻培棣、吴庶咸（树韩）、谢绍连、李益文去团练局和谢绍连的叔祖谢联辉谈判。谢联辉借口不交。这时，谢绍连和同盟会员及外面的民众齐声怒吼："非交不可！""一定要交！"遂接收团练局。很快在天后宫举行群众大会成立内江军政府。谢绍连担任司令，吴玉章赴重庆后，谢绍连又担任内江军政署署长（县长）。1912 年 1 月，谢绍连移交职务及肖由斌，后一度在喻培棣师任军需处长，因不熟军旅生活离开了军界，也谢绝在纳溪做知事的职务。赋闲在家，他利用自己的影响掩护堂侄女、地下党员谢若英并且做一些慈善事宜。1949 年中华人民共和国成立后，谢绍连为咨询委员，1951 年病逝。

陈瑞林

陈瑞林（1885—1970），字古枝，内江县同福乡人。1907 年考入成都蚕桑学校，筹办内江蚕桑讲习所。1911 年 11 月内江起义中，承担内江大汉军政署的一切文字工作，书写了流传至今的多幅楹联，如"日月重华虞复旦，山川百里蜀中心"等。辛亥革命后，先后担任教师、教务主任、《成报》等报刊编辑等。1918 年，任熊克武部秘书，简阳、三台县知事和"建国联军"总指挥部代表，奔走于川、湘、粤、鄂、沪。1927 年 4 月被蒋介石囚于广东虎门达一年零八个月。1931 年"九一八"事变后，先后在上海、南京从事抗日宣传活动。1939 年底返川，被选为四川省临时参议会参议员，担任中共四川地下省委领导的"星芒社"和《星芒报》的常务董事、"国风社"副社长兼总编、《国难三日刊》社长兼总编，积极掩护中共地下党员从事抗日宣传活动。1947 年后任四川省行政督察区第一区、第十三区专员，为促进川康将领起义，迎接四川解放做了不少工作。中华人民共和国成立后，1950 年出任西南军政委员会办公厅秘书。1953 年任四川省政协委员，1970 年病逝。

余切

余切

余切（1882—1942），名南陔，字培初，号公孙长子，内江县同福场七盐井人。幼年随父余夷介在家塾课读，稍长，从学于资中周孝怀先生。1900 年，入泸州川南经纬学校，毕业后留泸执教。在此期间，余切受新学影响，寻求救国富强之路。1905 年，余切投身于反清斗争，与彭县杨钧、肖光前等人，在双流簇桥组织大同军，举为元帅，杨钧为军师，即在彭县起义。11 月 17 日，大同军与彭县、什邡、新繁、崇庆各县团激战于彭县牧马河，大败“团勇”，乘势焚烧思文场、河坝教堂。后因势孤力薄，起义事败，去栄县长山桥教书。1906 年，由同校教师黎靖瀛介绍，结识熊克武。1907 年，由熊、黎两人介绍，在泸州加入同盟会，负责川南组织发展工作。5 月，省同盟会在成都开会，定余切等人内结新军弁目，外联络各地进步力量，于 10 月 9 日夜会府朝拜之时，举行成都起义。事泄，同盟会会员杨维等人被捕，余切脱险，化名公孙长子，被迫出走山西。1908 年到 1910 年，在甘肃、陕西、蒙古、山西等地，继续进行国民革命活动。1911 年 9 月，与革命党人吴子莫参加山西太原的晋军起义。1913 年返川，立即参加熊克武的反袁斗争，响应孙中山“二次革命”的号召，出任颜德基部任参谋长。1924 年，熊克武被逼出川，于湖南去广东，余切因战负伤，留上海医治，病愈后，因不满军阀割据和国民党的独裁专制，遂退出党政军界，卖字为业。1930 年，出任新编 19 路军陈铭枢部副师长。1931 年 7 月，陈部参加对红军的第三次“围剿”，被红军击败，于是退役为民，回到内江。1933 年迁成都，仍以字为业。民国时期，他与余夔阳、陈鸣鸾、梅鹤年为世人称为内江四大书家。1937 年余切（公孙长子）回内江养病，正逢“七七”事变，他对国家前途十分担忧。1938 年 9 月武汉失守，日机在内江相继轰炸，余切（公孙长子）闻机声则喊：“倭寇、飞机……”从此神志不清，病势日益加重，七弟余无外接去重庆入院治疗，久治无效，于 1942 年逝世。余切善书亦善诗，为“南社”著名作者，著有《肃霜楼诗稿》，韩文畦为之作序。

张善子

张善子

张善子（1882—1940），名正兰，单名泽，别号虎痴，内江城郊象鼻咀人。父亲张忠发经营井灶失利，后以收卖破烂、帮人挑水养家。母亲曾友贞，擅长画花草虫鱼，常替人绘帐帘、枕套，人称“张画花”。张善子与长兄孪生，弟兄九人，长兄早逝。幼年在家随母习画，并入私塾，习举子业。成年就读泸州经纬学校，毕业后，在内江中小学执教。1899 年，参加大足余栋臣攻打天主教堂的爱国活动。1901 年去日本求学，入明治大学经济科，后改读美术专修科。1906 年冬在日本参加同盟会。1907 年回国，被选为省咨议局议员，积极参与同盟会组织的革命活动。1911 年参加了四川保路运动。7 月 15 日，张善子在内江东坝街万寿宫主持召开了有二三百人参加的大会，讨论在内江成立保路同志会。25 日，有 3 000 人署名的四川保路同志会内江分会即宣告成立。辛亥革命后，任蜀军第 2 师第 2 旅少将旅长。1913 年率部参加讨袁战争，失利被通缉，逃亡日本，直至袁世凯死，他才回川。1917 年携弟张大千东渡，学习染织技术和美术。1919 年携弟张大千返上海，引荐张大千拜曾农髯习书画，只身回川先后任乐至、阆中、乐山、三台等县盐场知事。1925 年调北京职务，出任总统府咨议，继任财政部佥事、国务院咨议等职。为了解边塞风情，辞职赴察哈尔省，先后担任丰镇兴和、凉城等处土地清丈局局长和察哈尔造币厂总务科长、商都县长。随后辞去一切官职，蛰居上海，与弟张大千潜心研习绘事。1938 年携画出国展览，募集捐款，支援抗战。次年去美，受到美国总统罗斯福多次宴请。1940 年 6 月，美国纽约福亨大学授张善子荣誉法学博士学位，纽约美术专门学校聘为荣誉教授。9 月 2 日，张善子结束国外活动归国。由于长期过度劳累及糖尿病并发，于 10 月 20 日在重庆辞世。名人挽联甚多。于右任赠：“名垂宇宙生无忝，气壮山河笔有神。”张治中赠：“载荣他邦，画苑千秋正气谱；宣劳为国，艺人一代大风堂。”

叶敏斋

叶敏斋（1877—1930），又名焕章，字谨述，内江县观音乡人。光绪末年廪生。因不满清政府的腐败，参加中国同盟会，积极投身推翻清王朝、反对帝国主义革命活动。1908 年 4 月参加了黄兴、王和顺、黄明堂等人发动的云南河口起义。起义失败后，义军退到了越南。叶敏斋结识了越南革命领袖胡志明。辛亥革命后，叶敏斋退居故里，办学育人。1930 年病逝乡里。

罗世勋

罗世勋（？—1944），字伟章，内江凤鸣乡（鸡公店）堰塘湾人。1909 年，去北京游学求职，谋得一个小职，后应表兄喻培伦之邀，襄助革命党人在北京琉璃厂大街开设“守真照相馆”，经理店务。这个照相馆是革命党的秘密联系点和后勤据点。汪精卫、喻培伦、黄复生等先后在此策划了谋杀清廷重臣载洵贝子、载涛贝勒和摄政王载沣的事件。特别是谋杀摄政王载沣的“银锭桥事件”败露后，汪精卫、黄复生、罗世勋于 1910 年 4 月 16 日被捕入狱。汪、黄被判永远监禁，罗为从犯判 10 年。入狱一年零八个月后，1911 年 11 月 6 日清廷迫于辛亥革命成功的压力，释放了汪精卫、黄复生、罗世勋。罗世勋被发资送往广东总督张鸣岐处差委。后在国民政府中以革命先驱取得同盟会员资格（又称参加了京津同盟会），从事民国革命军工作。熊克武督蜀后，罗世勋返川在熊克武部任军需多年，晚年一度担任南溪县征收局局长。1944 年于重庆病逝。

袁恭鼎

袁恭鼎（1886—1951），原名袁微新，字敬铭，内江县椑木镇邓家湾人。1903 年考入成都川汉铁道学堂，1907 年毕业后在川汉铁路股东会任职。1908 年应邀赴江安中学堂并任数学教习。同年经学生金传九的亲戚介绍秘密加入同盟会，积极投身反清斗争运动。1911 年成立四川保路同志会内江分会，被宋子元聘任为顾问。吴玉章 11 月抵达内江后，袁恭鼎在喻培伦家秘密会见吴玉章、喻培棣等同盟会会员商议起事。11 月 28 日，内江起义成功后，袁恭鼎任大汉内江军政署交通部部长。1912 年袁恭鼎辞去职务，赴隆昌协办中学堂任数学教习和兼行政工作，后在内江县、资中县中学堂任数学教习。

1928 年担任成渝公路总工程师，1937 年成渝公路沱江大桥三元井和三元井隧道工程开工被委任技术顾问。后袁恭鼎继承祖业，经营糖房漏棚，并接任内江县制糖同业公会主席，内安公路筹建时被聘为主任工程师。袁恭鼎在教育工作上桃李满天下，在交通建设上也颇有建树。同时利用自己的地位，掩护地下共产党员张义钢，出巨资支援抗战。1950 年初，内江县人民政府成立，被聘为咨询委员。1951 年被任命为成渝铁路副总工程师时，不幸逝世。

朱甫章

朱甫章（？—1914），内江县城水巷子人。袍哥出身，清末为内江全汉公社二十一面码头的总社长。1911 年 8 月，在资州罗泉井召开的“攒堂大会”，朱甫章与内江金玉公舵把子马心斋参加了会议。辛亥革命风潮传到内江，从荣县来内江的同盟会会员吴玉章、吴庶咸（景熙）等给朱甫章做说服和阐明革命道理的工作后，朱甫章马上出面召集全县仁、义、礼三堂袍哥首领开会，并提出了联合起来维护地方安全的意见，得到与会者一致赞同，议定由各面码头派出代表，组成“全汉公社”，由朱甫章任总社长，领导内江哥老会维护县城治安，威慑清廷。1911 年 11 月 28 日，内江军政府成立，朱甫章被任命为交涉部部长，并兼任第二营营长。12 月 8 日，成都发生兵变，一部分巡防军来到内江，朱甫章以交涉部部长兼团练局负责人的身份前去办交涉，将其士兵安顿在城外岛湾驻扎。最终交涉结果为：由巡防军将 60 多支九子枪械卖给内江团练局，巡防军人员去留自愿。这样不仅避免了内江枪械流血事件的发生，而且地方武装还增了几十件精良武器。1914 年，袁世凯在四川的头目陈廷杰以镇压“癸丑讨袁”肇事为由，将朱甫章以“招兵助逆”之罪，枪杀于内江南门外。

黄金鳌

黄金鳌（1878—1951），名泽厚，字肃方，隆昌县城（今金鹅镇）人。自幼文思敏捷，考中秀才，后留学日本就读警监学校。1905 年冬加入同盟会，并与陈道循、黄万里返川联络“会党”（早期对袍哥组织之称），为同盟会会员派遣入川之始。回隆昌后，介绍文显谟等加入同盟会。在县城开设“天下利”书店，作为同盟会的联络地，宣传革命主张及联络社会人士，并出售《警世钟》等书刊，组织“大同公”（哥老会组织），成为起义中坚。二弟黄金镕、三弟黄金城，亦随兄参与隆昌起义活动，为辛亥革命时期推翻隆昌清廷统治的核心力量。1906 年春赴成都，次年春任叙属中学监学，先后介绍张培爵、曾昭鲁、李士荣、薛道扬、喻渊藻等加入同盟会。1907 年夏，黄金鳌与黄复生、熊克武、张培爵、谢奉琦等在成都草堂寺秘密集会，商议拟于端午节赛龙舟之时在成都、泸州、叙府等地分头起义。泸州起义失败后，黄金鳌、曾省斋、郭蔚华、黄万里等又策动隆昌起义，惜在运枪械途中为县衙游骑侦知，起义失败。1907 年至 1908 年，党人于川西、南、北举事多次均失败。其间，黄金鳌与熊克武、张懋隆奔走策应。1909 年，川督密饬隆昌县令查封“天下利”书店，捉拿负责人。黄金鳌脱险后，潜往南洋爪哇岛，其父因此下狱受难。1911 年，黄金鳌回国抵沪，策划成立蜀军，加强军政府的武装基础，熊克武及黄金鳌各出私款 1 000 元，做舟车费，迎四方同志参加会议。黄被推为旅沪支部干事兼总务部长。在上海，黄金鳌发展同盟会员 100 余人，还协调抵押购得 25 万元的军械。蜀军初建，黄金鳌先期离沪返渝，代职蜀军政府总务处长，旋改任巡抚使，出巡夔、巫、云、万，诛除强暴陈兴等数十人。成都、重庆两军政府合并，改任川东宣慰使。1913 年 8 月前后讨袁之役，黄金鳌与胡景尹部战于合江，失败后抵上海，不幸被捕，下狱北京。后经同盟会会员营救方才脱险。1921 年，黄金鳌受任嘉陵道尹，为蓬溪县人民解决吃盐困难的问题。1922 年，吴玉章在重庆赞助各省自治活动，黄金鳌被邀往南充，多次给顺庆中学、南充中学进步学生和教师做演讲，宣讲新三民主义。四川军阀割据期间，黄金鳌定居成都，潜心佛学。1938 年，黄金鳌任四川省临时参议会参议员。1940 年进入参政会，为四川省 4 位代表之一。此后，黄金鳌筹办通慧汽车公司，任常务董事，同时为成都启明电灯公司及嘉乐纸厂股东并任董事。黄金鳌对家乡尤为关心，担任过豫大公司及新华地产公司董事长，隆圣企业股份有限公司名誉董事长。隆昌简易师范学校校长喻铭勋曾多次被三青团总干事林逢春诬陷，因黄金鳌仗义排解，喻免受其害。中共南方局派回成都的地下党员刘明璋常作黄的统战工作；1947 年刘被捕，黄金鳌多方奔走，将刘保释出狱。1948 年当选为民国政府立法委员。中华人民共和国成立后，黄金鳌当选为川西区第二届各界人民代表会议主席团成员。1951 年 8 月 4 日，在成都病逝。

薛慎修

薛慎修（1880—1955），字立身，隆昌县龙市镇人。家贫勤奋好学，1902

年考得秀才。次年，经县署选拔，入四川速成师范学堂（原锦江书院）。结业回乡后，致力于教育事业。1908年加入同盟会，并与黄金鳌、程泽湘等组织“大同公”会党，为反清起义做准备。同盟会员骨干黄复生、张培爵回县并参加“大同公”。薛慎修等人合办“天下利”书店，作为同盟会联络点。1911年8月，被推选为县军政府副司令，响应成都保路运动及罢市、罢课行动。端方率湖北新军入川，在资州与起义军发生激战。11月20日，薛慎修率义军镇守双凤驿、牛棚子一带，准备截杀端方，直到27日端方在资州被杀，才率师返回。民国初年，隆昌“护袁派”为袁世凯称帝张目，薛慎修与之针锋相对，展开激烈论争。讨袁失败后，薛慎修潜往西康冕宁。国事稍定，革命党人多出仕为官，薛慎修屡受邀请，他都婉言辞谢。本着“教育是立国之本，国家兴衰，决定于教育发展与否”的宗旨，薛慎修于1908年任隆昌城南小学校长，继任城北、城中小学校长。时隆昌仅有一所县立中学，不能尽纳要求入学的学生，他又在南华宫创私立中学。同时，任隆昌县立师范讲习所所长，培育众多小学师资。薛慎修深孚众望，被推为县教育会会长。时隆昌学校布局不当，班次设置不全，他将先农坛小学迁入城内文昌宫，增设高小班，又在胡家巷办女子小学，调整补充中城、东北、西南3镇17所男小的师资及经费。薛慎修治学严谨，注重培养学生的思考能力。还大力提倡国术，1920年代后期至30年代初，担任县国术馆馆长，兼国术学校校长，并举办三次全县国术比赛。他对清贫学生和穷苦朋友多有关照，人称薛慎修“道德文章两可风”。1923年，四川边防军李“毛牛”（章甫）驻隆昌，向地方每月勒索巨款2.4万元，地方不胜其暴敛。其时，薛慎修为县议会参事，在一次李章甫召开的摊款会上，他愤然而起，慷慨陈说民众痛苦，驳得李无言可对，致强摊哄然而散。中华人民共和国成立后，他当选为县人民代表，被四川省文史馆聘为文史研究员。1955年病逝。

陈道循

陈道循（1877—1937），字伯珩，隆昌县龙市镇人。陈道循自幼秉性刚正，嗜读经史，尤敬朱熹，崇尚礼学。1901年，入日本宏大文学院。1905年秋，在日本东京加入中国同盟会，为最早加入同盟会的川人之一。后与黄复生、杨兆林、陈可封等共商回国联络会党发动四川武装起义的具体步骤。1906年，陈道循受孙中山的派遣，与黄金鳌、黄万里携带《革命方略》

册籍回川发动革命。为秘密发展会员，他借任教成都铁道学堂及叙属中学之机，介绍了隆昌薛赢海、文鸿谟、曾昭鲁、黄昌仕等加入同盟会。1907年4月，陈道循与黄复生、熊克武、佘英、张培爵、黄金鳌、林冰骨、余切等30余人，在成都草堂寺秘密商议，准备发动成都、叙府（今宜宾）、泸州三地起义。成都的起义则拟端午节举义，因故改秋后举行。1911年上半年，陈道循与张培爵、杨庶堪、熊克武、黄复生等在重庆密议反清行动步骤。随着武昌起义的成功，四川保路运动为导火线的反清革命斗争也进入高潮，在重庆的同盟会会员立即响应。11月22日，重庆起义成功，成立蜀军政府。军政府设礼贤馆，陈道循被委任馆长。陈道循家居隆昌城外的回龙阁，这里成了革命党人商议武装起义的秘密联络处。后派陈道循任泸州地方司令官（后改知事），陈成为泸州民国以来首任知事。时川南匪势猖獗，总匪首潜入城内，被抓获送县，土匪以白银15挑换人，陈道循不允。有人劝他收银放人，以保身家性命，他不取不义之财，只身前往重庆。继后，陈道循又在成都、华阳、万县、丰都、长寿、忠县、石柱、永宁等8县任知县事。1919年，陈道循任北京执政府交易所副所长。1927年，北京执政府交易所长徐堪紧约陈道循到南京做官，陈道循因蒋介石夺权乱国野心毕露，深为愤慨，毅然弃职，挈全家于1930年由南京返回隆昌。陈道循历任国民党隆昌党务委员会常务委员、隆昌中学校长、县教育局局长、隆昌劝学所所长等职。他居官廉洁，有“陈大穷”之称，常笑谓友人：“毕生九握铜章，一文不名。”1935年还乡居家，生活困难，亲友集资为他购买地租20石维持生活。1937年病逝。

陈舜五

陈舜五（1883—1945），字祖虞，隆昌县胡家寺人。靠母纺线维生，后教私塾糊口。陈舜五与县人黄复生、陈道循、曾昭鲁等交往密切，1905年冬参加同盟会后，与张培爵、黄复生聚在一起商讨革命之事。1911年11月22日，陈舜五参加重庆起义，曾任重庆都督府副官长、川东道尹公署秘书、开县知县等职。卸职后回到隆昌，任县立中学、县立乡村师范学校国文教员。1933年，陈舜五以县长李泽民的名义，发起泽民奖学金，向县内各绅士募款，对清贫学生成绩卓越者，每年给10至20元奖学金。1935年，任隆昌县财政委员会文牍，力主提取屠宰税百分之一，作县内学生助学金，得当权者首肯后执行。对就学省外国立大专院校者，年助大洋100元，省内者减半，受益者额首称谢。1936年，参加编修《隆昌县志》。1944年5月，发动全县小学教师献谷一月，为冯玉祥发起的抗日募捐活动献金。陈舜五爱护青年，清贫学生欧阳顺坤、王循等或求学、或赴延安参加革命，都受资助。曾被选为国民党隆昌县党部监察委员。1941年被县政府遴选为“临参会”议员，1944年，被教育界选为县参议员。同年，陈舜五在隆昌县提议将回龙观改为先烈祠，以纪念辛亥革命牺牲的张培爵、程泽湘、薛瀛海烈士。并在祠内创办先烈小学，作为全县重点小学。他常到校讲演辛亥起义故事，启迪学生求进意识。1945年2月任隆昌县教育会理事长。同年病逝。

曾昭鲁

曾昭鲁（1880—1954），义名圣蟾，字伯恩，隆昌县人，清末秀才。1906年，经本籍同盟会员黄金鳌介绍，加入同盟会。1911年6月，同盟会会员朱之洪在成都召集保路运动会议，曾昭鲁与龙鸣剑、曹笃、刘永年等数十人参加商讨，决定在外县发动起义，省城内响应。同年，返隆昌后，与恭国珊、李品宣等同盟会会员领导隆昌起义获得成功。隆昌军政府成立后，曾昭鲁被推选为军政府秘书。后又到重庆军政府任职。1913年，曾昭鲁参加熊克武、杨庶堪讨伐袁世凯失败，去爪哇、苏门答腊等地，任教华侨学校。回国后，出任川东道尹公署秘书。未几，挂冠而去，从事教育达30年。曾擅长书法，习右军、何绍基书体。中华人民共和国成立后任成都市文化馆馆长。1954年病逝。

张岷泉

张岷泉（1887—1951），学名谚清，资中县城人。其父张鼎孚为县内有名望的工商业者。1899年，张鼎孚在县五里滩家设私塾，聘请魏楚珊任教，其子张岷泉及喻培伦、喻培棣、魏荣权、袁汲门均出自门下。张岷泉受吴玉章进步思想影响，1906年，随内江亲友喻培伦兄弟俩及吴庶咸、荣县的但懋辛同去日本，与吴玉章同读于日本成城学校，后又在山口高等商业学校、日本东京大学学习。1911年，张岷泉在与内江人吴庶咸一起为同盟会运送军火到上海时参加了同盟会。1914年回川，先从事财政金融工作，后任四川军事教育总监府编译局局长，靖国第一军顾问，进行讨伐袁世凯称帝复辟活动。1950 年，张岷泉担任资中宏仁医院院长，出席西南军政委员会召开的文教卫生工作会议，受到卫生厅领导接见。1951 年春，当他再次准备去重庆开会的前一天晚上，被当地乡农民协会关押，4 月被镇压。1987 年，资中县人民法院撤销对张岷泉的刑事判决，宣告无罪。

阮甸韩

阮甸韩（1892—1968），名芳梁，号鲁山，资中县银山镇人。1907 年，阮甸韩考入四川省铁道学堂。在校期间，接触严复的《天演论》以及《美国独立战争史》和同盟会的机关报《民报》等书刊，接受了反帝反封建的爱国思想启蒙。1911 年考入北京京师大学堂。在校期间加入同盟会，并作为四川在京学生代表，参加了要求清政府将川汉铁路收归国有和争路权请愿斗争。同年秋天，随着武昌起义成功，全国致电响应，京津同盟会北京本部也应运而生，阮甸韩被推选为文事部干事，在津、奉、泸等地积极联络，宣传呼号。1912 年元旦，阮甸韩出任中华民国临时大总统孙中山总统府的书记（录事）。由于任职期间尽责尽职，受到孙中山表扬，并颁给奖品、奖状。孙中山辞去临时大总统职务后，阮甸韩也随之辞职，返回北京大学继续读书。他和几个同盟会员在校园内秘密策划，并组织“血光团”刺杀袁世凯及内阁总理赵秉钧，后因泄密而计划流产，同仁被通缉，阮甸韩连夜离开北京摆脱危险。1913 年 8 月 4 日，熊克武率领革命军第五师在重庆通电讨袁，成立讨袁军总司令部，阮甸韩在此行动中被委以为司令部书记（秘书）。1916 年 7 月，蔡锷出任四川督军兼省长，阮甸韩被任命为西昌县知事。由于禁烟禁毒，政声于民，离任时群众为他在西门外立德政碑一块，上书“清正廉明”四个字。1968 年，阮甸韩在家乡资中病故。

游运炽

游运炽（1856—1933），名瑞霭，号盛祥，资中县舒家桥人。游运炽青年时讲学于资州珠江书院和成都尊经书院。1905 年，在上海参加中国同盟会，受孙中山委派，回四川秘密组织建立支部及发展会员。在四川期间，游运炽奔走于会党和新军之间，广泛联络成都、内江、资中等地民众、革命党人，秘密发动武装起义。1911 年 4 月，游运炽在资中活动时，被清军察觉，并连夜搜捕游运炽居所，幸好事前游运炽在县衙内安插人员及时告密，才免遭于难，后经重庆转至上海英租界。同年 12 月，游运炽代表四川出席南京中华民国代表大会，与全国 16 省代表一道，公推选孙中山为中华民国临时大总统。1913 年和 1916 年，游运炽两次当选省议员。此间，先后继任四川督军署咨议、省政府顾问、川汉铁路清算处主任、国民党四川省党部监察委员等职。1933 年，游运炽在资中病故后，四川省政府特发大洋 300 元以抚恤。

胡素民

胡素民（1867—1943），名翼，威远县界牌场人。光绪二十九年（1903）举人。1904 年任威远县高等小学堂校长。1910 年春，胡素民被派往天津任长芦盐茶道尹。抵津后，受到京津地区民主革命思想的影响，思想逐渐倾向激进而参加京津同盟会。其间，胡素民协助时任文牍部部长的孙炳文起草宣言文件。民国成立之初任天津《民国报》编辑，并两次当选为四川省议员。1916 年，胡素民在代表省议会和护国军第四师起草的通告军民书中，愤怒挞伐袁世凯窃国称帝的行径。1924 年，胡素民就任广州大元帅府秘书，同时兼任中山大学教授。1926 年，任国民革命军总政治部顾问。1927 年，胡素民支持宋庆龄、邓演达、何香凝组建国共联合政府，并营救出了因倾向共产党而被捕的重庆莲花池四川省党部的同盟会员李筱亭。1928 年，时任北伐军总司令部特派员。1931 年，胡素民回到四川，与友人在成都办起大同公学，并任校长。胡素民常与中共四川省委负责人罗世文、车耀先交往，并积极呼吁各党派联合抗日。支持侄孙胡绩伟创办《大声周刊》等进步刊物。1936 年，胡素民支持儿子胡彬甫去延安参加革命。1942 年，当选威远县临时参议会议长。1943 年 2 月逝世。

刘泌文

刘泌文（1877—1944），原名宗沛，字泌子，威远县镇西场人。1903 年，入日本弘文师范学习。1905 年，与吴玉章等人一道在日本参加同盟会。两年后，任京津同盟会总干事，暗中进行革命活动。1908 年，刘泌子就任北京使馆区警察署长。针对日本驻华使馆无理要求在其馆区附近清查户口这一京城内外群情激愤的事，他态度明朗，迫使日方收回不法行为。在任职警察署长期间，还果断地扣押了一位在大街上殴打中国人的德国驻华使馆医官，维护了国人的尊严。1912 年，出任孙中山临时大总统府秘书。1918

年，应四川督军熊克武之邀返川，任四川省实业厅科长。同时极力支持胡素民控告董伯和等杀害胡驭垓。他潜心研究佛学，于1936年到西藏受戒，人称慧定法师。有《藏密答问》等多部佛学专著留世，在中国和日本佛教界声誉颇隆。1937年，刘泌文被推选为中国佛教会副会长。1944年12月，因病圆寂于威远镇西云天洞古寺。

四川军阀混战时的内江

四川军阀混战从 1917 年刘存厚与罗佩金、戴戡的成都巷战算起，至 1933 年刘湘、刘文辉的“二刘大战”结束止，先后共 17 年。在这 17 年中，爆发了大大小小 400 余次战争。这在中国和世界历史上都是罕见的。如此绵延的战祸，使得四川动荡不安，除生产受极大破坏外，人民更是惨遭蹂躏，生活在水深火热之中。

地处成、渝间的内江，在每次战祸中更是首当其冲。内江的地理位置在战略上非常重要。自上而下的简阳、资阳、资中、内江、隆昌县是连接成、渝的东道。成都、重庆间的用兵，都必须途经这一通道。内江西面有自流井、贡井，因其盐税历为军阀们垂涎，大凡争夺盐税时，内江、威远、隆昌县必受其害。安岳、乐至两县在东道东面虽地处偏远，却是北攻成都、南击重庆，西进内江、资中、资阳、简阳县的好位置。除此，内江盛产蔗糖，物产丰富，是四川富庶地区之一，更是一块足使军阀们眼红的肥肉。因此，在四川军阀混战中，内江人民是饱尝了战祸苦难的。

一、四川军阀混战的时代背景

1911 年辛亥革命爆发，但革命胜利果实却被袁世凯窃取。他当上大总统后倒行逆施，于 1915 年 12 月 12 日称帝，改国号为“中华帝国”，以 1916 年为“洪宪”元年。“护国运动”在全国反袁怒潮高涨推动下也应运而生。

12 月 25 日，云南宣布独立。蔡锷和反袁国民党人李烈钧等组织“护国军”，揭起了护国大旗，兵分三路，向四川、贵州、广西进军，讨伐袁世凯。

当时，袁世凯在四川的代理人是四川将军陈宧。到 1916 年 4、5 月，向四川进军的护国军在蔡锷领导下，经过浴血奋战，攻占了川南许多地区；四川境内的“四川讨袁军”也风起云涌；南方反袁护国独立各省在广东肇庆合组了军务院；陈宧带领入川的部分北军也开始厌战，联合民军逼陈独立。5 月 22 日，陈宧被迫正式宣布四川独立。

6 月 6 日，袁世凯因病不治而亡，护国战争取得胜利。可是，中国又在外国帝国主义干涉操纵下，呈现出各派系势力互相争权夺利的斗争，最终形成了“南北之分”的局面。在南北军阀的操纵下，握有军权的大军阀及集团和地方小军阀也进行割据，国家和地方四分五裂。虽然偶存所谓中央政府，但各割据军阀“不承认中央政府是全国合法违法、有道无道的最高裁判所”。四川在其中就扮演了一个“丑角”，形成防区制度，成为中国军阀割据和混战的典型缩影。

防区制度正式形成于 1918 年。它是四川军阀不断混战的重要原因之一。

1918 年初，靖国联军赶走了刘存厚，熊克武以四川靖国各军总司令兼摄四川军民两政。但熊克武仅一师兵力，不足控制全川。同时还有许多问题急需解决。如川军和靖国联军的战争状态还未解除；刘存厚以督军名义委任了许多师、旅长，这些人马如何收拾；靖国军之间、靖国军与起义军之间、起义军之间矛盾等。5 月，熊克武在成都召开靖国军各军首领会，决定整编川军，并调与滇军顾品珍部相持于资、内的刘湘部到荣县，解除战争状态。但因军政命令是否统一而争吵不休，问题没有解决。另外，唐继尧企图把持四川兵工厂、造币厂及盐税，滇、黔军 3 万余人已占据川东、川南富庶的 26 县;四川靖国军将领也不完全听熊克武命令。在这种情况下，熊克武为保暂时平安，将各部暂驻原地不动。

7 月，熊克武以靖国军各军总司令名义发布了“四川靖国各军卫戍及清乡剿匪区域表”。该表划分了 11 区，各军分区卫戍，但“驻有滇、黔军者，暂由滇、黔军担任”，对滇、黔军原有驻地完全没有变动，四川靖国各军也只得就地分防了。

在川局大体平定后，熊克武亟谋军、政命令统一。规定各师军官、各县行政官吏须由督军委派，各县税收款项均须所缴督署，统筹统支。但滇军顾品珍在其卫戍区内随意委任官吏，独吞盐款，川军各部也于卫戍区内相率效行。即使有报解税收款项者，“报解者少，而索饷请款者，又纷至沓来”。熊克武难以招架这种送来得少、索回得多的情形，决定主客各军就防划饷，于 1919 年 4 月又明令发表“四川靖国各军驻防区域表”，将“卫戍区域”改为“驻防区域”。自此防区制度形成。

当然，“就防划饷”也不是熊克武独创。在罗佩金担任四川督军，戴戡任四川省省长时，就因“分驻省外军队，请领饷款，往返需时，发放愆期，对于应付，发生纠纷，饬于就近驻在地方各公署及征收机关，如额拨领”，并因“推行日久，似较便利”，训令道饬施行。刘存厚打败罗、戴后，也由于“省外各县驻军请领饷款，文电交驰，情甚迫切，而各县局，征款又解送不及，应付殊难”，省财政厅遵照刘存厚训令，规定“按照各该部队月需饷款军费，估计概数，并就各该防区较近征局，分别划配，准予径拨税款应用，以期敏活而利戎机”。“防区”也正式见于公文。可见防区制度在熊克武以前已存在，只不过熊克武将其进一步具体化罢了。

四川防区制度形成后，各县就像中国各省一样，被大小军阀分裂割据。各个军阀在其防区内，“不仅可以截留税款，把持捐税，任意征发，而且可以委任行政财政官吏，对老百姓生杀予夺，为所欲为”。每一个防区俨然一个独立王国。防区制度发展的过程从开始的“就地划饷”，后变成“就地筹饷”，最后发展到“借垫预征，苛捐杂税，敲骨髓，层出不穷，有增无已”。军阀们看到了有防区就有军费，有军费就能扩军，扩军后就可打仗，从而争夺更多防区。如此就演成了循环不已的内战。在 1932 年“二刘大战”酝酿时，天津《大公报》有一篇社论对此揭露较深刻：“查川省养兵百万，巨酋六七，成都一地，分隶三军，全省割裂，有同异国。其最大特色为兵愈打而愈多，帅时离而时合，亦友亦仇，随和随战。要之，万变不离其宗者为扩张私利，保存实力，诛求无厌，剥削地方。故夫人欲横流，百般诈谲，捐输苛酷，并世无两。……论其民生困苦之情状，则此天府之国，早陷入地狱底层。盖兵益多则饷益绌，饷益绌则争益甚，军阀之莫能相安者，则势然也。”我们要看到，防区制度虽然是川军本身不断扩大和大量滇、黔军侵川的结果，但最根本的还是中国分裂所促成。

二、四川军阀混战下的内江

1917 年至 1933 年的四川军阀混战，以 1926 年作为分界线，前后可分为两个阶段。前一阶段主要是南北大军阀及军阀集团为控制四川，各自在川制造矛盾，或者派出军队，援助军火、款饷挑动和嗾使四川地方军阀或入驻四川的军阀相互进行的混战。这一阶段主要是川、滇、黔军混战，特别是川、滇军混战最激烈。包括刘存厚和罗佩金、戴戡的成都巷战，熊克武联合滇、黔军驱逐刘存厚的靖国之战，熊克武联合刘存厚驱逐滇、黔军的川、滇、黔军混战，熊克武联合川军驱逐刘存厚的驱刘之战，刘湘、杨森联合驱逐黔军袁祖铭的驱袁之战。后一阶段主要是四川地方军阀易帜后，互相争夺地盘、扩大防区而导致混战不休。主要战争有刘湘和罗泽州等的下东之战，刘文辉和李家钰等的上东之战，刘湘和刘文辉的二刘大战。在这些混战中，几乎无不涉及和危害内江。

（一）刘戴成都巷战时的内江（1917 年 4 月—1917 年 9 月）

1917 年 4 月至 7 月，川军第一军军长刘存厚与四川督军罗佩金、四川省省长戴戡先后发生成都巷战。与此同时或稍后的时间里，川军和滇、黔军也在川南地区发生较成都巷战更为激烈、更大规模的战争。主要有资、简阻击战，青、眉攻防战和资、内争夺战三个战役，其中就有两个发生在内江。

刘存厚

1917 年 4 月 18 日刘、罗成都巷战前夕，刘存厚就派人去南充联络了川军第三师钟体道共击滇、黔军。4 月中旬，钟体道命令部队向东道出发，阻击北上增援罗佩金的滇军。全师分左右两纵队。左路指挥钟体道自兼，参谋长唐廷牧负责，由遂宁、合川，越过乐至县，直趋资阳县；右路陈经指挥，从三台、中江、金堂向简阳县进发。

陈经率队到金堂时，已闻成都刘、罗巷战爆发，于是加速前进。赶到简阳县时尚无敌情，侦察后获知滇军正到资阳一带，遂立即向资阳县城开去。行至资阳县城西棉花坡一带山地时，与滇军部队相遇，双方展开激烈战斗。经过 7 个昼夜的争夺，川军尚未攻克资阳县城，旅长陈经双腿也受了伤。眼看不支时，左路纵队终于赶到，两面夹攻资阳县城，滇军顾品珍难以抵敌，败退资中县。原来左路纵队已过乐至县施家坝、香泉铺到达清水溪时，大部滇军也已到此，双方在新龙垭展开激战，伤亡颇重。张鹏舞的第三营营长刘兴夔阵亡，加上唐秋山的机炮营后才在距资阳县城 18 里的飞鸿铺击退滇军，与右路会攻资阳县城。

资阳莲花山战斗遗址（1917 年川滇军在此会战七昼夜，双方死伤惨重）

4月23日夜，在简阳方面曾有滇军三营，携大炮、机枪等武器，由新店子上、下游偷渡过河，向川军猛攻。结果新店子被滇军焚毁，双方互有死伤。滇军驰援成都部队终被阻止。川军第三师的资、简阻击战结束。

刘存厚在成都巷战打败罗佩金后，戴戡暂兼代四川督军。7月5日，刘、戴成都巷战爆发。罗佩金援戴滇军在青、眉攻防战中又被川军大败，致戴戡于21日败逃仁寿秦皇寺中自戕。同时，罗佩金也因失败回滇，川境滇军就由顾品珍指挥。

罗、戴在川战败后，唐继尧派滇军入川复仇。7月24日，川军第一师师长周道刚暂代四川督军，见川、滇两军战火又将爆发，决定联合川军共击滇、黔军。当时，入川滇军已抵泸州，在川滇军除驻自贡外，顾品珍滇军据简阳、资阳、资中、内江、隆昌县一带，黔军也屯集川黔边境，伺机出击。

川军第一师驻永川、重庆、合川。第二师沿岷江上游布防。第三师驻金堂、乐至、潼南、遂宁县一带，在沱江东岸布防，钟体道本人进驻安岳县城，设立行营为指挥联络中心。川军具体部署是第一师的刘湘旅由永川、荣昌进攻隆昌县；第三师陈经旅和第二师赖心辉炮兵团、田颂尧骑兵团分由乐至县、成都进攻简阳、资阳县；第三师张鹏舞、李挽澜两团由安岳县进攻资中县，攻下后合击内江县；第二师舒荣衢旅由仁寿攻取荣县、威远县后转攻内江县，刘成勋、陈洪范两旅策应舒旅夹击荣、威后，分两路向内江县、宜宾进击。最后三师合力取泸州。从部署中可见内江县是重点会攻对象。

川、滇军开战后，滇军节节失利。8月末，川军二、三师进攻简阳、资阳县，发生激战，顾品珍滇军败退资中县，陈经旅追击直抵资中县。这时，从安岳县南下的张鹏舞、李挽澜也追至资中、内江县，刘湘旅已在攻占隆昌县后向内江县进逼。顾品珍在三面受敌的情况下退向富顺、自流井。9月上旬，资中、内江县被川军攻占。

顾品珍不甘心失败，9月12日命令金汉鼎率部在15日前攻下内江县。金汉鼎遂率部晚间冒雨行军，官兵衣履尽湿。13日下午，滇军在内江县属白马庙与川军相遇，向川军进攻，川军则凭险固守。14日拂晓，滇军炮兵向川军乱轰，掩护步兵进攻，川军溃退。金汉鼎令第二十八团团长杨瑞昌乘胜追击，但到场口时，杨瑞昌便下令士兵造饭。金汉鼎发现后，责备说："这等于纵敌，使敌人重占阵地抵抗。"果然如此，川军趁滇军造饭时，抢占了烂泥沟横高山，阻击滇军前进。双方相持到15日凌晨，川军加紧反攻，滇军中间阵地被突破，有200余名士兵溃退，金汉鼎亲率预备队堵住，组织反攻，击退川军。同时，右翼滇军张振业营也突破川军阵地，冲上山头，乘胜向内江县城追击。

内江县城的川军张鹏舞见滇军来势凶猛，弃城逃走。15日中午，金汉鼎率滇军占据了内江县城，然后命朱光焕营到椑木镇警戒隆昌县方向，朱营迟迟未行。当晚，川军李挽澜率部偷渡沱江，潜至内江县城东南，占领了三元山一线的3个高地。16日拂晓，李军炮击城内，西门外的川军乘势猛攻。金汉鼎立即组织一排敢死队，每人奖银10元，拼死拿下三元山的3个高地。李部被迫退走，滇军援军也赶到，夹击川军。使部分川军退至沱江岸边，弃枪跳河逃跑，被淹死、打死和打伤达数百人。

17日，顾品珍见威远县被川军攻下，其他战事又不利，虽然夺回内江县城，但其三面环水，还有川军仍环攻不已，终不能持久，遂令金汉鼎退出了内江县城。9月22日，顾品珍命滇军分两路撤退，一路从荣县经贡井向叙府，驻威远县、自流井的也同时撤走；另一路绕富顺向泸州撤退。资、内争夺战即告停息。

（二）靖国之战时的内江（1917年12月—1918年2月）

唐继尧在川滇军失败时，护法运动开始，于是唐继尧就打着护法旗号，拉拢驻重庆川军五师师长熊克武，击退驻重庆北军，周道刚也无力抗拒逃出重庆。1917年12月15日，熊克武和滇、黔军在重庆建立三省靖国联军，并任四川靖国军总司令。这对北洋军阀政府极为不利，18日北洋政府委刘存厚为四川督军，21日委徐孝刚为川军第一师师长。

唐继尧

靖国联军借刘存厚“甘心附北毁法”，分东、中、北三路攻取成都。1918年1月9日，熊克武决定派遣驻扎隆昌县滇军直趋内江县，进取资中县，黔军攻安岳县牵制资、内，待内江县攻克后，同川军第一师一部西取资阳、简阳县；驻遂宁吕超攻取乐至县，协同黔军攻简阳县，然后黔军驻简阳县扼敌退路；川军五师大部则直北取绵阳。刘存厚分五路抵抗，其中中路以徐孝刚第1师驻内江县，右翼由舒荣衢、汪可权两旅经荣县驻威远县，左翼由钟体道第三师驻安岳、乐至县方面。

东路滇军早在1917年12月下旬，已与川军一、三师在内江县城附近展开拉锯战、肉搏战，先后近一月，川军全胜。顾品珍率滇军撤退时在县属凉水井将腿跌折。在滇军反攻时，徐孝刚退守隆昌县。这次靖国军三路出动，在隆昌县的钟体道闻老巢受威胁，急行赴安岳、乐至县，留李挽澜旅驻内江县，第一师也退守内江县，准备大战靖国军。

同时，靖国军中路的黔军和北路熊军开始联合出击。熊军喻培棣一营与钟体道部两团战于安岳县岳兴桥、长河一带。喻部退守龙台，当后队援军到时又反攻，自岳兴桥进抵距安岳县城20里的牛王寺时，被钟部抄围右翼，不得以再退龙台。不久，黔军和另一大部熊军进攻大胜，喻部再由龙台出兵攻克安岳县城。随后，两团黔军赶到，乃联合进攻乐至县的倒流镇。黔军与钟体道都与在乐至前方的许澎之团董君立、庞其猷两营相遇，黔军猛烈攻击。钟体道退至施家坝，使用老一套的川军作战方法，组织两营敢死队，摸“夜螺蛳”（乘黑夜偷袭）与黔军血战肉搏，黔军败退。当喻培棣赶来增援时，又向钟部反攻。刘存厚也调赖心辉前来协助钟体道，准备继续作战。

1918年1月23日开始，东路驻守内江县的李挽澜旅也与靖国军发生激战。李本人战死，士气大减，同时安岳县也被喻培棣攻克，徐孝刚一师只得和李旅残部退资中县。在徐孝刚驻守内江县时，熊克武曾派人潜入内江县与刘湘密约，许刘湘为靖国军暂编第一师师长，要刘在东路全力牵制滇军，保证熊军北路攻取成都。徐孝刚知道此事后，在退守资中县时，将第一师部队交与刘湘，自动离去。顾品珍滇军进占内江县后，刘湘率部防堵，顾部也不进攻了，与刘湘部在资内相互警戒，目的是让熊、黔军打头阵。

钟体道在乐至准备继续作战时，见东路一师已退资中县，川北也受靖国军威胁，决定放弃乐至县。于是派专人从火线上送信给吕超，待他率兵前来，将乐至县城让与熊军，不留寸土与黔军，钟本人也退绵阳。黔军袁祖铭部则由乐至县进攻简阳县。

刘存厚见大势已去，在孤立和被动情形下于2月19日退出成都。25日，熊克武进驻成都，被推为四川督军。

但是，战争还没结束，顾品珍和刘湘还在资、内相持，舒荣衢、汪可权两旅在荣县、威远县戒备攻占富顺的滇军。5月，熊克武在成都召开靖国各军首脑会议，整编了军队，舒荣衢调下东，刘湘调荣县，滇军顾品珍部又占据了资中、资阳、简阳县，恢复了原驻地。喧嚷一时的川、滇、黔军的四川"靖国之役"宣告结束。

在7月，熊克武为保持川局暂时稳定，发布了"四川靖国各军卫戍及清乡剿匪区域表"，其中简阳县归第一区，属一师但懋辛；隆昌县归第二区，属二师刘湘；安岳、乐至县归第五区，属五师吕超；内江、资中、资阳县归第七区，属第一独立旅向传义；威远县归第八区，属第二独立旅陈洪范。但又规定驻有滇、黔军者暂由其卫戍。1919年4月，熊克武又明令发布"四川靖国各军驻防区域表"，将安岳县划归刘湘，简阳、资中、资阳、内江县均归滇军驻扎。

（三）川、滇、黔军混战时的内江（1920年5月—1920年10月）

1920年5月，唐继尧挑动滇、黔军和部分川军"倒熊"，唐继尧、熊克武矛盾激化，川军和滇、黔军发生混战。

熊克武在五路进攻的部署中，由但懋辛任中路总司令，担任主攻，率第一师的喻培棣等部及第三师第五旅邓锡侯部，对简阳、资中、内江县一带的顾品珍部滇军作战。

5月22日，熊克武下达了进攻令，与滇、黔军的战幕全面拉开。但懋辛的中路作战，以邓锡侯旅为前锋。23日，邓旅与一师中路边会攻简阳县。一师何畴、喻培棣两团担任正面进攻，邓旅谢松团担任侧击，邓本人在简阳县城对岸一个阁楼上指挥。谢团分道攻击前进，激战至午后，完全占领沱江对岸。滇军侧、背受敌，渐由南关向资阳县方向退去。邓又命炮连连长陈离猛烈追射白塔坝退敌。正面友军乘胜猛攻，完全占领简阳县城。

在1919年底，但懋辛曾在资中县城会晤滇军第一军军长顾品珍。1920年3月，熊克武、但懋辛又约会顾品珍于简阳县的石经寺，因双方利益一致，颇相契合。所以，在川军攻占简阳县城后，顾品珍又陆续退出资阳、资中、内江县一线。6月初，川军推进隆昌县。这时，邓锡侯也进驻了安岳县周礼场。

东路刘湘在进攻重庆黔军未得手，率部西撤会中路于隆昌县，同时，熊克武又调邓锡侯旅北防，中路力量顿时薄弱；南路刘成勋攻占自流井后也不尾追滇军而移师内江县，让赵又新在隆昌会合顾品珍，反攻中路。

顾品珍退隆昌县后，在唐继尧严令下被迫与赵又新反攻中路川军，相持在迎祥街温寨子，也与刘成勋部相遇于双凤驿。刘成勋为保存实力，不战退新津，陈洪范也撤走刘文辉旅，使但懋辛竭力指挥抵抗后，从隆昌、富顺县退内江、资中县，再由甑子场向安岳县方向撤走。滇军又进攻资阳县，熊克武早已调张冲部驻守，正面战斗激烈时，滇军胡若愚部从侧面突破了球溪河攻到资阳城边。但懋辛退守简阳县，最后全部撤走。资阳、简阳县为滇军所占。威远的熊部也被迫退走。

熊克武见中、东、南路军事失利，而北防的吕超又在川北"倒熊"，于是熊克武于7月10日离开成都，退守潼川、保宁（今阆中），编但懋辛、刘湘、刘成勋为一、三、三军，并联络陕南刘存厚，共击滇、黔军。

8月23日，熊克武和刘存厚的"靖川军"联合反攻。9月5日，吕超所部分向东道简阳、北道乐至两路撤退。熊克武等进占成都后，分左、中、右三路攻击滇军。顾品珍、赵又新见川军会集成都，飞调驻资中等地主力集中简阳县，以龙泉山为据点，凭借张飞营天险，与川军决战。

9月8日，川军中路杨森、唐式遵两部从大面铺推进龙泉驿，继占山泉铺，12日仰攻张飞营，损失惨重。成都邓锡侯令总预备队谢松纵队驰援，谢松阵亡；杨锐纵队又增援上去。右路蓝世钲旅由长松寺绕攻贾家场失利，退回龙泉驿，长松寺高地失去，龙泉山正面吃紧。14日，滇军夺回山泉铺，反攻成都。15日，川军在成都突围反攻，滇军全部撤龙泉山固守张飞营阵地。22日晚，邓锡侯率部出大兴场，进攻茶店子，山泉铺滇军动摇。川军中路乘胜进攻，扼守张飞营滇军立即溃退。23日，川军占领简阳县，24日，又占资阳县。自此由沱江左岸，经清水河、五皇场、骝马场、华头场扫荡前进。27日占领资中县，28日占领内江县，29日占领隆昌县。随后，刘湘将前敌司令部移驻隆昌县城，滇军全部退叙、泸一带，顾品珍早已无心再战，由纳溪过河退回云南。同时，川军喻培棣、张冲等分头克复蓬安、遂宁、安岳等县。10月15日，川军攻入重庆。下旬，在川全部客军退出了川境。

滇军之所以败退，是由于顾品珍、赵又新改变了作战计划。在龙泉山攻守战中，滇军也伤亡惨重，回攻成都时，后方空虚，川军何光烈、喻培棣、张冲等部在9月16日曾占领石桥，17日攻进简阳县城。顾品珍、赵又新还准备在内、资球溪河、五皇场一线，重整队伍，再事抵抗，没料到川军猛追不舍，使计划落空。

1920年由夏至冬，历时半年的川、滇、黔军混战，以川军取得驱走在川全部滇、黔、豫、鄂等客军而结束。

（四）驱刘之战时的内江（1921年2月—1921年3月）

熊克武

邓锡侯

赖心辉

熊克武联合刘存厚驱逐客军后，在重庆搞川省自治，刘存厚却在成都支持北洋军阀政府对四川的统一令，激起四川各军不满。熊克武借机发动驱刘之战。

1921年2月18日，熊克武及所属通电宣布刘存厚自居督军、阻挠川省自治等罪名后，分东、南、北三路进攻成都。

第二军军长刘湘被推为前敌各军总司令，指挥所部由东路向成都进攻，阻截刘存厚退路。刘存厚辖第三师邓锡侯、第二十一师田颂尧、第二十二师唐廷牧和川北边防司令赖心辉，但都是人枪两缺、缺乏战斗力的烂队伍。当东路刘湘部队迅猛攻进时，连克内江、资中等县，东道的田颂尧、邓锡侯由川东向川北节节后撤。这时，川北赖心辉倒戈就任熊克武委任的四川边防军总司令，并担任前敌总指挥，和第一军但懋辛会合，直压新都。刘湘部在攻占资中县后，继续占领资阳、简阳县，邓锡侯、田颂尧两部几退新繁、彭县。刘存厚见熊克武、刘湘声势浩大，而同住成都的刘成勋已表示站在熊克武一边，被迫在2月21日放弃成都，3月22日通电解除靖川军总司令。

刘存厚下野后，北路熊军一度与刘军激战；东路刘湘则进展顺利，径取成都。就在联军再攻邓锡侯、田颂尧等时，部分川军通电停战，邓、田也要求停战。经过协商，刘存厚被驱逐去陕南，第二十二师唐廷牧部回驻资中县，其余各部回原驻地。

（五）一、二军之战时的内江（1922年7月—1924年3月）

刘湘在驱刘战争中实力增强，形成二军系，想独霸四川，处心积虑对付和消灭一军。在第二军军长杨森鼓动下，一、二军大战爆发，并引出讨贼之战。

1922 年 7 月 9 日，杨森通电出兵进攻川东的一军，结果在 8 月下旬被一军打败，杨森出川投靠了吴佩孚。在二军攻击一军时，成都各军在 7 月 11 日组成联军，进攻重庆，支援一军。内江县原系一军但懋辛防地，后由二军杨森部傅常旅接防。联军成立后，傅常东下布防，田颂尧由资中县进占内江县。8 月 7 日，联军占领重庆，刘湘本人由刘文辉护送回大邑。一、二军大战暂告一段落。

10 月 26 日，一军和联军在成都召开善后会，因废除军长制和改编军队不利于三师师长邓锡侯和七师师长陈国栋，内讧发生，战端又起。

1923 年 1 月 15 日，陈国栋率部进驻内江县，25 日自内江等县出兵大足收编了何金鳌部，何率残部退乐至县。刘成勋也派蓝世钲、张成孝两混成旅直趋永川解决陈国栋师。2 月 5 日，邓锡侯率部由重庆驰永川援陈师，合力围攻隆昌县蓝旅。驻资中县的二十二师唐廷牧部也集中安岳、乐至县，出兵援邓、陈。2 月 13 日，第三军军长刘成勋明令讨伐邓锡侯、陈国栋等。东防督办但懋辛、边防军总司令赖心辉也合兵进攻邓、陈。于是，第一军、第三军、边防军与邓、陈等部在江津、永川、隆昌、铜梁、大足、荣昌、壁山、内江、资中县等地展开拉锯战。

1923 年嘉属团练点验威远县下西区门户练合影

2月19、20日，邓锡侯、陈国栋部从东道西上围成都，3月13日，赖心辉部攻克隆昌县，15日，赖心辉司令部驻内江县，18日进驻资中县，19日攻占资阳县，21日攻占简阳县，24日进兵成都解围。不久，邓、陈再抵成都北门，30日，刘成勋解职，熊克武退出成都。4月6日，邓锡侯在成都被推为联军总指挥，发出讨熊通电。19日，熊克武、但懋辛、赖心辉等部署三路反攻。赖心辉一路在隆昌县集中边防军，经东大道简阳县进攻成都。5月13日，熊克武进入成都。

川军内讧造成杨森返川的好机会。4月6日，杨森攻占重庆。5月7日赴隆昌县，分三路声援联军。赖心辉部应付不及，14日由内江县向成都方向退去。16日，杨森进入内江县，又向成都进发。25日，杨森率所部及北军一部向石盘铺进攻；何金鳌及北军一部经养马河、周家场向甑子场进攻；杨春芳等部则经内江县贾家场向白鹤场进攻。26、28日，杨军、北军与刘成勋第三军、赖心辉边防军等在石盘铺、茶店子激战。何金鳌部在周家场被但懋辛一军击溃。同时，第一军第六师余际唐部及第八混成旅由淮州以一部进攻东至县，以大部直逼沱江两岸，胁迫杨森退路。5月30日，杨森败退资阳县，第一、三军及边防军占领简阳县。

杨军、北军退出简阳县后，与一军、三军及边防军战于资阳县的五里店、铜钟河、狮子山、五皇场，资、内的银山镇、史家街、椑木镇等地。6月11日，杨军、北军退守隆昌县。这时，吴佩孚派袁祖铭的万余黔军来援，与杨军、北军会师隆昌县，14日，再与一军等激战于迎祥街、下长铺一带，最终败退重庆。

7月25日，熊克武接受孙中山任命的四川讨贼军总司令职。唐继尧也借机援熊，进行所谓的共同讨贼。10日16日，讨贼军攻占重庆。11月底，川康善后督办刘湘督促杨军、北军反攻。12月13日熊克武撤离重庆。第一军一、六师与石青阳部贺龙、周西成两师分路向川北撤退，其中贺、周两师经安岳、乐至县退成都。赖心辉边防军向内江县退守。大部熊军也因泸州杨春芳倒戈，退隆昌县。杨森由合川、遂宁进攻成都，到乐至县时，侦悉熊克武在潼川督师，立刻直扑潼川。1924年2月1日，熊克武退成都。同时，内江县的赖心辉在杨春芳等的进攻下，由资、简退成都，陈国栋占领内江县。2日，熊克武解职。6日，邓锡侯、陈国栋等部攻占茶店子，截断熊军与东道联系，熊克武率一军残部退双流、仁寿至简阳县，再向川南退走。9日，刘湘等进入成都。10日，赖心辉通电服从吴佩孚。2月29日，刘湘、袁祖铭率部追击熊军。2月下旬至3月下旬，双方在川南、川东多次激战，熊军败退湘西瓦解。赖心辉又回占资阳、资中、内江、隆昌县。

1924 年陈泽霈在圣水寺讲武时书题

（六）杨森“统一之战”时的内江（1925 年 3 月—1925 年 9 月）

1924 年 2 月 19 日，杨森留成都主持民政，刘湘等部追击熊军。1925 年初，杨森蓄积力量，要消灭刘湘等异己，发动了统一四川的战争。

杨　森

杨森“统一之战”的第一期作战是 1925 年 3 月开始的。

3 月 1 日，杨森派郭汝栋、白驹旅、吴行光炮团三部由成都经仁寿、威远县前往自流井抢夺盐税，刘文辉部被迫撤走。3 月下旬，以刘湘为首的大部川军在重庆暗里凑成倒杨联军。4 月 11 日，杨森命所部分道向刘成勋、赖心辉、刘文辉等进攻。

4 月 12 日，杨军郭汝栋、何金鳌等出南路击败刘成勋、陈洪范。威远县为杨军所占。5 月上旬，郭汝栋又向刘文辉发起攻击，派吴行光旅出威远县进富顺，阻隔了刘文辉、赖心辉两部的联系。

4 月 13 日，杨军第三路总指挥王正钧等部约四、五师之众，从东路由简阳县向驻资阳县的赖心辉部进攻。赖心辉早有准备，先将大部兵力暗中撤退到内江县椑木镇、白马庙一带隔河防守，并在晒鹅山、一思滩、田家场一带择要防守，构筑坚固工事。内江县城内及三元井一带也只留少数部队驻守。因此，杨军当晚就占领资阳县。次日，王部又分左右两纵队分道向资中县前进。16日，在凉水井与赖部遭遇。赖部不支，放弃资中撤往内江县。杨森前敌总司令黄毓成在资中县城设指挥部，指挥各路杨军。17日，王部两纵队又经银山镇、史家街和驼背场向内江县进击，与赖部发生数度激战。18日王部在赖部撤向沱江东岸椑木镇后占据了内江县城。赖心辉率其总部退驻隆昌县，其部吴克仇、甘德明、刘丹武等旅驰赴椑木镇增援，杨、赖两军遂隔沱江相持。赖心辉在四川军阀中素以善战著称，在沿椑木镇上下游隔河以少数兵力扼守，用主力控制于后方高地，策应各方，与王部相持一月余。但在王部集中主力由沱江上游过河，猛攻右翼，战事甚烈需要援军时，后方其他各军却迟迟不动，使赖心辉气愤地发出了“衮衮诸公，桀桀大才，搬我上去，个都不来，我若垮了，你怎下台”的电文。再加上团长杨映奎受杨军黄毓成运动，乘夜偷渡过河，将全团投向杨军；在白马庙方面的甘德明旅长也率部倒戈，终至赖部在6月2日由隆昌、荣昌县败退，隆、荣两县为杨军攻占。

早在5月中旬，朱宗悫在安岳县也加入王正钧第三路。5月底，杨军第一路王缵绪占领乐至县，又向遂宁推进，陈国栋退职，遂宁被王缵绪接防。

6月上旬，李树勋在内江县就任杨森第二军军长职，攻打刘文辉。刘文辉与刘成勋放弃叙南退重庆。

自此，杨森从4月11日发动进攻，至6月7日占领合江止，第一期的作战计划完成，其作战部队分别达到从泸州、隆昌县、吴家铺、安岳县、遂宁至南充一线，据有72县。由于倒杨联军因各自利害关系和派系复杂而同床异梦，使赖心辉、刘文辉、刘成勋等均败退重庆一带。

刘湘在赖心辉等败退后，又拉拢邓锡侯，联合袁祖铭，组成了倒杨川黔联军。7月1日，刘文辉、赖心辉、刘成勋各率所部沿东道反攻。

9日，杨军、王正钧率部由内江县出发向重庆进攻，命郭文钦部控制隆昌县，朱宗悫部由安岳县进驻吴家铺。王部向大足前进至赵家桥金钱观时，被邓锡侯部击退回荣昌三溪镇。18日，继退界石，李树勋下令守备内江县观音滩、一泗滩、界石场至隆昌之线。

11日，黄毓成也指挥郭汝栋、白驹等师旅猛攻大足刘文辉一路。21日，邓锡侯乘机侧击荣昌、隆昌县一线，刘文辉、赖心辉、刘成勋全力反攻，杨军大败，分三路溃退。其中黄毓成率一部退内江县，邓锡侯等部则沿东道追击，双方沿沱江对峙。黄毓成将前敌总指挥部移资中县水南街。这时，在资中县以北的安岳、乐至县尚有郭汝栋、朱宗悫、范绍增等部，都是进攻大足失败撤退的，在郭汝栋统一指挥下，由安岳、乐至县向邓锡侯等部展开正面攻击。

26 日，杨森亲率万余人部队由成都驰赴资中、内江县前线督战，严令前线官兵，轻伤一律不准下火线。同日，刘湘以东道各军反攻胜利，就任北洋军阀政府的督办四川军务善后事宜职，电杨军各师旅长，让出东道，伫候待命。早已被刘湘收买的王缵绪也倒戈，决定先吃掉李逢春旅。李旅 26 日撤离遂宁，30 日转资阳县。31 日，王瓒绪在安岳县通电各军停战，服从刘湘命令。杨森在资中县听到王缵绪倒戈，气急败坏说："王治易（王缵绪字）都变了，我还打什么？不打了！不打了！"军心大为涣散。

川黔联军乘此时机正面进攻内江县。8 月 4 日，邓锡侯与黔军分别由银山镇、史家街强渡沱江，全线推进，攻占内江、资中县。杨军大乱，杨森率部退资阳县，继走仁寿。5 日，沱江沿线杨军向荣县、威远县、嘉定、叙府一带退却。资阳、简阳县赓即为黔军所占。6 日，刘文辉部占领威远、荣县，邓锡侯尾击仁寿杨军。11 日，郭汝栋部由资中县撤向犍为时，曾在五皇场与邓锡侯部激战。

9 月 4 日，杨森在犍为通电停战，大部将领也通电响应，服从刘湘节制。杨森最后率残部退宜宾。10 月 25 日，由王文俊护送至万县出宜昌。

杨森"统一之战"以失败告终。刘师亮当时作了首打油诗："十万雄师出简阳，一王（指王正钧）战败一王（指王缵绪）降，一王（指王文俊）远送楼关外，回首西川泪两行。"对杨森的失败给予莫大讽刺。

8 月 19 日，刘湘在自流井主持联军分赃会，对饷款、防地进行了分配。安岳、乐至县为邓锡侯防区，简阳县为赖心辉防区，内江、隆昌、资阳、资中县为刘湘防区。并定于 9 月 27 日为各军移防期。

黔军袁祖铭因分赃不平，在 1926 年 1 月底出兵独占重庆。3 月初，杨森在吴佩孚支持下返川抵达万县，驻隆昌等县归编刘湘的杨森旧部郭汝栋等在 3 月下旬移向下川东，回归杨森。刘湘防区隆昌县为赖心辉边防军填驻。4 月初，刘湘、杨森合作，驱袁战争爆发。刘湘派王瓒绪部由隆昌县等地进攻永川黔军。5 月底，袁祖铭黔军全部被迫退出四川。

5 月 2 日刘湘与邓锡侯、刘文辉乘赖心辉拟离省"出巡川南吏治"之机，派邓锡侯部师长李家钰解决了赖心辉驻省部队，赖本人也被扣留，被迫辞职。刘湘夺取了赖心辉驻泸部队，王瓒绪接防内江县，李家钰被委任为四川边防军总司令。刘湘实现了搞垮赖心辉边防军的夙愿。

（七）下东上东战役时的内江（1927 年 6 月—1929 年 4 月）

1926 年上半年，广东国民政府出兵北伐。7 月，杨森与北伐军接洽，被委任为国民革命军二十军军长。10 月，刘湘、赖心辉、刘成勋、刘文辉也分别被委任为二十一、二十二、二十三、二十四军军长。1927 年初，还委任邓锡侯、田颂尧为二十八、二十九军军长。尽管四川各军阀先后易帜，但防区制仍然存在，各军阀互相间形成了不同派系，明争暗斗。

1927 年 6 月，刘文辉消灭了刘成勋。罗泽洲、杨森等人枪少、防区小，怕遭吞并，决定利用刘湘、刘文辉间的矛盾，先攻打刘湘。早在 5 月，刘湘已把资中、内江、隆昌、荣昌、永川县让给刘文辉，以取得其支持。8 月，又把上川东部队集中巴县、壁山一带，所以刘湘有“巴壁虎”之称。

1928 年春，罗泽洲、杨森先后进攻重庆，惨遭失败。刘湘占据了杨森下川东 20 余县。下东战役结束。刘文辉也获得了包括资中、内江的上川东一带防区。

下东战役后，四川演变成主要由“四巨头”——刘湘、刘文辉、邓锡侯、田颂尧——分割占领的局面。7 月，为了再度分赃，由刘文辉倡议，“四巨头”会商于资中县重龙山，推刘湘为四川善后督办，刘文辉为四川省政府主席，邓锡侯、田颂尧也参加了省府组织。

1929 年春，罗泽洲、杨森因下东战役失败，对刘文辉多有恨意，于是在遂宁与李家钰会商，组成联军出兵夺取资、内。李家钰系军官系领袖，担任联军总指挥，出兵内江县方面助阵。

4 月中旬，李家钰还未发出进攻命令，罗泽洲、杨森、谢无圻、刘丹五各部已纷纷向资中出动。刘文辉早有准备，速集部队迎战。在 18、19、20 日，联军猛攻资中县城，驻资中县城的刘文辉第一旅林云根率部力拒，炮声隆隆，彻夜未息。刘文辉还派第九旅经内江县田家场，过资中县太平镇、马鞍乡抄袭进攻资中县城的联军后方。双方在蔡家乡的烟堆山、烟火店、范家滩，马鞍乡的水口庙、青烟洞、石板滩、伍皇庙，舒家乡的石柱庵、歇肩坡、滥寨子、铜咱庙、白麟桥、石子岭等地发生激战，联军被打败。21 日，林云根旅率部追击。

1929 年 4 月刘文辉（左三）、林云根（左五）等在资中行营指挥资内战役

1929 年 4 月资中守军阻击川北来军

资中县华头山野间战阵

李家钰在联军出动后，只得把自己的部队临时分为两路，第一路由第一混成旅长廖家孝指挥，率第一、第二混成旅和第一、第二师第二旅到内江县高梁镇集结；第二路由三师师长张遂良指挥，率第三师全部在内江县观音滩附近集结。

当第一路的第一混成旅指挥曹善祥率部到达高梁镇以后，资中县方面已开战两天了，刘文辉的增援部队正经田家场向资中县急进。曹善祥主张向经田家场的刘部援军拦腰截击，再三报告李家钰，都遭到李的反对，只得待命。直至攻资中县城的联军部队受挫后，李家钰才下令出兵田家场，击溃了刘文辉部熊思进旅。曹善祥都在准备向内江县进发时，李家钰转来邓锡侯电令：立即停止战斗，各部率队回原防。第二路的张遂良师在观音滩与刘文辉的唐英旅也有小的战斗，即告停止。原来邓锡侯不愿与刘文辉破裂，李家钰、罗泽洲、谢无圻、刘丹五本是邓部下，后自成军官系，但名义上乃归邓指挥节制。邓锡侯见联军袭击资县城未成功，就亲到简阳县作调解人。这场战争双方各动员 20 余团人，经过四五日战斗方才结束。

下半年，刘文辉派林云根率三旅兵力，协助陈光藻进攻李家钰，战于遂宁、乐至间，占领了安岳、乐至等几县。这样二十四军刘文辉除拥有上、下川南外，川东驻到江津、永川，川北驻到南充、蓬溪，川西驻到温江、崇庆，共占成都、简阳、资阳、资中、内江、隆昌、安岳、乐至、威远等 81 市县，还有犍为、自流井、贡井等盐场，兵力 10 万以上，在各军中实力最为雄厚。

（八）二刘大战时的内江（1930 年 12 月—1933 年 12 月）

刘湘

刘文辉

刘文辉势力逐渐强大同时，刘湘军事力量也不断膨胀。二人虽为堂叔侄关系，但争夺川省霸权的矛盾无法调和。刘湘在下东之战前为取得刘文辉支持，主动将资、内等县让给刘文辉，但胜利后又马上索还“荆州”，刘文辉不允，他就恼羞成怒，利用所占水路交通扣留刘文辉军火。二刘矛盾加深。此外，刘文辉大挖邓锡侯、田颂尧墙脚，促使刘文辉、邓锡侯、田颂尧保定系分化，刘湘趁机拉拢了邓、田。川北李家钰、罗泽洲、杨森也倒向刘湘，愿作进攻刘文辉的前驱。于是，四川军阀之间的最后而且最大的一场混战爆发。

二刘大战从 1930 年底开始酝酿。1932 年 8 月底，唯恐川省不乱的罗泽洲派兵一连，在南充下游李渡向刘文辉部开枪，打了一个小时，罗部败退，大战序幕揭开。9 月，刘文辉、田颂尧大战于成都。11 月下旬，刘湘也使用飞机数架，军舰 2 艘，出动水、陆、空、神军夺取了刘文辉的泸州。所谓的飞机是 2 人座位的教练机，可由上面投下手榴弹；军舰是吴佩孚图川时遗留下的两只能容步兵数十人，装有机枪、小炮的小艇；神军是指刘湘师傅妖人刘从云所兼的模范师，这个师的官兵都是刘从云的弟子，传说“刀枪不入”。刘文辉见泸州失守，与田颂尧达成停战协议，全力对付刘湘。

刘湘进攻泸州的同时，还分东、南、北路进攻刘文辉。刘文辉为集中兵力、缩短防线，自动放弃南充、遂宁等县，将部队由宜宾、内江、资中县一线撤至乐山、仁寿、简阳县一线。北道杨森、李家钰等各军进驻南充后组成联军，追击二十四军，进入资中县城。刘湘南路潘文华部在 11 月 4 日入隆昌县；北路王瓒绪由安岳县袭击内江县。驻守城内的刘文辉部李玉书旅派出王学渊团防守黄荆坝，袁国瑞团守三元井，沿沱江密布战壕。10 月中旬，王瓒绪的儿子王泽濬旅于渊部进占东兴镇一带，控制西林寺高地，炮轰城内。李玉书部隔河对抗。12 日，守三元井的袁国瑞团退守马鞍山，不久溃逃。21 日晨，于渊部敢死队头上伪装黄荆、竹叶从小南门芝麻濠踩水过河，冲往河街，李玉书旅早已溃退，于渊部遂占领县城。同时，二十八军陈离师也进驻了简阳、资阳县。

11 月下旬，刘湘来内江县城，约集联军各将领会谈，在大西街中国银行举行“内江会议”。他在会上说：“大家认真打仗，才能使战争早得胜利，我尽到了我的力量了，不要以后说我的防地占多了呀！”

12 月初，潘文华率部由荣县进攻乐山，夏首勋、唐式遵向荣县、威远、仁寿县出击，王缵绪由资中县、仁寿县进攻。潘文华败退荣县白石沟，因地形狭小，无险可凭，回到老君台。刘文辉的冷寅东大部也拥到了老君台。在刘湘发动几路进攻时，刘文辉也指挥冷寅东、陈光藻两部反攻荣县、威远县。陈光藻在松峰场击败王缵绪、范绍增两师，向威远县追击。唐式遵与冷寅东在东林场遭遇，奋战3日，唐部败退，冷部就行至老君台。潘、冷双方在老君台发生激烈争夺战，投入兵力近2万人。潘部大败，一部困守白石沟。

陈光藻部王元虎旅率7个团由松峰场间道进出威远县五里浩，兼程进击荣县县城得手。退驻荣县五里墩的潘文华非常恐慌，已收拾好行李，打算收复不了荣县县城就退走。王元虎奇兵攻占荣县县城后，为避免被包围，随即撤走，潘文华军心稍安。当时的战局对二十一军甚为不利。刘从云曾跑回威远原籍，大发脾气说："不依照我的计划作战，便是违反天意，违反天意又怎能不失败呢！"

刘湘见战况逆转，邓锡侯、田颂尧却按兵不动，就急电邓、田，夸大败绩；同时派人到眉山"向幺爸请和"。邓、田见刘湘垮台于己不利，就在二刘酣战时，派黄隐等三师由仁寿田铺袭击刘文辉后方，以二十八军第三师陈鼎勋部由简阳县侧击仁寿。刘文辉陈鸿谦旅也因刘湘利诱，在威远县叛变。在这种情形下，刘文辉被迫与刘湘言和，命令前线各部停止进攻二十一军。12月底，惨烈空前的荣威大战才结束。

1933年4月，刘文辉为报复邓锡侯，发动"毗河之战"。刘文辉进攻邓锡侯引起保定系同学不满。在毗河战役初，刘文辉曾命陈光藻攻打邓锡侯，陈婉言推卸，刘文辉只得改陈部进驻简阳、资阳县，监视二十一军动向。邓锡侯与刘文辉毗河相持时，同陈鼎勋到资中县拜刘从云为师，表示和田颂尧愿供老师驱使。5月，刘湘已重整旗鼓，又见邓、田来投，认为时机已到，就让刘从云挂帅，统兵进攻刘文辉。

这时，刘文辉见内部军心涣散，刘从云队伍已迫仁寿、简阳县，罗泽洲、李家钰、杨森也出击，只得放弃成都退守岷江。8月，刘文辉全线溃退，由雅安退汉源，两军相持大相岭山间。12月，两军媾和罢战，刘文辉回雅安，二刘大战结束。

此后，刘湘所占地盘除夺得川北部分县外，已有川东、川南、川西地区共80余县，还占据自流井，兵力10万，控制全川。邓锡侯只获得以乐至、资阳县、成都为界的地区，李家钰获得了资中、安岳地区。1934年12月20日，刘湘当上四川省政府主席和川康绥靖主任，统一了四川。

三、四川军阀混战给内江人民带来的灾难

四川军阀割据防区，连年混战，使内江人民同四川其他地区人民一样，

惨遭极大的灾难。军阀们在防区内的预征田赋，暴敛强取，苛捐杂税，多拟牛毛，金融紊乱，洗劫民财，还有战时的兵祸匪患，更使各个防区生灵涂炭。1929 年，内江县东乡就爆发了抗捐、抗税的斗争，当时的中共内江县委书记曾莱根据内江农村流行的曲调编写了《四季歌》，展现在我们眼前的是一幅幅农民遭受蹂躏惨状的图画，是饱含着泪与血的控诉。

（一）兵灾匪祸层出不穷

在军阀混战中，许多军队溃败，乱兵相聚为匪，于是匪祸又来。随后，许多土匪再招抚为兵，成为“遣之则兵变为匪，招之则匪聚为兵”的兵匪一家。战争越多，兵匪转化周期越短越迅速，给人民带来的危害就越大。当时连年战争，兵匪灾祸之多就不难想象。

兵灾带来的一大祸患是“拉夫”，这使正常的生产生活秩序遭到彻底破坏。内江各地在当时没有设置兵差供应处，军阀混战开始后，就自动派人出来“拉夫”。如果设有临时兵差站，四处变役，供不应求，也就乱拉了。军阀们拉人时，只要遇上，不论能否挑抬，一概拉走。如果不能挑抬，可以出许多钱，又另外拉人，但被拉上去的多为无钱的劳动人民。被拉夫的人要惨遭折磨，抬不起、走得慢的要挨打受骂，被枪杀也是常有的事。即使有被释放的也不给路费，许多都是卖衣讨饭才能回家。因此，只要战争开始，附近的老百姓都逃跑躲藏，来不及躲藏的被追赶时，有的跳崖而死，有的被刀砍枪毙而死，情景极为悲惨。

1932 年二刘大战时，内江县二十四军和二十一军相持在沱江两岸，有的老百姓整天躲在家里不敢出门，饿了 3 天，他们说：“不是怕子弹！出门就拉去当夫子去了。”两军部队在内江县的战争仅有一个星期，但战前“过兵”“拉夫”却持续了两个月之久。那一段时间正是蔗糖生产期，农民怕拉夫都躲藏了，甘蔗变老，产量减少，又被霜雪侵蚀，糖分也下降，蔗糖业遭受极大损失。糖房漏棚的工人，乡下的农民都说“这年辰怎样得了呀！”

“拉夫”的数量之大令人震惊。二刘大战的荣威之战中，被“拉夫”一去不回的就有二三千人之多。更为典型的曾有 11 岁的小孩也被拉去背东西，背子弹，成为差夫，几天后才放回家。这不能不表现出军阀们的残忍，“拉夫”连小孩都不放过。无怪当时重庆《新蜀报》记者觉得“这 11 岁的小孩也被拉夫的事，实在是四川才有的特色”。

军阀们在战争中大肆抢劫、烧杀、奸淫，人民的生命成为草芥，家中储藏的财物、粮食损失殆尽。所以，住在城里的老百姓对战争形成了畸形心理，“无论哪面的军队在城里，我们总希望他们打胜仗，因为要败，敌人进来，那就不得了呀！抢、杀和奸淫妇女，谁都怕败兵乱来”。

在二刘大战中，官方消息称内江县老百姓并无伤亡和重大损失，但当时有人从多方面材料统计，老百姓受流弹伤亡最少在 300 人以上。特别是河街，有全家被大炮炮弹打死的。在最紧张的一星期内，隔河两岸都是部队，城内居民缺水，有贪图高价的挑水夫时常冒险到河里挑水，结果每每给子弹打死。荣威之战死亡的老百姓有 2 000 人左右，失踪的也有几千人之多。

兵灾对公共事业，如教育和建设等破坏也相当严重。公共建设在战争中被破坏，学校大多成为兵营，战后能恢复的非常少。在 1919 年夏，滇军被川军在安岳镇子场的鸭婆山一仗打败，退入安岳县城，学校也驻进了兵，学校被迫停课。败兵把学校的桌凳门窗全都打烂当柴烧，复课非常困难。

匪祸与兵灾一样，掠夺、劫杀、奸淫。土匪抢劫在一般情况下比乱兵更为严重，如果乱兵抢劫凶狠时，老百姓常以土匪做比喻。

匪祸不同兵灾拉夫的地方是“拉肥”。“拉肥”是土匪把他们认为有钱人家的老太爷、老太婆或少爷、小姐等拉绑去匪棚抵押，一般不拉当家人，然后限定时间让被拉者的当家人拿钱取人，索价非常高。被拉的人都要把眼蒙上，经常调换关押的地方，使你搞不清方向。耳朵用黄蜡封闭，所以也听不到土匪谈话。被“拉肥”者在赎取期限内日子要好过些，但逾期不被赎回者，日子就不好过了。许多被拉的人病死在路上，家属只能赎回一具死尸，有的赎回者只剩下皮包骨，更有残暴匪徒因过期未赎，砍去“肥猪”手指，割掉耳朵等。

1917 年底的隆昌，时人称为土匪世界。当时川、滇两军在川南一带混战，土匪也蜂起。1918 年 1 月 7 日，几路土匪明目张胆进城驻扎，兵匪交织，互不相涉。土匪们在城内和城外彼此划分势力范围，分区域抢劫、“拉肥”。由于土匪猖獗，乱抢乱拉，从而使得市面萧条，工商歇业，学校停课，企业解体。有许多大地主、大资本家逃至成都、重庆、内江避难。不能外逃者也到云顶寨、福集寨和福音堂及袍哥大爷（通匪）家中躲避。土匪也攻打云顶寨，后云顶寨赠送土匪了 5 000 元，土匪的攻打才休止；福音堂因威信丧失，躲在里面的 10 余人都被全部“拖肥”。土匪经过 3 个月的抢劫拉肥，见没有“搞头”了，又出面进行城区治安维持，要居民每月出 6 000 元保险费。乡间的农民除受抢劫、“拉肥”之苦外，又要受破坏之苦，家禽家畜，土匪随便捉杀，粮食小菜，土匪任意煮吃，农民白天出工田间，晚上只得露宿旷野。最奇怪的是县衙知事滕仁斋也依附土匪，与土匪称兄道弟，谈袍哥拉关系，土匪竟然在县衙里直呼滕大哥。所以，隆昌人要到内江县和其他县过境时都必须检查，没有嫌疑的人方能入境。到2月上旬的旧历年底，靖国军黄复生、石青阳和川军但懋辛分别委任了3个隆昌招抚司令，3个司令与各匪首领交谈商议，拉扯关系，动以名利、许以官职，千余匪徒编为部队开走，隆昌匪患才逐渐平息下来，但还有小股土匪继续抢劫。

内江县当时的土匪也多如牛毛，四处抢劫“拉肥”。1917年12月，受四川靖国军招安的邹有章部就在内江县“拉肥”索款，估兑银券，奸毙幼女，当地团练抗击时，邹部烧毁民房数座，伤毙老百姓多人。般若寺在内江县松柏寨内（今田家三溪南面），虽然长期得到寨墙保护，但在1918年也受土匪劫掠，松柏寨曾一度为土匪盘踞。现于松柏寨东门门侧还可见当时所刻文字：“去春，棒匪（内江称土匪为棒老二）突至，入寨盘踞，四处抢劫，鸡犬无存。县知事龚率围剿，寨险不克。龚怒，遂以大炮射击东门，门破，匪徒惊惶无措，乃伴与围兵灰淋，爽夜逃遁。”从文字记载中可见土匪猖獗。资、内从清朝以来盛产蔗糖，糖坊老板也成为土匪“拉肥”对象，由于赎价在几千至万数以上，许多糖坊破产。在1918年时，资、内糖业就因战争濒临、盗匪横行、关卡林立、交通梗阻，纷纷歇业。

资中县匪害也严重。1917年下年时，各镇乡都有土匪盘踞，白天劫掠烧杀，无所不行。九十月时，匪首文炳臣率数十名土匪两次袭劫大有乡，土匪肆意焚掠，烧毁民房，财产损失巨万。当地民团奋力抗击，在大柳堰、大桥坝等地激战。12月时，罗泉镇和球溪镇都驻有招安的土匪，老百姓被其骚扰不堪，曾请驻防军队围剿，没有得到回应。最后，资阳碑记沟民团穿上滇军服装，冒充滇军才把土匪打走。1924年，蔡家乡、球溪镇、发轮乡等先后也遭土匪劫场，民团团枪都被抢走，居民损失就更大了。

内江人民除兵灾匪祸危害外，还要受地痞流氓敲诈勒索。在荣威之战时，就出现所谓“天兵”事件。原来一个流氓穿了一件类似军装的衣服，身上揣着许多写着“××军×师×旅×团×营封”字样的长纸条，随意贴在一些老百姓门上，表示有军队来住。老百姓经过战乱后更是畏兵如虎，于是出钱贿赂，“天兵”便将封条移往另一家。这“天兵”最后被一个退职团防绑起来，他招供并承认他背后有正式兵作后盾。老百姓都非常愤怒，但都不敢言，只有那退职团防将其重打一顿后放了。

（二）苛捐杂税、强征暴敛

在四川军阀混战时期，内江县人刘师亮作一联语“自古未闻粪有税，如今只有屁无捐”，是对当时空前绝后的苛捐杂税情景真实而生动的写照。

在民国初年，川军不过5师，到1925年（民国十四年）可统计的四川各军兵额则共有28师、37旅又10余团，不下25万余人。以后大小军阀队伍不断扩编，招匪成军，编地方团队成军，兵额已达40万余人。随着兵额增大，军费也不断升高。四川军费在1918年为614.610 4万元，1923年为2 100万元，1925年为2 651.491 8万元，至1926年就升为3 880.385 3万元，是1918年的6倍。如此激烈膨胀的军费要由正常赋税支出，显然是不能维持的。在这种情况下，军阀们就采取赋税预征、正税附加、乱立杂税和随意征派等方法暴敛民财，增加军费。在赋税征收中使用的是抢税、估提、派垫、强索、一税多征等五花八门的手段。这是在没有战争时的一般情况。如果在战争时期，军阀们还要征发兵差，特别是败兵除抢劫外，还随处乱设捐税关卡，有过路捐、打门捐等，一床铺盖背着从十字路经过都要出1吊钱捐款，卖1只鸡也要捐两三吊。

同时，许多地主豪绅也借防匪之名，大肆勒派，购枪办团，成为军阀的爪牙。“兵如梳，匪如篦，团阀犹如刀子剃”这句当时的流行语充分表现了人民对苛捐杂税的愤怒。

赋税预征主要是田赋预征。田赋即粮税，在民国初年就用作军需。从1912年至1924年，田赋一般为每年1征。1924年以后，军阀们军费急剧增加，在防区内征收其他苛捐杂税的同时，强行预征田赋，扩大了田赋正税征收额。但在1924年以前，军阀大多已采取“借垫”，就是将所需款项，按田亩多少摊派，先预借半年，给据抵扣当年粮税；以后又“借垫”1年，规定以次年粮税作抵。实行预征后就借而不还了。所谓田赋预征，就是将以后几年或数十年田赋提前征收。早在1918年2月时，刘存厚、钟体道败退绵阳时，曾预征1年，派兵勒收，开四川田赋预征恶例。各防区田赋预征到1927年以后愈演愈甚。特别是占据经济和商贸不发达防区的军阀，预征年代之远和次数之多令人发指。

四川军阀田赋预征平均次数是1925年至1931年为每年3征；1932年为每年6征。以1934年止，四川各军防区田赋预征具体情况为：二十八军预征到2008年，二十九军预征至2000年，二十四军预征至2009年，二十一军预征至 1956 年。这一代农民几乎要纳三代人的“公粮”了。

内江县 1925 年为赖心辉防区，随后为刘湘、刘文辉占据，二刘大战后又归刘湘。到 1934 年止，刘湘二十一军在内江县已预征至 22 年后的 1956 年。隆昌县当时也是每年要预征 5～6 年的田赋。在 1926 年，隆昌驻军先后就预征了 7～8 年的粮税。资中县 1921 年就开始预征 1922 年的粮税。1923 年驻军曾筹款 30 余万元，制发五印票用粮税作抵。这一年还预征了 1924 年的粮税，但 1924 年又预征了 1925 年至 1930 年的粮税，一年之内就预征 6 年粮税。仅到 1929 年止，资中县已预征至 1945 年的粮税，而这一年也预征了 4 年的。资阳县田赋也是由开始一年两征到八九征，至 1934 年止，已预征至 1966 年了。简阳县在 1931 年预征至 1949 年的正副税。

除田赋预征外，资、内糖税也是军阀们眼红的。内江县在 1915 年糖税税率改为每万斤糖清征银 40 元。但到 1919 年时却增加 7 倍，军阀们认为这还不够，也实行跨届预征。内江县糖税有预征 1 年或数年的。资中县在 1924 年春预征了乙丑（1925 年）届糖税，秋时又预征丙寅（1926 年）届糖税；1925 年夏初，预征了丁、戊（1927、1928 年）两届，不久，还预征了己巳（1929 年）届，3 次预征达数十万元。但到 8 月时，王缵绪接防资中时，对 1924 年预征乙丑届粮税。一年之内就出现 4 征，蔗糖业惨遭厄运。1926 年时，王缵绪宣布所谓糖税一年一征，又征收了丙寅届糖税，还分别在 1927 年至 1928、1929 年征收了丁卯届至己巳届糖税。这些届糖税在 1925 年已经预征，在实行一年一征后又再一次征收，实际是一年进行了两征。

军阀们在预征赋税扩大正税征收额外，还实行田赋附加，再进一步扩大了征收额。同时，由田赋正税的附加扩展到其他正税附加。附加额之大令人震惊，许多附加由正税的一倍增加到正税的两三倍或更多。附加税除省规定附加外，大多为地方自行附加。内江县从 1912 年到 1927 年，在田赋内容里就有杂赋、附加税等。在 1928 年田赋划归省税，统一税目名称，改征正税、附税两种。到 1933 年，田赋的征收就有正税、副税、征解费、筹备费，共征 45.908 余万元。1934 年系二十一军驻防，征上、下季两次，安川费 1 次，计征田赋 66.599 1 余万元。再看具体附加情况：1932 年团务附加每斗 2.63 元；1933 年度团务附加每斗 4.4 元，行政、司法、典狱、兵差准备等每斗 0.9 元，共附加 5.3 元；1934 年度，团务附加 2.8 元，行政、司法、典狱、囚粮、准备、公报等每年 0.837 元，共附加 3.637 元。

资中县从 1918 年 5 月起，正粮税每两附加钱 6 千文作为团务局常年经费。不久，团练局成立游击队，队员 300 名，随粮税每两又附增钱 4 千文，连同前 6 千文共收团费钱 10 千文。1924 年 1 月，边防军设后方警备司令部，令肉税项下每只附加生钢 3 角作为警备费。

军阀们在防区内乱立杂税的肆虐情形难以形容，水陆交通、关卡林立，物资出入、无一不税，有重复征敛达十余次。四川在 1935 年统一时，奉命裁撤各县苛杂 184 种，1936 年又裁 112 种，两次共裁 296 种之多。当然，这些裁撤的都是非常苛刻的捐税了，如果加上正税和附加，赋税的繁重就不难想象。至于所谓裁撤也仅是更换名目征收而已。在 296 种苛杂中，仅有关蔗糖的就有糖房捐、糖桶捐、糖捐、甘蔗捐、青白糖麻技捐、糖捐、糖搞捐、糖秤捐、土产糖捐、糖税附加、糖油杂捐、青山捐、盐糖捐、糖铺捐、糖秤捐、糖市捐、糖房捐等十数种。其中的糖房捐、糖秤捐、糖捐都出现两次，由此可见一税多征现象是多么严重。在这种情形下，内江县蔗糖业自 1917 年以来，已经空前瘫痪，乃至一蹶不振。糖业运销商在运销时，由于税捐关卡如林，必须派若干人交涉办税，每到一处便要滞留数天，因此也谈虎色变，不敢轻于尝试了。还有更厉害的“护商税”，当时军队小至一营一连都设有护商机关，团阀也在各场各镇设立护商税卡，糖业运销商及其他商人穷于应付。1924 年时，驻内江县的杨森部除每万斤糖清收附加 20 元外，桔糖系出省商品，又以“护商”为名，加收护商费 20 元，糖户难以承受苛敛之苦，一时间糖房、漏棚老板纷纷逃匿，糖商歇业，市场萧条。

军阀们任意征派税收的情形在当时随处可见。1926 年春，白驹要由隆昌移防东下，开会任意派征大洋 12 万元。议参会有人因派款数太大，民力不从，要求减少时，白驹大发雷霆说：“军需孔亟，如有违抗者，以军法从事。”同时，军警已包围会场，还限两日缴清派款，否则将人随军带走，拿钱取人。参加会议县人面面相觑，无敢再言，只得商议分区负担。商人根据业务大小每家 50 至 500 元，士绅以收租多少每人 50 至 1 000 元，机关法团也酌情分担。随后派兵押缴，各乡团总也被派兵押回各乡办款，按户勒派。于是乎，派款、追款、收款、解款的人不分昼夜急驰道上。这样，隆昌市面的现金搜刮殆尽，妇女的绩麻钱、小孩的压岁钱都拿出来了，有缺乏现金的，立即派人到外县办款。在淫威逼迫之下，于两昼夜内凑齐了 12 万元。隆昌当时的粮税一年是大洋 6 万余元，白驹的一次派款就收去了两年粮税。

（三）金融紊乱、洗劫民财

内江人民在惨遭兵灾匪祸和苛捐杂税的直接掠夺外，还深受金融紊乱的间接搜刮。防区制度时，大小军阀在各自防区内控制造币厂、局，大肆铸造铜、银圆；设置银行、钱庄，疯狂印发纸质钞券，从中攫取厚利。资料显示，在 1928 年到 1929 年之间，四川在本省银行、钱庄、甚至商店、军队发行的货币有几百种，内江当然也不能幸免。

军阀们铸造铜圆和银圆是采取硬币贬值方法，即减低铜、银币的成色或内在价值，更多则是提高硬币的面值。这样，军阀们在收回民间好硬币，铸造发行坏硬币的过程中大获利益。当时的当二百铜圆就是由一百铜圆改铸的，重量一样，面值却增加了一倍。1928 年，刘湘将当二百 1 枚又改铸 5 枚新二百文，比原来当二百体积更小，分量更轻，但面值增添了几倍。新二百在刘湘防区流通时，老二百仍在刘文辉等防区通用，内江大部分县是刘文辉防区，因受新二百影响，物价大跌，老二百价值提高，在流通中找补不便，民间就用钢刀切成 2 片或 4 片使用，但切后有棱角，携带使用不方便，就乐用新二百文了。刘湘在其中就大赚了一笔。上行下效，刘湘许多部下也购一种手摇机，把当二十文铜圆，加压当二百文字样使用，这叫捶板。这种硬币混迹市面，老百姓深受其苦。这也是一种搜刮方法。至于铸造铜圆时掺入白铅，体质均劣者就更多了。

成都和重庆的铸造银币厂、局，曾断续铸造过银圆及银铺币，如汉字银币、金字大洋、半圆等多种；而各军阀私造的就有川板、新川板、渝板、合川板、钢板、雅板、周板等数种，但多数是滥、哑、假的，即成色差、面积小、分量少、板面烂、声音哑，有的成色仅达实值的 3 成。当时流行的“一个银圆破烂哑，三个死人邓田刘”对联就是其真实写照。

纸质钞券更是种类繁多，有银票、兑券、地钞、军票、债券、钞票、粮契税券、纸币等，军阀们称是“调剂”军需之用，大都只在各自防区通用。这些纸质钞券由于没有相应准备金作保证，实际只是废纸，遭到老百姓抵制。但是，缴纳赋税时，军阀们只收钞券，老百姓必须先在换券所以现银兑换钞券后才能使用，军阀们就靠发行的大量纸质钞券换取了无数现银。但混战开始后，防区不断更换，老百姓手里的纸钞券又成了废纸。

在 1921 年 4 月时，资中县报恩寺、圣水寺等地方也有军阀支持组合设炉，熔铸铜钱，“彻夜不息，光透天空”，规模相当大。一时间市面的小钱几乎收铸干净，老百姓的生活受到极大影响。到 1923 年时，“银券充斥商场市面，滋扰纠纷”，当时由县商会制发铜圆票，每张分 1 钏、五百文两种，作为调换银券活动金。还专门设置了换券所。

内江县的货币在 1917 年以后也是异常混乱，“厂板”“私板”弄不清楚，各地方又自造所谓“辅币”，这些“辅币”走出防区或范围就不能使用。

中国社会主义青年团内江地方组织的建立

一、中国社会主义青年团内江地方组织的建立

（一）革命思潮对内江的影响

内江人民具有优良的革命传统，富于反抗精神。早在清朝光绪末年，就爆发了人民群众自发攻打内江陈家冲天主教堂和痛殴教头兰长新的事件。在1911年辛亥革命风暴中，吴玉章领导内江人民宣布内江起义，成立了内江军政府，为辛亥革命增添了光辉的一笔。内江人喻培伦在“三·二九”广州起义中英勇献身，是中国近代史上著名的“黄花岗七十二烈士”之一，孙中山追赠他为“大将军”。在护法讨袁等战争中，内江人民也贡献过自己的力量。但是，这些斗争均未取得彻底的胜利，先后失败。“五四运动”前夕，内江人民在水深火热中挣扎，许多进步人士在黑暗中探索救国的道路。

1919年，“五四运动”爆发。“五四运动”的浪潮席卷全国，很快冲击到了沱江河畔，在内江产生了巨大反响，一部分知识分子和青年学生感到振奋。“五四”前夕，内江就有一些文化人士自发地阅读进步刊物，五四运动爆发后，一些宣传新文化、新思潮的刊物不断传入内江，一些追求进步、倾向新思潮的人士，开始较为自觉地阅读《新青年》《每周评论》《新思潮》等宣传马列主义及反帝反封建的进步刊物，受到了马克思主义和革命思潮的影响。其中廖划平、李仲权、韩文畦就是当时内江反封建新潮流中的几位代表人物，时称“内江三杰”。由于他们性情相投、喜论国事、倾向新思潮，所以他们经常聚在一起针砭时弊。早在满清末年，他们就同意君主立宪，随着时代变迁，又赞成辛亥革命，反对北洋军阀。新文化运动中，他们又自觉地在一起阅读《新青年》，民主、科学的思想不断在他们头脑中滋生。为冲破封建礼教的束缚，内江以他们为中心筹组了一个非政治性团体——恬社。社团要求加入者相互砥砺德行，主张“不讨小老婆，不吃洋烟、不赌钱、不穿绸衫，不当空头议员”等。他们是内江县第一批倡导新学的启蒙人，他们的主张及行为在内江县立中学（现在的内江一中）及县城里

产生了不小的影响。内江县立中学的书画教师邱特澄带头剪辫子，他主张女子不穿耳、不缠足。前清秀才叶敏斋受新学影响，反对“女子无才便是德”，成为开明士绅。他的三个女儿都是大脚，同时，他还送女儿去考内江开办的女子师范学校。其中大女儿叶庄伯后来成了革命先驱黎灌英的妻子，她和丈夫一起参加了革命活动。

这些进步人士目睹了军阀混战、民不聊生、时局日益动荡的现状，感到国家没有前途、人民没有出路、现实状况难以改变，于是自觉地向往人人平等的苏维埃制度。1920 年下半年，廖划平提出到苏联考察学习，寻求革命真理，此举得到李仲权、韩文畦、钟伯勋的赞同和资助。廖划平幼时曾同李仲权、韩文畦、钟伯勋等在内江县楚省学堂就读于罗仲武先生门下，相互切磋砥砺，有着深厚的国学基础，又有着开明的思想去接受西学。他在途经重庆赴苏途中，得到吴玉章的帮助。到上海后进入杨明斋主办的外国语学社学习俄文，并在该社加入了中国社会主义青年团。1921 年 3 月，廖划平抵达苏联，进入东方劳动大学中国班学习。同期入校的有刘少奇、任弼时、萧劲光、蒋光慈等 34 位中国同学。1922 年春，由于国内斗争需要，廖划平与一部分同学提前从苏联回到祖国，他们是受系统马列主义教育的第一代留苏生。回国后，他们对中国社会的进步，对中共党组织的发展和中外文化交流的扩大都产生了积极影响，多数还成为革命力量的骨干。廖划平回国后，在内江县立中学任历史教师，并接受了上级组织指令回内江发展团组织的任务。1924 年 1 月，廖划平同吴玉章、杨闇公一道，秘密成立了中国青年共产党。不久，廖划平加入了中国共产党，成为四川早期党员之一。当时，内江受五四运动影响而寻求革命道路的进步人士，多为中学教师，他们的思想直接影响了当时内江的学生和青年知识分子，促使了青年知识分子的觉醒。

“五四运动”的爆发，促成了中国工人运动与马克思、列宁主义的结合，促进了马克思、列宁主义在中国的广泛传播。许多新书纷纷流入四川。重庆、成都的五四爱国运动很快波及内江。恰在这时，参加过“五四运动”的内江籍北大学生罗象翥回到内江，他带着北京“五四运动”的信息和新文化的思想到县立中学做宣传。北大学生为外争主权，内除国贼，破指撕衣，血书“还我青岛”。他们上街游行，强烈要求巴黎专使拒签和约及痛打卖国官僚章宗祥，并火烧曹汝霖住宅这些行动激起了内江县立中学师生们强烈的爱国热情。在此影响下，内江县立中学倾向新思潮的青年教师廖划平、李仲权、韩文畦、钟伯勋等便自觉地聚在一起阅读传播马克思、列宁主义，宣传反帝反封建的《新青年》《星期评论》《解放与改造》等刊物。同时他们的行为和思想也影响了县立中学的进步学生，如廖恩波、余农治、尧文藻等。不久，《新青年》等刊物在进步学生中也开始传播，新文化的思想和五四爱国精神在内江这所最高学府中像星星之火广为传播，从此，沱江边这座沉寂的内江小城也开始沸腾起来。

为积极响应北京的爱国行动，内江县立中学掀起了抵制日货的爱国运动。当时，内江也有日货经销，为激发学生情绪，进步教师启发学生说："日本离中国近，中国成了日本的销售市场，价格又卖得高，他们随便欺负我们。北京在抵制日货，我们也要行动起来。"在廖划平、李仲权、韩文畦、钟伯勋等进步教师的支持下，县立中学学生会迅速组织抗日宣传组，召开集会声援北京的爱国斗争。他们走上街头散发传单、张贴标语、发表演讲、痛斥北洋军阀政府的卖国行径。他们号召民众提倡国货，抵制日货。然而，地方政府（当时驻内江的滇军）却采取冷漠态度。一次，内江县立中学学生在街头演讲时，一个军人扭着一名青年学生讥笑道："打日本人你去不去"，这位青年大声回答道："啷个不去，就是牺牲在战场上，也是为国献身"，在场的群众见状也发出一阵怒吼，那位军人才放手。这时，一位工友还涨红着脸带头高呼："打倒日本帝国主义"。学生热情澎湃的宣讲感染、启发了民众。工农民众的支持，又激励着青年学生勇敢地站在斗争的前列。继后，县立中学的学生在廖恩波、尧文藻等同学的带领下，组织检查组到城内经销店检查日货，一经查出，立即捣毁。

当时，内江县城中的"义为利店"是批发销售日货较集中的地方，地方商会会长林基九为抵制学生检查，叫学徒准备了许多棍棒与学生对抗。为此，学生会加大了检查力度，集中检查组到"义为利店"开展说理斗争。斗争持续近 10 天，结果"义为利店"的日货全部被查出。最后，检查组的同学们把查出的日货集中在城南门外当众销毁。内江青年学生把抵制日货、查禁日货的斗争推向了高潮。不久，内江抵制日货的斗争逐步由学生发展到市民。正如 1919 年 8 月 1 日的《国民公报》所报道的一样："内江近日排斥日货声浪日高，一般爱国人乃于各处分散痛告国民之传单，日必十余处，商民所存日货皆

廖恩波

廉售之毕，绝不再买，而各药房所贴日本丸药商标及号牌亦皆完全焚毁以表决心云。”

1920年上半年，由于抵制日货爱国运动不断深入，内江县立中学在学生会的基础上，成立了“内江县学生联合会”，会员300余人。尧文藻、廖恩波、余农治当选为正副主席。学生联合会成立后，继续坚持反帝反封建的爱国斗争。同时，“学联”还与外地“学联”配合开展爱国斗争。1920年下半年，重庆传来学生排斥日货遭奸商迫害的消息，内江学联立即发出呼吁，并派李明哲、王篆为代表前往重庆声援，支持了重庆学生的爱国行动。这充分体现内江青年学生热血、爱国、前进的特质。

在新思潮的影响下，有历史责任感的青年都在关注、求索国家、民族的命运，都在思考怎样冲破阻碍社会的传统观念。内江县立中学的青年学生在经历抵制日货的爱国运动后，觉得只高喊打倒帝国主义、抵制日货是不够的。中国似乎还有些问题，那就是阻碍社会发展的封建思想仍在禁锢着人们的头脑。要想改变社会现状，除学好知识本领外，还必须深入社会调查，了解民众疾苦。1922年春，内江县立中学11班学生余农治在重庆购回许多进步书刊，一有空就和廖恩波、尧文藻等同学一起阅读讨论，他们思想活跃，充满活力。因此，县立中学的进步除参加宣传反帝反封建思想的活动外，还提倡星期日参加扫街、担粪等劳动。他们身体力行，感受生活。理论与实践的结合，德行的磨炼，这在当时的青年学生中是一种难能可贵的价值取向。同时，也成就了一部分内江青年走上救国为民的道路。

然而，当时的校长、学监和一部分思想守旧的教师却反对学生接触新文化新思想。他们主张学生只学古文，不重视其他新科，更反对学生参加社会活动。为压制学生出外参与反帝反封建活动，校长古德钦勾结地方势力，对学生严加看管，不到假期，学生一律不准出校门。他们把学生束缚在课堂，限制其校外活动。为此，大多数学生强烈不满。1922年春，内江掀起了初期的学生运动。当时，内江中学校长在地方势力的支持下，压制学生抵制日货、查禁日货的爱国运动，激起了大多数学生的不满情绪。为了反对学监制，反对校长古德钦的专横，该校学生在廖恩波、余农治的带领下，借英文、国文教师擅自换课一事，举行罢课。后来校方虽以“品行不端”“违反校规”“当今余孽”的罪名，把廖恩波、余农治斥退，学潮因无正确领导而以失败告终，但是，学生罢课却引起了较大的社会反响，学生也因此受到了教育和锻炼，有的由此走上革命道路。如廖恩波在当年暑天考入了设在成都的四川高等工业学校，积极追求革命，认识了王右木、吴玉章、杨闇公等，接触到了马克思、列宁主义的革命理论，并从事革命活动，成为四川早期团员之一；还担任全川学生联合会执行部主任，1926年初由团转党。他常回内江进行革命活动，传播革命思想，对内江早期革命的发展有较大的贡献。

1921年7月，中国共产党成立，中国的革命面貌从此焕然一新，给灾难深重的中国人民带来了光明和希望，使内江先进分子从对革命的朦胧追求，逐步变为有目的的自觉行动。

中国共产党成立不久，恽代英到泸州担任川南师范学校教务主任，向学生传播马克思、列宁主义学说，讲解革命道理，灌输革命思想。为了启发民众的革命觉悟，他于1921年寒假期间，组织了30余人的该校师生旅行讲演团到川南各地参观宣传，于1922年1月17日到内江。到内江后，他带领讲演团师生在城区几条主要街道和学校向广大群众和学生进行爱国宣传，宣讲五四运动的经过情况，控诉帝国主义如何凌辱中国，讲解中国人民应该起来反帝反封建的革命道理。

“五四运动”的影响和马克思主义的初步传播，启发和教育了内江人民，提高了内江人民的觉悟，使内江产生了一些具有革命思想，积极寻求救国救民之路的进步人士。这为中国社会主义青年团内江组织的建立创造了首要条件，打下了思想基础。

（二）社会主义青年团内江地方组织的建立

随着革命的发展和中国社会主义青年团、中国共产党的相继创立，内江的一些进步青年相继加入社会主义青年团。

1922年春，从苏联回国的廖划平在上海时就与团中央负责人施存统取得联系，接受了回四川组建社会主义青年团的任务。1922年10月初，四川革命先驱王右木从上海回到重庆时，特约廖划平在重庆会晤，传达团中央发展团组织的指示。廖划平回内江后继续在县立中学担任教师。他一面传授知识、宣传革命道理，一面秘密筹建社会主义青年团内江团组织。廖划平先后发展了县中教师钟伯勋，学生李明哲、张匡运。1923年初，廖恩波回内江，他和廖划平先后结识了在外从军，因不满旧军队互相倾轧、鱼肉人民而回内江的进步青年黎灌英、谢独开。不久，介绍黎灌英、谢独开加入了中国社会主义青年团。

廖释惑　　廖释惑印

1923 年 2 月 16 日，钟伯勋（大革命失败后脱离党、团组织）、廖释惑、黎灌英、张匡运、李明哲等组织成立了中国社会主义青年团内江地方组织，书记钟伯勋，经理廖释惑，宣传张匡运，先驱经理李明哲。通过了《中国社会主义青年团内江地方团组织章程》。讨论确定了内江地方团组织对外活动的任务。内江团组织直属团中央领导。在四川，内江团组织的发起组织工作与成渝两地几乎同时开展，成立时间仅晚于成都、重庆、泸州几个月。成、渝、泸三地均是 1922 年 9 月至 10 月，内江团组织正式成立是 1923 年 2 月，是四川建团较早的地区之一，成立时有团员 21 人。

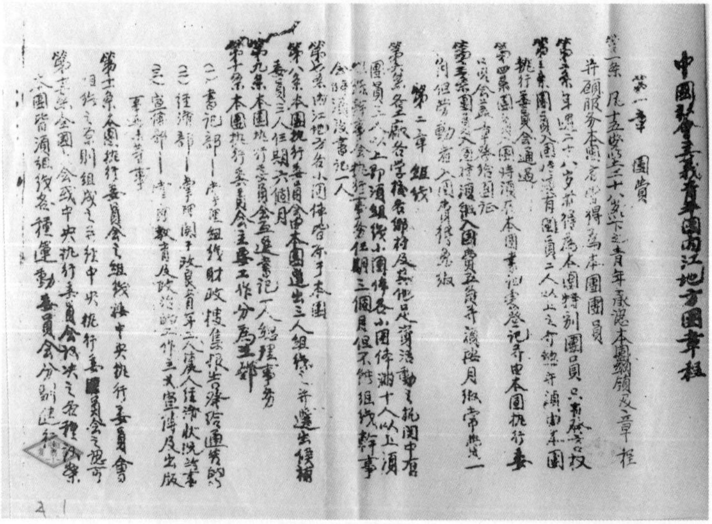
中國社會主義青年團內江地方團章程

第一章 團員

第二章 組織

中国社会主义青年团内江地方团章程

1923 年 4 月 24 日，书记钟伯勋向团中央书面报告了《内江地方团组织成立情形》，并附去《中国社会主义青年团内江地方团章程》及通讯联络地址——内江县城小东街文星盛（文星盛，是廖划平父亲开设的铜匠铺店名）。团中央的联系人，最初是施存统，后为邓中夏。

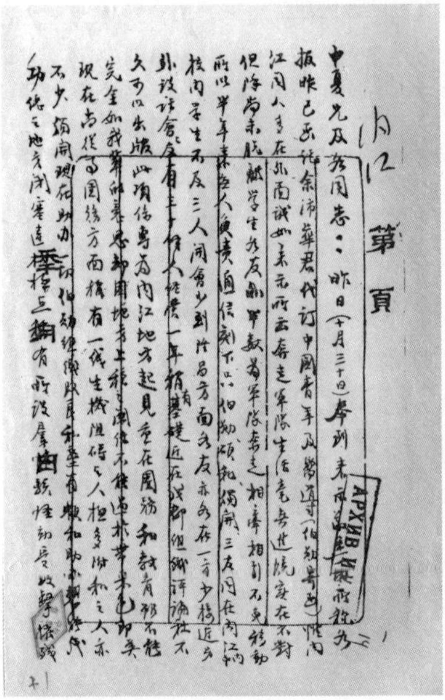

1923 年黎灌英给邓中夏的信

1923 年夏，团中央通知内江组织派代表去汉口参加准备 8 月 1 日在武汉召开的中国社会主义青年团第二次代表大会。钟伯勋为内江组织代表，他以考察江浙教育为名（时钟为内江劝学）赶赴汉口。当钟赶到汉口时，因代表大会地点被敌人察觉，被迫改在南京召开，钟因此未能参加会议。后来，钟伯勋到上海找到施存统才汇报了内江团组织的工作。1924 年 6 月、11 月和 1925 年，团内江组织的实际负责人黎灌英又分别向团中央作了《内江劳动界和青年生活状况及内江团的工作计划》《报告内江团的近况》和《内江团的活动情况》等书面汇报。内江团组织的建立，为内江一颗颗蓬勃的青春之心燃起了改造中国现状的希望之火。团组织按照团中央的指示，结合内江社会政治形势，开展了一系列革命斗争活动。

二、中国社会主义青年团内江地方组织的斗争活动

（一）组织学会团体

帝国主义侵略后的中国，军阀割据，连年混战，四川更甚。成渝交通

要道上的内江，已成为军阀拉锯的中心。每变换一次驻军，就要预征几年田粮。苛捐杂税更是名目繁多。内江地主采用分租方式剥削农民，结果农民 70%至 80%的收获都要被剥削阶级所占有。在 1923 年 6 月的《内江劳动界和青年的生活状况》一文中，有这样的描述：

从去秋到现在，平民生活难以言喻，归根结果，就是那万恶的军阀，因为他们争权夺利，害及一般无辜平民。内江地方，当水陆通衢，劳动家不能不到城里谋生活。去秋军队多，还不像一年来这样的甚，军队战斗几无间断，来去拉夫，城里劳动界，不消说早已拉空，附近城边，也被拉尽。昨日北军退走，更不堪言，抢劫奸淫，无所不至，适人即拉，出钱乃放，所以连小学教师、学生都被拉去当夫，都是出钱得脱。平民一家数口，全靠下力营生，一被拉夫，妻啼子嚎，惨不忍睹。并且这次战斗异常凶险，拉去的夫，死伤不计其数。所以一般平民听说军队，俨若大祸临头，脸青面黑，这是近来劳动界的生活。地方青年，大半虚浮脆，稍有资产的，成群结党，日事嫖赌，就是读书，也是挂衔；无资产的，间有做事（或读书）勤快的，只是地方风俗太恶，好人难容，设不和那恶浊绅粮、武力军阀通通声气，简直没有插足地。所以一般青年，未到社会活动以前还有骨气，一到社会无不趋炎附势，寡廉鲜耻。因为青年所受教育，不过死板的教科书，哪能够在社会上独立生活？所以生活不能确定，只要可以生活的地方，无不趋向，那么军阀、政客、资本家的走卒，莫非青年。这就是地方青年的生活。

内江团组织建立后，为响应党在二大提出的“消除内乱、打倒军阀、建设国内和平；推翻国际帝国主义的压迫，达到中华民族完全独立、统一，为实现真正的民主共和国而奋斗”的目标和内江团组织为“养成坚决不屈的团体，排除地方对本团障碍，抵制过境反动军队，使青年有确定生活。劳动界有自卫能力”的号召，内江团组织成立后即在劳动界和青年中开展活动。《内江劳动界和青年的生活状况及内江团的计划》对内江劳动界和青年的生活状况提出：“挽救方法，只就地方情形，对症发药，即将分校同学时加训练，并组织种种团体扩张力量。劳动界已成立工学联合会，拟办平民夜课学校，使劳动界增长知识，抵制强暴。通俗讲演所，虽属公开，现在亦系同学主持，附有阅报室，我们的机关刊物早已列入。其他国语研究会、城区教育会，都是同学主持，还在设法联合多数青年和劳动者，讲求学术和技能。总要养成坚强团体，排除地方对本团的障碍，抵制过境军队，使青年有确定的生活，劳动者有自卫的能力。这是目前的计划。”

1. 组织读书会

1923 年夏，为传播马列主义，宣传革命思想，唤醒民众，内江团组织在县城太平巷杨氏祠内（黎灌英住地）举办读书会。主要吸收有志青年和内江县立中学的进步学生参加，每周聚会一次。主要学习团中央发来的《新青年》《向导》等革命刊物。有时读书会成员还上街演说，向内江民众进行反帝、反封建、反军阀官僚的宣传，传播新文化思想。在成都求学，参加过“马克思主义读书会”的廖恩波，寒暑假回内江时也积极支持读书会活动，这给读书会带来不少信息和生机。读书会成员不断觉悟和成熟，团组织在他们中发展了 7 名团员。读书会的活动不仅壮大了团的组织，唤起了青年觉醒，而且也对内江人民反帝、反封建、反土豪劣绅产生了积极的影响。同时，读书会还将学习情况写成书面材料秘密邮寄武汉，向时在武汉的团中央汇报。读书活动一直坚持到 1924 年冬，黎灌英去白鹤场、三多寨办民团干部传习所才停止。

2. 组织“非基督教大同盟”

1924 年寒假期间，在廖恩波的倡导下，团组织发起了“非基督教大同盟”，推选黎守中担任主席，并设宣传、文书等职。盟员多为读书会会员。宣传资料主要由在华西大学读书的内江籍学生沈重宇提供。盟员在廖恩波等团员的带领下，在城内张贴反教标语、张贴漫画和进行口头宣传，向广大民众揭露帝国主义利用宗教麻痹、腐蚀中国人民意志，进行文化侵略的罪恶行径。为彻底地反基督教，同盟会员还到教堂强迫教徒们交出《圣经》，当众烧毁。非基督教大同盟的活动，有利于唤醒内江人民进行反帝反封建的爱国热情。

3. 组织“谈话会”

为了培养进步学生，开展内江的学生运动，1925 年春，内江团组织指派团员李源珉（内江县立中学学生，安岳人，中共内江组织建立不久转为党员）、高允斌（内江县立中学学生）在县立中学组织“警觉青年谈话会”“浚英谈话会”。李源珉、范希天（范长江）、廖维国等团员，先后作过该会负责人，会员最多时达百人。1926 年初，中共内江特支建立后，特支组织“警觉会”成员阅读和讨论廖划平从广州黄埔军校寄回的政治小册子和《中国青年》《海陆丰农民运动》《资本论》等革命刊物。“警觉青年谈话会”还开辟图书室，陈列《向导》《周报》《新青年》等书刊供学生、教师阅读。

同时，他们按期出笔报谈体会，宣传激进思想。由于“警觉会”的大部分同学倾向革命，思想活跃，政治敏锐，谈话会是一个充满生机的学生团体。其活动在大革命进入低潮时才停止。“警觉青年谈话会”和“浚英谈话会”不仅巩固了内江县学生联合会在青年学生中的领导权，而且能对学校行政施加有力的影响，组织学生参加过反对土豪劣绅的斗争、节日上街宣传讲演等。党、团内江组织通过“警觉会”教育、培养、锻炼了革命青年，团结、组织了学生，并进而形成了内江早期的学生运动，在内江人民的反帝、反封建、反土豪劣绅的斗争中产生了较大影响。中共内江特支还曾保送“警觉会”成员范希天（即范长江）等学生去黄埔军校学习，但由于招生过期，未能入校。1927 年春，有的成员又在谢独开的带领下进入黄埔军校分校学习。“警觉会”的活动历时两年，至大革命后期因形势变化停止。其中一些学生在以后长期艰苦的革命斗争中为中国人民的解放事业做出了巨大贡献。

（二）组织民众反对“三九”斗争

团组织不仅集结进步青年，传播新思想，启发革命觉悟，同时，还领导他们向封建势力开展针锋相对的斗争。1924 年上半年黎灌英、谢独开具体组织和领导反“三九”（即县团练局长马祥九、商会会长林基九、浮桥收费所长范承九）斗争。当时“三九”主要以驻军筹款为名，相互勾结，贪污田粮，鱼肉人民，称霸地方，内江百姓对他们早就深恶痛绝。为了打击“三九”的气焰，减轻民众的痛苦，提高民众斗志，团组织深入了解情况，确定斗争策略。最后，团组织决定利用军阀和地方官吏之间的矛盾开展斗争。行动前，黎灌英叫谢独开写信给当时在重庆任讨袁第一军驻渝办事处处长的高一伯，由高一伯回内江出面找到驻军司令赖心辉，要求处理“三九”。接着，黎灌英发起组织民众，收集材料，带人对“三九”账目进行查核。同时，召开公民大会，公开揭露和清算了“三九”贪污钱财，欺压百姓的不法行径。迫于压力，驻军和地方政府不得不将“三九”收监候审。民众拍手称快。这次斗争，不仅打击了封建势力的嚣张气焰，激发了内江人民的斗争热情，而且使得团组织负责人黎灌英等人在群众中的威信大大提高。1924 年秋，县民团改造中，黎灌英被推举为区副团总。

但斗争是曲折的，不久，“三九”贿赂军阀和地方官吏，被放了出来。虽然被放了出来，但是“三九”经过这次打击，嚣张气焰也有所收敛，人民群众的斗争情绪比较高涨。面对现实，团组织负责人黎灌英在总结经验中这样分析道：要借助军阀和地方政府的力量做一点于人民有益的事，是根本不会成功的；要真正为民办事，还得靠自己的力量。团组织趁当局释放“三九”在群众中产生激愤情绪之时，提出了组织自卫武装，靠自己的力量与恶势力抗衡的主张。

（三）举办民团干部传习所

黎灌英

谢独开

反“三九”的斗争，打击了土豪劣绅的嚣张气焰，启发了人民。1924年秋，为组建革命武装、培养革命人才，团内江组织利用黎灌英被推举为内江县区民团副团总的特殊身份及趁地方政府在农村办“团练”的机会，准备在远离县城的东乡开办民团干部传习所，进而开展革命活动，组织自己能掌握的武装力量。1924年冬，黎灌英、谢独开借高一伯和县团总傅尧轩的名义，在内江白鹤场三圣宫组织东乡联团，成立了办事处，高一伯任处长。团组织以办事处的名义举办“民团干部传习所”。后由于县长黄节初造谣中伤，高一伯离开内江。“民团干部传习所”即交给黎灌英、谢独开主办。黎灌英为教务长，讲授政治，谢独开为区大队长，讲授军事。传习所共招收学员110余人，编为3个分队，9个班；学员主要为杨家、石子、观音、杨柳等乡的青年农民，也有少数是来自城区的中、小地主家庭中的知识分子。学员们在政治学习中明白了革命道理，在军事训练中强健了体魄，焕发了斗志。“民团干部传习所”原计划办6个月，后来，因政治空气浓厚，只办了3个月，就被地方军阀强行解散。黎灌英、谢独开二人并不因此气馁，经过各种努力，于1925年夏，在李师古（富顺早期中共党员）

的支持下，团组织又以内江、威远、富顺三县名义，在内江凌家场附近的三多寨（时属富顺县，今属自贡市）继续举办民团干部传习所，至第一期学员 6 个学习期满时结束。团组织还在学员中发展了一批团员。这批学员回到各乡后，有的成为当地革命骨干，并加入了中国共产党，为土地革命战争时期内江农民运动的开展奠定了牢固的思想基础和干部准备。据目前不完全统计，内江县有 58 人考入黄埔军校，其中大革命时期进入黄埔军校二至六期的内江籍学员就有 26 名。如内江县城的廖维民、沈重宇，华山乡的高伯礼、张家场的高允斌等，他们在不同时期，不同程度都为中国人民的解放事业奉献了自己的力量。

（四）支援安岳人民反军阀的斗争

1925 年 5 月，为支持安岳人民反军阀斗争，内江民团积极配合增援。当时，军阀李家钰师进驻安岳与安岳民团发生军事摩擦，安岳民团被迫退至内江白鹤场。团内江组织为了支持安岳人民的斗争，由谢独开（时任内江南区民团大队长）与荣昌吴家铺的陈子虞组织内江、富顺民团 3 000 余人，配合安岳民团，分驻安岳、内江、富顺的交通要道上，构成了“三县联团”，威逼李家钰部队退回遂宁老巢。最后，“三县联团”和安岳人民经过艰苦的反军阀斗争，终于取得胜利。内江民团成员也在斗争中得到锻炼。

内江团组织建立后，在团中央的直接领导下，开展了一系列反土豪劣绅、反封建军阀的斗争。广大青年在这些斗争活动中得到了培养和锻炼。同时，团组织也得到壮大和发展。团组织还在实际斗争中和读书会、内江公学、民团干部传习所中培养积极分子，发展团员。1924 年发展了傅宾阳等一批团员。1925 年发展了范长江、高允斌、李原珉、彭先春等一批团员。至 1926 年初中共特支建立时，内江的团员已由当初的 20 多人发展到 60 余人。其中的优秀分子在以后的革命斗争中参加了中国共产党。如廖恩波、黎灌英、谢独开、高伯礼、廖苏华等，他们都是省、县领导干部，是内江革命的骨干，是掀起内江革命运动的先驱，有的还为中国革命做出过重要贡献。

内江县东乡农民暴动

内江县东乡农民暴动是在土地革命战争时期由中共内江县地方党组织领导开展的一场声势浩大的农民运动，震撼了全县乃至全川，在内江县的农民运动历史上写下了华丽的篇章。

一、复苏中崛起的农会

地处成渝交通中心的内江县，被沱江河分割为东西两部分，习惯上河东称为东乡，河西称为西乡。东乡占全县面积的三分之二以上，但人口稀少，离城区较远。特别是杨家乡、石子镇、观音滩等地处偏远，接壤荣昌、安岳等县，地方反动势力比较薄弱，便于党的活动和农民运动的开展。

1926 年 2 月，中共内江县特支成立。内江特支把开展农村工作作为了党的工作重点。因为内江县是农业县，农民占了总人口的 90%，他们苦难深重，是党最关注和可以发动、组织的对象。所以，在办公学时，特支书记黎灌英就经常组织公学学员到乡镇，到农村向农民朋友中讲述帝国主义侵略中国的罪行，讲述地主阶级压迫、剥削农民的现状，讲述军阀混战鱼肉百姓的痛苦，讲述“耕者有其田”及农民只有起来革命的道理。黎灌英还把一些革命道理编成通俗易懂的山歌来鼓动农民，如《庄稼佬》歌：“红日东升天未晓，庄稼佬出门了……每天累得不得了，找些钱儿得不到，……庄稼佬穿得是破烂衫，吃的是苞谷与红苕，可连这些也难吃饱。大众挨饿倒可以，儿女饿得天天叫，叫你心焦不心焦。团结起来最可靠，把敌人来打倒，庄稼佬才能撑起腰。”同时，他们还在院坝经常教农民唱国民革命歌曲，在乡镇经常张贴打倒列强、打倒土豪、分田地的标语。党组织通过各种形式的宣传活动，让痛苦、迷茫的农民逐渐明白了革命的道理。

同年秋，筹组中国国民党（左派）内江县临时党部。当时正值国共合作时期，两党组织在内江的领导人均为黎灌英。1927 年 1 月，内江县国民党（左派）第一次代表大会提出了在各乡建立农会，发展农会会员的决议。并决定东乡石子镇、徐家坝为农运工作的中心。会议结束后，代表们带回国民党党旗和农会旗子，到各乡公开发展会员，组织农会。

为进一步宣传、发动群众，中共内江特支还及时印发《国民革命三字经》《农民革命歌》等宣传资料，让公学学员继续开展宣传鼓动工作，同时，派党员唐爵廷回石子镇，黎光谦到观音井，黎德明、黎德昌到马埔堰，刘南华到张家、凌家等地开展农会的组织发展工作。他们走村串户与农民交心，启发农民为实现耕者有其田而团结抗争。农民开始觉悟，他们认识到：群众要有力量，就要有农会，没有农会就等于群龙无首。于是，东乡的白鹤、杨家、平坦、黄连嘴、桐麻冲，西乡的小峨山、烂泥沟、石龙口、张家等地的农会相继建立，10余个乡公开成立农民协会组织，全县农会会员达3 000余人，并打出青天白日下加锄头的农民协会旗帜。昔日这些挺不起腰杆的农民在党的领导下，有了自己的组织和奋斗目标。沱江两岸的田间院坝唱起了打土豪、分田地的革命歌谣，村头小巷出现了“打倒土豪劣绅！”“拥护国民革命！”“拥护农会！”等标语。到处是一片生气勃勃的景象，农民掀起了建立农会的热潮。

1927年3月末，四川军阀刘湘在重庆制造“三·三一”事件，捕杀共产党人及进步人士。驻内江的军阀王缵绪下令撤销国民党（左派）内江县临时党部，通缉黎灌英，致农民运动暂停。当时，在反动统治下，苛捐杂税多如牛毛。内江县团练局向全县摊派所谓“地亩捐”，不论自耕、佃农，均按每亩五升征收，进一步加重了农民的经济负担。

为广泛、深入开展农民运动，迎接土地革命的到来，1928年5月，内江县党组织恢复建立后，于当年5月30日，中共内江县委就根据中央、省委开展农民运动的指示精神，在县委书记王岳生的主持下，以中国共产党内江县执行委员会名义制定了《农民运动实施计划》和《告农民书》。在《农民运动实施计划》中阐述内江的农民运动实施计划，指出：“内江是宗法封建文化落后的社会，农村经济有商业资本化的□□许多许多特殊的情形而形成内江农村经济破产，城市经济恐慌，自动□□兵匪会道，有了以上的社会经济背景，自然农村一般农民的生活习性□□是：A. 很深的宗法封建思想和失业□□的习性；B. 信任政府封建势力和重视资本家的威信；C. 感觉奴隶鞭笞的痛苦、富有热烈的斗争反抗情结；D. 忠实勇敢、俭朴好动、勤劳耕耘的习性。”提出了“劳苦的佃农、雇农、贫农和农村无产阶级联合起来，扩大并加紧抗租、抗粮、抗税、抗债的日常生活斗争。农民协会是农民的衣食父母。彻底反对包办粮税。反对粮差下乡蹂躏，反对军服费和其他苛捐杂税。消灭地主阶级，组织工农赤卫队，推翻国民党豪绅资产阶级的统治，武装暴动建立工农苏维埃政府”等主张。其具体任务是：“全县应以椑木镇、白马庙、东兴镇、吴家铺、观音滩、白鹤场、石子镇及县城附近几地为农运集中之重点区域。凡此几地的同志应以农运为其根本之任务，向四周扩展，打通东南区于自流井的交通干线，加紧西北两区的工作，扩大东南区的发展，应以四区的发展均衡并且适当的配合与联系，而重要几地当造成充分的领导集中的地位以推动全县。在没有组织的乡镇应设法建立组织。切实确定包围对象后，从革命□□痛苦的宣传与政治口煽动□□□□的地方，经过活动的结果，于两月内每人介绍2个农民为我们的同志，加紧迅速的发展，每乡都要有健全的支部组织和农协，发展3倍以上的会员加入农会。没有农协的地方，党部应影响3小组以上的农民开始组织农协，使每个乡都有健全的支部和农协。农村之中的青年儿童群众在农协之外可组织俱乐会、少年先锋队、儿童团……”由于当时情况复杂，刚到内江的县委书记王岳生马上又被川南特委调回，所以《农民运动实施计划》未能实现。

1928年8月，中共川南特委派刘力生同志来内江清理组织，先建特支，后改为临时县委，刘任书记，谢骥财、付冰洋为委员。县委机关设在城内太平巷杨氏祠。县委的任务是清理组织、恢复党组织，做好宣传组织工作，聚积力量，除配合全国的秋收暴动外，另一项重要工作就是恢复发展农协会，开展农民运动。县委把农运工作的重点放在了内江县的东乡。东乡地处贫瘠山区，人多地少，农民生活困苦，而且这一带与荣昌、安岳边界，离城较远，森林茂密，容易掩护。大革命时期，地下党员和党组织未受到重大摧残，有较好的群众基础。为迅速恢复和开展东乡农民运动，1928年8月中旬，临时县委在白鹤的蒯家桥建立了中共内江县东乡区委（不久，改称东南区委），洪渊德任书记，曾旭东、唐爵廷、谢骥财为委员，以领导观音、石子、杨家、白鹤、高粱、平坦一带的农民运动。

1928年底，中共内江临时县委在东兴镇江家花园召开会议，参加会议的有付冰洋、黎光谦、唐爵廷等十人左右，讨论了秘密发展协会会员，打击地方土劣，打入地方团队和联络进步青年等工作。为贯彻临时县委会议精神，迅速开展农民运动，县委对有关农运问题又做了具体要求和强调。县委在关于农运问题的议案中也指出：“1、要调查成分基数，检查各处的组织并编番号。2、限在一个月内成立分会，两个月内成立乡农会。3、马上划分雇农工会。4、减租斗争由宣传鼓动，提高群众的情绪，再到个别的零碎发动汇合成立的群众运动。……特别注意以石子镇以影响全县。5、减捐斗争以五亩或十亩下为准……兵运：编制农民赤卫队。”

随后，县委在《内江目前的形势与党的政治任务及工作路线》中又强调："要扩大农民运动，内江农运之中心地除白马庙、椑木镇、东兴场及城市近郊，当特别注意以全力发展各处农运为目前之任务，尤其是杨家乡、石子镇、白鹤场、观音滩、平坦桥、吴家铺……，各支部必须全体动员，以农运为最大之对象，限两月内发展农协会员超过总数 25%以上，同时加紧训练，严密组织，造成佃农、雇农的生活斗争，并组成无产阶级的基本战斗队，以消灭一切剥削势力，建立苏维埃政府。"

土地革命就是要让像散沙一样的农民迅速聚集起来，觉醒起来，自觉地起来维护自己的权益，掌握自己的命运，当务之急就是把农会组织恢复建立起来。在农运重点的东乡，党组织通过党员、农协骨干秘密联络和宣传，一度失去活力的农会组织很快就活跃起来。一时间，东乡的山间、沟壑、林坝、寺庙成了农会的聚集地。一次次，他们在这里接受革命思想，树立斗争信念，发展农会新会员。短短几个月，仅杨家乡就有静居寺、王家庵、杨泗庙等 10 个农协据点。不久，平坦、白鹤、高粱、新店等地的农会也相继建立。全县共发展农会会员 3 000 余人，拥有枪支 200 余支。农会的公开宗旨是：团结农民，实行互助，解除农民痛苦，保护农民自己的利益。

本着这一宗旨，党组织领导农会进行了一系列活动。1928 年至 1929 年，县执行委员会先后印发了《内江县农民协会启示》《农民问题问答》等文件。其目的是希望通过宣传组织工作，聚集力量，配合全国的秋收暴动。

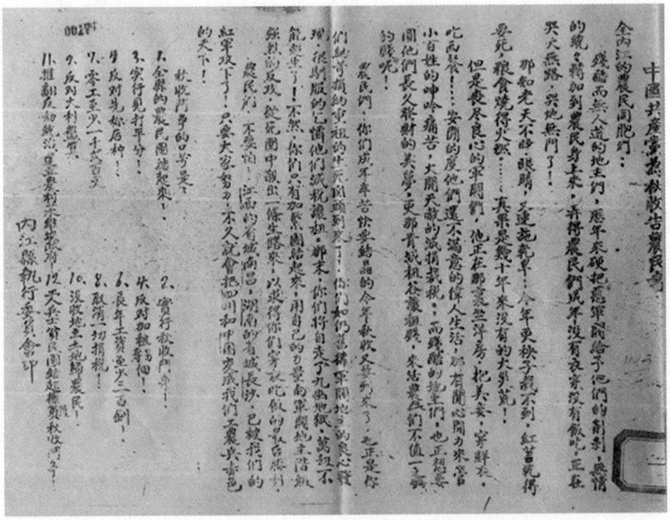
中國共產黨為秋收告農民書

全內江的農民同胞們：

殘酷而無人道的地主們，歷年來硬把苛捐雜稅給予他們的剝削，無情的[illegible]轉加到農民身上來，弄得農民們成年沒有衣穿沒有飯吃，正在哭天無路，哭地無門了！

那知老天不睁眼睛，又連旱，今年更秧子栽不到，紅苕死得要死，糧食燒得火紅……真是幾十年來沒有的大災荒！

但是食盡良心的軍閥們，他正在那裏蓋洋房，抱美妾，穿鮮衣，吃西餐！……安閒的度他們還不滿意的偉人生活，那有關心關力來管小百姓的呻吟痛苦，大闊天敵的紙捐款稅，而殘酷的地主們，也正想要圖他們長久發財的美夢，更加[illegible]，來沾農民們不值一文錢的錢呢！

農民們，你們成年辛苦[illegible]的今年秋收又要到來了，也正是你們[illegible]！你們如[illegible]，那末，你們將自走了九幽地獄，萬劫不能翻身了！不然，你們只有加緊團結起來，用自己的力量[illegible]，從死關中殺出一條生路來，以求得你們穿衣吃飯的[illegible]。

農民們，不要怕！[illegible]的省城、湖南的省城長沙，已被我們的紅軍攻下了！只要大家努力，不久就會把四川和中國變成我們工農兵[illegible]的天下！

秋收鬥爭的口號是：

1. 全縣的農民團結起來！
2. 實行秋收鬥爭！
3. 實行見打平分！
4. 反對加租押佃！
5. 反對先給後種！
6. 長年工資至少三百吊！
7. 零工至少一千六百文
8. 取消一切捐稅！
9. 反對大利盤剝
10. 沒收地主土地歸農民！
11. 推翻反動統治，建立農村蘇維埃政府
12. 天[illegible]窮民團結起[illegible]秋收鬥爭！

內江縣執行委員會印

0027

1928 年 8 月《中国共产党为秋收告农民书》

1928 年 8 月县委、县农协又发出《中国共产党为秋收告农民书》，鼓动号召：

农民们！你们成年辛苦快要结晶的今年秋收又要到来了，也正是你们纳苛捐纳重租的生死关头到来了！你们如仍旧靠军阀地主的良心发现，很驯服的乞怜他们减税让租，那末，你们将自走了九幽地狱，万劫不能超生了！不然，你们只有加紧团结起来，用自己的力量向军阀地主阶级强烈的反攻，从死围中杀出一条生路来，以求得你们穿衣吃饭的最后胜利。农民们，不要怕！江西的省城南昌、湖南的省城长沙，已被我们红军攻下了！只要大家努力，不久，就会把四川和中国变成我们工农兵赤色的天下！全县农民团结起来，实行秋收斗争！

县委通过《农民问题问答》《内江农民协会秋收斗争宣言》等革命大纲的编写宣传，提出了“全县农民团结起来，实行秋收斗争！”“工人、兵士、贫民团结起来，保护秋斗胜利！”“实行见打平分！”“反对先称后种！”“反对加租夺佃！”“反对大利盘算！”“取消一切苛捐杂税！”“长年工资三百钏、零工一千二百文！”的口号。农民在党员、农会骨干的宣传鼓动下，逐渐懂得要维护自己的利益，就必须组织起来斗争的道理。

1929 年 1 月刘力生因病调离内江，县委工作暂时由洪渊德负责。1929 年 2 月，川南特委派宋毓平来内江，在川南特委的领导下，1929 年 2 月中共内江县委成立。宋毓平任书记，洪渊德、廖释惑、付冰洋、曾旭东为委员。

为迅速开展农民斗争活动，1929 年秋，自贡特委派曾莱到内江任中共内江县委书记。并增加了洪渊德、曾旭东、谢骥财为县委委员，付冰洋负责秘书工作，洪渊德负责组织工作，曾旭东负责通讯工作，谢骥财负责宣传工作，廖释惑负责共青团工作及上级来人来信的接洽。

这时，农民运动的宣传组织工作更加广泛和深入。曾莱参加过北伐和张太雷、叶剑英等领导的广州起义，在自贡、荣县做农运工作时，富有斗争经验，被誉为“农王”，在群众中威信很高。曾莱到内江后，他便以乡村教师的身份深入农村调查。当时，农村连遭大旱，田土龟裂，收成渺茫，然而，政府当局又开征 1931 年至 1934 年的粮税，再加上地方、豪绅的重利盘剥，军阀的巧取豪夺，农民生活苦不堪言。正如县委在《内江目前的形势与党的政治任务及工作路线》的文件中指出：农村经济之衰落已日趋难度，一般农民不但受尽灾荒战祸的痛苦，而且还要受地主之剥削，重利盘剥者之剥削，军阀之掠夺，豪绅之压迫，农民的痛苦已达到无以复加程度。再加上宗法、封建意识、道德伦理的束缚和三十一年的预征粮税，糖税之三年的预征租，各□业□□□□护商捐、烟酒捐、船捐、吃户捐、工捐、□捐、稳捐、房租捐、拍岸捐、□役费、枪弹费、传达费、军服费、印花税、浮桥捐、屠捐及最近之运枪款子……各种曾[层]穷不断加倍剥削的苛捐杂税，弄得一般农民不但不能生产能力，甚至难保生命。因连年战祸，拉夫封船，土匪扰乱，只迫得一条死路。

为救农民于水深火热之中，帮助农民摆脱重压的经济枷锁，县委竭尽全力领导农协会员，采取多种形式，利用各种机会启发农民觉悟，鼓动农民团结起来与自己苦难的命运抗争。曾莱还编写反映农民心声的《四季歌》，这首歌在农民中广为传唱。

春：春来百花开满林，米口袋撇紧，无心去玩春，工农同志要谋生，军阀应打倒，土豪要肃清，同志们，下决心，努力前进。革命大功，即将告成。

夏：夏日田中谷子黄，拌桶乒乓响，可望吃楂楂（饭的俗称），背时军阀真堪伤，捐款多花样，催兵如虎狼。挑黄谷、折苛捐，五拖六抢，看着看着，抢得精光。

秋：秋来桂花满园香，军阀又打仗，人民遭大殃。丘八爷，下四乡，挑抬拉汉子，陪睡拖女娘，倘若不依，要板要犟，钢枪一响，命见无常。

冬：冬日天寒雪花飘，年关已将到，穷人心更焦，儿啼饥，女号寒，衣服当光了，红苕没一条，债主家中逼，如何是好？起来革命，才有下场。

这首《四季歌》唱出了农民饥寒交迫的困境，指出农民要摆脱困境，就要起来革命的道理，大大激发了农民群众革命的斗志。县委通过农协会广泛宣传教育工作，农民要生存，农民要革命的思想不断深入人心。

同时，在党组织的领导下，农协会开展秘密调查地主为富不仁，贫雇农受苦的状况，确定了斗争对象及斗争方法。当时，内江的敌对力量主要是地主、豪绅、乡团阀和城内的驻军、警察。农民不仅要承担政府的官税，而且还要直接接受地主的盘剥，民团的派款。因此，不少贫雇农累死累活一年还是吃不饱，穿不暖，有的还负债。到年关地主逼债，日子就更不好过，有的只得靠卖点不像样而又是他们最好的东西来渡过难关。年关之际，石谷嘴冲农会帮交不起租的农民向地主开展说理和示威斗争。农会利用这些典型揭露地主剥削劳苦群众的罪行。1929 年 9 月底，县委委员、观音滩党支部书记谢骥财在东乡的观音滩，以该乡团练大队长谢芷塘为对象，领导农民开展反抗地亩捐的斗争。谢芷塘密报县府派兵将谢骥财抓捕。但是，这并没有消减农民的斗志。不久，高粱镇的青年农民又掀起了反团阀的斗争。1928 年 9 月 30 日，白合乡党支部召开三人会议，决定建立农民自卫军，开展反土劣、反团阀、反军阀斗争。石子乡的唐爵廷以乡民团队长的身份，领导农民进行抗捐抗税斗争，迫使团总李义和退出挪用金 2 000 余元，免收预征公粮和捐款。这些局部、初步的斗争不但扩大了影响，而且使更多的农民相信了农会，靠近了农会。

1929 年 8 月，为把农运推向高潮，根据上级指示和农民的迫切要求，县委准备有计划、有步骤地发动秋收抗捐斗争。当时，内江县团练局为了解决雇养兵丁和购买枪械的经费问题，按地亩抽捐，以地亩多少进行摊派，每亩征收 6 升粮谷。而地主则通过加租的方式，把地亩捐转嫁给佃耕的农民，至于有少数土地的自耕农民，则直接承受团阀的勒索。为拯救挣扎在苦难中的农民，县委决定以敌人防守薄弱，群众基础较好的东乡为重点开展有规模的斗争，并提出了“反对征收地亩捐”的口号。当这口号一提出，四乡农民随即响应。这为东乡农民运动高潮的到来起到了积极的推动作用。

二、东乡农民抗亩捐斗争掀高潮

在农民斗争情绪不断高涨的基础上，为进一步把农民运动推向高潮，1929 年 7 月，中共内江县委书记曾莱在东乡石子镇吴王庙主持召开东南区委书记扩大会，参加会议的有区委委员及各乡支部负责人。主要讨论如何开展秋收斗争问题。石子乡支部书记唐爵廷提出，这次斗争应先把石子乡凶狠毒辣的团总李义和等人除掉，再在各乡展开。多数人认为，鉴于观音乡斗争失败的教训，这样做必定引起敌人的报复，不可盲动。杨家乡支部书记周执中提出：杨家乡副团总王奉宜和一些“方保”（当时杨家乡分为东南西北中五个保，大家俗称各保的保长为“方保”）以及士绅潘吉卿、王明谦、王松之、王厥章、周奉祥等与团总刘芳杨、账务收支员周俊卿、团练大队长夏庭光等争夺杨家乡团总的实权有矛盾，我们可以利用他们争权夺利之机，首先在杨家乡开展抗捐斗争。会议经过充分的分析、比较，决定这次秋收斗争，以东乡为重点，首先在杨家乡展开。斗争重点为：（1）发动秋收抗捐抗税斗争，断绝团阀武装经费，解散其豢养的 5 个中队的兵力；（2）这一斗争，利用团阀内部矛盾，首先在杨家乡展开，以清查该乡团阀财务收支为突破口，开展抗缴地亩捐（办团专款）的斗争；（3）斗争由区委书记洪渊德具体负责，县委书记曾莱参与组织和指挥。

为开展斗争，县委加大了宣传力度。这次斗争不仅以县农协筹委会名义发布了《内江县农协会秋收斗争宣言》，而且还以县委的名义下发了秋收斗争标语和《为秋收告农民书》，呼吁“农民们成年没有衣穿，没有饭吃，正在哭天无路，哭地无门。大家只有起来斗争，才是贫苦农民走的路！”党组织通过农会利用赶场的机会，发传单，贴标语，集会启发等多种形式的宣传，极大地调动了农民起来斗争的情绪。县委在要求农协会开展宣传发动工作的同时，又积极与东南区委及各农协会负责人一起制定斗争策略。

周执中

闵乐山

1929 年 8 月，曾莱、曾旭东、洪渊德、刘公道等到杨家乡静居寺召集周执中、闵乐山等农协负责人开会。会议对这次斗争参加的人员、提出的口号、行动的步骤及撤退的路线都做了详细的部署和安排。会议认为，小土地出租，自耕农和佃农反对地亩捐情绪最高。决定：为维护农村阶级分化，应首先提出反对 5 亩以下亩捐；利用地方团阀内部矛盾，成立以农协会为领导的、有各界人士参加的“清账委员会”，以清查杨家乡团练财务收支员周俊卿的账目为突破口展开斗争，争取地方一般士绅、知识分子等绝大多数人的同情和支持。会后，经周执中的活动，选定了王厥章、潘吉卿、周奉祥、闵安国、雷宝书、周善卿、王奉宜和农协会的陈文山等 10 余人，组成了“杨家乡清账委员会”，由清账委员会指派王鸣谦、庹恒章、田光和等 5 人，组成了“查账团”。经查，发现周俊卿侵吞黄谷 1 500 余石，清账委员会立即将这一情况张榜公布，激起了民愤，使周俊卿完全陷入被动局面；接着又将这一事实，上控县团练局、县府和省府以及各有关部门。然而，当局对此却充耳不闻。县委即以农会名义函请省同乡会、同学会请求支援，省同学会在成都发起声援。省同学会廖维国等人组织散发了铅印 ——“快邮代电”，将杨家乡的斗争情况印发各地，广泛宣传群众；省同乡以必修（会长）、陈古枝、肖羽之、谢仿昭、彭彼南、王亚南等进步人士也通过各种关系，采取多种形式支持农会。有些地方开明绅士也对农民斗争表示了同情。这时，内江反动当局才慌了手脚，为了庇护周俊卿等贪污罪行，县长魏宗晋、团练局长李汉文立即派东区团总陈书元到杨家当众监督复查账目。

杨家场关帝庙

1929 年 9 月 27 日（农历八月二十五日），正值杨家乡逢场日期，查账地点设在关帝庙。县委和农协会事先已做了充分的准备，组织了杨家、石子、白合、高粱、观音滩等 6 乡农会会员 2 000 余人，加上赶场群众近 3 000 人齐集在关帝庙等候查账结果。农会会员每人身藏一杆三角小旗，曾莱、洪渊德、曾旭东和周执中等人杂于群众行列中，暗地指挥；由闵乐山、陈文山、陈清廷等人出面公开领导。事前规定了见举旗就开始游行的暗号，布置了暗哨监视敌人，还安排了撤退路线，以备发生意外。曾莱头上包裹白帕，化装农民，直接领导了这场斗争。

上午 10 点，公开查账开始，农协会会员有组织地集中在关帝庙大戏坝内，赶场的群众也有不少人围观热闹，整个关帝庙大戏坝内外都挤满了人。戏楼上坐有“查账团”人员和乡团总刘芳杨、副团总王奉宜、财务收支委员周俊卿、乡团练大队长夏廷光、东区团总陈书元和他的四名侍卫，以及三十名团丁持枪守卫，气势汹汹，以示威慑。在清账过程中，陈文山、陈清廷等人在楼下市场说：“今天大家来算账，你们一定要搞归一（俗语，清楚之意）。”乡团练大队长夏廷光听了大为不满，站在楼上大声怒斥说：“嗨，你们闹啥子！”这就激起了群众的义愤，高呼：“打倒贪官污吏！”“取消苛捐杂税！”“不准再收五亩以下的地亩税！”

上午 11 时许，查账结束，“查账团”公布了查账结果，周俊卿极力争辩，均被查账人员据实驳倒。这时，区团练陈书元站了出来，代其申辩，说什么周俊卿经手的亩捐谷，收支差额没有 1 500 余石那样多。这就更加激起了农民们的愤怒，纷纷高呼“打倒周俊卿吞食农民血汗!”“打倒贪官污吏!”……这时，台上的乡团练大队长夏廷光提起手枪，走到台口，妄图弹压，他凶神恶煞地威胁地说：“你们要做啥子！黄泥巴脚杆，是对的，就给老子上楼嘛!”话音刚落，陈文山把藏在身后的小旗一挥，大声吼道：“给他冲上去!”顷刻间，山洪般爆发的人群冲上了楼台，楼朽人多，经不起这般压力，有三根楼梁当场被压断，楼板立刻坠落下来，尘烟四起。这时，农民群众把身藏写着“农民协会”等字样的小旗拿出来，插在后颈衣领上，振臂大呼口号，怒吼声、口号声响彻云霄，团总、团丁们吓得面如土色，纷纷逃回团练局驻地三圣宫；周俊卿更吓得直打哆嗦，趴在楼上动弹不得，只好被两个团丁驾护着逃回三圣宫，藏在保管室。曾莱等见关帝庙楼板垮后，只伤了两三个摆摊群众，稍事安顿后，便即刻组织农民群众上街游行，并亮出了臂上的红布，举起写有“农协会”的五色小旗。情绪激昂的群众一路高呼：“打倒侵吞农民血汗的周俊卿!”“免收五亩以下亩捐!”等口号。街上的居民、商人、赶集的农民也纷纷加入游行队伍。平日直不起腰的农民在党的领导下，怒吼着向三圣宫涌去。只见团丁把守着大门。陈文山、陈清庭等人不顾一切冲进门去。三圣宫内外挤满了人。农民强烈要求陈书元、周俊卿出面答话。陈书元刚一露面，农民们就爆发出一阵吼声，要把他拉出去打。陈书元见人越来越多，吓得慌忙从后门溜走了，周俊卿不敢露面。这时，已是下午四五点多钟了，农民们从上午聚会斗争到现在，持续了 7 个多小时，水食未进，可斗志不减，愤怒的口号声一浪盖过一浪。为了达到这次斗争的目的——免缴 5 亩以下地亩捐，经曾莱、曾旭东和各乡农协负责人商量决定，要求团练局派人出面答复农民的要求，结果由副团总王奉宜出面答复，答应由他负责把账本交给农协会重新审查，并呈报免征 5 亩以下地亩捐，斗争取得了初步的胜利。事后，周俊卿等人收买区团总陈书元，状告查账人员为共产党，并派人下乡收捐抓人。在这种情况下，党组织再一次组织群众到团练局示威。

为抓住时机，继续战斗，1929 年 10 月 7 日上午 10 时，正当赶场人多热闹之机，县委再次组织了杨家、石子、白合等地农协会会员 2 000 多人汇聚关帝庙（武庙），公开发表讲演，散发传单，张贴标语，高呼口号，再一次举行声势浩大的示威游行。游行队伍直奔乡团练局请愿，要求发 1932、

1933 年粮票，再次提出免征 5 亩以下地亩捐。团练局非但不满足农民的要求，反将请愿代表洪渊德等人扣留起来。这更加激起了群众的愤怒，曾莱指挥群众冲入团练局解救代表。乡团总刘芳杨在群众压力之下，只好当面答应了缓征地亩税，向上请免，许诺三场内发粮票，并释放了被扣押的代表。农民群众仍欢呼而散。

事后，团练局尽食前言，不免税，不发粮票，并以共产党操纵群众为由，派人下乡抓人收捐。县政府还贴出告示："地亩捐是办团专款，民八（1919 年）以来无人请免。今杨家乡农协请免五亩以下亩捐，恰合共产党入党资格……"告示进一步激起农民们的愤怒。针对现状，县委为了打击敌人，进一步开展斗争，由曾莱主持，于 11 月 13、14 两日在杨家场召开了一、二乡农协执委、组长联席会议，研究决定以杨家乡农协名义向县府提出质问。曾莱亲拟质问书，并于 11 月 18 日发出了《杨家乡农协第一次质问书》。质问书写着："今年天干水旱，农民生活无着，本属免捐恤民事例。农民喊免不出，何得诬为共党？你要保护绅粮，剥削农民尽可直说，何必拿共产党来压我们？……"义正辞严的质问，说出了农民的心愿，戳住了政府当局的要害。在党的领导下，农协会员们抗地亩捐和反团阀斗争的怒潮更加高涨。不久，当局发现曾莱、曾旭东等是内江党组织领导人，是农民抗捐抗税的组织者，遂发出逮捕通缉令。同时，县政府派出一个中队的武装警察到杨家乡一带逮捕共产党员和农协会负责人。被通缉的王尊安、闵乐山、周永弟悉敌脱险，陈文山不幸被捕，一时，乌云笼罩，形势紧张。曾莱、曾旭东等领导在斗争中也被敌人注意。为避免酿成群众的流血惨案，县委采取暂时退却的策略，斗争转入隐蔽活动时期。1929 年冬，自贡特委将身份暴露的曾莱、曾旭东调离内江。县委工作暂由洪渊德负责。

东乡农民的抗亩捐斗争被政府当局镇压阻止了，但是，东乡农民反抗的情绪和经过斗争后播下的革命火种却仍在延续。1930 年初，东乡农民又参加了洪渊德、唐爵廷领导的反年关逼债的抗捐抗粮斗争。由于杨家乡抗亩捐斗争后，当局加紧防范，斗争尚未深入开展。不久，洪渊德、唐爵廷、程力生等人遭通缉也离开内江。

持续半年多的东乡农民抗地亩捐斗争虽然暂时停止了，但是，这场斗争时间之长，参加人数之多，都是内江县农运史上罕见的。它的声势震动了全县，乃至全川。更重要的是，通过这次斗争，农民懂得了只有起来斗争，才能挣脱身上的枷锁；只有起来斗争，才能让骑在头上的恶人威风扫地；只有团结起来跟党走，才能驱散黑暗、迎来光明。

资中县“以法治外”第一案

在民国时期资中法院档案中，有一起“协懋亨报伊钱铺被盗案”，因为行窃者为两个外国人，在资中县落网后，资中县政府依据民国法律对其二人的犯罪事实进行了判决，这是民国时期内江地域地方政府第一例对外国人进行的判决案，在民国时期地方司法历史上具有积极意义。

据档案记载，犯罪嫌疑人奥格列、胡端均系波斯国（伊朗旧称）人。奥格列所执福建思明市政筹备处签发护照，限于往来中国境内通商口岸；胡端所执上海市公安局签发护照，限于往来北平、南京、重庆，但二人假借经商名义越境漫游，在各地干着盗窃、诈骗活动。

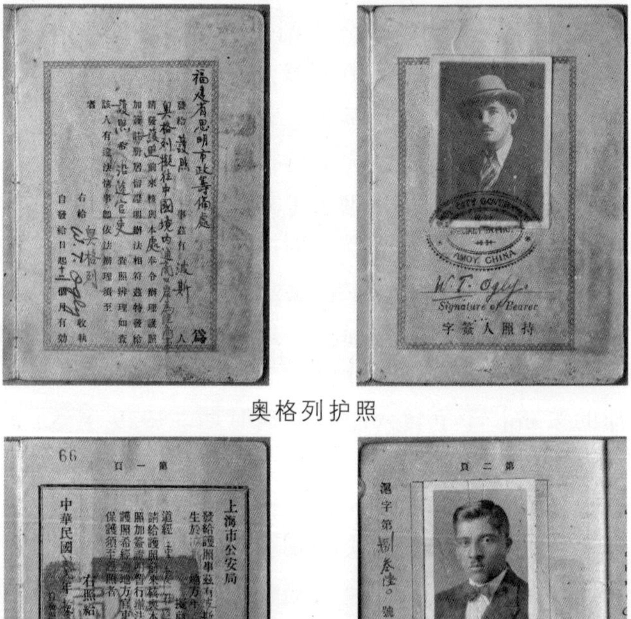

奥格列护照

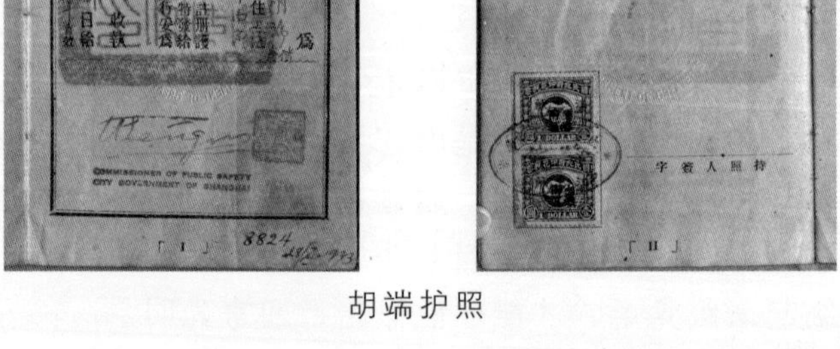

胡端护照

1934 年 4 月 19 日，奥格列、胡端两人来到资中县城西街邓元林山货铺，奥格列到内柜购买纸烟两筒，拿出 10 元券让邓元林找补零钱，胡端又在外柜要购买火腿罐头，致邓元林难于应付，结果两人见内柜钱不多，什么都没有购买就离去了。随后，两人来到协懋亨钱铺。

协懋亨钱铺店徒蒋成友陈述：

午前 10 时，两个身着毛织呢外套、头戴大帽、足履皮鞋、类似外国人的人走进店里，言语喃喃不知在说什么，两人手上均持有 10 元兑粮券票子，用手比划着，我才明白他们是要换零星钞券。因他们是外国人，我便招呼就座，然后接过他们手中的票子。因外柜没有零钞，我便到内柜去取。我刚把银柜打开，奥格列便跟了进来，我立即叫他出去，他说“莫来头”。原来，他会说中国话。我赶紧把兑券掉换（调换）与他，他却说要新色的，就自己在兑券中挑选后，又在身上摸了一下才走出来。胡端同时也走进了内柜，坐在椅子上，看奥格列出去后，他便跟随出去，随后又掉转来，又换一元二角洋，我马上跟他掉换（调换）了。他们走后，我觉得他们神情有些不对，立即清理银柜票据，发觉少了一百元，才知钱被两个洋人盗去了。我赶紧追出去，在城内四处寻找，在南门听人说他们已过河去了。我又赶到车站，车站的人说，两个外国人已坐包车走了。我便跑到县政府找到负责司法的毛光祖报案。毛司法官立即打电话命令球溪镇团总郭联芳把两个外国人的车辆拦下。我随后也赶到球溪镇。然而，郭联芳让我指认两人盗走了协懋亨钱铺的钱时，两人拒不承认，口出狂言，脱了衣服让我搜，因他们是外国人，我哪里敢去搜他们？这时，胡端还扑过来要打我，被团丁拦住。

为了查个水落石出，郭联芳派团丁把两个外国人押送到县城查询。为了谨慎起见，毛司法官叫县衙门领班刘吉臣先把两个外国人安顿在交通旅社三层楼房间“软扣”起来。经过两天的观察，毛司法官心头有底了，便把两人带到公堂上，提出要查看皮箱，喊他们把箱子打开，里面没有票子。毛司法官又提出划开箱底看一看，两人不肯。奥格列说：“你们都看了，箱子里啥都没有，要划烂箱子绝对不行，因这是长辈留给我最珍贵的遗物，照我们的风俗，是不准破坏的，不然就不吉利。”毛司法官不睬他那一套，双眼一鼓，大声说：“为了查清实事，今天必须划开。划烂了你的箱子，我们赔你新的。”毛司法官向差人递了个眼色道：“划开！”差人划开箱底，原来，两人把赃款用一张白纸包裹后，粘贴于箱底夹缝之间，不显痕迹。经人清点，有中国券 695 元，均签有“内江”二字，还有兑粮券及交通券 35 元，虽经他们使用，数已不足与中国银行内江办事处、协懋亨钱铺所报数字，但犯罪事实属实，便先把两人关进县监狱。

原来，两人于 4 月 18 日曾在内江县中国银行内江办事处借换券为名行窃，盗得赃款中国券 431 元，行员发觉后，立即乘汽车追赶至离史家街 2 里地处，将二人挡获，并从他们身上搜出赃款。经该乡乡长王尊三调解，行员因念其是外国人，不敢招惹他们，将失去的赃款拿回后，就没有追究。没想两人事后反向内江县政府滋闹诬告，称该行行员抢劫了他们 650 元钱，要求县政府追还。县政府因是外国人控告，不仅不查，反指责该行行捕未先呈报为不合法为由，责令该行如数归还，若不归还，县政府就要银行交出追赶的人法办。该行办事处主任李文开为息事起见，遵命如数照还。两人得钱后还不依不饶，威胁该行行员，要向他们国家驻中国领事馆告发；并称延误了他们坐车的时间，要求给他们找栈房住宿，第二天才离开。其后，两人又租了一辆小轿车赶往资中，把小轿车停放在汽车站，提着一口皮箱，匆匆忙忙赶到西街的“四省银行”柜上，用一张假支票换走了一万元票子。他们走后不久，银行的人接到内江的电话，说有两个外国盗儿在内江银行盗走了钱，看他们到资中来做生意没有？要注意拦到。行员听了电话心头一沉，赶忙到柜台上一查，果然遭了，马上跑到县政府报案。

在审判过程中，因是第一起涉外行窃案件，资中县政府非常谨慎，为使犯罪嫌疑人服罪，不仅有开审记录、证人控告起诉书、犯罪嫌疑人供词，还有与内江县政府往来公函、向上请示呈文等。

特别是 5 月 10 日四川省政府指令：“既经讯明，赃证确凿，自应查照约章，依法办理，用示惩儆”，更给资中县政府增加了底气。

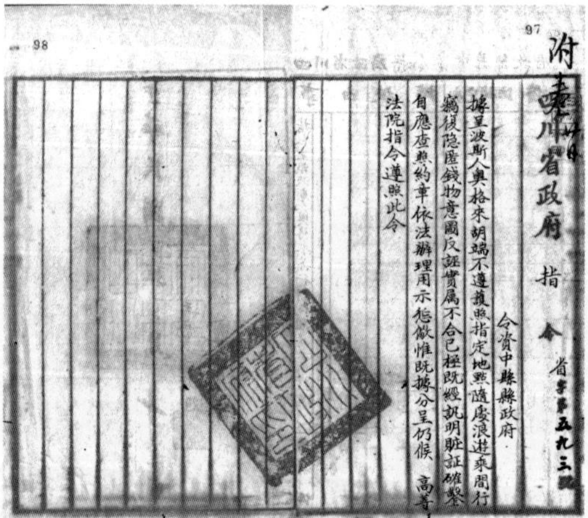
四川省政府指令　省字第五九三號
令資中縣縣政府
據呈波斯人奧格來胡端不遵護照指定地點隨處浪遊乘間行竊復隱匿錢物意圖反誣實屬不合已極既經訊明贓証確鑿自應查照約章依法辦理用示懲儆惟既據分呈仍候高等法院指令遵照此令

四川省政府关于依法办理奥格列等的训令

在犯罪嫌疑人犯罪事实属实的基础上，根据民国法律和《中国波斯条约》规定，5 月 18 日，资中县政府做出了判决：“右列协懋亨、雷晓初等因窃盗案件控奥格来、胡端一案，业经本府集案审理判决如左：奥格来、胡端行窃协懋亨、中国银行之所为，适犯《刑法》三百卅七条之罪，各处徒刑六月，赃物分别发领。”并经四川省高等法院核查确定判决生效。

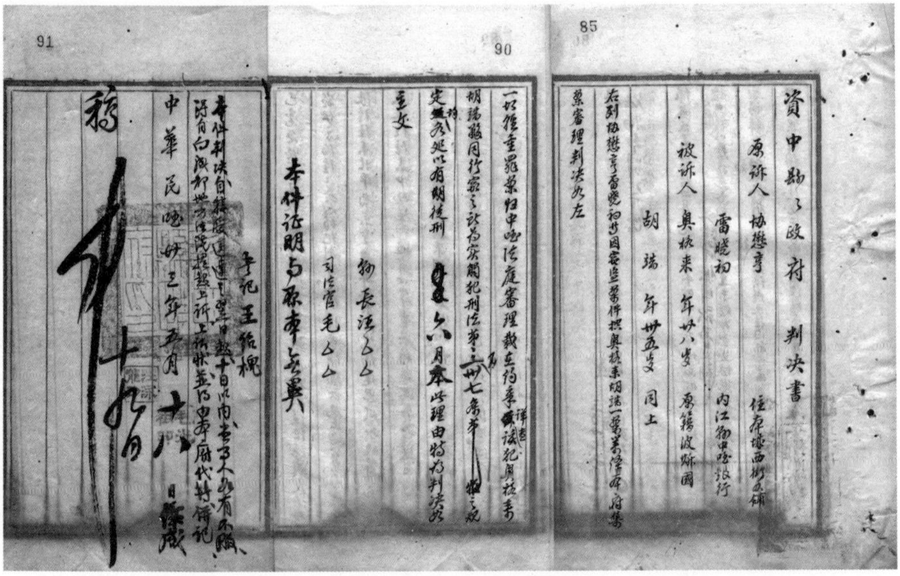

资中县政府判决书（部分）

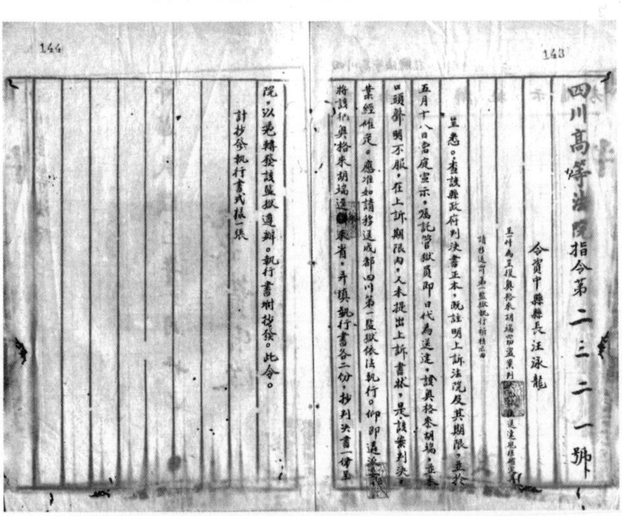

四川高等法院指令第二三二一號

令資中縣縣長汪泳龍

呈悉。查該縣政府判決書正本，既註明上訴法院及其期限，並於五月十八日當庭宣示，囑託管獄員即日代為送達。該奥格來胡端並未口頭聲明不服，在上訴期限內，又未提出上訴書狀，是該案判決業經確定。應准如請移送成都四川第一監獄依法執行。仰即遞解來者，并填執行書各二份，抄判決書一併呈院，以憑轉發該監獄遵辦。執行書附抄發。此令。

計抄發執行書式樣一張

四川高等法院关于将奥格来等解省的指令

由于资中县监狱简陋，资中县政府呈文获准，把二人犯移解成都四川第一监狱执行，并将两人护照追缴存档。

解票

資中縣政府 為解請核示事票仰該警

承領後項人文前赴

四川高等法院 告投守候發給印收回銷

倫查去隊沿途務須小心防範毋得疏虞

致干重究慎速須票

中華民國二十三年六月　日

縣長

限　日銷

资中县政府解票

据《资中县志》记载，民国时期，专门有一个外国行窃集团，在川、康、云、贵一带以做生意为名，盗走了四省农业银行、中国银行的大量钱财，却一直没有抓住。资中县政府破了外国人行窃案，并根据所犯事实进行了判决，其判决结果在报刊上公布后，在社会上产生了巨大的影响，省内外被盗走钱财的银行、商铺、部队等纷纷来函，要求严惩罪犯，追还赃款。内江县、富顺县政府联名送来一块匾额，上面刻有“以法治外”四个金光闪闪的大字，悬挂于资中县政府的大堂之上。

不过，有些当官的就是害怕洋人，蒋介石的中央军入川，派了个专员到资中来，看见这块匾额，不悦道：“以法治外，口气太大了，我们中国的法只能治中国人，不能治外国人，快把这块匾取下来。”于是，这块匾就被人取掉了。

资中县政府判决外国人行窃一案，其意义在于在当时国力衰弱，外强侵略中国，外国人在中国要特权，横行霸道，不把中国人放在眼里的背景下，外国人在中国进行不法活动，资中县政府能根据民国法律做出判决，维护了法律的尊严，保护了国人的财产。尤其珍贵的是，在此案卷中保存了奥格来、胡端两本护照，对研究民国外交、商务具有重要价值，也是真正执行《奥格来护照》上的“如查该人有违法情事，即依法办理”规定的案例。

内江“丙丁大天干”实况

内江气候温和，雨量充沛，土地肥沃，四季可耕，具有优越的农业生产，是四川省粮食经济作物的主要生产区。然而，又由于地处川西夏旱与川东伏旱的过渡地带，受其双重影响，干旱频繁。民谚曰：十年一大旱，三年两头旱，插花年年现。同时并有年际间连旱，头年秋冬少雨至次年春夏连旱的情况。旱灾是本地主要自然灾害之一，常常出现冬干、春旱、伏旱，夏涝、秋雨多的气候特征，历史上也多次遭受自然灾害的危害，尤其是 1936 年至 1937 年间四川的大旱致全内江遭遇百年不遇大旱，受灾田 90%、土 80%，春粮秋禾极欠，平均收获二成，灾民达 200 余万人。由于这两年分别是农历的丙子、丁丑年，所以称为“丙丁大天干”。

当时严重的旱灾情况，从 1937 年 3 月 31 日二区专署代电四川省政府、四川省赈务会呈文中可见一斑。代电称本区各县自上年秋后，久旱不雨，灾情严重，实为数十年来所仅见。饥民情绪之激越、凄惨，尤属目不忍睹，口不忍道。日前巡视各属被灾成分，虽有分别，但受灾面积普及，因饥荒外出乞讨成群结队。其中尤以威远、荣县、资中、井研、资阳等县最为严重，仁寿、简阳、内江灾情普遍。内江历年遭遇土匪扰乱，而资中县系本区公署所在之地，考查尤为周密明白。资中山多田少，平时粮食大都依赖邻县支持。贫苦农民主要靠山地生产为命，旱情以来，冬季作物收成绝望，家家屋里无粮食储藏，以野草、树根为食，极苦之家挖掘白泥为食，延残生命。现在又是清明时节，正是作物播种之时，人民望雨更为殷切，饥饿困逼，情形非常严峻。各处告哀之文，阅读之时心情沉重。民间闹荒之案，每日发生多起。虽然我们采取多种方法，就地筹集筹赈，稍有缓解。但面对众多灾民，也只是杯水车薪，无补大局。我们曾将各属灾情，呈报省府、省会，请求查核调查，须得到巨款，及时进行施救。查阅报端，得知此次省府、省会陆续拨款百万，除公署所属的威远、荣县获得一些款项外，其余各县均未得到一分赈款，不胜惶恐。查前次省府、省会发赈款 14 万元，仅分配给了公署所属的威远、荣县两地，当时各县民众怨言四起，将责任归于当地官吏，未能将灾情实况上报上级机关，使得上级不了解灾情，不拨救灾款项。如此反复，更引起了当地民众的反抗，加之当地政府又没有实施有效的生产自救措施，造成了群起责难。还请省府、省会念在民众疾苦之关怀，一视同仁。上级机关对下属本无厚薄之分，在灾民迫于饥饿，因望生怨，其情绪激奋情有可原，作为地方官吏，与民众同甘共苦，力求保全民众，缓解土地旱情，不料遭遇灾荒之年，很难取之民众信任，又无拯救灾民良方，面对灾情，束手无策。彷徨四顾，寝食难安。斗胆呈文，为数十万灾民请命。还恳请省府、省会念及资中及区属各县灾荒严重，派员到灾区调查，以挽救饥民于水深火热之中，速拨款巨款，施以救济而缓解灾情。

面对如此严重的旱灾，内江境内所属各县政府纷纷向二区专署及省政府、省赈务会陈述灾情，地方名人及各报刊也向全国报道内江灾情。

一、内江县的旱灾

1936年，内江县久遭春旱，不但小春无收，而稻禾亦无水栽插，全县播种不及十分之一，以致秋收绝望。沃野尽成焦土，浩劫空前，草根树木实采取殆尽，掘泥作食，惨遭压毙。沿沱江之茂市北渡等处，饥民拦船掠米，有觅食无方持刀割头者，有将老妇击毙充饥者，甚为残酷。尤为严重的春旱无收的情况下，又遭遇惨烈的夏旱。5至7月全县未获时雨，骄阳肆虐，百物如焚，收获绝望，入冬饥民四处乞讨或食白泥，入穴掘白泥被岩崩压死比比皆是。据1993年出版的《内江县志》载："从1936年10月至1937年6月持续大旱，小春收获胜微，大春难于下种，农民以芭蕉头、白泥粉等充饥，路有尸骨。"

1936年7月23日，内江县政府呈文二区专署称，内江县财务委员长朱昌鲁及一二三四五区区长苏彦翘、李吉光、毛惠伯、王谪仙、曾兆姜等以县旱灾奇重，先后报县政府请转二区专署派员查勘，并恳请缓期催科及酌情予以发放抚恤，以减少旱灾带来的恐慌。同时复准了内江县征收局以各镇、乡、联保主任及民众等以久旱不雨的情景，恳请免去本期粮税等。并且核查了解县境自5月下旬至今已届两月未获时雨，骄阳肆虐，百物如焚，不特粱菽黍稷尽成枯槁，而主要之番薯食品抑且无法栽插，甘蔗生机亦将垂尽，至于田中禾稼含苞者多属白穗，未出者即不能再出。此后纵沛甘霖，收获亦已绝望，以致米价腾贵，每斗涨至4元有奇，杂粮每斗在3元左右。鸿嗷中泽，饿莩载途，哀我穷黎，何以堪此！

朱昌鲁等在呈文中说，内江以往虽有旱灾，但其程度未有本年这么严重。特别是数月无雨，河水断流，人民饮水困难，若再不降雨，其演成的现象无法预知，前途忧患至极。县内旱灾前所未有，因全乡绅民之请求，禁止屠宰祈求雨水并尽量设法救济外，希望二区专署核查和派员查勘予以抚恤，实施缓期催科及豁免粮税等。

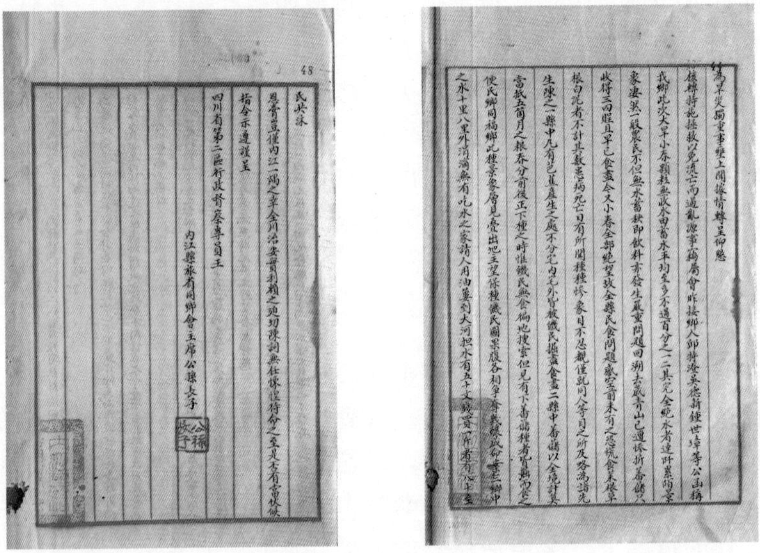

1937 年 4 月 10 日公孙长子就内江县旱灾严重呈文（部分）

内江县严重的旱灾，更引起了地方名流的极大关注。1937 年 4 月 9 日，内江著名画家邱特澄等 32 位地方名人联名写信给居住成都的著名书法家公孙长子，告知内江灾情，反映政府漠不关心的态度。公孙长子接到他们的信后，出于对家乡人民疾苦的关心，经过了解，随即以内江县旅省同乡会主席公孙长子之名，于 10 日亲自执笔呈文二区专署。文中详细记述了内江县旱灾景况。他说昨天接到乡人邱特澄、吴德新、钟世璋等函称：“我乡此次大旱小春颗粒无收，水田蓄水平均至多不过百分之一二，其完全绝水者连阡累陌，景象凄然。一般农民不但无水蓄秧，即饮料亦发生严重问题。回溯去岁，青山已遭惨折，蕃薯只收得三四成，且早已食尽。今又小春全部绝望，故全县民食问题感到空前未有之恐慌，食菜根、草根、白泥者不计其数，患病死亡日有所闻，种种惨象目不忍睹。”公孙长子根据来函，呈文详述了灾民惨况，其一，县境内有芭蕉之处，都被饥民挖尽食尽；其二，红苕是境内民众可抵五个月的粮食，春分前后下在地里的红苕种子，被饥民挖去食之，此种现象，在便民乡、同福乡屡屡出现，地主望保种，饥民图果腹，以此出现相互争夺，酿成几起命案；其三，十里八里外河沟无一点水源，用水人家，请人用油篓到大河挑水，一斤水卖到五十文钱，甚至卖到八十至百文钱。正月十六日，东乡黄土坎地方多数饥民见挑油篓者以为食物，蜂拥而至，打开油篓乃一挑白水，有用双手捧食者，有用衣襟醮（蘸）而咀食者，油篓之水立尽，争之不得者至于斗殴，几乎酿成命案；其四，正月二十九日，白马庙踩布山马路旁有饥民多人挖淡红色细石骨（俗名仙米），其质脆弱细嫩无沙，可当饭吃。因挖掘多日，崖壁悬空，造成上面崩塌压死两人，其状惨不忍睹；其五，近日饥民有十人八人成群或三十五十成群，在河岸挖掘芭茅根、芭茅笋为食，有到处摘桑叶、柳叶为食，有的爬上高树讨青叶跌得要死不活；其六，西乡横房子地方一妇人卖柴草一捆，柴只卖了一千七百文。妇人去后，买柴者负柴回家，途中闻柴捆内有哭声，解开中有小孩，已三四月矣，可惨；其七，白马庙至龙门镇一段，饥民在江岸，遇麦米花生等货的船只上下，即蜂拥争夺为食，官府及联保均无法制止；其八，凡米籽杂粮及各种食物运输途中，三升两升一斤半斤可以幸免，如上了五六升至三五斤，遇到饥民总是一吼而上，抢劫一空。何况目前旱灾仍在继续，水田将全部告竭，瞻急民众之食，前途堪为恐怖。

公孙长子又说，一般人都认为内江是产糖之区，一切富庶，虽然有荒歉之时，但都属于寻常之事，不以为奇。但是他们并不了解旱灾带来的种种惨象，而地方政府只报未立春前各乡的旱灾，以至上级政府以此为依据，造成灾区视察员无须到此视察，不但没有下达减免之文，而且还在本年下达了催收粮食之令。县政府这种灾情不上报，完全把千万灾民生死惨状置之事外。作为家乡之人，为乡心切，必为乡邦同胞大声请命。公孙长子并说，经同乡会开会讨论，本年全省旱灾遍于各地，尤以内江县及荣昌、隆昌最为严重，来往成渝的人均有所见，省中报纸也有披露。各地政府出于关怀民众之食，对于赈济川灾，早已申报中央核拨巨款，并减免粮赋及其他以工代赈种种行之有效的办法，可见上级机关认同四川当前最为严重的旱灾，并拨各项赈济款达上千余万元，分配于各县，唯独对受灾最为严重的内江而遗弃。而原公函减免之令不见，催征之令下达，若非地方政府及公团充耳不闻，别有用心。还望上级机关一视同仁，不致于重轻颠倒之事。

为引起二区专署对内江旱灾赈济的重视，公孙长子还强调了内江县的重要位置。内江幅员虽小，但人口众多，且地居成渝中心，但旱灾已造成各灾民有群起抢劫态势，万一将来更因灾重而不得分到赈款，有可能激起较大的事变，前途无法设想。希望二区专署命令县府立将县中受灾实况据实查勘补报，转请四川省政府一面减免粮赋，一面配发赈款，解救本县水深火热之中的灾民，得与他县受灾人民共沐恩膏，岂仅内江一隅之幸，全川治安实利赖之。

公孙长子呈文不仅展现了他为民请命的真情，也引起了内江县政府的重视。4 月 23 日，内江县政府呈文二区专署称，4 月 17 日案准同意公孙长子公函及反映的情况，并查县境旱灾情形随时呈报。近月以来，灾情日增严重，复查再次请求核拨赈款，缓征粮税，缓解境内灾情。随后，内江县政府数次电文报告二区专署，叙说内江境内灾情的严重性，其受灾贫民约 21 万，极贫 8 万余人，次贫 13.5 万余人，均无能补救。

二区专署向四川省政府主席转报了公孙长子的呈文。

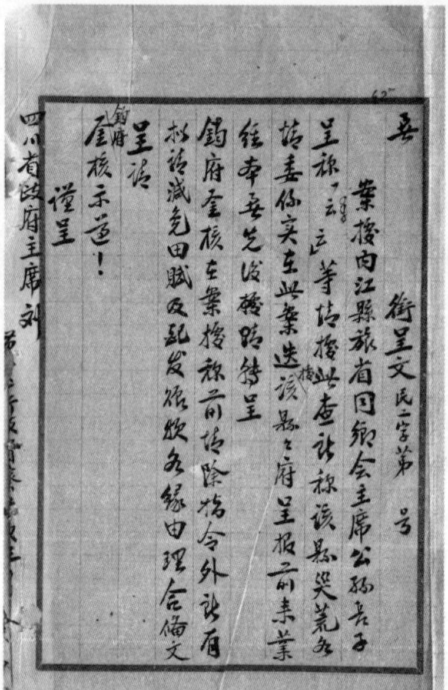
衔呈文 民二字第 号
案据内江县旅省同乡会主席公孙长子
呈称：云云等情，据此，查该县灾荒各
情委系实在，业案迭据该县县府呈报前来，业
经本署先后据情转呈
钧府鉴核在案，据称前情，除指令外，所有
拟请减免田赋及配发赈款各缘由，理合备文
呈请
钧府鉴核示遵！
谨呈
四川省政府主席刘

二区专署转报内江旱灾呈文

5 月 13 日，内江县政府呈报灾情时说，查县境于去年夏旱，7 月下旬，洪水为灾，秋冬两季，仍下雨至少。本年春荒，前后历时将及一载，随时呈报，呼吁散发急赈、缓征粮税、缓验产契。一方面与地方机关法团士绅协商，散发临时济米一次，继于本年 3 月实行筹赈，至 4 月下旬，分发赈 25 000 元。昨日接到电令，准将本期粮税缓期四个月，小契亦行缓验，再奉令拨发急赈款 32 000 元，遣派赈长到县实地查放，等到中央

大宗赈款运到，再行配发，可见上级机关体恤民情，而灾民获更生之幸，作为本县之长，自应仰仗上级机关爱民之情，竭力筹赈，以期省县合力维持现状。另一方面恪遵上令，先后提示救灾各办法，从事灾民自救工作，以图根本解决，渡此难关，不容许再有渎职。本县原系粮食缺少县份，去夏冬连旱，各粮食收获很少，不足三月食用。加之灾区广泛，常年依靠泸县、荣昌吴家铺、安岳边境各处粮食，又因各地自救问题，多方阻碍，来源断绝；自贡市迭向本县采购，供给益繁；银行界扶同奸商投机射利，从中操纵。种种原因，影响本市粮食价目，逐次增涨，照常年超过一倍以上。近数日间，米价复又每斗三元，飞涨至四元以上，贫民无力购买，断绝生机，以致各区长、联保主任、保甲民丁纷纷报告贫民受灾惨状，死丧流离，杀妻毙子，不忍耳闻。现届春季将去，田仍龟裂，小春无收，大春形势已失，甚为绝望。未来前途不可预测。恳请上级机关速派大员勘查实情，并发大宗赈款，免征粮杂各税，并谋整个救济办法，以活灾民。复查内江市面，徒有甘蔗繁荣虚名，而农村经济状况实已破产，早经县长深入民间考查，疾苦已甚，一旦遭此巨灾，实属无力生存。呈请照重灾县份豁免粮杂各税，再拨大宗赈款，以宏救济，并筹整个办法，用期始终全活。

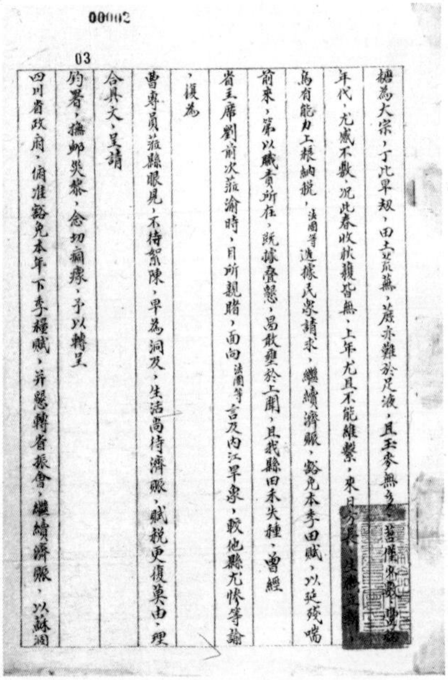
00002
03
糖為大宗，丁此旱魃，田土荒蕪，蔗亦難於足液，且玉麥無多
年代，尤感不敷，況此春收秋穫皆無，上年尤且不能維繫，來日方長
爲有能力上糧納税，法團等遂據民衆請求，繼續濟賑，豁免本季田賦，以延殘喘
前來，第以職責所在，既據叠懇，曷敢壅於上聞，且我縣田禾失種，曾經
省主席劉前次蒞渝時，目所親睹，面向法團等言及內江旱象，較他縣尤慘等諭
，復爲
曹專員蒞縣服見，不待絮陳，早爲洞及，生活尚待濟賑，賦税更復莫由，理
合具文，呈請
鈞署，撫卹災黎，念切痌瘝，予以轉呈
四川省政府，俯准豁免本年下季糧賦，并懇轉省振會，繼續濟賑，以蘇涸

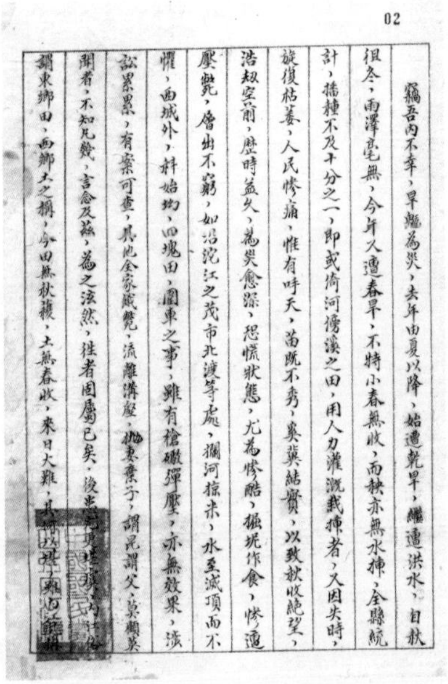
02
竊吾內不幸，旱魃爲災，去年由夏以降，始遭乾旱，繼遭洪水，自秋
徂冬，雨澤毫無，今年又遭春旱，不特小春無收，而秧亦無水插，全縣統
計，播種不及十分之一，即或倚河傍溪之田，用人力灌溉栽插者，又因失時，
旋復枯萎，人民慘痛，惟有呼天，苗既不秀，麥蕻結實，以致秋收絕望，
浩刧空前，歷時益久，爲災愈深，恐慌狀態，尤爲慘酷，掘泥作食，慘遭
壓斃，層出不窮，如沿沱江之茂市北渡等處，撈河搶米，水至滅頂而不
懼，西城外，拜始坳，四塊田，圍東之事，雖有槍礮彈壓，亦無效果，流
訟累累，有案可查，其他全家餓斃，流離溝壑，拋妻棄子，謂民謂父，莫
削者，不知凡幾，言念及茲，爲之泫然，往者固屬已矣，後來
調東鄉田，西鄉土之損，今田無秋穫，土無春收，來日大難，

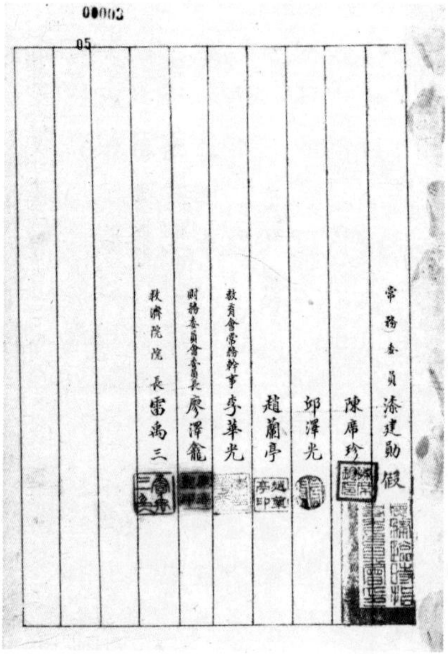
00003
05
常務委員 漆建勛
陳席珍
邱澤光
趙蘭亭
教育會常務幹事 李華光
財務委員會委員長 廖澤龕
救濟院院長 雷萬三

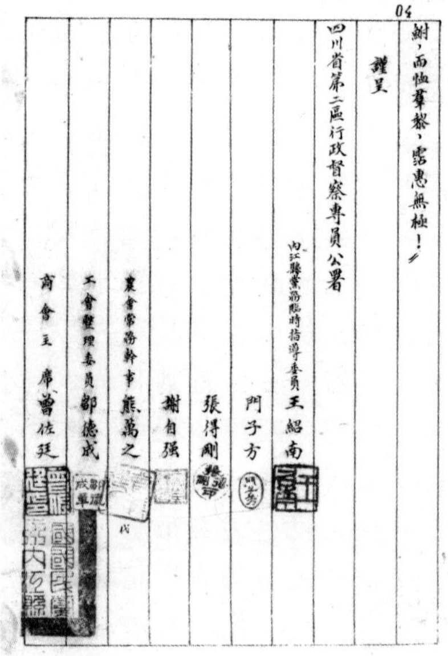
04
紨，而恤羣黎，霑惠無極！
謹呈
四川省第二區行政督察專員公署
內江縣黨務臨時指導委員 王紹南
門子方
張得剛
謝自強
農會常務幹事 熊萬之
工會整理委員 鄒德成
商會主席 曾佐廷

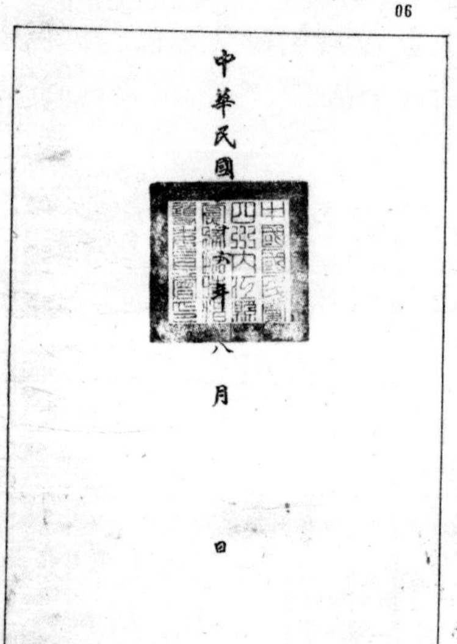
06
中華民國 八月 日

内江县各界关于旱灾严重呈文（部分）

9月9日，内江县政府征收局案准内江县党务临时指导委员王绍南、门子方、张德刚、谢自强，农会常务干事熊万之，商会主席曾佐廷、常务委员漆建勋，教育会常务干事李华光，财务委员会委员长廖泽龛，救济院雷禹三等公函。并转述旱灾情形说，吾内不幸，旱魃为灾，去年从夏以来遭遇干旱，继而被洪水袭击。从入秋到冬季，没有下一点雨。今年又遭春旱，小春无收，栽秧却无水插。全县统计，插秧不及千分之一。即使靠河临溪的田块，用人力灌溉栽插者又因插秧季节错过，全部枯萎。人民惨痛，惟有呼天。苗不秀，穗不实，秋收绝望。浩劫空前，历时很久，灾情越重，恐慌状态尤为惨烈。挖泥作食，崖壁崩塌，压死不少饥民，此种现象层出不穷。如沿沱江的茂市北渡等处拦河抢米，水淹没头顶而不害怕。西城外、科始坳、四块田围车抢劫之案，虽然有枪炮弹压制，但无效果，涉讼累累，有案可查。其他全家饿死，流离沟壑，抛弃妻子，卖女卖子层出不穷。说到此处，令人为之流泪。灾情已成实事，后患更令人担忧。内江俗称东乡田、西乡土，但今年田无秋获土无春收，来日大难，何以应对。虽然内江夙称糖业为大宗生产，但此时旱灾，田土荒芜。甘蔗难于灌溉，玉麦难于下种，红苕栽下少数，此情况造成春无收成，秋无收获，生机立斩，更无能力上粮。并且特别强调，县境内田里所栽稻种全部枯死，省主席刘湘在经过成渝线时，目睹了灾情，在对法团等说到内江旱情时，较其他县更为严重，并下达了手谕，责令内江县长巡查。灾民生活尚须赈济，赋税无法对现。现上报县政府，抚恤灾民，并予以转呈省府，豁免本年下季粮赋，并恳请省振会继续赈济，缓解灾情，挽救灾民于水深火热之中，其关怀之情，对内江县严重的旱情，是不幸中的大幸。”

内江县政府在案准法团呈文后也说，“复查本县自去秋亢旱以来，时历九月未得透雨，小春颗粒无收，田土悉成龟裂。本年 5 月虽连降了雨水，但栽插时节已过，农作物无望。其后尽管发起了改种晚稻，因缺水土质干旱，长势枯萎，结实难期，以职县区域而论，栽插成分仅十分之一，则收获数量难及往年之一成。前次省主席刘湘途经成渝公路，到达本县，县、局长各法团等曾面陈本县荒歉奇重情形，奉谕以内江旱灾较两资阳、简阳为重等因，奉令缓征粮食、税收，民众欢呼。本县已将开征明令公布，各保甲人员代呈请展粮税之公文日必数起。本县也派出公务人员于前月赴各乡督察换契纸之时，深入民间实际考查，确见往岁中等之家，今已陷于饥寒之境，下等之家则家徒壁立，不见炊烟，孩童委于路边，老弱转于沟壑，其稍足以自给者，恒不多见，目击其辗转流离之苦，不徒自愧俸钱已也。县抚恤无缓解之术，寝馈难安，民众疾苦似未批所闻。”

在严重的旱灾面前，上自省长专员，下自县官区长，虽呈令交驰，然救济乏策。当时国民政府赈济委员会委员长朱庆澜到成都视察时，竟然说“赈款有限，求神无究”。1937 年 4 月，省政府令各专署、市、县“关闭南门，敞开西门，禁屠十天，设坛祈雨，以上挽天心，下抚民意”。内江县城乡要水龙、打清醮，做道场，城隍出游，闹得乌烟瘴气。最后，省政府拿出 200 万元赈款，分 85 万元给 26 个特重灾县，96 万元给重灾县。内江县属于重灾县之列，人均得救济款 2 分 2 厘，难解一日之饥。

1937 年 4 至 5 月， 范长江以《大公报》记者身份回川考察灾情，发表了通讯《川灾勘察记》，充分反映了四川旱灾的惨况，“唉，我川民奈何无自救之方也！”期间，他于 5 月 16 日回到内江，还未进家门就深感灾情严重。在通往“剪刀坝”的途中，他发现原本空寂的巷道里躺满了灾民，他们瘦骨嶙峋，深陷的眼眶里露出绝望的眼神，许多男人像孕妇一样挺着大肚子，一问才知是过量吃“观音土”所致。他随后几天进行了座谈、走访和实地考察，在《川灾勘察记》中也表达了自己对内江的观感：内江社会经济性质大大改变了；内江的唯一工业是糖业，而经营糖业的人，眼看要完了；在天灾的年景中，米价飞涨，囤米是最赚钱的买卖，于是内江许多银行都大量囤米。最近，银行运米的船被饥民抢过几次，押米的武装卫士开枪打死了几人。但饥民绝不会因饥饿的同伴被人打死，而吓得不饥饿了！因而抢米的事件，仍有可能随时发生！“不只天灾给民众带来灾难，而内江每日还‘额销’（定额销售）鸦片三万两！”“内江是我的故乡！然而这故乡是没落了！”

二、资中县的旱灾

资中县也不例外遭受了历史罕见的旱灾，全县受灾面积达四分之三以上。1936 年入秋两月，太阳火爆，土成焦形，田尽龟裂，番薯、豆类均无生气，甘蔗全叶已枯，可作燃料，其旱情触目惊心，旱灾遍及城乡各地，贫民濒于死亡边缘，啃树皮树根、吃白泥，卖儿卖女仍无以为生，全家服毒而死者，时有所闻。

如此旱灾，1936 年 8 月 4 日，资中县第一区呈文县政府说，全区受灾约 5000 人，农产物损失约 6 成有多。资中县素有救济税（关），如灾情重大，概由富绅捐助，救济一时。6 日，资中县球溪镇部分公会公开代电致重庆行营、四川省政府、省筹赈委员会、各级党部、各区行政督察专员、各县政府、各区公署、各学校、各民众团体、各旅外同乡会、各报馆等也说：“窃吾川灾变连年未已，民生凋蔽无可讳言，相信资中感痛特深。而资西之球溪、配龙、发轮、龙结、大有、高楼等乡土多田少，由来贫瘠，受创尤酷，民食不敷，统由沱江上下游舶来接济。所持一线生机，除产制红糖售销外，形同待毙。最不幸者，昨 7 月 30 日起，淫雨如注，继续三天，上流壅斥，堵塞暴涨，泛滥横行，为历年罕见。沿近溪河之民房、牲畜、农作物品完全漂没，蔗苗被淹，更鲜生气，谷类淹尽，颗粒无收，咨差太息，惨不忍闻。尤可悯者，老弱绝粮，嗷嗷待哺。纵施放粥米间亦有人，而车薪杯水济事仍难，此后危机，何堪设想。法团等目击戕怀，心力未逮，除一面发起临时劝募抚绥外，谨代表六乡数千余万灾民竭诚呼吁，仰祈当道仁人本饥溺为怀之念、拯灾矜恤之心肯予援救，实行沾惠，则是感戴无涯矣！”

资中县于 1936 年初成立了县赈务分会，为政府首建的救灾救济机构。面对各乡呈报的灾情惨状，资中县第五次赈务会议决定，糖清每万斤募捐 4 元，红糖每桶募捐 0.3 元，两项共集资 9 万元；又从成渝同乡会公款中提出 5 000 元，债券 1.5 万元（折币 7 500 元），各赈务支会募得 1 万余元，均作紧急赈救之用。随后四川省政府拨赈款 1 万元，并派辛自雄为查赈长。然而，这些款项对于受灾严重的资中县来说，可说杯水车薪。而县政府采取的措施却是设坛求雨，禁屠 3 日。

三、威远县的旱灾

1936 年，威远县入夏后，旱灾奇重，骄阳肆虐，日甚一日，两月有余，田土龟裂，饮水难寻，全县所有田禾及土种粮食，正值含苞欲放之际，遭烈日摧残，均成枯槁，着火即燃，灾情之重，为该县历来未有。尤其严重的从 1936 年 7 月至 1937 年夏初该县持续近一年的无雨，“田土龟裂，饮水难寻”。全县小春只收豌豆 114.9 石、蚕豆 64.1 石、麦类 898 石，仅够全县百姓一日之需。大春因旱未能播种的土 6.36 万亩、占土总面积的 18%；田 24.84 万亩、占田总面积的 90.8%。即使播种了的田土，也因至 6 月初、中旬始得两次小雨，禾苗枯萎过半，严重歉收，已播种的土平均收 5.8 成、田收仅 6%。

严重旱灾发生后，威远县政府先后发放救济粮 50 471 石，募捐发放救济款 6 407 元，并且 4 次急电南京国民政府、四川省政府及省赈务会，陈述灾情，请求赈救。国民政府拨出急赈款 1.7 万元，省赈务会拨来赈款 3 000

元。因灾情特重，全县 4 300 平方里一片焦土，田野皆枯，灾民达 30 余万人，仅此救济，其效甚微，以致全县生机断绝，因饥遗弃子女、投河自杀、饿死者日有所闻，饥民混食白泥草根胀结而死六七千人。

1937 年春，由于数月无雨，旱灾面积达 20.95 万亩，小春减产 8 成以上，灾民 27.94 万人，县政府电告省政府，请求赈济，省政府仅准借积谷 6 809 石，次年秋收后归还。然而，入夏后，由于没有雨水，威远县连续的干旱，旱情没有一点缓解，反而越加严重。7 月 11 日，威远县政府在案准威远县赈务分会函中说，威远属地山多田少，土质贫瘠，全县年产谷粮本来就不充足，即使是丰获之年，也要依赖邻县供给，若遇旱灾全县人民就无食物充饥。今年由春至夏虽然下了几次细雨，但连土都没有浸透。现在又是禾苗抽穗、高粱含胚之际，而太阳的爆热一日胜过一日，水田亦无一点水，呈现龟纹之状，旱情已现。纵然县政府放炮求雨，但无效果。而全县赖以生存的农作物因没有水源，无法下种。即使少数种植的高粱、玉米等农作物也呈现枯死之状。而沟田里的水稻大都翻黄白，即使有收获，也只有二三成。现在纵使天降倾盆大雨，也是无济于事。如果旱情继续下去，全县民众生机必然处于绝望之中。如此干旱，民食无法设想。

威远县机关、团体首长苟思义、彭杰成等呈文二区专署也说：威远连年天旱，收获欠丰，上报灾情，未获赈济，人民虽节衣缩食筹集粮款，毫无厌言，希望来年丰收用资弥补。但谁也没有想到今年入夏以来未得一场大雨，虽间接落了一些细雨，但田无关水、土未深透。加之近日久晴不雨，田土龟裂，作物枯黄，河水断流，水井无法取水。虽然多方设法解决饮水之困，但也只是缓解一时，尤其严重的是水田中含苞待放的禾苗已成槁色，将放顶花的玉米、高粱叶片下垂呈枯萎之状，红苕也只下种约三分之一，多半枯黄，甘蔗叶已焦枯，难以发育。面对旱情越加严重的情形，人心忧惧。纵使即时下雨，收获也不过十分之三；若再不下雨，人民必至绝望。威远县山多田少，红苕供民食之五，玉米、高粱供民食之二，此两种收成的减少，农民的食物已差半年。如果水稻再无收成，后患无法设想。请派人查勘旱情并转报上峰，设法赈济，以免民众饥饿之困，稳定社会秩序。

尽管威远县政府将灾情上报，也得了一些赈济款，筹集了一些粮食，但因有保、甲长克扣救灾款物，不少灾民未得分毫救济。而政府的救济措施，也只是鸣放炮仗，设坛求神，祈求天降大雨之类的做法。

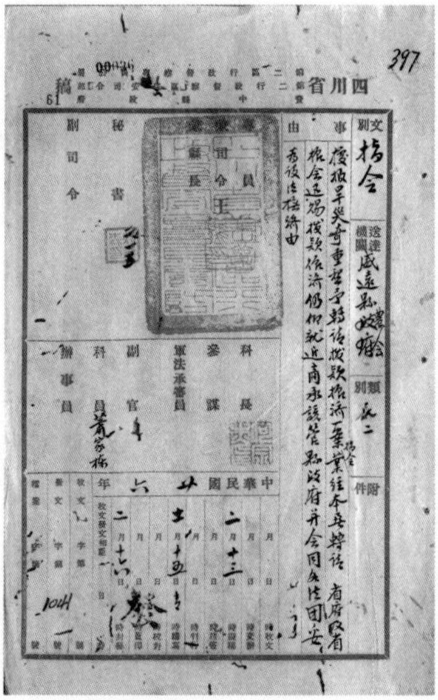
四川省

二区专署关于旱灾就近抚救致威远农会指令

四、隆昌县的旱灾

从 1936 年夏至 1937 年夏,隆昌县也遭遇历史罕见的“丙子丁丑大旱”。1936 年从农历正月初一，隆昌县普降大雪，三月初九午前 7 时，闹地震，城垛、屋脊均颤动，当日地震七八次；十八日夜十时，地震；二十六日午后二时，地震，八月初十夜，地震。全县还没有从地震中缓过气来，旱灾袭来，其严重性出乎人们的预料。据《隆昌县志》载:“丙子大旱，六月初六日雨后，仅八、九两月有小雨两次，得播种小春，至丁丑三月二十日后始雨，端午节后始大雨，小春收成极欠，斗米四元余，贫民多掘泥糁食，河流干枯，井水枯竭，往往于十里以外求饮料。”

针对如此旱灾，隆昌县各法团机关于 1937 年 3 月 26 日发出呼吁书，详述旱灾严重性，希望得到赈济。呼吁书称:“春行夏令，骄阳逞热烈之威；云起风狂，青草无昭苏之望。河流涸竭，井泉干枯。中产之家，彻日不得举火；极贫之户，每餐惟见食泥。此吾隆去今两载自秋徂春历遭旱灾实况也。赤鼠蹉梁，仓储先经耗尽；火牛出阵，豆麦又复无收。赋税之追呼之不宽，饥馑之情形益急。逢人兴叹，莫不谓涸辙余生；仰日长吁，惟有日偕亡而已。此情此景，何等悲伤。及屡乞命于上峰，终竟难邀其眷恤。愈演愈烈，时而雨播谷无田；益进益凶，饥驱而流殍载道。统计全县，恃掘白泥裹腹者，接报已达一百五十余处矣；徙食白泥而丧生者一日已有五六十人矣。是诚从来少见之奇灾，特非当今应行之急振乎？度荒年之岁月，已如釜底遨鱼；悯困厄之灾黎，实难安于寝馈。爰遵省府法规，成立振务分会，计议进行，取统筹分办之法，就次贫极贫而每月三粜，十日一赈，兹已征集谷款，陆续推放矣。惟查吾隆，富户极少，贫民实多，特就地方富绅尽量派募之外，更呼救济而延哀鸿之命。”

1937 年 4 月 23 日，重庆《济川公报》也对灾情进行了报导，文中对县府派员调查的结果，进行了阐述：“全县大麦、小麦、胡豆、油菜，因久旱苗仅二三寸高，形同枯草，统计大、小麦收获，至多不过二分，菜籽不足一成……全县灾民，达三十二万左右，占全县人口十分之九强。每日饿死者平均占五十名上下。”同时公布了当年隆昌雨量站观测的降雨量仅 804.1 毫米，比历年同期平均降水量减少 31.4%。全县受灾面积 323 993 亩。面对久旱不雨、粮食颗粒无收、河流干涸、井水枯竭、饮水难寻、粮食飞涨的状况，响石、龙市等地有灾民成群结队“吃大户”（即灾民成群结伙到有钱人家强行吃饭），且愈演愈烈，全县食白泥人数达 10 万余人，每日丧生人数 150 人以上，然而，县政府以 9 万多元赈款对全县 13 万余灾民赈济，必是杯水车薪。

为呼吁赈济而维护社会稳定，隆昌县赈务分会在 4 月也发出了布告：“本县不幸遭凶岁，自冬徂春，久旱不雨，仓储空乏，民食每岁艰虞，春粮无收，饿殍与时渐众，米珠薪桂，糊口维艰，苦我灾黎，掘泥托命，甚且支离病骨，俨同鹄面鸠形，训至卖子鬻妻，不免流离道路。本正副主席或忝为民牧，或谊切乡邦，主持振政期在救荒。乃自本会成立以来，即茫事擘划，已于去冬发放年赈一次，藉资救济。比来旱象益趋严重，关于筹放急振，举办平粜诸端，自属刻不容缓之图。除业已函由县府令饬各乡联保赶将极贫、次贫户口分别调查清楚外，并一面拟定办法，募集振款，就日办理振粜，决于最短期内次第实行，自有以慰我贫苦民众。惟是振务推行，端次振款之筹集。而欲谋筹集振款，实有赖于社会之安宁，个中关系至为密切。凡我灾黎务宜善体斯意，忍耐饥寒，勉应灾变，努力生计，以渡难关；尤须倘或受人利用，滋生事端，不惟振政之推行蒙其影响，而政府为维持社会安宁计，亦必执法以绳，不稍宽假。”

内江在民国时期虽然建立有救灾机构，采取各种办法赈灾，但由于经济落后和社会动荡，终竟效果不佳，甚至荒唐到求神禳灾。早在 1930 年，各县政府设总务处兼办救灾事宜。1931 年，四川省设有“四川省赈灾委员会”专门进行勘灾和灾害救济活动。1932年，省政府设民政厅，各县政府设一科管理救灾。1935年，二区专署内设第一科掌理救灾，各县政府亦同；同年5月以前，各县同时建有慈善会、赈务会、赈济会和灾害发生后临时组建的筹赈会，承办灾害救济。然而，当时的政府对自然灾害缺乏积极抗御措施，以拯救人民于水火，而且还常常利用自然灾害的机会，大搞敲诈勒索，给广大民众造成极其深重的灾难。每遇灾年，执政当局措手无策，只有层层向上报灾告急，请求赈济，而往往得到的答复是灾情普遍，政府无力拯救，指令各地开展自救。1936年，威远县春旱夏潦，复值秋旱，一年三灾。民间原有收获早已十室九空，雁嗷鸿哀，声盈四野，大多灾民沦为食草根白泥。威远县政府却颁布《威远县各乡镇统制管理饥民暂行办法》，对灾民进行造册登记，如灾民聚集过多，要派壮丁队驰往弹压。在旱灾来临时，二区专署指令各县督率各区乡（镇）保甲，劝募捐款，赶办急赈，并设平粜，提出各乡自救，各保自管原则。这种“自救”“自管”的救灾方针，本身就对灾民于不顾和不负责任的态度。同时也开展一些愚弄百姓的救灾救济活动。

一是以火祈雨。在大旱之际，通令各地，在统一时间内燃烧事先准备好的柴草堆，以热度升空降雨。

二是祭龙求神。在久旱期间，采取禁屠吃斋，烧香拜佛，以求龙神免灾。1936年四川大旱时，各县普遍采取了禁屠吃斋、设坛求神，打清醮、做道场、耍水龙、唱目连戏等以“赶旱魃”。当时四川省主席刘湘明令各地对民间求神祈雨活动一律保护，省民政厅长嵇祖佑在成都就乘车赴石马巷玉参慈善会祈雨，吁恳天恩早沛甘霖，以恤民命，而宏救济。

三是减免粮赋。在大旱之年减免灾民一定粮赋，实为艰难，即便在连年连灾之时，减免粮赋也是极其甚微的，而减免的粮赋大多作为扣捐、抵押积谷、代理赈济等，有名无实。

四是建仓积谷，开办平粜。当时县政府兴建一些仓储，向人民征收积谷，用以灾荒救济。但一遇灾荒，积谷多半是仓储空空，谷物不翼而飞。即便有谷，灾民也得不到赈济，平粜中出现高息借贷。1936年旱灾，资阳县上年积谷总额万余石，先后迭经兵燹，现实存约1 900石，以此项积谷赈济饥民，等于杯水车薪，不过苟延残喘，藉安人心。

五是开办以工代赈。灾民在旱灾时为了活命，以廉价劳动力为政府修筑碉堡、修公路，或采矿和挑塘筑堰等。灾民劳动一天获得一点食物。

六是开展民间劝募活动。一些团体或人士在旱灾时通过民间形式和途径,劝导有条件者捐出钱粮以赈济灾民。内江县 1936 年全县开展劝募活动，共募得 4 149 元，而全县沦为食白泥的灾民就达 10 万人。

此外，各县政府在旱灾时也曾采取禁止商人用粮食制酒、熬糖、囤积居奇、办婚丧事宴席等措施，但对赈济收效甚微。

四川省第二区行政督察专员公署的建立

自 1918 至 1934 年间，四川军阀混战形成“防区制”，军阀们各据防区自制法规，任命官吏，把持财政，县内机构设置混乱，中央势力鞭长莫及。1934 年，四川善后督办兼二十一军军长刘湘击败了二十四军刘文辉部。这时，红四方面军利用四川军阀混战之机从陕南入川占领川北 23 个县，由 4 个师 1.5 万余人迅速扩为 5 个军 8 万余人。刘湘在军事和财政的双重压力下从万县赶回成都通电“拥蒋反共”，蒋介石趁机派中央军入川，在四川地方政区制度上统一推行 1932 年根据“剿匪”需要形成的行政督察区制，将全川共划为 18 个督察区，设立行政督察专员公署，为“省政府之辅助机关”，但实际中形成了省、行政督察区、县三级制。从此“川政统一”。其中，四川第二区行政督察专员公署（简称二区专署）设在资中县，成立于 1935 年 6 月 1 日。第一任专员王次甫于 1935 年 5 月 20 日上午 8 点 30 分，统一在重庆参加了督署纪念周后宣誓就职。

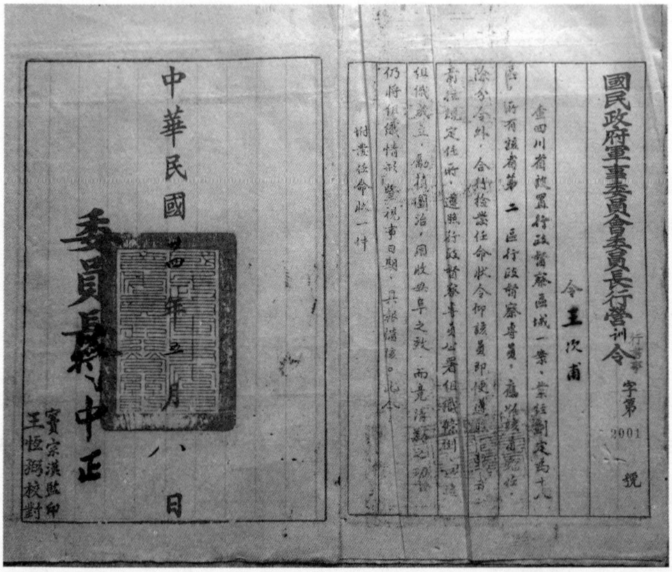
國民政府軍事委員會委員長行營训令 行字第 2001 號
令王次甫
查四川省設置行政督察區域一案，業經劃定為十八區，所有該省第二區行政督察專員，應派該員充任，除分令外，合行檢發任命狀令仰該員即便遵[illegible]前往規定任所，遵照行政督察專員公署組織[illegible]組織成立，勵精圖治，用收[illegible]之效，而竟清[illegible]之功[illegible]仍將組織情形暨視事日期，具報備核。此令。
附發任命狀一件
中華民國二十四年五月八日
委員長 蔣中正
竇宗漢 監印
王恆[illegible] 校對

1935 年 5 月任命王次甫为二区专员训令

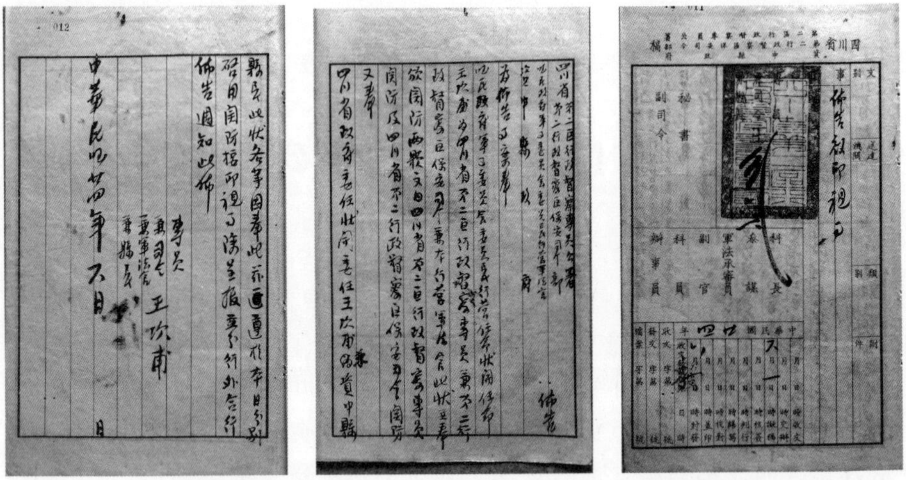

1935年6月1日二区专署专员启印就职布告稿

二区专署治资中县（今重龙镇），辖资中、资阳、内江、荣县、仁寿、井研、简阳、威远8县。专员为专署的最高行政长官，职责是承省政府之命推行法令，并督导、统筹辖区内各县行政。专署内设一、二、三、四科。第一科管理文书档案、任免、调遣、奖惩、呈报成绩、审查报告、编审报表、抚恤、公物公产清理等事项；第二科执掌户口保甲、警察、保安团队、壮丁队、枪支、救济、卫生、禁烟拒毒、宣传等事项；第三科执掌稽核税课、附捐征收、粮户征册、编制收支报告、预算决算、金库、出纳、警察饷项等事项；第四科执掌电报电话、交通、桥梁县道、水利、地政、农村、教育、宗教礼俗、度量衡、新生活运动等事项；秘书执掌机要、职员勤惰、文电、会议召集记录、制定议事日程等事项。

资中县政府与专署合署办公，县长由专员兼任，其业务由专署各科兼办。其他县政府设置财务、建设、教育、公安四局。同年6至7月，各县裁局改科，县下设区、联保、保、甲。

二区专署8县共设36区、412联保、8 272保、81 825甲。各级编制员额是：专员公署33至53人——专员兼保安司令1人、秘书1人、助理秘书2人、视察1人、科长4人、参事8人、科员9人、承审员3人、督学2人、警佐1人、经费主理2人、雇员5人、技士2人、办事员5人、壮丁总队副1人、禁烟分局副局长1人、司法处5人。县政府——县长1人、秘书1人、助理秘书1人、统计员1人、电话员1人、收音员1人、质量检定员1人、承审员1人、书记官1人、管狱员1人、警佐1人、雇员 3 人。县属科 ——科长 1 人、督学 2 人、科员、办事员、书记、录事、助理书记若干人。区署 ——区长 1 人、指导员 2 至 5 人。保 ——保长 1 人、副保长 1 人、干事 2 至 4 人。甲 ——甲长 1 人。

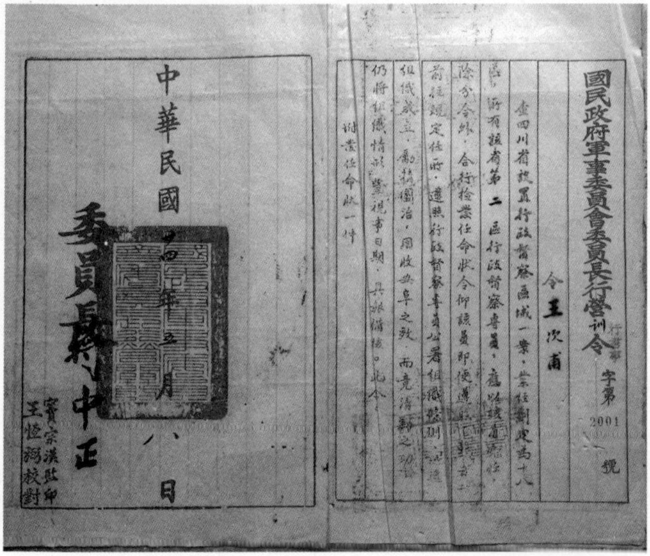

1935 年 5 月任命王次甫兼资中县县长委任令

1936 年二区专署各县公安局奉令裁撤，改为在县政府内设警佐 1 人，办理警务行政。并遵省令设置征收分局、国民经济建设委员会支会、防止走私委员会等机构。同年，专署增加人员编制。至年底，专署机关人员增至 51 人。

1937 年，根据《行政督察专员公署办事通则》和经费分等表乙等专署组织的规定，二区专署奉令改组，专署机关四科并为三科。第一科掌民政，第二科掌财政，第三科掌教育、建设。此后，专署及辖县机构、人员编制时有增减。1938 年，各县设兵役科；二区专署与资中县政府分署办公，专员卸兼县长职，一科增 3 人管防空。1940 年，二区专署各县奉令推行新县制。经省政府核定：资中、内江、荣县、仁寿、简阳为一等县，资阳、威远为二等县，井研为四等县。县遵令设县政议会，一二等县府内设民政、财政、军事、教育、建设、社会六科，四等县设民政、财政、教建、军事四科。联保办事处改为乡镇公所，形成“专署—县政府—区署—乡镇公所—保—甲”的政区体制。再后又多有调整。其中 1942 年 5 月 1 日至 1949 年 5 月期间，更名为四川省第二行政督察专员兼保安司令公署，地方派出机关与地方军事机关合署办公。专员兼保安司令统管全局，下属机构则各司其事。

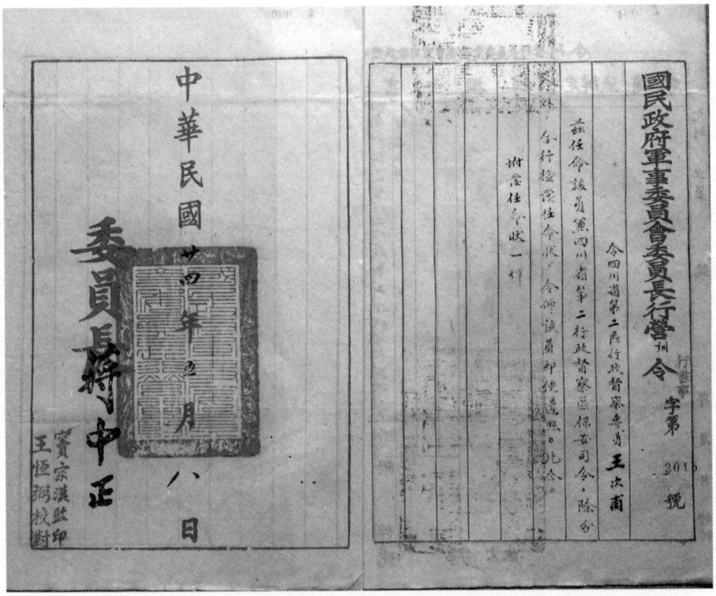
國民政府軍事委員會委員長行營訓令
行營字第 2015 號
令四川省第二區行政督察專員王次甫
茲任命該員兼四川省第二行政督察區保安司令，除分令外，合行檢發任命狀，令仰該員即便遵照。此令。
附發任命狀一件
委員長蔣中正
中華民國廿四年五月八日
賓宗漢監印
王恆瑚校對

1935 年 5 月任命王次甫为二区保安司令训令

第二行政督察区保安司令部于 1935 年 6 月 1 日成立，其任务是承办辖区绥靖事务，组织民众。保安司令部机关设司令、副司令各 1 人，下配秘书 1 人、中校主任参谋 1 人、少校参谋 2 人、少校副官 2 人、上尉副官 2 人、视察 2 人、科长 3 人、技士 1 人、技佐 1 人、参谋 2 人、军法 1 人、会计主任 1 人、助理会计 3 人、统计主任 1 人、科员 2 人、经费管理处主任 1 人、科员 3 人、办事员 7 人、书记 10 人、公差 14 人、文书上士 2 人、号兵下士 1 人、卫兵一等兵 5 人、传令兵 2 人、炊事员 2 人，合计 69 人，有时增至 74 人。1936 年 2 月，保安司令部辖第三、四共两个保安团。每个团辖 3 个大队，每大队 4 个中队，每中队 3 个分队，每分队 3 个班，团部有直属特务中队，保安团有官佐 194 人，士兵 2 848 人。1940 年，增设政治指导室，省指导员、干事、秘书等人员。1941 年 1 月，保安司令部机构及人员调整为：设司令、副司令各 1 人，下设参谋室、副官室、军法室、书记室、特务队，辖保安独立第二队部。1942 年 5 月，奉命与专员公署合并成立四川省第二行政督察专员兼保安司令公署，公署中武职人员有副司令、中校参谋、军法、中尉副官等人员。1949 年 5 月，恢复二行政督察区保安司令部，单独办公。并增设一、二、三科和军法、军需、副官三室。同年 12 月初，内江解放时，专员兼保安司令刘幼甫与资中县县长王增谷率两个连逃至球溪被解放军抓获，副司令黄家齐率残部起义。

内井警备司令部，民国时期川康绥靖公署驻内江的区域性警备机构，成立于 1941 年。负责指挥内江县、自贡市辖区内军队；完善税警及地方团队；注意辖区内治安及空袭时的警备与跳伞部队的防卫；监督辖区内军队及地方团队的教育、民众组织训练、清查户口等任务。1946 年 5 月，奉命撤销。

四川省第二区行政督查专员共计有六任，分别为：

王次甫（1895—？），湖南临醴县人，日本早稻田大学毕业。1935 年 6 至 10 月任四川省第二区行政督察专员兼保安司令部司令，并兼资中县县长和国民政府军事委员会委员长行营军法官。到任前曾任河北省政府秘书，河南省第十区（治所洛阳）专员等职；卸职后调江西，后曾任国民党中央训练团党政训练班训育干事。

易希亮（1891—？），字汉屏，湖南安化县人，日本庆应大学毕业，经济学士。1935 年 11 月至 1936 年 12 月继王任。到任前历任湖南大学教授，湖南省建设厅科长，长沙市政筹备处处长，湖南第一纺织厂厂长，浙江省地方自治专修学校专任教员，河南第十区、四川第二区行政督察专员公署秘书等职；卸职后调任江西省民政厅秘书，后曾任国民党中央训练团党政训练班训育干事。

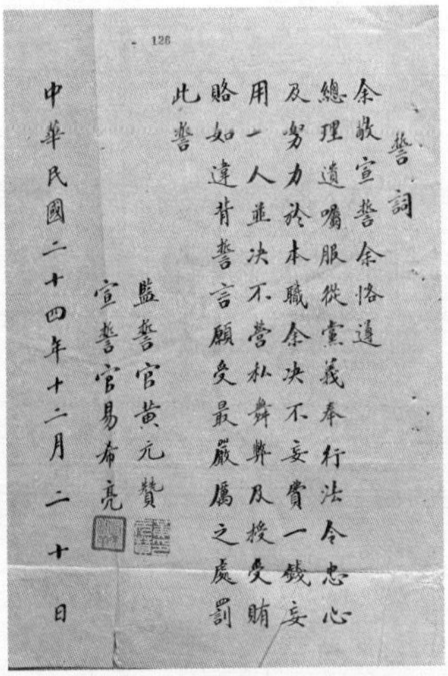
126

誓詞

余敬宣誓余恪遵總理遺囑服從黨義奉行法令忠心及努力於本職余決不妄費一錢妄用一人並決不營私舞弊及授受賄賂如違背誓言願受最嚴厲之處罰此誓

監誓官黃元贊

宣誓官易希亮

中華民國二十四年十二月二十日

1935 年 12 月 20 日易希亮就职二区专员宣誓誓词

王梦熊（1900—？），字雄伯，湖南临湘县人，陆军大学毕业。1936年12月至1939年1月继易任。到任前历任北伐前敌总指挥部第五团团长，四十四军独立旅旅长、副师长，四集团军总司令部、陆海空军总司令部少将参议，师参谋长，南昌行营高级参谋、行营参谋，团高级参谋兼四川“剿匪”军专员等职。任职期间于1938年12月去兼县长任（嗣后专员不再兼驻在地县长）。卸职后先后调任陕西凤县金库经理、自贡市市长、四川省第六区（治所宜宾）专员兼保安司令，1947年3月卸六区专员职。

陈志学，（1882—1950），字怀先，四川开江县人，四川专门法政学校毕业。1939年1月至1941年6月继王任。到任前历任新宁县民刑审判课长、教育科长，四川省绥定联立中学校长，东川道公署教育及实业科长，四川财政统筹处秘书，四川善后督办公署民政厅财务处主任，陆军三十三师司令部、川滇边防督办署、二十一军军部秘书，叙永、垫江、资中等县知事，重庆市土地、财政局局长，陆军第二十三军军部少将参赞，四川省第一区（治所温江）专员兼保安司令等职；1941年6月辞职后两任国民参议会参议员，1944年4月任四川省田赋粮食管理处处长，翌年秋因做主减免川北灾区征粮与省主席张群反目辞职，后于1950年11月病亡于成都。

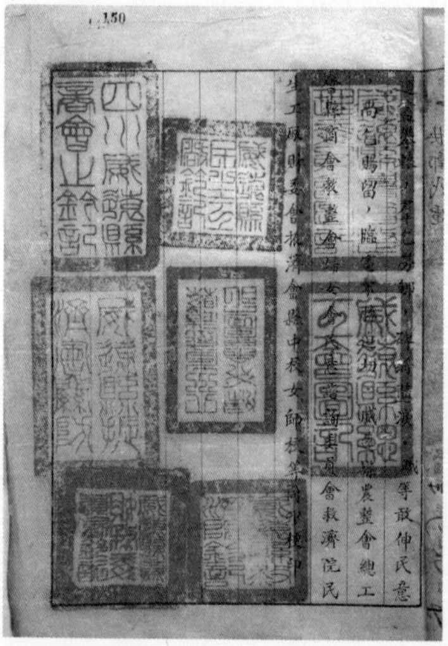

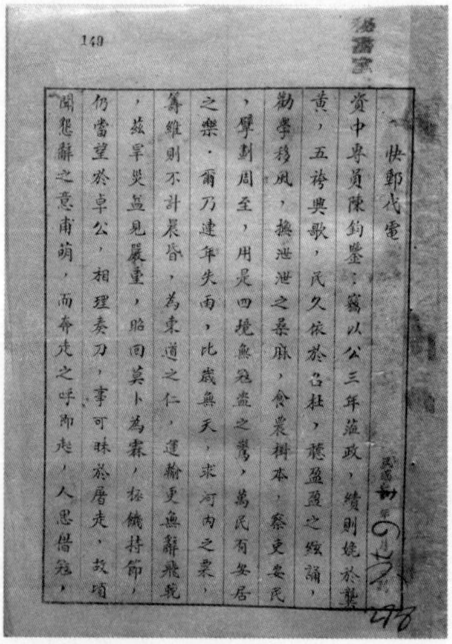

快郵代電
資中專員陳鈞鑒：竊以公三年蒞政，績則娩於龔
黃，五袴興歌，民久依於召杜，聽盈盈之絃誦，
勸學移風，挽泄泄之委靡，食農樹本，察吏安民
，擘劃周至，用是四境無寇盜之驚，萬民有安居
之樂。爾乃連年失雨，比歲無天，求河內之粟，
籌維則不計晨昏，為東道之仁，運輸更無辭飛輓
，茲旱災益見嚴重，賑同莫卜為霖，極儀持節，
仍當望於卓公，相理奏刀，事可昧於唐走，故增
閱懇辭之意甫萌，而奔走之呼而起，人思借寇，

1941年4月威远各界挽留二区专员陈志学代电

田伯施（1891—？），重庆秀山县人，保定陆军军官学校第一期骑兵科毕业。1941年6月至1947年8月继陈任。到任前历任彭县知事、重庆军

事警察厅厅长，二十四军宪兵司令及第七混成旅旅长，川康边防总指挥部少将参谋长，四川省临时参议会参议员等职。1947 年 8 月辞职。

刘幼甫（1906—？），四川筠连县人，中央军校毕业。1947 年 8 月至 1949 年 11 月继田任。到任前历任省党部科员，参谋处长、旅长，达县、广汉等县长，四川省第七区（治所泸县，今泸州市）专员兼保安司令等职。

内江的县等厘定

县的设置始于春秋时期，在历时 2 000 多年中，作为行政区划制的最基本单位始终没有多大变化，最具稳定性。然而，各朝代却将县划分为不同的等级，产生了不同等级的县。民国时期也开展县等厘定，分出不同等次的县。

县划分等级一般是根据各县的不同实际情况实行的，由此确定该县管理机构——县府的规模，包括县行政长官的品级、人员编制、内部机构设置、财政开支诸方面。民国时期，不同县等的区别规定明确。1913 年 3 月的《各县知事公署暂行办事章程》规定，事务繁者县可设四科，简者县仅设二科。1933 年 9 月的《暂行文官官等官俸表》确定一等县县长为荐任 8 级至荐任 4 级，二等县县长只为荐任 1 至 5 级，三等县县长仅荐任 2 至 6 级。在《县各级组织纲要》中规定县政府设科多少，及职掌分配和人员名额、官等、俸级与编制，由各省政府依县的等次及实际需要拟订。四川省 1940 年 2 月规定各县普设民政、财政、军事三科，而教育、建设分科的有 82 县，社会科依各县需要及财政状况酌设。各县政府员额（指导员、督学及技佐除外）为一等县 105 员，而六等县仅 56 员。各县月支俸给、办公、特别费（指导员及督学未列入）则是一等县支数 3 953 元（实支 3 725 元），而六等县仅支数 2 161 元（实支 2 018 元）。1946 年 7 月省政府再次调整各县政府组织员额编制，要求一至三等县设五科二室，四、五等县设四科二室，六等县设三科二室；员额为（不含公役）一等县 59 员，二等县 54 员，三等县 47 员，四等县 38 员，五等县 34 员，六等县 30 员。

县的等级划分，对于评估各县的县情，以设置相适应的机构、人员，并对经费开支等进行控制，以最大限度节约行政成本和发挥管理作用及提高效率，对该县的发展是有积极作用的。在 1930 年代中后期，四川省进行了县等厘定工作，结束了沿袭清代的而实际未施行的县等制度，提出了较清代以前相对科学的划分标准。这在四川近代县级行政管理史上不乏意义。民国时期内江及曾辖和现辖区域的各县在当时亦相应地进行了县等厘定，因情况不同而县等有别，在一定程度上反映了它们的综合实力与特点。

民国初期的县等在有的省内很大程度上都沿清代旧例。南京国民政府成立后，于 1928 年 9 月公布了《县组织法》，规定县分三等。1939 年 9 月国民政府行政院颁布的《县各级组织纲要》又规定县分三至六等，具体定几等由各省政府确定划分。四川的县等厘定工作，可以 1935 年川政统一、1940 年实行新县制和 1949 年调整县等为分界线划为四个时期。

四川民国初年至 1935 年因军阀混战以及防区制度影响，军阀把持县事，县政废弛。表面沿用清代旧制，实际上无县等划分可言。姑且以清末划分的县等识之，此为第一个时期。当时的省政府也认为“各县等级系袭前清旧例，相沿已久，畸轻畸重，多失平允”。

清朝时期，各省道府厅州县员缺，皆以冲、繁、疲、难四字分别注考，以定要、中、简缺等差。其实，从《清史稿》中得知，四川有 12 个府驻地的县和华阳县共 13 县还有“倚”字。周询在《蜀海丛谈》中说：当道曰冲，政颐曰繁，民顽曰疲，事艰曰难。四字或三字者为要缺，两字是中缺，一字及无字则简缺。地当边要，虽仅一字或无字，也可列入要缺。这是清初制定并沿用的。还规定一省中的县如有一升等，必须有一降等。四川在清末时，共有道 7 个，府 15 个、直隶厅 3 个、直隶州 9 个，县 120 个、府辖厅 9 个、府辖州 13 个。其中资州直隶州为繁难两字中缺，辖 4 县，内江县为冲字简缺，资阳、仁寿县为繁难两字中缺，井研县为无字简缺；属嘉定府的威远县为繁字简缺，荣县为繁难两字中缺；属叙州府的隆昌县为冲难两字中缺；属潼川府的安岳繁难两字中缺，乐至为无字简缺；属成绵府的简州为冲难两字中缺。

1913 年 1 月 9 日公布《划一现行各县地方行政官厅组织令》，规定“现设有直辖地方之府及直隶厅、州地方，该府该直隶厅、州名称均改为县”，资州直隶州改为资中县，简州改为简阳县。在 1928 年时，尽管南京国民政府分县为三等，四川省及各县也未实施。1929 年内政部曾检发厘定县等办法，要求各省废除旧日县等，各县等应依《县组织法》规定分为三等；各省应就本省情形按各县面积、人口、富力三项假定分数，然后平均计算定其等次；对冲繁之地、夙号难治或边要之区，关系防务者则为特别情形，于平均分数外酌予提等。四川军阀正忙于混战，未予理睬。1932 年时内政部再次催促四川省厘定县等，省主席刘文辉以“川省政象不宁”，请照原列等次暂不变更敷衍了事。随后内政部称与规定不符，要求政局稳定后依法厘定。

1935 年川政统一后，为“刷新”县制，实行全川厘定县等，废除清代旧制，初步完成全川各县共厘定为三等县等的任务，此为第二个时期。

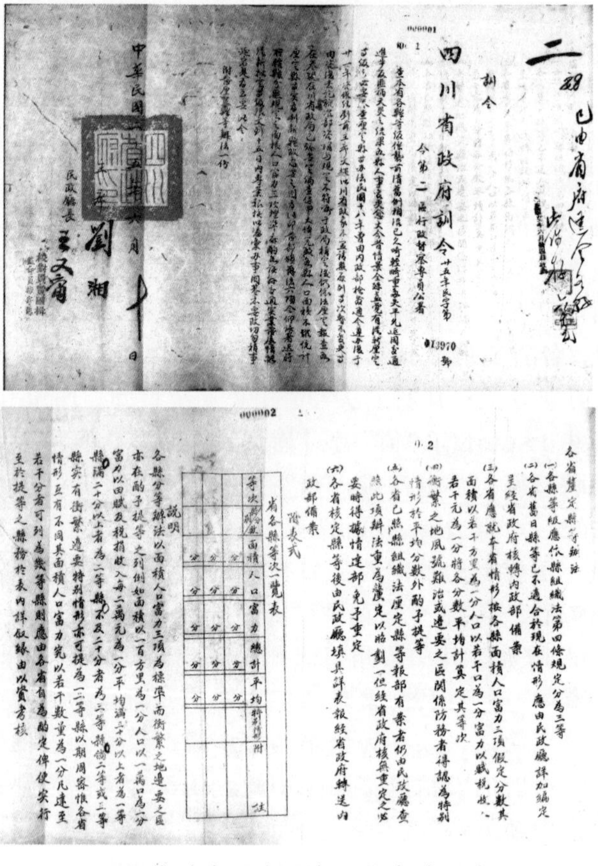

四川省政府颁发厘定县等办法训令

1936 年 6 月，四川省政府以为“近因交通进步及匪祸天灾之结果，各县人事变更愈大，今昔情景全殊，益觉有从新厘定等级之必要”，再有“编查保甲大体完成，各县人口、面积不难统计，厘定县等实为刷新县政急要之图”，决定重新厘定县等，开展了厘定县等工作。省政府印发了内政部 1929 年颁发的《厘定县等六项办法》，由各督察专署将所辖县依照其规定，并参酌交通、实业发展情况厘定县等，要求文到十五日内完成，专案报核。但施延至 9 月，全省各专署乃未定出上报，省政府再次催促，严令“文到三日内迅速查报”。

至 1937 年 12 月，四川省政府对各专署报来县等详加考查后，结果发现“所报各项数字，多不正确，甚有前后歧异，出入甚大者”，难以据为划等标准。在万般无奈下，由省政府民政厅根据陆地测量局计算的各县面积，人口以厅内第三科保甲户口数字为依据，财赋则以财政厅所制各县粮额表为标准，交通、实业参照省主席刘湘签批的内容，综合拟具出厘定各县等级标准表。在省务会批准后，交各专员加具意见，待报告特别情况后，由省务会议讨论决定。

省政府民政厅拟具的县等标准表，面积分数以 100 平方公里为 1 分，人口以 1 万人为 1 分，富力以 1 000 元为 1 分。交通项分四等，县中公路、水流均四达或通轮运及交通完备者为“最便利”，次为“便利”，再次为“尚利”，最次为“闭塞”；最便利者 80 分，便利者 60 分，尚便利者 40 分，闭塞者 20 分。实业指县内农工商矿各业发展情况，分为“最发达”“发达”“尚发达”“不发达”；最发达者 80 分，发达者 60 分，尚发达者 40 分，不发达者 20 分。县等等级区别以总平均分数在 50 分以上者为一等，30 分以上至 49 分者为二等，30 分以下者为三等；另考虑特别情况共 11 县。据此，全省 149 县定出一等县 41 县，二等县 66 县，三等县 42 县。其中，二区专署所辖的内江、资中、资阳、简阳、仁寿、荣县确定为一等县，威远为二等县，井研为三等县；属七区专署的隆昌县为二等县；属十二区专署的安岳县为一等县，乐至县为二等县。早在 1935 年 8 月时，四川省政府财政厅为控制各县经费开支，制定有全省各县经费等级表，所列一等经费县 58 个，二等经费县 55 个，三等经费县 35 个。此次厘定县等与之比较，部分进行了调整，当时隆昌县就列为一等经费县，乐至县为三等经费县。

1939 年 3 月，四川省各县经过近三年的厘定县等工作，定案的县等表终于报国民政府核准备案，通告全国。全省 135 县（划归西康省 14 县）共厘定一等县 47 个，二等县 56 个，三等县 32 个。其中资阳县改为二等县，乐至县改为三等县。

1939 年底全国实行新县制，四川省各县县等在原基础上划为六等，此为第三个时期。1939 年 11 月 22 日和 1940 年 2 月 23 日，四川省政府于行政院颁布《县各级组织纲要》《县各级组织纲要实施办法三原则》后，制定了《四川省县各级组织纲要实施上应注意事项》《四川省县各级组织纲要实施上补充注意事项》，从 1940 年 3 月 1 日施行。在《纲要》中规定，“县按面积、人口、经济、文化、交通等状况，分为三等至六等。”《注意事项》也规定：“本省各县县等，由省政府依《纲要》第二条所定标准，从新划分。”还在《补充注意事项》中更具体规定：“各县县等，除按面积、人口、经济、文化等状况，分为三等至六等外，应充分注意各县特殊情形，予以升等或降等。”并依此标准，重新厘定各县县等。

全省各县根据划分的几项标准分为六等。各县面积以参谋本部陆地测量局十万分之一勘测图计算为根据；人口以 1939 年 4 月四川省各县整编保甲报告为准；富力系依四川省 1939 年度省地方总概算书内各县岁入之总数为该县之全县富力；文化凭各县核定的 1939 年度全县教育经费预算数为据。此外，因交通、地理、繁难等特别情况的，酌量提高或降低等级。具体划分时，面积以 100 平方公里为 1 分，人口以 1 万人为 1 分，富力以万元为 1 分，文化以 3 000 元为 1 分；平均分数在 50 分以上者为一等县，35 分至 49.99 分者为二等县，25 分至 34.99 分者为三等县，15 分至 24.99 分者为四等县，11 分至 14.99 分者为五等县，10.99 分以下者为六等县。全省共厘定一等县 25 个，二等县 37 个，三等县 34 个，四等县 28 个，五等县 8 个，六等县 3 个。此次厘定县等中，除井研县改为四等县外，其他的内江、资中、简阳、仁寿、安岳、资阳、威远、隆昌、乐至、荣县仍为原厘定县等未变。

1949 年 10 月，四川省政府再次调整各县县等为三等，此为第四个时期。当时，“为适应战时需要，紧缩机构，节省经费，简化手续，分明责任，以提高行政效率起见”，制定颁发了《四川省各级机构组织调整办法》，加强对县级及所属机构的控制，要求各县县等应予简化。

这时规定改定县等为甲、乙、丙三等。原为一、二等县者，改为甲等县，原为三、四等县者改为乙等县，原为五、六等县者，改为丙等县。限定各县政府于奉文后十五日内即 10 月底以前完成裁并工作。但实际许多县于 10 月底才收到训令，而至 12 月底全川解放，使该《办法》的简化县等、裁并机构成为一纸空文。根据《办法》改定县等的规定，内江、资中、资阳、简阳、威远、仁寿、安岳、隆昌、荣县均应该改为甲等县，乐至、井研县应该改为乙等县，实际未实施。

内江实施新县制

抗战时期，国民政府为适应“抗战建国之需要”，在全国实施“新县制”。1939 年 10 月 2 日，四川省政府印发了国民政府行政院同年 9 月 26 日颁布的《县各级组织纲要》，11 月 22 日，制定了《四川省实施县各级组织纲要注意事项》，1940 年 1 月，又制定了《四川省实施县各级组织纲要补充注意事项》，这两个注意事项经国民政府核示，合并修正为《四川省实施县各级组织纲要实施计划》。

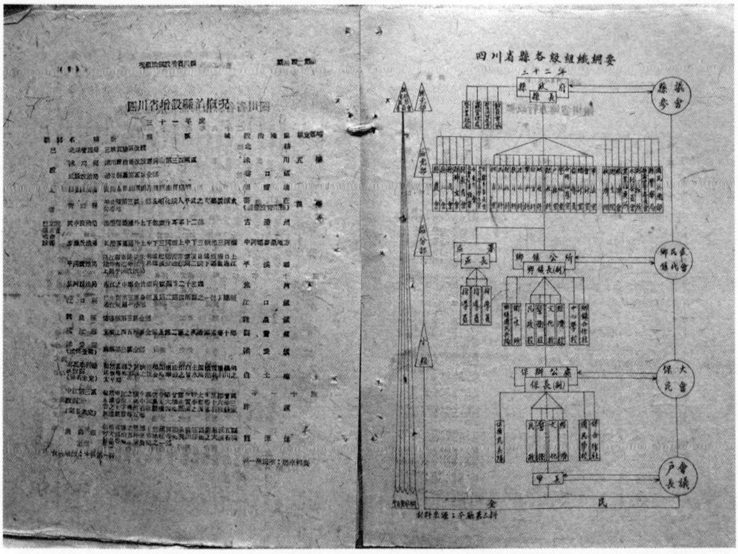

四川省县各级组织纲要

四川省政府又根据国民政府行政院关于各省新县制三年完成的要求，制定了《四川省实施县各级组织纲要三年计划大纲》，简单将四川新县制的实施分为三期：第一期为 1940 年 3 月至 1941 年 6 月，为地方自治准备时期；第二期为 1941 年 7 月至 1942 年 12 月，为地方自治培育时期；第三期为 1943 年 1 月至 7 月，为地方自治试行时期。新县制规定县为地方自治单位，普遍调整县以下各级组织，由原来的县、区、联保、保、甲五级制改为采取县与乡镇二级制，区署改为县政府的辅助机关，保甲则为构成乡镇的细胞，是“乡（镇）内之编制”。县、乡（镇）均为法人。这就从法律上确定了县地方自治的基本单元，具体在一个县，实行的是县、乡（镇）两级政权体制，保甲只是乡（镇）内部的行政编制层次。这种新的政权体制，通称为新县制。

四川省民政厅主编的《县政》

1940 年上半年，二区专署各县即着手编制本专区的新县制实施办法。7 月 8 日，二区专署代电各县，要求：一、将乡镇联保办公处改组为乡镇公所；二、以原有乡镇完全小学（没有完全小学的以初级小学）为基础，改建为乡镇中心学校；三、遵照规定编组完成乡镇壮丁队。各县均依照专署的安排，于当年 8 月 1 日，宣告新的乡镇公所全部同时成立。

乡镇公所的组织、制度是逐步完善的，初成立时，按照“政教合一”、寓“管、教、养、卫”于一体，实行乡镇公所、中心学校、国民兵队部三位一体的原则和乡镇的甲、乙两种规格，建立本乡镇的机构，配备人员，支付工薪，为了体现政教合一的政权体制，乡镇长得兼乡镇中心学校校长，若不能兼任者，则由中心学校校长兼任该乡镇副乡镇长职务，乡镇长同时还兼任乡镇国民兵队队长，国民兵队设专职队副。1941 年，各县奉命健全乡镇之组织，乡镇公所下设机构在原两股的基础上，改设为民政、警卫、经济、文化四股。

1944 年，各股虽存，但按甲、乙县等级标准，均取消了专职股主任的编制，只分别编配以乡长、副乡长和民政、户籍、经济、地政专职干事及事务员、户籍助理干事、公役等专职人员，其等级和人员配置如下表：

乡镇等级	编制合计	乡镇长	副乡镇长	干事	事务员	助理户籍干事	公役
甲	12	1	1	4	1	2	3
乙	10	1	1	4	1	1	2

1946 年 12 月 9 日，四川省政府民政厅下达的《四川省各县乡镇编制调整方案》强调：乡镇公所编制应视该乡镇之区域、人口、收入、文化、交通等状况，分为甲、乙、丙种，以二至四股为限。1947 年 7 月，国民政府行政院《乡镇组织暂行条例（修正）》又对乡镇公所的机构设置与人员编制做了一些调整，规定各乡镇公所设民政、经济、文化、警卫四股。各股主任分别由乡镇长、副乡镇长及中心学校教员和乡镇国民兵队副兼任，各股干事、户籍干事为专任外，其余由中心学校教员分别兼任，另置专任事务员一至二人，如经费不足的乡镇，各股酌情合并或仅设干事。1940 年 12 月 22 日，四川省政府公布的《四川省各县区乡镇调解委员会组织规程》，各县均在乡镇公所附设了乡镇调解委员会。调解委员会由 3 至 7 人组成，由各委员推定 1 人为主任委员。另外，还依法组建了乡镇建设委员会和乡镇公所附设的乡镇财产保管委员会。

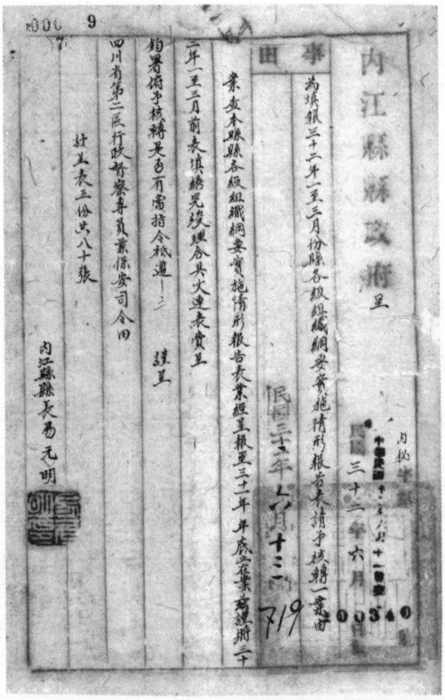
内江縣縣政府 呈

内江县政府实施新县制的呈

内江县1940年实行新县制中，改联保办公处为乡镇公所，乡镇公所设乡镇长1人，副乡镇长、名誉副乡镇长各1人，下设民政警卫股主任1人，文化经济股主任1人，民政干事、户籍干事各1人，事务员1人，助理干事2人。按新县制规定，实行政教合一，由乡镇长兼任中心学校校长。如正乡镇不能兼任者，以校长兼任副乡镇长。各乡镇公所设立国民兵队队部，管理地方治安，推行役政，由正乡镇长兼任队长，以原任乡队附为副队长。1942年，全县划分57个乡镇，设57个乡镇公所。

资中县在实施新县制中，结束联保，县45个乡镇一律设乡镇公所，各乡镇设乡镇长、副乡镇各1人。乡镇长由县政府就甄选合格者委任之。乡镇公所设民政、文化、经济、警卫4个股，职员由乡镇长就甄审训练及格者呈请县政府委任。1945年，资中县奉令改选乡（镇）长，由乡（镇）民代表选举后，报请县政府任用。各乡（镇）公所设正副乡（镇）长、民政、经济、地籍、户籍干事及事务员各1人，甲种乡镇设户籍干事助理2人，乙种乡镇设1人。至1947年，资中县裁撤地籍干事，地籍事项由经济干事负责。全县有甲种乡镇18个，乙种乡镇27个，乡镇公所45个。1942年，威远县按《四川省各县乡镇民代表会组织规程》，乡镇民代表，由本乡镇保民大会各选代表1人组成。乡镇民代表会任期2年，设主席1人，由乡镇民代表互选产生，全县普遍召开保民大会，选举代表（当选人未经检核），成立乡镇民代表会26个。1945年5月，实施自治人员普选，所有乡镇民代表，非经检核合格，不得当选。6月5日，选举结束，重新组成乡镇民代表会26个，代表共408个。至1947年5月，现年任期届满，依法进行改选。隆昌县根据新县制任务，1940年起，进行健全县、乡行政机构，改组县政府，裁撤区署，结束联保，成立乡镇保公所和国民兵队部，以及乡中心校和保国民学校，全县定为20个乡镇，329保，甄选乡镇长17人，副乡镇长24人，文经股主任20人，于7月1日至泸县七区专署训练班受训。1941年，实行管教养卫四位一体，编查户口，以便人事管理。全县设3 927个甲，编查人口57 627户，332 494人。同时普及教育与民众训练，推行合作事业，开展国民兵训练。1942年，召开户长会选甲长，召开保民大会选保长，召开乡镇民代表会选乡镇长。选举参议员成立隆昌县临时参议会。

1942年，内江各县的乡镇选举产生了乡镇民代表会，作为乡镇民意机关。因当选人未经检核，未列入选举届数，故带有临时性质。1944年至1945年各县分两批选举组成了各乡镇首届乡镇民代表会；1947年进行了换届选举，组成了第二届乡镇民代表会，后一届乡镇民代表会一直到1949年12

月当地解放时为止。

乡镇公所直隶于各所在县政府、接受县政府的监督指挥，并在该管区署之督导下办理本乡镇各项行政及自治事务，乡镇长综理本乡镇事务并监督指挥所属机关团体及职员；副乡镇长和名誉副乡镇长襄助乡镇长工作；如乡镇长因故不能执行职务时，由副乡镇长代理之。乡镇由乡镇长、副乡镇长、乡镇中心学校校长、乡镇国民兵队队付、乡镇公所各股主任及干事、专任事务委员组成乡镇务会议。乡镇务会议每月举行一次，由乡镇长主持。

乡镇公所人员的任免，对正副乡镇长主要是两种形式。在1945年以前，经区署或驻区的县派指导员甄选推荐选择任命；如需中途调整者，亦由县政府下令免职或撤职。1945年经选举的首届乡镇民代表会成立后，正副乡镇长则由乡镇民代表会依法选举产生，并由县政府加委。首先由县的乡镇公所职员甄选委员会负责办理甄选事宜。即申请甄选人员依照法定资格条件填具申请书履历表，连同资格证明文件送请县甄选委员会检审，资格审查合格者当参加口试、笔试、体检等试验，以确定甄审最后结果。然后，县政府将合格人员按各股主任、干事、助理干事、事务员分类造册呈报专署及省政府备查，并开列名单通令乡镇公所知照，最后，再分期调入县干训所受训，受训结业后即可任用，各乡镇长按照本乡镇编制，就县政府通知的名单，分类邀请县政府委任，职员任用期间，因故需予免职的，仍按委任程序报请政府办理。

乡镇民代表会是乡镇的民意机构。1942年建立临时机构起，即开始发挥作用，乡镇民代表会由各保保民选出的1名代表组成。每个乡镇设常设主席1人，由全体代表互推产生。乡镇民代表会行使如下职权：（1）议决乡镇概算，审核乡镇决算事项；（2）决议乡镇公有财产及公营事业经营与处分事项；（3）决议乡镇自治规约；（4）决议本乡镇与他乡镇间相互之公约；（5）议决乡镇长交议及本乡镇内公民建议事项；（6）选举或罢免乡镇长；（7）选举或罢免本乡镇之县参议员；（8）听取乡镇公所工作报告及向乡镇公所提出询问事项；（9）其他有关乡镇兴革事项。乡镇民代表会每3个月举行一次，由主席负责召集，每次会议出席代表人数须超过全体代表过半数始得举行，议案的表决以出席会议代表过半数方能有效。

各县、乡镇虽然都已设立了乡镇民代表会，但终因它仅属民意性质，而不是权力机构，其作用不明显。

乡镇政权在由联保制向新县制的自治体过渡以后，政权体制有了很大加强，在实施新县制的前期，即抗日战争时期，乡政权在安定社会秩序、扩大自身装备建设，普及发展乡村初等教育和文化事业、抗日支前动员等方面起了积极作用。据二区各县的统计，在 1937 年时，仅有公私立完全小学 273 所。学生 72 637 人，初级小学 1 557 所，学生 107 535 人，短期小学 725 所，学生 53 421 人，民众学校 369 所，学生 24 688 人；到 1942 年，中间经历了四年的抗战，实行新县制才两年多，全区 387 个乡镇，就已发展到拥有中心国民学校 374 所，5 030 个保，已有保国民学校 2 884 所，共计入学儿童 322 774 人，约占学龄儿童总数的 57%。到 1945 年抗日战争胜利时止，全区中心国民学校及保国民学校进一步发展为 4 233 所，私立小学 122 所，学龄儿童入学率达 60%左右，是民国时期初等教育发展的巅峰。这一时期支前工作也非常突出。1944 年冯玉祥将军在川发动抗战募捐活动，所到之县，乡镇都进行了全面动员，取得了好的效果。仅 50 多万人的内江县总献金额 4 247 万元（不含金银首饰）。其中乡镇组织捐献为 800 万元（不含乡镇学校和乡镇工商界）。分别只有 32 万人的三等小县隆昌县和威远县，献金总额都超过 2 000 万元，其中隆昌县捐献的 2 500 万元中，乡镇献金达 1 146 百元，占 45.8%。抗战中内江县服兵役的人员在 3 万以上，安岳县征送壮丁 4 万多人，威远县上前线的将士就达 9 800 多名。

新县制时期乡镇政权较过去有一定进步，但在当地和县以上一些有权势人物的操纵控制下，大部分乡镇的领导权为豪绅恶霸所把持，乡镇人员贪污腐化、欺压搜刮民众之风盛行，行贿舞弊丑闻经常发生，政权机关与民众对立情绪日趋尖锐，特别是 1947 年之后，乡村自治变成一纸空文。

1949 年，随着中国共产党领导的人民解放战争的胜利，国民党当局加强了对乡镇政权的控制，他们通过派遣特务、调出参加特务训练等办法，进一步按照应变要求，重新组建乡镇班子，同时收编地主、土匪武装，大力扩展乡镇反共武装力量。

在 1949 年 12 月以后，新的人民政权建立和巩固，作为旧乡镇政权机构从整体上来讲，已逐步失去作用。1950 年 12 月 13 日，川南人民行政公署《关于彻底废除保甲制度改造乡村政权的指示》发布后，内江、资中、资阳、简阳、威远、隆昌等县的旧乡镇政权体制也完全终止运行。

内江“分区设署”及变化情况

1935 年四川省废除防区制，川政得到统一，全川划为 18 个行政督察区。1935 年 6 月 1 日，四川省二区专署在资中县城内成立，辖县为资中、内江、资阳、简阳、威远、仁寿、井研、荣县。同时，明令改组各县政府，要求各县分区设署和组织保甲，实行联保制度，废除以前的乡镇间邻制。

从 1935 年到 1949 年的 10 余年间，分区设署以 1940 年实行新县制为界线，分为前后两个阶段：1940 年以前是各县分区设署；1940 年以后是大量裁撤区署，设置指导区。

在二区专署成立前，辖区内各县就曾“经省府转颁”《剿匪省份各县分区设署办法大纲》，开始办理分区设署事宜。如内江县于 1935 年“五月奉省府饬筹设区署”，6 月已“审酌地方情形，就县属之东南西北中形势，划为一、二、三、四、五五区”。督察专署成立后，二区专署专员王次甫深感各县分区设署是推行新政第一步骤，各县编查保甲户口也正进行，而原有的镇乡长多敷衍因循，无法推行，于 7 月请求省府改变，在专署成立后，由各县觅员组织区署的决定，而准予先行设署区署遴员暂代；于是，二区专署各县区署很快正式成立。到 1936 年初各县已设立如下区署（见下表）：

县别	区别	区署地址	成立时间	区长姓名
资中	第 1 区	水南镇	1935 年 7 月 1 日	刘仁溥
	第 2 区	金李乡		陈　熹
	第 3 区	球溪镇		卿　云
	第 4 区	龚家乡		周新邦
	第 5 区	蔡家乡		赖　诚
威远	第 1 区	县政府	7 月 16 日	李启锦
	第 2 区	镇西镇	7 月 15 日	唐　弘
	第 3 区	新　场	7 月 15 日	陈显良
资阳	第 1 区	县政府	7 月 18	刘家驹
	第 2 区	丹山镇		卢　濬
	第 3 区	伍隍场		王永章
	第 4 区	丰裕场		陈邦柄

续表

县别	区别	区署地址	成立时间	区长姓名
简阳	第1区 第2区 第3区 第4区 第5区	县政府 草地池 龙泉驿 养马河 禾丰场	7月20日	袁聚诚 孙承志 詹法善 廖培德 刘仲叔
仁寿	第1区 第2区 第3区 第4区 第5区	县政府 元通乡 富加镇 汪加镇 籍田镇	7月15日	熊光周 何兴琪 樊治平 赵相如 杨凌霄
荣县	第1区 第2区 第3区 第4区 第5区	县政府 程家场 五宝镇 董家镇 长山桥	7月27日	贺映福 钟伯唐 王典文 何自清 王修远
内江	第1区 第2区 第3区 第4区 第5区	县政府 高粱镇 观音乡 茂市镇 贾家乡	8月1日	苏彦翘 李吉光 李克赓 王谪仙 曾兆姜
井研	第1区 第2区 第3区	县政府 东林镇 周坡镇	7月15日	陈鸣西 李雪吾 刘世璞

随后10余年里，二区专署各县所辖区署多次进行改组、调整，虽然间或增设，但更主要是大量裁撤。1936年7月，二区专署二次行政会议议决简阳、仁寿各增1区及区署；9月，省府同意，简阳增设1区，区署设芦葭镇，共为6个区署；仁寿也增设了1区及区署。同时，省府也将井研原3个区及区署核定为两个区及区署。1937年7月，省府颁发了新审定的1937年各县区署数目等。二区专署各县区署数目为资中5个、资阳4个、内江5个、荣县5个、仁寿6个、简阳6个、威远3个、井研2个。1938年2月，省府在《四川省各县分区设署施行细则》中提出了各县所辖区署自1937年起，依照国民政府行政院《各县分区设署规程》进行改组，核定二区专署各县区署数为36个。

1939年底，国民政府行政院颁布了《县各级组织纲要》《县各级组织纲要实施办法三原则》等，地方政府组织法规要求四川省从1940年3月起推行新县制。规定了县以下为乡（镇），面积过大的县或有特殊情形的“得分区设署”；还确定了区署是县政府辅助机关，只代表县政府督导各乡（镇）

办理各项行政及自治事务，在未设区署的区由县政府派指导员。四川省府也相应制定了《四川省县各级组织纲要实施上应注意事项》和《四川省县各级组织纲要实施上补充注意事项》，要求各级组织现有区署的裁留，由专员根据各县区署情况确定裁留数目，报省办理，应裁各区手续应在 1940 年 2 月底以前办完，并附发了《四川省各县现有区署及拟定保留区署表》。表内确定二区专署的资中、资阳、荣县、仁寿、简阳各自裁撤第 1 区署，威远裁撤第 2 区署，内江裁撤第 4 区署，井研两个区署已裁。1940 年 7 月，二区专署统计的实际裁撤情况是：资中县第 1 区署于 1939 年底裁撤，保留的第 2、3、4、5 各区署于 1940 年 5 月 1 日改组；简阳县第 1 区署于 1940 年 2 月底裁撤，保留的第 2、3、4、5、6 区署于 3 月 1 日改组；资阳县第 1 区署于 1940 年 2 月底裁撤，保留的第 2、3、4 区署于 5 月 1 日改组；内江县第 5 区署于 1940 年 2 月底裁撤，保留的第 1、2、3、4 区署于 6 月 1 日改组；威远县第 2 区署于 1940 年 2 月底裁撤，保留的第 1、3 区署于 5 月 1 日改组；仁寿县第 1 区署于 1940 年 3 月 1 日裁撤，保留的第 2、3、4、5、6 区署于 5 月 1 日改组；荣县第 1 区署于 1939 年 12 月底裁撤，保留并重新编制番号的第 1、2、3、4 区署于 1940 年 3 月 1 日改组；井研县第 2 区署于 1945 年 1 月 15 日裁撤，第 1 区亦裁撤。同时还有威远第 1 区署正呈请于 8 月 1 日裁撤。这次二区专署各县共裁撤了 9 个区署，余 27 个区署。被裁撤区署的区由县政府直接管辖并派员指导所属乡镇。

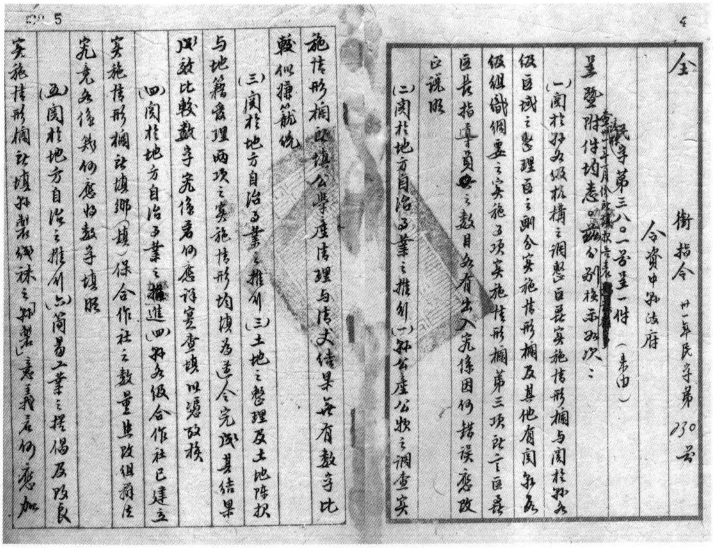

二区专署核示分区设署等的指令（部分）

1942年1月，省府又训令调整裁撤区署，并对裁撤区署设置指导员数进行了规定。此次区署调整要求二区专署的资中县裁撤原存的2、4、5区署；资阳县裁撤原存的2、3、4区署；内江县原存的1、2、3区署完全裁撤；简阳县原存的2、4、5、6区署裁撤，仅保留第3区署；荣县原存的1、2、3、4区署完全裁撤；仁寿县原存的2、3、5、6区署裁撤；二区专署各县原存的27个区署裁撤后仅保留了资中、仁寿、简阳、威远县的4个区署。各县裁署区指导员数设置为资中县7人，资阳县8人，内江县8人，简阳10人，威远县3人，仁寿县11人，荣县9人，井研县3人。资中县共划8区，其中设置署区1个、指导区7个；资阳县8个区（指导区）；简阳县11个区，设署区1个、指导区10个；威远县4个区，设署区1个、指导区3个；仁寿县12个区，设署区1个、指导区11个；荣县9个区（指导区），井研县3个区（指导区）。内江县认为“地当成渝，川中及沱江交通中心，幅员辽阔，情形繁杂”，请求省府增设了1名指导员，共为9人，于2月划为9个指导区；还于原第1区的椑木镇和第4区白马庙各设一警察所。

到1943年8月，简阳县因“幅员辽阔，纵横达百里以上，人口众多，乡镇有74所”，以前划定6区分区设署，“层层督饬，组织周密，政令推行，异常顺利”。自裁撤区署设指导员后，由于指导员“权责有限，乡镇又未彻底健全”，特别是“边远交通困难，指导员又不能常川驻守，以致误解法令，办理乖谬，旷废职守，滥用权责”，请求在三星乡和芦葭乡各设区署“以其附近三十五乡镇划管辖”。10月，省府同意增设两个区署，并将原设指导员10人裁减为5人。简阳县遂由原11个区调整为3个设署区、5个指导区共8个区。同年7月，仁寿县也恢复了原第2、5两个区署。

1944年9月，省府再次训令从1945年1月份起调整各县局指导员，一等县设指导员5人，二等县设指导员4人，二区专署的内江县是一等县，于1945年初由原设9个指导员调整为5个，指导区亦调整为5个；资中县是一等县，由原设7个指导员调整为5个，指导区相应调整，原设署区也保留；资阳县是二等县，指导员由原设8人改设4人，指导区相应调整为4个；简阳县为一等县，应设指导员5人，在1943年增设两区署后，指导员裁为5人，符合这次规定，未做调整；威远县系二等县，应设指导员3人，指导区3个，应增设指导员1人，遂调整为4个指导区；仁寿县在1944年1月又恢复了第3个区署，12月改第5区署为第1区署，原保留的第4区署系改名为第1区署的，仍恢复为第4区署，裁署的1、6两区划为第5、

6、7、8、9个指导区，共设4个设署区，5个指导员及指导区；荣县为一等县，由原设10名指导员和指导区改为设5名指导员及指导区；井研县仍为两个指导区。

可是，从1945年调整指导员数及指导区保留、恢复部分区署后不及一年，省府颁发了《四川省各县县政府组织暂行调整办法》，按其中有关条规，二区专署的内江县由原5个指导区裁撤为4个；资中县原第3区为设署区继续保留，5个指导区裁减为4个；资阳县由原4个指导区裁减为3个；荣县由原5个指导区裁减为4个；井研县仍为两个；仁寿为第1、2、3、4是设署区，5、6、7、8是指导区。这次调整变化较大的是简阳和威远县。

简阳县在1946年初时，县参议会认为区署没有保留必要，请予裁撤。县府在3月呈请省府。认为区署有必要保留，省府令二区专署详加考核有无保留必要。二区专署“查简阳县境辽阔，地方情形复杂，治安不易维持，尤以金、简及从简过境匪患特炽，该县第1、2两区区署分别位置于青龙场及芦葭场，确能收切实控制之效。又龙泉驿所设之第3区区署，适当成渝公路要点，且距简阳县城90华里，多属山地，情形尤为复杂”，因而所设的第1、2、3区区署有必要保留。至6月，省府却以近奉行政院训令，“以各县行政费用过大，致事业经费比例减少，应将县行政机构再加简化，裁减人员，核增事业经费。《办法》中首即规定，区署以取消为原则，非有特殊情形及需要，不得继续设立”，核定简阳县除第3区暂缓裁署外，1、2两区应于7月将裁撤区署，重新调整指导区。简阳县在7月将裁撤两区署划为4个指导区，总共为10个区，其中设署区1个，指导区9个。8月，省府认为调整不当，又指令依照《四川省各县县政府组织暂行调整办法》，将指导区另行调整，按规定简阳县除保留1设署区外，只能保留指导员4人。这样一来，除第3区设署辖15乡镇外，尚余61个乡镇，每一指导员至少则要得督导15乡镇，再因“交通不便，致疲于命，难收指劈之效”。简阳县因此特殊情形，再请求“准照前呈指导区划予以备案，用资补救而利推行”。至10月，省府仅同意1、2区署裁撤后，只准从1946年11月起改设指导员各1人，共设7个区，其中设署区1个，指导区6个。在1946年底，威远县第3区“前年裁撤区署时，该地离城稍远，且系工矿区，人口复杂，故暂存留。年来情势已非昔比，工矿业停歇殆尽，无异荒区，显已无事可作，本年土匪劫场一案，该区署损失枪支十余支，亦竟无法防御，其形同虚设”。参议会咨报省府请立予裁撤，至1947年4月裁撤设指导员1人。5月统计，均为指导区。

1948年，部分县还有局部调整。内江县、威远县调整为5个指导区。6月，仁寿县1、4区是设署区，2、3、5、6、7、8区为指导区，共设署指导员10人；12月第1、4区仍为设署区。但仁寿早在1947年8月统计时，已调整为2个设署区和6个指导区。

待1949年10月，省府“为适应战时需要紧缩机构，节省经费，简化手续，分明责任以提高行政效率起见，特针对本省实际情形，制定《四川省县各级机构组织调整办法》”，“令仰遵照，于十月底以前办竣”。其中第十条规定，指导员名额酌予增设，每县至少设置3人，超过14乡镇的县，每超过7乡镇得增设指导员1人，最多不超过10人；还规定设区署所辖乡镇“应仍其旧”，不纳入增设指导员数计算，区署职员应酌量裁减。虽然规定如此，但实际调整中却相距较远。资中县共5个区，仅“第3区署裁减指导员、工役各1人”，并未增设县指导员；简阳县1949年9月统计为7个区，第3区为设署区，1、2、4、5、6、7为指导区，但“临解放前，全县调整为6个指导区”，以简阳县73个乡镇数计，至少应设10名指导员；其余大部分也都维持原调整状况。

至此，喧嚣一时的分区设署，尽管认为“确能协助县长增进县政府效率”，但由于当时政府的政治腐败及经费窘促，指导员设置和指导区的划分也由多至少，并在“县指导员名额酌情予增设”声中仍日趋削弱。

内江县参议会的成立及历次会议

1932 年 8 月，国民政府公布《县参议会组织法》和《县参议员选举法》，规定县参议会为县人民代表机关，县参议员由公民直接选举，但此法并未正式实施。1939 年 9 月 26 日，国民政府颁布的《县各级组织纲要》就县参议会专项改定为：县设县参议会，由乡（镇）民代表选举县参议员组织。每乡（镇）选举一人，并得酌加依法成立之职业团体代表为县参议员，但不得超过总额十分之三。1941 年 8 月 9 日，国民政府公布了《县参议员选举条例》，并定于 1943 年 5 月 5 日起施行。四川省政府于 1943 年初确定，各县参议会首批 26 个示范县、市必须于当年 5 月 21 日至 10 月 10 日组建完成，其余各县可延至 1945 年 1 至 7 月进行。

内江县在成立县参议会前，于 1942 年实行新县制时，已设立有临时参议会。参议员名额按一等县规定为 20 名，由县政府征询国民党县党部及地方团体意见后，提出名单呈报省政府核定。8 月 24 日，县临时参议会在县党部举行第一次大会，选举雷禹三为议长，朱寿朋为副议长，陈瑞林为省参议员。会议听取和审批了《加强县政府组织工作的报告》，通过了下列议案：关于公教人员食谷不敷，函请县府报请省府拨补；县银行为地方金融机关应力求发展；改善屠宰从价税；电请救灾；增设新市区警察分驻所等。1943 年 5 月 24 日举行第二次大会，听取县府民政科长黄维德对调整乡镇机构的报告，通过关于调查土地产量、征收实物标准和从速增加合作社贷款等议案。9 月 17 日召开临时大会，对县级公粮不敷 19 688 市石予以研讨，决议修筑内安（岳）、内威（远）公路办法。10 月 16 日，举行第三次大会，追认《内江日报》所需 5 万元资金，要求加强食盐管制，改善公库机构，以及转请上级改善食糖专卖制度，提高蔗价等。1944 年 8 月 8 日，举行第四次大会，为县经费超支庞大如何筹措问题开展激烈争论，未获结果。县临时参议会休会期间，设驻会委员会，除议长、副会长外，再在参议员中互选 3 人组成，以处理休会期间的日常事务。临时参议会设秘书 1 人，干事 2 人，雇员 4 人。

1945 年，四川省政府训令，废止内江县临时参议会，成立内江县参议会。省政府分配县参议员名额为81名，其中区域代表57名（每乡镇1名），职业团体代表24名（农会13名，工会3名、商会3名、教育会3名、新闻记者公会1名、渔业1名）。内江县首届参议员的选举，根据《县参议员选举条例》及有关候选人考试、检验方面的法规进行的。其中主要规定：

（1）名额分配。县参议员总名额按区域（即乡镇）选举和职业团体选举两大部分分配。区域选举部分，每个乡镇为1个名额，职业团体部分，以法定的职业团体的联合组织为单位分配，每个单位以会员人数多少确定分1名或数名。

（2）选举主持单位和选举单位。选举主持单位为内江县政府；选举单位为各投票单位，即区域代表由各乡镇民代表会选举，职业团体代表的选举有两种形式。渔会、教育会因无基层组织，由会员直接选举。农会、工会、商会、自由职业团体，一般均有行业基层组织，先由基层组织会员选出初选人3名再会同复选。

（3）候选人的资格审查。凡本县公民年满二十五岁经试验或检核及格者始得为候选人，但下列人员停止被选举权：① 现任本县区域内之公务员（乡镇保甲公职人员及学校校长不在此列）；② 现役军人或警察；③ 现在学校之肄业生。具有候选人资格者，均经过试验或检核并及格者。参加试验的人必须具备下列一项条件：① 有普通考试应考资格者；② 经自治训练及格者；③ 为办理地方自治或地方公益事务者；④ 曾任职业团体或其他人民团体职务者；⑤ 曾任小学教职员者；⑥ 曾在初级中学或同等学校毕业者。参加检核者也应具备下列条件之一：① 曾任乡民代表者；② 有委任职之任用资格者；③ 有普通考试应考资格并有社会服务经历三年以上者；④ 经自治训练及格有社会服务三年经历以上者；⑤ 曾办理地方自治或地方公益事务三年以上著有成绩者；⑥ 曾任职业团体或其他人民团体职务三年以上著有成绩者；⑦ 曾从事自由职业三年以上者。考试与检核，均按专门法规办理。

（4）选举。以县为单位统一决定选举日。选举日由县政府提前15天公布。乡镇民代表会选举县参议员，由乡镇公所为投票所，用集会方式进行，以获得出席代表总数过半数始得当选。职业团体选举应由县政府编定各团体选举人名簿，并于选举日前十五日公告，在该团体会所设投票所，实行被选办法的职业团体，得有初选人过半数票的当选，如均不获过半数选票，应再选以得票多数的当选，投票方式为无记名法，选举人同时有参加区域选举、职业团体选举的资格者，应参加区域选举，不参加职业团体选举。整个县的选举活动，应由省民政厅派人参加进行选举监督。

10 月 6 日内江县参议会分区域、职业团体进行选举，除永福乡因选举纠纷未产生县参议员外，共选出参议员 80 名。14 日，召开第一届参议会成立大会，选举雷禹三为议长，郭嘉仪为副议长。选举陈瑞林为省参议员，郭嘉仪为候补省参议员（1947 年 3 月陈瑞林出任四川省第一行政督察区专员，郭嘉仪递补为省参议员，县参议会副议长由张得刚补任）。四川省第二区行政督察专员兼保安司令田伯施莅县监选。参议会设秘书、干事各 1 人，雇员 2 人。

1946 年 1 月 4 日，参议会举行第一次大会，听取县政府施政报告，分组审查和通过关于成立田粮清理委员会、财政整理委员会、教育改进委员会和内安公路线路走向、蔗糖评价等提案和议案。

1946 年内江县参议会第一届一次会议留影

4 月 2 日，举行第二次大会，研讨内江县国民教师联合请愿团为生活所迫，请参议会转致县府速发 2、3、4 月份全部薪金问题。

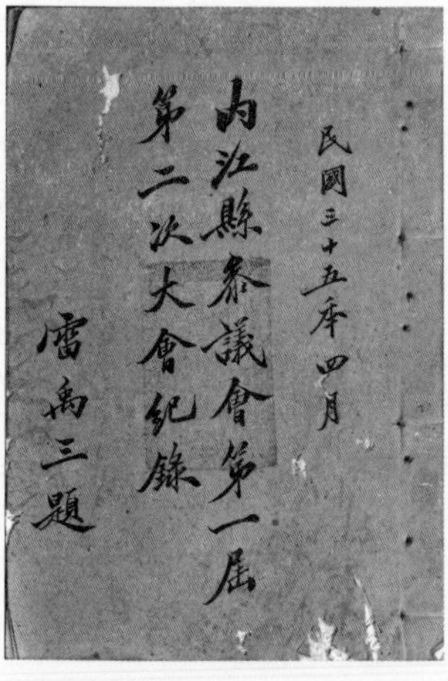
内江縣參議會第一屆第二次大會紀錄
民國三十五年四月
雷禹三題

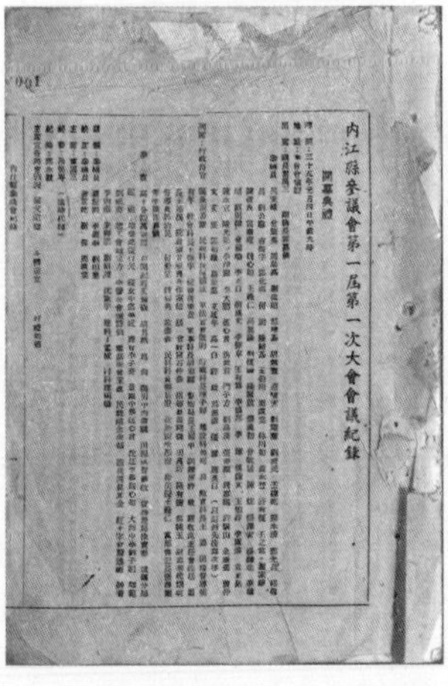
内江縣參議會第一屆第一次大會會議紀錄

1946 年内江县参议会一届一、二次会议纪录

10 月 4 日举行第三次大会，听取县长黄希濂做“整饬政治风气，安定社会秩序，推行户政工作，健全自治财政，充实教育内容，推动地方经济建设，加强卫生行政管理”的报告，分组审查各单位的方案和参议员提案，通过 1946 年度预算差额 1.1 亿元的解决办法及下期国民教师薪金来源问题。12 月 17 日举行第四次大会，听取和审查县政府施政报告和财政预算，检查各项议案执行情况，通过修理东渡济船 25 只，禁止肥猪大量出境，改选乡镇自治人员等议案。1947 年 3 月 17 日，举行第五次大会，听取县长李之青作“就接收交案、整理府务、补送欠丁”的报告，通过优待代金发放、补纳预算漏列公学产公粮积谷、购填 1945 年变价积谷过巨差额，县府奉颁经济紧急措施方案、提前修建内安公路和县立师范、县女中增班建筑设备费用及公教员工食米等议案。5 月 26 日举行第六次大会，审议和通过关于追加警察被盖预算、添购警察枪弹、拨付公教员工薪津、附征三成公粮、向县仓会借拨积谷以及县立师范罢课和中、农、交三银行及省行在内江发行 12 亿元本票等议案。7 月 3 日，参议会因粮荒严重召集在城参议员举行临时座谈会，决议组织内江县平粜，各乡镇组织分配会，以 1944 年及 1945 年余存积谷分配各乡镇办理平粜。9 月 7 日举行第七次大会，通过关于严格追收公产佃户历年欠缴租金及实物的决议，审查和通过县府拟具的《内江县杜绝蔗糖预卖纠纷单行办法》。10 月 15 日，参议会召开临时大会，专门审查 1948 年度地方总预算，按时上报省府会计处。1948 年 1 月 7 日举行第八次大会，听取县府秘书薛承志代表县长李之青作《政府工作报告》，通过迅速成立县民众自卫总队和内江县械弹委员会等议案。5 月 4 日举行第九次大会，审查内江县警察局提请筹购手枪、步枪及子弹案，决议在县预备金中一次动支 1 千万元基金购置械弹。通过关于编纂《内江县志》、测勘小青龙河水利以及县女中教职员宿舍修建经费等议案。9 月 11 日举行第十次大会，审查通过本年田赋征实征借及田赋配征和因物价高涨而提高教员工待遇等议案。11 月 25 日举行第十一次大会，审查通过关于筹集自卫经费、充实械弹、加强组织议案，决议借用 1947 年和 1948 年两年水灾赈款谷 8 000 石变卖作购械专款，在自卫特捐派款下收集归垫，交由自卫经费收支委员会办理。1949 年 4 月 17 日举行第十二次大会，听取和审查县府《工作报告》和《国民教育视导办法》与《内江县总概算》。10 月 1 日举行第十三次大会，审查通过筹集补发本年上期各国民教师欠领薪津及食米的议案。

与此同时，内江县从 1942 年至 1947 年，也先后召开了各乡（镇）代表大会。1942 年 9 月，按国民政府《乡（镇）组织暂行条例》，各乡（镇）设乡（镇）民代表会，行使对乡（镇）事务监督和人事选举、罢免权。按省政府所定民意机关单项法规，全县各乡（镇）于 10 月 31 日进行公民宣誓，11 月 30 日开户长会议，12 月 31 日召开保民代表大会，选举乡（镇）民代表。1943 年 1 月，各乡（镇）成立乡（镇）民代表会。乡（镇）民代表会，设乡（镇）民代表主席 1 人。1947 年 6 月，乡（镇）民代表会进行换届选举，成立第二届乡（镇）民代表会。

内江的国大代表和立法委员选举

1936 年，国民政府宣布结束训政，实行大选。四川省政府根据分配的 44 名国民会议代表名额，于 1937 年主持了全省国民会议代表的选举。资中等 9 县所在的 14 选区，于 7 月进行了投票，选出代表 2 名。但因为抗战开始，国民会议一直未召开。

1946 年国民政府不顾全国人民的反对，在国民党包办下，于 11 月 15 日至 12 月 25 日在南京单方面召开了“国民大会”，通过了《宪法》，宣称“实施宪政，还政于民”。从 1947 年 3 月起，先后公布了《国民大会代表选举罢免法》《立法院立法委员选举罢免法》等一系列关于国大代表、立法委员的选举法律法规。

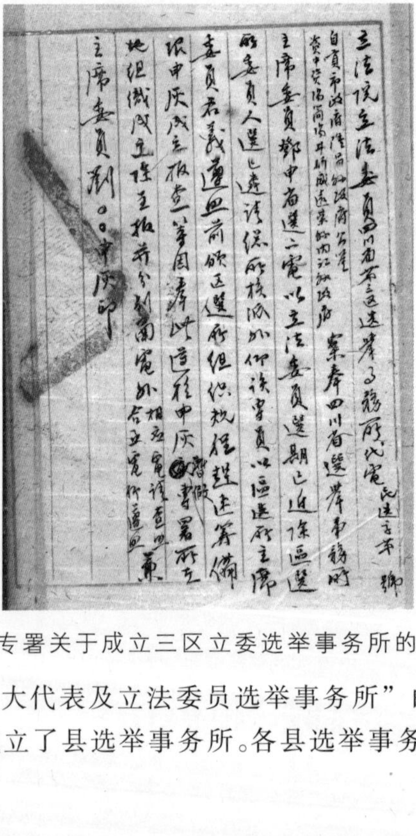

二区专署关于成立三区立委选举事务所的代电

根据四川省“国大代表及立法委员选举事务所”的部署，二区专署所属县均于 9 月 1 日成立了县选举事务所。各县选举事务所由 3 至 5 人组成，县长为当然委员兼主席，其余委员由选举事务所派充。县选举事务所综管全县国大代表及立法委员的选举事务。所内设总干事1人，负责全面工作；另设干事、助理干事若干人，协助总干事工作。下置选务、事务两科，选举经费由国库开支。鉴于立法委员名额较少，全省选区未按行政督察区划分。原国大代表选举时，二区专署没有设立选举机构，仍由专署指导各县选举事宜。

此次选举，国民政府尽管标榜还政于民，但始终由执政的国民党一手包办。选举工作开始不久，二区专署兼保安司令公署即在9月16日密令辖区各县：

奉省选所主席委员邓真秘机电开："特密国大立委选期将届，青年民社两党为竞选纷向各地吸收党员，难免共匪及汉奸歹徒乘机渗入，仰饬属确切注意，如有上项情事，务须据实详报核办"。

关于选民资格，法律规定：凡中华民国国民，无论男女，在乡镇区域内居住一年或有住所达二年以上，满二十五岁，在城市年满二十岁（选立法委员时，改为在该县市居住已届满六个月，年满二十岁者），经公民宣誓，享有公民权；背叛国民政府，经判决确定或尚通缉的，曾服公务而有贪污行为经判决确定或在通缉中的，被剥夺公民权的，有精神病的，吸用鸦片或代用品的，有其中之一者，不得参加公民宣誓登记和选举大典。同时还规定：国大立委选举权证，无变更者通用。国大选举后，选举人如有增加，依法补造选民册，补发选举权证；如有死亡或限制情事，补造选民册时注销，收回选举权证，有两个选举权者（职业或区域），只参加一种，由选举人自行声明。

一、国大代表选举

四川省选举事务所根据国民政府总选举事务所的部署对全省选举国大代表选举的时间安排是：6月至7月22日，办理选举人调查登记；7月23日至8月26日造具选举人名册；8月27日至31日公告选举人更正事宜；9月1日至10月31日，办理候选人登记、造具选举权证，制定选票及票柜；11月1日至5日发布选举公告事项；11月20日至25日投票选举。8月24日，省选举事务所代电各地，全省151名国大代表应选名额（分给四川省的6名全国性妇女团体代表不在内），每个县、市、设治局各选1名，计147名；简阳、仁寿、涪陵、富顺4县各增选1名妇女代表。同时公布了《国大代表四川省各县选举开票所办事细则》《国大代表四川省各县选举投票所办事细则》《国大代表四川省各县、市或同等区域选举事务所组织规定》等。

二区专署辖县等除简阳增加 1 名妇女代表外，各县均选 1 名。8 月中旬，各县按规定将造具的选民登记清册向省选举事务所报审，最终核定的选民人数是：内江县 294 117 人，资中县 393 341 人，资阳县 296 302 人，简阳县 495 707 人，威远县 172 424 人，隆昌县 163 273 人。

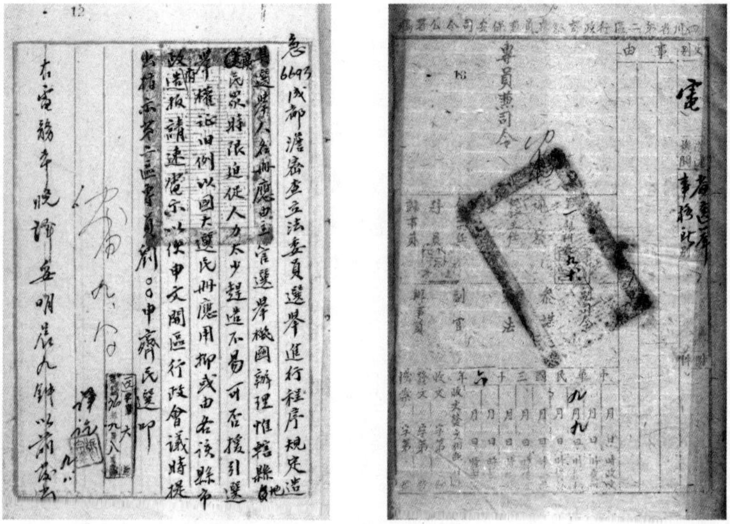

二区专署关于编制选民册困难的代电

候选人（区域代表）的提名，按两种方式进行，一是由政党（即国民党、民社党、青年党和三青团）提名；二是由选民签署提名。但实际上各县的代表候选人除政党提名的外，均是地方实力派各自联名签署提出，一般的平民根本没有参与。最后决定正式候选人，均经省选举事务所内圈后报国民政府总选举事务所圈定。三党人员还要由其中央圈定。8 县被提名推荐的候选人绝大多数是国民党在军政界的要人，少数县也有个别工商界、教育界的头面人物和民社党、青年党的要员。内江县第一次上报的 8 名候选人中，国民党军队中将级高级军官 3 名，县参议会副议长（三青团县团部干事长）、县政府教育科长、稽征所长、银行经理、绸布公会理事长各 1 名。资阳县的 4 名候选人，也分别为国防部局长、县参议会副会长、青年党县党部主任、县参议员等要人。

11 月 20 至 25 日，各县依乡镇投票所为单位，组织选民投票，投票采用无记名方式进行，最后由县选举开票所集中开票，层层上报选举结果，最后由国民政府总选所定当选人资格。8 县按名额选出代表 9 人，另有 1 名安岳籍人在职业团体中国教育会西南选区当选。

内江县的竞选活动，是在以国民党县党部书记长张得刚、民乐大厦经理许政为首的地方势力“民乐派”支持的三青团干事长、国民党中央圈定的候选人郭嘉仪同以县参议长雷禹三、商会会长李子奇为首的“正大派”支持的内二警备司令部总队长、原驻德大使馆武官许伯洲之间进行的。郭嘉仪利用身为选委之便，派人到各投票所，充当监察和代书人，从中拉票舞弊。下东乡投票所投票者不足两千人，开箱计票，郭的选票竟达 5 136 张。许也不示弱，带上随行卫士持枪到城区四镇和灵圣、乐贤等乡，威逼选民投他的票。结果，郭当选，许候补。许不服四处控告，县人从中斡旋，终以轮流坐庄形式达成协议，私下了结。资中县 4 名正式候选人，李征梧为国民党中央钦定必选人员，地方豪绅则推荐县参议会副议长张玉阶。选举开始，国民党县党部书记廖欣诚全力动员国民党各级组织确保李征梧当选，但党部副书记长兼三青团干事长陈英杰受省三青团之托，纠集团干为张拉票，最终张被选上。国民党省党部对此大发雷霆，追究廖等责任，陈英杰为张拉选票内幕也被揭露，省党部给陈撤职处分，陈为此大闹县党部，逼使廖也辞职，一场旷日的大选风波持续一年才告平息。

威远县在 11 月 7 日公布了陈恒、余厚钦等 9 名候选人名单，各项工作即将就绪，突然在选前 1 日（11 月 20 日），县选举事务所急电各投票所，声称奉上峰指示，要将民社党员罗永扬列入候选人名单。11 月 25 日开票，余厚钦以 37 864 票（占选民总数 22.2%）当选。候选人周剑秋、梁光熹提出书面检举，揭发余派人到绥靖、东兴等乡暴力胁选问题，县选举事务所将材料送省，被省高等法院十分院于 12 月 20 日驳回。竞选官司刚宣告平息，但因罗永扬未能入选，南京总选举事务所要威远县“重选”，余厚钦当然于心不甘，他纠集有类似情况的阆中等 7 县的“当选落榜者”组成“反对国代重选联谊会”，向各该县县选举事务所发出威胁文件，同时又向省选举事务所请愿，表示不

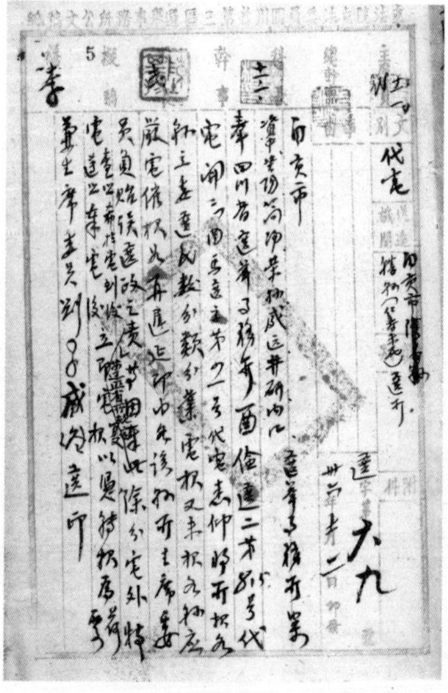

三区选举事务所关于催报立委选民数量的代电

达目的，誓不罢休！总选举事务所终于让步。1948 年 5 月 1 日，南京国民大会结束，省选举事务所代电威远县："威远、阆中等八县国代问题，各该县原当选人余厚钦等八人，愿意出席第一届第一次大会后，即退让与各该县友党代表罗永扬等。"还电："民社党提名的国大代表候选罗永扬，经选举总所电示，已填发国大代表当选证书在案，仰即知照"。至此，威远县发生的两个国大代表的悬案就以仅得 780 票的罗永扬取代余厚钦而告了结。

安岳县共 3 名国大代表候选人，其青年党员陶元珍是总选举事务所指示必须保证当选的"友党"人士，可另外两名候选人陈离、李放六均不愿放弃竞选，后来还是把陶改放在中国教育会西南选区去选举才算搁平。当时 8 县选举结果、当选人情况如下表所示：

内江 8 县的国大代表选举结果、当选人情况

选举单位	当选人姓名	性别	曾任职务或当选时职务	备注
内江县	郭嘉仪	男	省参议员、县参议会副会长、三青团干事	国民党中央圈定正式当选
资中县	张玉阶	男	县参议会副参议长	国民党员正式当选
资阳县	陈春霖	男	国防部局长兼军政部人事处长	国民党中央圈定，正式当选
简阳县	刘朱秀	女	无党派人士	以妇女专门名额当选
威远县	余厚钦	男	四川省建设银行总经理	当选后，动员其出席一次会议后退出
威远县	罗永扬	男	民社党负责人	指名当选
隆昌县	曾　琦	男	青年党中央主席	正式当选
安岳县	李放六	男	保安旅长、督察区专员兼保安司令	正式当选
乐至县	谢无量	男	同盟会员、四川大学文学院院长	正式当选
附：中国教育会（西南区）	陶元珍	男	大学教授	青年党中央提名，安岳县人，正式当选

二、立法院立法委员选举

1947 年 11 月，在国大代表选举结束后，又开始了立法委员的选举。南京选举事务总所给四川名额 44 名，另分了一定数量的妇女委员名额，职业团体委员则按职业团体全国统选。四川省立委选举划分 10 个选区进行。

二区专署的内江、资中、资阳、简阳、威远、井研和隆昌、荣昌、自贡等县（市）被划为第三选区，选区选举事务所设在二区专署内。安岳、乐至两县则划在第九选区。

选区选举事务所综理全选区的选举事务。区选举事务所由委员 3 至 7 人组成。成员由省选举事务所提名，选举事务总所委派，并指定一人兼主席。三区选举事务所由七区专员陈离、二区专员刘幼甫和肖作宾、李之青、郭嘉仪、刘玉锟等 6 名委员组成，陈离任主席，肖作宾为总干事。各县原选举事务所继续行使选举立委职权。

区选举事务所设总干事 1 人，干事、助理干事、事务员 20 多人。选举开始，首先对区内各县（市）原选举人进行复核。全选区 9 县（市）合计有选民 2 391 310 人，其中参加本区区域选举的 2 351 423 人，参加全国职业团体统选的为：农会 15 946 人，工会 5 243 人，商会 1 735 人，教育会 2 900 人，医师公会 1728 人，新闻记者公会 70 人，律师公会 31 人，盐业公会 423 人，盐业工会 16 890 人，渔业会 168 人，妇女会 1 623 人，自贡工业专科学校 74 人。

《立法委员选举法》规定：

凡中华民国国民满二十岁而无下例情事之一者有被选举权：一、犯刑法内乱外患罪经判决确定者；二、曾服公务而有贪污行为经判决确定者；三、被夺公民权尚未复权者；四、受禁治产之宣告者；五、有精神病患者；六、吸用鸦片及其代用品者。

同时规定：

有被选举权而愿为候选人时，经三千名以上选举人之签署，或由政党提名得登记为候选，公开竞选非经登记者，不得当选。职业团体候选人得以选举人五百名以上签署提名，妇女代表候选人得以选举三百名以上之签署。

依照上述规定，第三区选举事务所于民国三十七年（1948）1 月 1 日发布公告，公布了候选人名单：

（1）政党提名选举人

黄肃方　但懋辛　曾扩情　沈重宇　李伯玉

林云根　朱代杰　曾德威　李劲夫（以上为国民党）

宋孔征（民社党）

皮以书　黄樨荃　赵懋华　包德明　邓季惺　岳宝琪　范寓梅

王纯碧（以上为国民党）

喻孝权　（青年党，皮以书以下为女性）

（2）签署候选人

田颂尧　钟汝为　彭绍光　（以上男性）

聂仰华　朱文芳　曾德华　郑玺宾　郭凤鸣

张振华　（以上女性）

公告通知投票日期是 1 月 21 至 23 日。本选区应选立法委员五人（不含女委员）。

选期临近，省选举事务所急电延期一周。直到 1 月 28 至 30 日，全选区 407 个投票所进行了投票，1 294 名投票管理员、1 306 名监察员在场负责投票事宜。投票结束，9 县（市）开票所在 145 名管理员、99 名监察员主持下清点的投票情况是：区域选举实发票 2 343 905 张，有效票 1 927 116 张，废票 342 951 张，弃权 73 838 张。职业团体选票实发票 55 801 张，有效票 34 656 张，废票 541 张。

2 月 15 日，第三选区选举事务所将选举结果告省选举事务所。

经总选举事务所核定，第三选区立法委员区域候选人当选者为曾扩情、林云根、沈重宇、但懋辛、黄肃方等 5 人。他们中除但懋辛属荣县籍外，其余 4 人籍贯分别属威远、资中、内江、隆昌等 4 县。籍属内江县的王纯碧也代表四川省妇女界当选为区域性的立法委员。籍属简阳县的候选人田颂尧，虽得票最多，但总选举事务所以其为国民党员但未得国民党提名而不得当选。田为此发表声明，以已脱党十余年，符合提名原则为由进行申辩，但未受理睬。安岳、乐至两县参加第九选区共 7 县选举，4 名立委当选者中有籍属安岳县的国民党中央执委、别动总队队长唐泽如和籍属乐至县的参议员杜均衡。

范长江与《中国的西北角》

范长江，谱名承全，学名睦，号希天，1909 年 10 月 16 日出生在四川内江市东兴区（原内江县）田家镇赵家坝村。

抗日战争时期的范长江

范长江是我国杰出的新闻记者，也是一位成就卓著的新闻事业领导人和教育家。在他的记者生涯中，曾经创造了中国现代新闻史上的“三个第一”：他是突破新闻封锁，向“国统区”报道“西安事变”真相的第一位记者。他是国内以记者身份进入延安采访毛泽东、朱德等领导人，并如实报道陕北革命根据地情况的第一人（美国人埃德加·斯诺赴延安的时间比范长江早数月，但范长江的《动荡中之西北大局》于 1937 年 2 月 14 日在《大公报》发表，比埃德加·斯诺的《西行漫记》伦敦英文版略早，比其上海中文版更早一年多）。特别值得一提的是，范长江最早的蜚声全国的重大采访活动，是 1935 年到 1936 年的西北之行，考察西北的战略意义和对红军长征的报道。正如原国家新闻出版署署长胡愈之在追悼范长江的文章中所言：长江是“在国内报纸上公开如实报道工农红军二万五千里长征的第一人”。

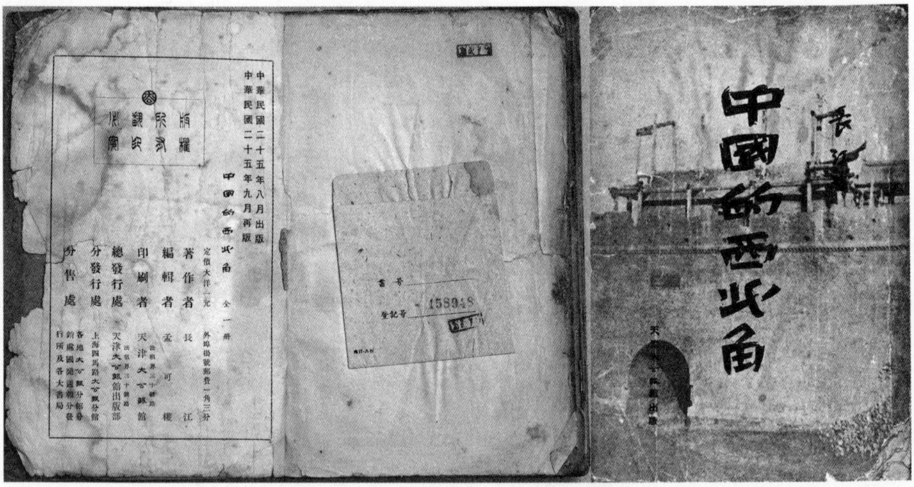

《中国的西北角》

《中国的西北角》是范长江考察西北和报道红军长征的一部奇书，也是范长江记者生涯的闪光点。他的通讯报道和分析，在阐述西北的重要性的同时，首次公开了红军长征的真实情况，揭露了国民党统治下中国西北的黑暗。他的一系列通讯汇集成的《中国的西北角》，是反映红军长征历史的珍贵文献，他是报道长征的第一人。被称之为和斯诺的《西行漫记》一样，“是一部震撼全国的杰作”。周恩来称赞范长江的通讯说：“我们惊异你对我们行动的研究和分析。”此书发行的数量之大，再版的次数之多，影响之深远，在当时都是不多见的。内江市档案馆馆藏的《中国的西北角》一书，是该书众多版本中最早的版本之一（第 2 版），尤为珍贵，由内江市档案馆在 1990 年代初从陕西一民间收藏人士手中征集而来。

一、艰辛考察中写出《中国的西北角》

范长江是如何写出轰动全国的、具有划时代意义的《中国的西北角》的呢？首先，我们从当时的历史背景说起。

由于西北地区重要的战略地理位置和丰富的自然资源，加之中国进一步步沦为半殖民地的屈辱进程，近代以来开发西北的呼声连续不断。近代中国曾经掀起过三次“西北开发”的热潮，分别出现在左宗棠任陕甘总督期间、清末新政时期和抗战时期。为鼓励国人赴西北考察，内政部于 1931 年春制定并颁布了《奖励国人考察边境办法》，除对国人赴西南、西北边境考察给予明确规定外，还对考察者给予乘车半价优惠以及沿途各地区行政保护和协助等便利。在东北沦陷、华北危机的背景下，西北地区的稳定和发展与抗战的胜利和民族复兴紧密联系在一起。在蒋介石提出的“西南为抗战基地，西北为建国基地”之政策和国民政府西北开发战略的影响下，形成了盛极一时的“西北开发”热。

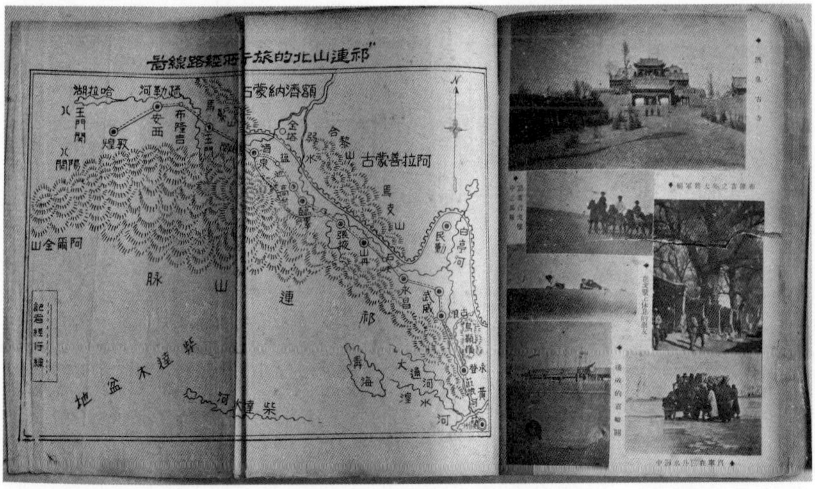

《中国的西北角》图片

在这一大背景下，范长江开始了他的西北考察之行。他对 1935 年 5 月 10 日到 7 月 28 日的旅行通讯做过这样的说明:“记者此次国内长途旅行，目的在从各个方面表现现实的中国。现实的中国在整个变化的过程中，正沉沦于破落与痛苦的阶段。自然我所得的印象，不会是富丽与安静，即使有一些安乐的现象，他的背后实存着无限的痛苦与辛酸。”很显然，范长江不打算歌功颂德，而是想向读者真实地描述当时中国的现状，引起各方面对中国现实的正确认识，切实解决中国面临的深重问题，这种想法也一起贯穿着范长江的西北采访之行。

对于西北问题，范长江首先一针见血地指出日本侵略者的险恶用心。当时，日本侵略者为掩盖其真实目的，散布种种欺骗性的宣传，说他们入侵绥远、内蒙古只是为了“借地防赤”，防止苏联的“南侵”。范长江指出：“记者以为中国人必须根本认定:日本侵略的主要目的地是我们中国。其‘防苏’只是达到这一目的的手段。”“日本之攻略西北，不是‘借地防苏’，也不是简单的领土扩张，而是一种非常狠辣的对华军事大策略的实施。”他呼吁大家：“用这种眼光来看中国的西北角！”这种看法与《大公报》提出的把西北作为救亡建国基地的主张相契合，范长江在采访过程中很好地贯彻了这一主张。

一是阐释西北地区的战略意义。范长江在《中国的西北角》中，紧密联系当时的政治形势，通过对大西北地区丰富的资源以及交通水利情况进行考察，进一步揭示了西北地区的重要战略地位。

对于“东南人士，每谓西北荒凉，意识中似乎认西北都是沙漠一样，想起来都可怕”，范长江改变了这些人的错误认识。“其实，西北沃野正多，宜于人数生活之地地区甚广，只因地位不同，气候有别，它的外形表现与生活方式，和东南各省区有若干异趣处而已。”“以甘肃而论，似乎应该是最不宜人生存的地区。然而事实上这是甘肃省内最肥沃的地区，这里雨水很少，然而却有雪山溶解下来的雪水，可资灌溉，致成异常宜于种植的地方。”他也描述道：“关口山里，出产很好的煤和铜，铁和瓷土之藏量藏甚丰。”这样，既澄清了人们的误识，又印证了《大公报》提出的西北地区资源丰富的主张。

对于水利问题，范长江明确指出：“宁夏社会，全赖水维持。而考渠政发达之历史，则远自秦汉唐各代皆有开凿。”“从其构造原理言之，不能不认之为深合乎科学，可见我们并不是如‘文明人’所说的‘劣等民族’那样不堪造就。”同时，范长江对于“尤其令一般国人感到兴趣”的，也是“西北开发”以来，“所表现的最大结果”的西兰公路，给予充分关注。范长江通过亲身考察体验，失望地指出：“路面凹凸不平，车行其上，忽高忽低，宛如乘风破浪之势……总之，西兰公路之现状，颇难令人满意。从旅客声中，流出两种口号，对路曰‘稀烂公路’，对车曰‘气车’。盖谓路既不好，而凡坐车者无不生气也。”一正一反的考察结果，为《大公报》提出的“西北开发”从交通水利入手的看法提供了佐证。

二是揭示西北社会的黑暗。在《中国的西北角》中，范长江以大量的事实和篇幅，揭露西北地区的黑暗现状，反映严峻的社会现实问题，表达了对社会下层人民痛苦生活的同情和怜悯。

在《成兰纪行》一文中，范长江描述道：“在北方乡村旅行，所见是一片黄土，只有一丛丛的柳树，才点缀着相当的绿色。然而成都平原上是无边的青翠，只有农家村落的土墙才能看出稀零的黄土。鲜红的太阳斜挂在东方，三三五五的庄稼男女，背荷着他们几月辛苦得来的米谷和菜蔬，汇集到大路上，向城里进发。看他们劳苦和兴奋的面庞上，似乎他们的农产品卖去以后，所得的代价，就可以偿还他们的债务，付清了税捐，乃至开支了日常的家庭用度，过他们的清闲日子。他们哪里知道，在现在中国经济情势下面，他们的生活，只有一天一天地低落下去，绝无改善之可能！”他也这样描述，在“民生之痛苦与政治之黑暗，为黑暗之河西之第一黑暗地方”的西安，绅士与地方官互为勾结，鱼肉乡民，致使“民间村落十之五六已无人烟，多分别逃往哈密敦煌一带，就城厢而言，原有户口九百户，去年七百户，今年只有五百户”。范长江在从玉门酒泉的路上，遇到了逃荒的农民，他们“一切收入缴了公款和高利贷，逼得自己没有吃的东西，只好离家逃往”。

范长江“成兰记行”所经路线图

对西北鸦片的泛滥，在《中国的西北角》中多有描述。西北地区的贫困与荒凉除了民族问题的原因，还因其长期处于黑暗政府的统治之下，官员人人只图私利，置国家人民于不顾，尽名目征收苛捐杂税。一亩地的税赋甚至高于该亩出产物的总价值，所以会出现地主免费把田地出租只为减少负担的情况。当局为了利益，不顾人民生命在广大河流冲击出的肥沃土地上，种植鸦片烟草，使本就粮食甚少的人民生活面临更大的困境，“近百户人家的村庄，几乎鸡蛋都买不出”。在《野猪关和茶岗岭》一文中写道：“最可痛心者，是渭水两岸这样平坦富饶的川地，农民竟被政治经济种种力量，逼得遍种鸦片。”鸦片烟使人自甘堕落，形如枯柴，丧失精神和意志而破落不堪，“某君自文县来相遇，曾痛谓：中国再如此过活十年，这些地方的人口恐将至绝种了！”

有关战乱给百姓带来的灾难，则贯穿了《中国的西北角》全书始终。《平武谷地中》一文指出：“途中行人，以军人及搬运军粮之士兵与民夫为主，中暑病倒之兵夫，络绎于途。”真所谓“生于乱离之世，不死于枪炮，亦丧于徭役，哀我农民，奈何无自救之方也”。

范长江的《中国的西北角》犹如一幅幅社会写生，构成了西北大势的长卷，所涉及的政治之黑暗，军阀之专横，宗教之愚昧，交通之隔塞，教育之落后，民生之痛苦，无不以浓重的笔触，使人惊，使人悲，使人愤，使人思，让人逐渐厘清西北社会存在的各种盘根错节、严峻黑暗的社会问题，深刻揭露了西北行政吏治的极端腐败，表达了其对鸦片之毒的痛恨。

二、第一次客观地报道红军和长征

在范长江的《中国的西北角》一书中，最值得一提的、也是本书最大的亮点，就是第一次客观地报道红军和长征，正确地指出红军成功的基础在于民众。

长征开始后，国民党当局开动一切宣传机器，将红军和共产党人诬蔑为“赤匪”“流寇”，并经常制造“中央军大胜”“红军被消灭”等假新闻。如范长江于 1935 年 6 月到达成都时，坐镇成都的蒋介石正指挥川、康、甘等军队对红军进行“围剿”，蒋介石发表文告，称红军已“节节崩溃，势穷力竭”“当年石达开率十余万之众，尚覆亡于川中民众之手，今‘赤匪’顺逆势殊，尤非石比”。成都各报也大肆吹嘘“江油战役”打败了徐向前部，蒋介石并通令嘉奖川军一旅长三万元。而范长江通过江油采访后，却报道了完全相反的真实战况。他在《成兰纪行》一文中写道：“涪江沿河两岸，（川军）皆筑有自欺欺人的防御工事，所以徐向前突破嘉陵江后，很容易渡过涪江，进入江油中坝。……隔江油十余里外之东山上，即发现徐向前围江油时所筑之环山大堡寨。要路口层层障碍，随山路之曲折，于射击点上节节作成土垒。……环山三十余里，无一处有空隙可人行，有通晓军事之某君，睹此布置，亦叹徐向前用兵之能，而恍然于川军之非其敌手。……徐向前围江油时，川军杨晒轩一旅被围城中。”究竟谁胜谁负，一看文章便知。对红军攻占平武县，范长江也有精彩描述：“汉人中有两大土豪，皆把持地方团队，双方相持不下……此次徐向前部由嘉陵江穿过韶、广、剑防线后，一部趋青川以追平武……已经由土人带路，从平武城北山上翻城墙缺口进城来了。啪啪啪……五枪，平武城即完全被占领。”

在报道中，范长江还描述了红四方面军留下的石碑，“在中坝北门外立了一块大石，两面共镌了八个大字，一面是‘平分土地’，一面是‘赤化全川’，记者过中坝时，此碑尚未拔去”。这是首次公开披露红军的标语口号，其意义不可低估。对长征途中各地成立的“苏维埃”，范长江做了报道。一次，他采访一位“苏维埃”的土地委员，得知当地许多农民都将“苏维埃”的干部称为“苏先生”，都知道“凡是红军区域，皆归苏先生管辖”。对此，范长江做了解释，“苏先生”者，乃“苏维埃”之误也，“是工农兵自己的委员会，不是人名。英文‘Soviet’把它译音成‘苏维埃’”。在报上公开介绍“苏维埃”并做出比较准确的解释，这在当时的确是难能可贵的。

在从平武至松潘途中，范长江还记述了所见国民党中央军失败的惨状“胡宗南部初复平武时，欲由沿江大道，以入松潘，部队通过此段路程时，被对岸红军射毙甚多”“河中有浮尸，其状狰狞，臭气熏人”。范长江在通讯中，还揭露了一些蒋介石封锁的秘密勾当。如他意外地发现在川、甘边境“围剿”红军的“中央军”里，竟有曾在上海英勇抗日的十九路军！该部缺衣少食，伤病满员，对此，他十分痛心地写道：“回忆‘一二八’上海战争，至今不过四年，在当时闸北、虹口、江湾、吴淞狂热抗战之官兵，熟知有上海停战协定，有福建事变，有河南改编，更谁知有在四川西北崇山峻岭中作战之事哉？”

在不少文章中，范长江还引用了当地对红军长征的民间传闻和歌谣。如《弱水南岸的风光》一文中，范长江记录了他听到“中央军”散兵们唱的歌谣：“打了一仗又一仗，仗仗不离机关枪，三八式单打老乡！”士兵们唱这些歌时，“声音变为颤弱而凄凉。在寂寞的空气中，他们的歌声，似乎显示出一种怨望：怨望中国二十余年无已止的战争，而每次战争，只是中国人打中国人！”这分明是对蒋介石反动内战罪行的揭露和控诉！

三、对长征形势分析和红军前途预测

范长江对红军长征的报道中，最精彩、最有意义的部分，是对长征形势的分析和红军前途的预测。

在走过川西北藏区和甘南之后，范长江于 1935 年 9 月 13 日在天津《大公报》上发表了第一篇对长征形势的分析文章《岷山南北“剿匪”军事之现势》。当时，中央红军和第四方面军在四川懋功会师不久，正值过草地，越岷山前夕，形势十分危急。红军出路何在？前途如何？这是全国乃至世界关注的问题。范长江在文中如实地分析了红军的困难：“朱、毛、徐合股以后，尚有十万左右之人枪、缺衣缺食缺弹药……若到冬令，纵令无中央军事压迫，单因为寒冷与饥饿，将使他们受非常重大的痛苦与牺牲。胡宗南师长守松潘，因饥寒而病而死者，远比战斗伤亡者为多。则朱、毛、徐方面之困难，当十数倍于此。”在《陕北甘东边境上》一文，范长江对刘志丹部队做了精辟的描写和分析，他在报道了大量事实的基础上，鲜明地指出刘志丹同历史上所有绿林好汉不同，并且指出了其所以不同的社会原因和历史原因，他写道：“自刘志丹开始活动以后，情势大不相同。刘为保安人，最熟悉地方农民痛苦，并受过共产党组织的熏陶，所以他的活动目标，有方法、有组织、有个人主义的绿林运动，变为与社会一致的运动。”在叙述了刘志丹分土地、反捐款、反派款后，他又分析说：“以实际利益为前提的民众，当然赞成刘志丹的主张，而愿为之用命。”接着范长江又写道：“他针对政府的缺点，来宣传组织民众。分大地主的土地与牛羊予一般农民，反对捐税，反对派款，因此在消极方面，取得了民众的负担，积极方面增加了民众的所有。不但使民众得实惠，也极大地扩大了共产党的影响。”“……而苏维埃召集开会，则二十四小时之内立刻齐集百里以内民众。”“在红军进攻时积极施于援手，有力地进行配合。因此不断涌现的此类‘民族英雄’不愧为‘星星之火’，难怪中国工农红军最后的胜利是必然的了。”继后，范长江又写毛泽东率领红军长征后到达陕北与刘志丹的会合；彭德怀对蒋介石追兵的猛烈反击，从而揭示出红军在陕北立足的重要原因，并评述道：“两种势力无处不在斗争中，不过，对实际问题有解决办法，终归是最后胜利者。”

由于范长江进行了实地考察，加上对局势有较为客观地分析和清醒的认识，他在文中接着分析了红军走出困境的三条路线：第一是经青海往新疆。他认为这条路线各方面困难很大，红军将不会选此。第二是走川北、陕南之线。但这条线有国民党重兵把守，也不宜选用。第三是“北入甘肃，即以甘肃西南境之夏河、临潭、岷县、西固为目标，进入洮河与大夏河流域，此一带有丰富的粮食、充足的壮丁及衣服布匹皮毛等物质，可以大加补充。然后或转陇南以出陇东，会合徐海东，更北接通陕北刘志丹……对中国国际国内之形势，将发生重大影响”。

范长江的文章发表不久，党中央、毛主席率领的红军右路军果然选取了过草地、越岷山、突破腊子口，北进甘肃洮、夏两河流域，经陇东、达陕北这条路线，并于当年 10 月 19 日到达吴起镇，与陕北红军和红二十五军胜利会师。

继这一次对长征形势的分析之后，范长江又于年底前在《大公报》连续发表了 11 篇通讯。其中，有《陕甘形势片断》，计 5 篇，收入了《中国的西北角》一书中，另 6 篇为：《徐海东果为萧克第二乎？》《红军之分裂》

《毛泽东过甘入陕之经过》《陕北共魁刘志丹的生平》《从瑞金到陕北——一个流浪青年自述》《松潘战争之前后》。范长江对长征形势研究之广、之深，对报道红军真况热情之高，仅从这些篇目中，即可见一斑！

上述6篇文章中，范长江的报道涉及党史、军史中许多重大问题，他的观点与当时国民党当局的报道有重大区别。如国民党舆论称张国焘事件是“红军有计划地分兵”，而范长江则说：“红四方面军的张国焘、陈昌浩等，坚持认为不能北进……宣布脱离毛泽东的指挥，回师毛儿盖。”显然，范长江的报道更为准确。又如在《毛泽东过甘入陕之经过》中，他这样描述道：“自毛儿盖出发，通过草地，毛泽东所统率者为一至三两个军，及军委纵队的一部分，故仅一万余人。过草地冻死、病死并陷入烂泥中而死者，约近数百人……毛泽东带到甘肃境的部队，不过八九千人。”他还写道：“就红军的特殊性言之，军事绝对听从党的指挥……代表党的毛泽东即为红军中心之所在。且中央红军之本身以林彪之一军与彭德怀之三军为最强，红军干部训练机关的红军学堂所改编的干部团亦在毛泽东军中。故毛泽东所统率的八九千人，仍为中央红军的主体。这一部分人的行动，仍代表红军的根本意图。”在这篇文章中，范长江除描述了红军中党与军事的关系外，更重要的是，还明确报道了毛泽东率领的中央红军已突破封锁围追，跨过了雪山草地，进入甘肃，且“往陕北会合红二十五军（徐海东）和二十六军（刘志丹）这一目的，已经无问题达到。”而在《从瑞金到陕北——一个流浪青年的自述》中，范长江记录了一位红军学校的战士讲述的长征途中曲折艰辛的历程，不愧为一篇生动的通讯。

1937年2月4日，当范长江因采访“西安事变”与周恩来第一次见面时，周恩来握住范长江的手说：“你在红军长征路上写的文章，我们沿途都看到了。我们红军里的人，对于你的名字都很熟悉。你和我们党和红军都没有关系，我们很惊异你对我们行动研究和分析。”这无异是对他报道长征的极大肯定和赞扬。而范长江在延安，毛泽东又和他做通宵谈话，并于同年3月29日在给范长江的信中说：“你的文章我们都看过了，深致谢意。”可见当时中共领导人对范长江的重视。

四、从《中国的西北角》看到了中国的曙光

在范长江的《中国的西北角》一书中，不难发现范长江在考察西北报道红军时，并非一时冲动。在这之前，他参加过学生运动，在重庆“三三

一”惨案中，从死人堆里跑出来的；他参加过“八一”南昌起义，随部队打到汕头时已经奄奄一息，曾被送进过停尸房；与部队失去联系并颠沛流离许久后，在国民党中央政治学校两年多，还受到了蒋介石的重视；1931年“九一八”事变爆发后，他愤然离开学校，到达北平，在图书馆粘贴条目、卖豆浆油条，在燕京大学半工半读，改学哲学。1933年初，山海关失陷，华北危急，北京各校学生掀起了抗日救亡运动的热潮。在中山公园举行的前线阵亡将士追悼大会上，范长江大声朗读冯玉祥写的大幅挽联：“家可破，身可歼，头可断，人心不可死……”在燕京大学举行的抗日总宣誓大会上，范长江和同学们高举右手，面对台上一幅被血染的中国地图高声朗读誓词：“愿以我们的热血，献给危难的祖国……”宣誓大会后，范长江参加了“辽吉黑抗日义勇军后援会”前线慰问团，第一次奔赴抗日前线。可是，在第三天，他们的卡车便遇到敌机轰炸和扫射，幸未受伤。他们拟去的凌源此时已被日军攻破，只见路上、山谷里，败兵溃退，难民如潮。范长江和慰问团的团员们只好帮助伤兵和难民老幼向承德方向后退。而此时，承德守军竟弃城逃之夭夭。范长江此时又与同学们走散，只身一人踏着冰雪前行，途中，他遇到土匪抢劫，又被溃逃军队抓去当挑夫，还被蒙古牧民收留，并要招他为上门女婿，当然他婉言推辞。离开牧民后，他又被一队士兵疑为日军特务，他坚持向官兵们做宣传和解释，终于赢得了官兵们的好感，部队师长竟要留他下来，在师部当参谋。范长江向他们告别，并肯定地回答：“我一定还要到前线来！”4月中旬，范长江又随慰问团去了古北口，慰问第二十九军的大刀队。在张家口慰问第三十五师时，他做了大会慰问发言，受到傅作义将军的赞扬。之后，他一人留下，在绥远、热河、察哈尔一带前线考察，对这一带抗日形势、社会状况和傅作义、冯玉祥、吉鸿昌等部队情况，做了较为系统的了解和分析，写成了《长城抗战》《张家口抗日同盟军》等战地通讯，开始了他的记者生涯。

正是有了这奇特而又传奇的经历，范长江开始深刻反省中国的前途和命运，特别是震惊中外的红军长征开始后，仿佛一丝曙光，一下照亮了他的心底，朦胧之中，他似乎看见了中国的命运和前途。他积极搜集各地动态资料，分析研究抗日军事问题，决心到南昌了解红军情况。时值蒋介石对江西苏区进行第五次“围剿”，他未能进入苏区，于是重返北平。

于是，范长江把目光集聚于红军北上以后中国的动向和西北、西南地区的情况。为了深入了解红军北上抗日对整个中国局势的影响，为了探索西北地区的现状和在抗日战争中的地位和作用，1935年7月中旬，年仅26

岁的范长江以天津《大公报》特约通讯员的身份，只身前往人迹罕至的大西北采访。他以超乎常人的毅力和勇气，翻过雪山，爬过草地，越过祁连山，绕过贺兰山，西达敦煌，北至包头，跋山涉水，行程 6 000 余里，足迹遍及川西北、陕西、青海、内蒙古等广大地区，其西北旅行考察线路，与红军长征过程或重叠、或交错。撰写了《毛泽东过甘入陕之经过》《陕甘形势片断》等一系列通讯，陆续在天津《大公报》发表。他成为国统区第一次在全国性的大报上，第一个真实报道红军及其长征的记者。1936 年 8 月，《大公报》将范长江的通讯编集成册，定名为《中国的西北角》，在全国范围公开发行，出现了读者抢购潮，“未及一月，初版数千部已售罄，而续购者仍极踊跃”，至 1937 年一年余时间再版发行达第 9 版，发行十几万册，脍炙人口，风行全国。

范长江在西北之行时，并非共产党人，但作为一名优秀的记者，他很早就注视着瑞金和井冈山等革命根据地。1934 年夏天，他曾独自去南昌，躲在一家小旅馆里，关上门窗，秘密地阅读了托朋友借来的苏区印刷的小册子，这使他对苏区和红军有了初步的认识，了解红军、研究红军的想法更加迫切了。

1935 年春，日本侵华军事行动越来越猖狂，而蒋介石却调集大量军队，采取“围追堵截”的战术，企图消灭长征途中的红军。在这种复杂而危急的形势下，范长江毅然从北平出发，踏上了去四川、西北的考察之路。

我们从范长江在“文化大革命”期间回忆而写的一份“交代材料”中，读到他西北之行的谈话：“1935 年春，红军主力已达四川西部，北上行动已经证实。我想搞清楚这一个全中国人民关心的大问题，也是我自己关心的大问题。红军北上抗日的传说，曾使我一度想到，红军提出的北上抗日，是全中国大多数人的要求，而在日本进攻面前，提出‘武装保卫苏联’的口号，是大多数中国人不能接受的。莫非共产党内还有分歧，也有正确与不正确主张的争论？当然，这时我并不知道共产党内毛主席的正确路线和王明、博古的‘左倾’机会主义正在进行斗争。因此，我想去研究红军北上抗日的问题，最好能到红军中去，彻底弄个明白。”可见，范长江报道红军的想法由来已久，而且，研究得颇细、颇深。

不过，由于限于当时的“大公报旅行记者”的身份，范长江不可能将红军的事“彻底弄个明白”，他也只能以“旅行通讯”的方式来报道红军。但在一系列报道中，他以客观真实的勇气如实进行报道，突破了国民党的新闻封锁，撕破了国民党新闻舆论对红军和长征制造的种种谎言，向全国读者披露了许多有关红军和长征的信息。如红军长征和北上抗日的战略目的、战况战果、政工军纪，以及“红一、四方面军会师”“红一面军哈达铺改编”“张国焘分裂红军”“红军突破封锁”“红军到达陕北”等重要信息，让全国各地读者，特别是“国统区”的读者得到了闻所未闻的消息，对红军长征和共产党人也有了新的了解和评价。1936年10月，当红军一、二、四方面军在甘肃会宁大会师后，宣告长征的胜利结束，在中外引起了巨大反响，各界群众想了解红军、了解西北革命根据地情况的心情更加迫切，这就是范长江的《中国的西北角》一书自1936年8月出版以来，数月内连印7版的重要原因。

踏着红军的足迹，沿着红军的路线，对长征进行实地考察和客观报道，这在国内记者中，范长江是第一人，而当时，外国记者埃德加·斯诺等人还未进入陕北。因此，范长江对红军长征的报道，尤为珍贵。由于范长江的《中国的西北角》在是特定的时机和特定的地区环境下，具体地回答了时代提出的迫切问题，因而具有很深刻的时代意义，影响深远。也正是这本书的影响，当时不少青年记者、青年学生怀揣着范长江的这本书，冲破重重封锁、险境，奔赴抗日前线或投奔延安。尤为值得一提的是，抗日时期在昆明的西南联大为学生选定的20种课外读物中，《中国的西北角》名列其首，而且此书于1937年被日本学者译成日文在国外出版。

内江的抗日宣传活动

抗战期间，内江是抗日宣传活动开展得十分活跃的地区之一。特别是1938年以后，内江广大的爱国青年和民众，通过多种形式，将内江的抗日宣传活动开展得如火如荼，形成了一个抗日的高潮。

当时在内江的林梦幻先生对此深有感触，他曾回忆道：

那时正是全国人民总动员反抗日寇疯狂进攻华中掀起抗日高潮的时候。记得我住在鼓楼上，每日凌晨总要听到鼓楼下的街上传来两种声音，我名之曰："抗战之声"，一是有言的，一是无言的。有言的便是一些爱国青年学生组织的"晨呼团"，天不亮就每日沿街大呼抗战口号的宣传队伍；这样唤起群众激发抗战情绪，自然起到了一定的作用。但深入我心的还是那种"无言之声"！那就是一种抗日后方队伍的练兵之声。当我每天黎明时分躺在鼓楼自己床上，听到街上传来："杀、杀、杀……"队伍前进的脚步声，我不禁热血上涌，写了一首题为"铁的行列"的抗战诗。当时我是提倡"有律现代诗"的，即所谓方块诗，豆腐干诗，类似于当时流行的洗衣歌体。诗长四段十六句，我还记得开头一段四句诗是：

杀杀杀杀一声声整齐的步伐！
一二三四唤起了老大的中华！
看千万条腿臂联成铁的行列！
雄赳赳的队伍赛过列车铁甲！
……

内江此时之所以有如此的抗日气氛，并形成高潮，与中国共产党的领导与参与是分不开的。

在此之前，由于受王明"左倾"错误的影响和国民党反动派以及反动军阀的残酷镇压，四川和内江地方党组织屡遭破坏，损失相当严重。到1936年2月止，内江各县已经没有一个完整的党组织在继续活动了。

1938年以后，抗日民主统一战线已经形成，党组织才又重新派党员到内江开展工作。这年春天，赵郁仙来到简阳女中，在此发展了几名党员；9月，省委派谢碧芳回内江组织特支；下半年里，川西特委派于中等到资中重建党的组织；同时，自贡中心县委也派钟子华等到威远县联系地下党员和发展党员。他们来到内江后，一方面恢复和发展党的组织；另一方面，积极地领导和参加当地的抗日宣传活动。

一、蓬勃兴起的抗日剧社和歌咏队

从1938年起，在党的领导和影响下，内江的许多县均先后成立了以抗日救亡、民主进步为宗旨的剧社和歌咏队，当中比较活跃的有：内江县的“兴华救亡歌咏话剧社”“内江孩子剧团”及“抗敌剧团”等；资中县的“华联抗敌歌剧团”；简阳县的“简阳平武乡抗建剧团”；乐至县的“前锋”“晓钟”“回澜”等抗战剧团；隆昌县的“隆昌县歌咏团”。

内江县兴华救亡歌剧社教救亡歌曲场景

内江县抗日宣传使用歌本

（1）白马镇乡村通俗宣传社。

1938年元旦，内江县白马镇学校师生100余人成立白马镇乡村通俗宣传社，自编自演宣传抗日救亡文艺节目，有《金钱的魔力》《盘肠大战》《惊弓》《两头错》等。表演形式有话剧、金钱板、莲花落、歌咏等，在本镇及附近凌家场、张家场、三多寨等地演出。1939年1月，冯玉祥将军及夫人李德全到白马镇视察驻军时，该社全体社员前往聆听冯玉祥将军演讲，并与冯玉祥将军及夫人合影留念。

（2）内江县“三·一三”剧社。

1938年3月13日，在中共党员闻化鱼鼓动下，内江文化界人士吴纯、梅英、李冰炉、周白帆等，同内江商业、企业界人士余家农、苏泽高、钟竹溪、李祝华、李雨锋、肖叔明等成立内江县“三·一三”剧社，并在内江惠民宫戏院组织公演大型剧目《夜光杯》。剧社先后排演《放下你的鞭子》《卢沟桥事变》《八百壮士》《保卫大武汉》等剧目。演出卖票收入送交“抗敌后援会”献给前方将士。1939 年 4 月，剧社借内江县高寺庙会之机，演出广场剧，观众达数千人。同年春，在国民党压力下被迫解散。

（3）内江县大众剧社。

1938 年暑假期中，由成都回到内江傅长楠、曾庆廷、邹体忠、李树德等一批中学生，筹备成立大众剧社。县政府以该社系临时组织为由，未予备案，但同意他们在内江城区和田家、史家等乡演出。该社除演唱抗日救亡歌曲外，还上演《放下你的鞭子》和自编《猴戏》等节目。

闻化鱼

（4）内江县兴华救亡歌咏剧社。

1938 年 8 月，中共党员吴汝翊以“复兴宣传部”“兴华宣传队”为基础合并成立“内江县兴华救亡歌咏剧社”。张盛彩任社长，吴汝翊任副社长。中共党员闻化鱼、张丹书、谢碧芳、谢小蕴相继加入剧社，起到领导剧社作用。剧社成立后，定期在街头剧院进行街头剧、话剧、歌剧和歌曲演出。编排剧目 30 多个。还到 19 个区乡进行巡回演出，到农家教歌，到处张贴、书写标语，画抗日漫画。歌咏组长谢碧芳以共产党员 20 多人为骨干组成“晨呼团”，每天清晨在城内街道上列队前进，高呼抗日口号，高唱抗日歌曲。剧社还开展为前方将士筹募寒衣活动。1939 年 5 月，剧社被国民党强令解散。

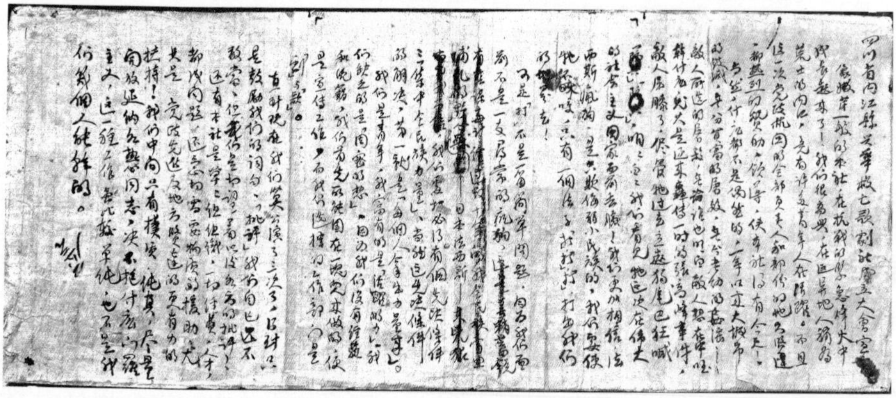

内江县兴华救亡歌剧社成立宣言

1939 年 5 月 11 日兴华救亡歌咏话剧社社员合影

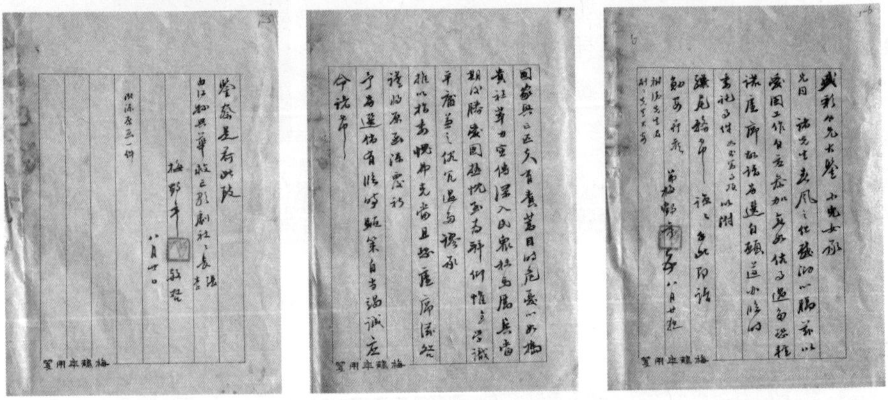

梅鹤年致兴华救亡歌剧社的信

（5）内江孩子剧团。

1938 年 4 月，内江地下党谢碧芳、吴汝翊鼓励支持温余波联络 30 多名 10 余岁中小学学生，于 8 月在白马镇成立“内江孩子剧团”，温余波为团长。团员最大 15 岁，最小 10 岁。剧团誓词：“继承总理遗志，打倒列强，振兴中华，唤起民众，共同奋斗。”成立后演出《大义灭亲》和《一个孩子的梦》《光明之路》《夜之歌》等爱国剧目，还义演募款，制成棉衣献给前方将士。内江孩子剧团除在白马镇宣传演出外，还在内江县城、资中、简阳、资阳、隆昌、永川、壁山、铜梁、大足等地演出 200 多场。

10 月，中共内江县特别支部，发给孩子剧团团员银质帆船式徽章，鼓励孩子们要像帆船一样，奋勇前进。12 月 8 日，孩子剧团离开内江北上，徒步经过资中、资阳、简阳三个县城及沿途 12 个乡镇，在所到之处都进行抗日宣传演出。次年 1 月 14 日到达成都。在市区和市郊乡镇演出达半月之久。《华西日报》《新民报》《星芒报》等均做报道。四川大学“明天歌咏团”将《祖国的孩子们》送给内江孩子剧团作为团歌。抗日将领冯玉祥将军接见孩子剧团的小演员，称赞他们是“教老百姓的小先生”。孩子剧团于 1939 年秋解散。

“内江孩子剧团”成立旧址 —— 白马庙文昌宫

（6）资中孩子剧团。

抗战初期，资中县姜光烈、张福生、刘啸天等 20 余名小学生，自发成立“孩子领教队”。姜光烈为队长。演出抗日歌曲和自编活报剧。经中共地下党何家训（乡村服务团抗日宣传指导员）1939 年 2 月 22 日改为“资中孩子剧团”，并亲自指导其活动。成员由资中北城小学和其他小学 40 多名学生组成，年龄都在 15 岁以下。邓英（商店学徒）为团长，姜光烈、殷茂容（女）为副团长。剧团排练《流亡三部曲》《大刀进行曲》《游击队之歌》《卢沟桥问答》等歌曲和何家训编导的小歌剧《帮助咱们的游击队》《被赶出的孩子》《募寒衣》等节目。剧团在县城及乡镇多次演出，受到热烈欢迎。演到动情处，台上台下一齐落泪。同年冬，孩子剧团被资中县政府勒令解散。

（7）简阳抗建剧团。

1938 年 10 月，简阳三岔镇小学校长陈英俊、教务长李涤尘，动员在校师生组成“抗敌剧团”，编演歌舞、“文明戏”宣传抗日。1940年1月，国民党县党部正式批准剧团成立，但为限制其活动范围，定名为“简阳县平武乡抗建剧团”，成员60余人，主要在平武、江南、禾丰等乡镇演出。同年春节期间，简阳特支制定剧团巡回演出到延安计划。2月13日，他们演出《倭寇蹄下的难民》时，借用乡公所一支手枪做道具，误伤演员李及时，不慎暴露去延安计划。3月，国民党县党部书记长徐孟明向西南行政长官张群报告剧团情况，张群通令全川防范。5月，徐孟明带人到平武乡搜查，陈英俊被迫离开简阳，剧团随之停止活动。

（8）资中华联抗敌歌剧团。

中华联抗敌歌剧团成立于1939年6月。由资中省立第六中学学生廖泽生、戚润科、罗怀德等联络县城各中小学生组成。于同年7月2日与10日，两次在资中县城内新生电影院义演。将卖票收入所得，全部用来救济成渝两地遭受敌机轰炸的难胞。

（9）内江怒涛剧社。

1939年秋，内江县白马镇上驻军军官刘蜀霖、黄锦鸾夫妇约同黄志德、卢达能等组成怒涛剧社，在文昌宫演出自编多幕剧《孤城喋血》。内容是揭露日寇“三光政策”暴行。该社成员后来和内江孩子剧团合作演出。

（10）资中县亚光剧团。

1940年1月，由资中县西乡铁佛小学体育教师钟继民联合校内中共地下党员刘德模、孙孝培联络同事钟继民、陈益民等发起组织，并招收本地青年30余人组成。钟继民变卖祖业，为剧团购置服装道具。剧团成立后，在资中县铁佛、高楼、球溪、罗泉井等场镇，演出抗日新剧《打东洋》《卢沟桥》《警钟》《三江好》《张家店》及活报剧《放下你的鞭子》等。铁佛乡群众向剧团赠送“杀敌先锋”锦旗一面。剧团活动3个多月后，被国民党县政府当局以“有色彩有倾向”为由强令解散。

（11）内江县抗敌剧团。

内江县抗敌剧团成立于1940年1月，由中共地下组织负责人闻化鱼联络原“兴华救亡歌咏话剧社”和原“三·一三剧社”部分成员为骨干，并吸收驻内江中央航测队部分爱好音乐进步青年组成。为便于开展工作，他们推举内江县长谢明霄为名誉团长、县府秘书杨吟樵为团长、航测队丁齐椿为副团长。他们排练《黄河大合唱》《大刀进行曲》《在太行山上》《牺牲已到最后关头》《松花江上》等抗日歌曲。多次在街头和各种场合演出。活动数月后，由于人员星散，剧团逐渐解体。

（12）内江沱风剧社。

内江沱风剧社成立于1943年春节。主要成员为沱江中学在校学生和校友，还有内江县女子中学进步教师刘苏、张东江、赵光耀等。先后公演反映抗日斗争话剧《红心草》《堕落性瓦斯》《热血青年》和歌剧《塞外牧歌》、儿童歌剧《乐园进行曲》。1944年6月冯玉祥将军来内江发起献金活动时，《热血青年》曾在大洲坝献金台上演出，引起观众强烈反响。沱风剧社活动持续到抗战胜利。

二、创办各类抗日救亡报刊

当时，在内江创办的各类抗日救亡刊物中，由中共地下党支持而影响较大的有资阳的《救亡壁报》《资阳县抗敌半月刊》和《资阳留省同学会会刊》。这些刊物、壁报是由郭永江、郭治澄和姜度（他们均系“民先”成员，后入党）及郭俊成于1938年回乡办的。刊物主要登载青年学生自己撰写的稿件，如郭永江的《临代会与抗战前途》，郭治澄的《抗战一年来的国际动向》《抗战一年来的中国外交》《论德国外交政策》，邵松乔的《战时四川资源》以及其他一些抗战诗词等文艺作品，同时，也转载《新华日报》八路军、新四军抗击日寇的胜利消息。曾任《资阳县抗敌半月刊》主编的郭俊成回忆道：“时隔数十年，办了好多期和内容都忘却了，至今能回忆起的是我歌颂八路军在山西打败日寇所编的顺口溜中的几句：各位同胞请稍站，听我愚下说详端，山西南边有个灵石县，地势既高且多山，只因日寇来侵犯，当地人民受熬煎，八路军领导人民英勇抗战，直打得鬼子兵哭爹喊娘叫苍天……”这样，及时把当时抗战的国际国内形势、我党的抗日救亡主张和党所领导的人民军队进行抗日战争的英勇事迹，直接传播到人民中间，在全县以及整个内江人民中产生了广泛的影响，深受各界群众的拥护和欢迎。

在抗战时期，一批抗日救亡报陆续出版（创办），向民众宣传抗战形势，或以文艺作品激发民族意识和抗日热情，促进抗日救亡运动深入开展。

（1）《血光》。

《血光》是内江文艺界在《内江日报》开辟的抗战文艺副刊。每周双刊。主编为梅英。1937年下半年创刊到1941年停刊，共出300余期。从1938年底至1940年初，闻化鱼任《内江日报》编辑。他团结党内外记者、作者，对《血光》给予支持，并亲自为《血光》撰稿。《血光》还转载过丁玲、周扬、茅盾等著名作家作品及范长江的战地通信等。同时，还选本刊和《大公报》《华西日报》中一些作品，编为集子，名《血光集》，共出 4 集。由成都、重庆、自贡、内江等地书店代售。1938 年 3 月出版的《血光集》上刊登毛泽东《七律·长征》。这个版本和多年后公开发表这首诗，有一些字不同，有学者认为，这是毛泽东诗作最早公开发表。1941 年初，国民党掀起第二次反共高潮，《血光》被迫停刊。

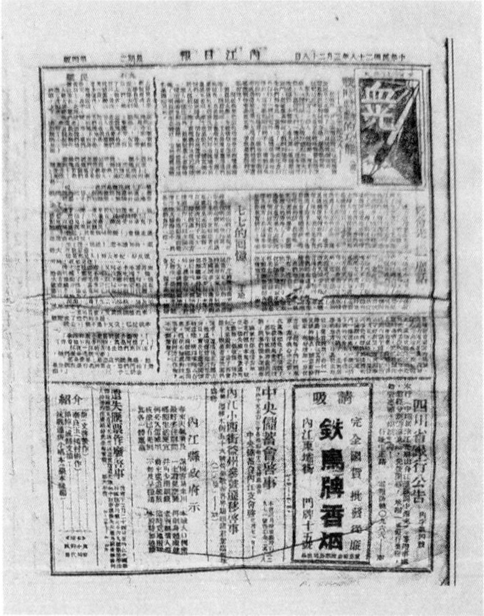
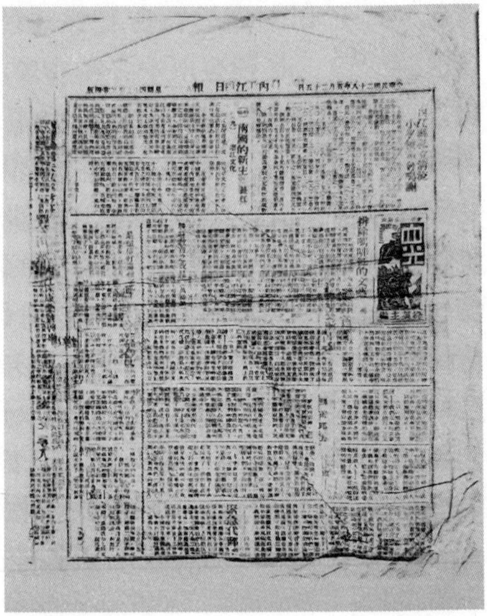

《内江日报》副刊“血光”

（2）《文化动员》期刊。

《文化动员》期刊为综合性文艺刊物。为 1939 年上半年，老舍到内江与刘砀叔、梅英商谈筹建全国文协联络站之后创办。梅英等主办。该刊还准备陆续出版《文化动员丛书》。已出梅英诗集《天明了》《北国招魂曲》和李水炉、周白帆合著剧本《运输舰》。也由于同样原因，《文化动员》和《血光》同时被迫停刊。

（3）《小战士》周报。

1938 年，资中城北小学教师李薰风等创办《小战士》周报，以“培养全县各小学儿童为小战士，加强抗战力量，藉以报

抗战小说《回头岸》

效民族、祖国于万一”为宗旨。发行量达一万余份。1939 年停刊。

（4）《隆昌人报》。

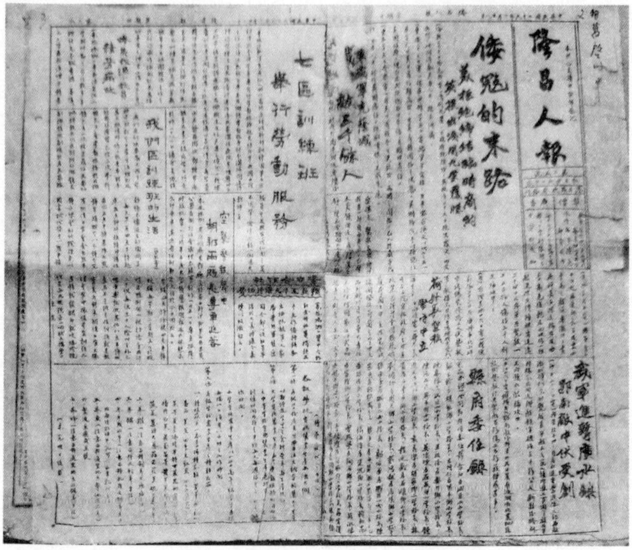
隆昌人報
倭寇的末路
七區訓練班舉行勞動服務

《隆昌人报》

《隆昌人报》于 1940 年 1 月 1 日创刊，由隆昌县政府主办。四开二版，日报，石印。主要刊发政府命令、公文等。1943 年 9 月改由隆昌县国民党部、三青团团部、县参议会三家联办。改为三日刊，四开四版，铅印、刊发新闻。1949 年 12 月停刊。1940 年 1 月 28 日，刊载了国际、国内、县内情况：乞丐收容所 18 个人以打草鞋手技为生，黄肖方氏订制 340 双草鞋，共计洋三十四元，赠送国民兵团士兵。1945 年 5 月 14 日《隆昌人报》出石印专号，反映冯玉祥在隆昌号召献金支援抗战情景，而且冯玉祥还专门用隶书体书写了《隆昌人报》报名，侧署“冯玉祥题”。

（5）《抗日周刊》。

威远县立中学教师叶仿吾创办《抗日周刊》。发行时间虽短暂，但有一定影响。

抗日战争的爆发后，大批著名艺术家来内江举办画展、进行演出。1944 年 5 月资中县女子中学业余剧社成立，演出《风雪夜归人》《雷雨》《家》等进步话剧。

国立中山中学在抗战中由沈阳迁来威远，并成立黑白剧社，排演陈白尘编写讽刺国民党腐败作风名剧《升官图》。在校内演出后，又到威远县城公演，首场满座。第二天，县政府当局通过保甲长禁止民众前来买票看戏。剧社便欢迎观众免票入场，结果场内爆满。

抗日战争后期，为应对国民党反共高压政策，许多学校地下共产党员秘密组织进步团体，如内江沱江中学“沱光读书会”、内江县立简易乡村师范学校“自学文艺研究社”、资中女子中学“业余剧社”等。他们团结进步师生，组织阅读进步书刊，学习革命理论，排演进步戏剧等。根据形势发展，隐蔽而策略地进行一些对敌斗争，如揭露当局黑暗统治，抗日战争胜利后“反饥饿，反内战”等群众运动。

三、邀请知名人士做抗日报告和演出、办画展

范长江当时是《大公报》的著名记者，多次深入前线，采访报道各个战场的真实情况。1939 年 6 月上旬，他回到了家乡内江。内江县沱江中学的党员教师通过范长江的老师李仲权，邀请范长江来校给学生做报告。这一天，沱江中学几百名学生聆听了范长江的报告，范长江在会上讲了一个多钟头。他主要分析了坚持抗战的有利形势，他要求前方后方、军队民众都动员起来，守土有责，共同抗日。他提醒人民注意远东慕尼黑的危险，希望同学们关心时事，成为坚定的爱国者。范长江这次深入浅出、有力生动的讲演，给予学生极大教育。听了他的报告后，原来一些不太关心国家大事的学生也热心读报了，有的学生还尽量寻找《新华日报》等进步刊物来学习，并进行讨论。

著名作家老舍这年也到了内江。他也应沱江中学的邀请，在沱江女中部做了公开演讲，题目是《抗战文艺的新动向》。据听了该讲演的梅英回忆：大概还记得内容分四点：（1）现阶段的抗战形势；（2）不愿作亡国奴的文人动员起来了；（3）如何运用文艺武器？（4）出入生活创造新作品的问题。当时听讲的师生反应很好，真是“济济一堂”，同时附近的公立中学师范老师也来听讲。

同时，在抗战期中，著名画家丰子恺、郁风、柯璜、董寿平、张聿光、阎松父、沈一千、周伦元、关良等曾来内江举办画展；著名戏剧家洪深、应云卫、史东山、沈浮、陈白尘、吴祖光、杨村彬、温锡莹、项堃、白杨、司徒慧敏、张瑞芳、金山、蓝马等曾随演出团体来内江献艺，不仅鼓舞了内江人的抗日热情，而且也为内江的抗日宣传增添了一道亮丽的色彩。

四、利用重大纪念日宣传抗日

“三二九”是辛亥革命广州起义黄花岗七十二烈士殉难纪念日，内江县的喻培伦是七十二烈士之一，牺牲后被孙中山先生追赠为大将军，在内江县建有大将军祠，每年3月29日这一天都要举行纪念活动。内江县的中共党组织利用这一机会，积极开展抗日宣传活动。这一天，沱江中学的党员教师带头学生们来到将军祠，瞻仰喻大将军遗像，并请中共内江县委的一个委员做了慷慨激昂的讲演。他谈到，当年喻大将军为推翻帝制，抵御外侮而不惜抛洒一腔热血；当前国难当头，却有人消极抗日、积极反共，这是每一个有爱国心的炎黄子孙不会同意的，也是喻大将军不会同意的。“天下兴亡，匹夫有责”！驱逐日寇，救我中华，是每一个爱国的中国人都应有的民族意识。事后，沱江中学的党员教师给学生布置了一个题为“记参观喻大将军祠”的作文，闻化鱼在其负责编辑的《内江日报》副刊上还刊登了其中的三篇文章，扩大了这次活动的影响。

此外，在“九一八”“七七”事变等纪念日里，内江各县民众更是采用多种多样的形式，进行大规模的抗日宣传及教育活动。如建于内江县椑木镇的四川酒精厂，在卢沟桥事变的周年纪念日里，“全体员工素食一日，以资纪念”。

毛泽东曾经指出：为了坚持抗战到底，“必须动员报纸、刊物、学校宣传团体，向前线官兵、后方守备部队、沦陷区人民、全国民众，作广大的宣传鼓动。”十四年抗战的艰苦历程中，内江轰轰烈烈的抗日宣传活动，为广泛发动群众，鼓舞群众抗日斗志，争取抗战最后胜利，发挥了巨大的动员和号角作用。

东北中山中学流亡抗战在威远

国立东北中山中学是以民主革命先驱者孙中山先生的名字命名的全国第一所国立中学，于 1934 年 3 月 26 日创建于北平，又于 1949 年 1 月结束于北平解放。学校由高惜冰、齐世英、李纶三、周天放等人创办，先后共办 124 个班（不含附属小学），培育了近八千名学生。曾任北京大学校长的陆平、曾任清华大学校长的刘达、曾任中共辽宁省委书记的郭峰、“三九胃泰”的主研人张万岱教授、明陵探秘第一人的考古学家苏天钧、著名诗人郭小川、首次征服珠峰的登山队队长许竞等均曾在此校就读。学校在“华北之大，已安放不下一张平静的书桌了”的险恶形势下，辗转流亡江苏、湖南、广西、贵州、四川等地艰难办学。1939 年 5 月，该校迁入四川省威远县静宁寺办学 8 年，并在此度过了它的鼎盛时期。

一、举校南迁

随着日寇侵华的升级，从 1936 年 11 月 12 日起，救亡图存、不畏艰险的师生们开始了步步惊魂的万里流亡。1936 年 11 月，北平危急，学校于 11 月 12 日撤离北平，南下南京附近的江宁县板桥镇。1937 年 11 月 11 日，上海失陷，危及南京，学校又于 11 月 19 日撤离板桥镇，抵武汉再南下，于次年 1 月 5 日到达湖南湘乡县（今双峰县）永丰镇的璜璧堂。1938 年 10 月，广州、武汉相继沦陷，湖南告急，学校随即派迁校先遣队入川寻求新校址，并于 11 月 12 日撤离璜璧堂，拟入川。1938 年 12 月 20 日，四川省教育厅就国立东北中山中学等两校借用静

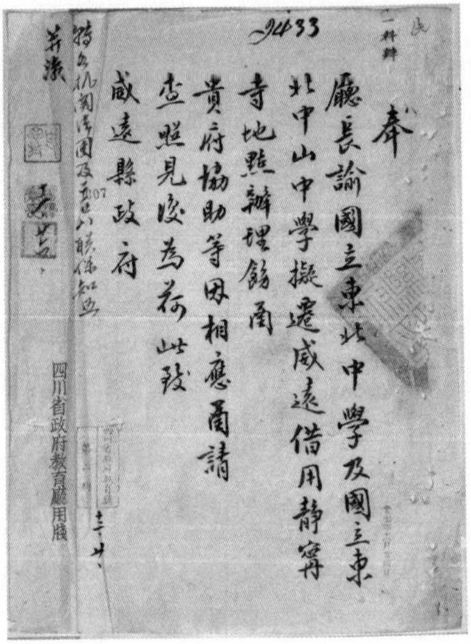
奉
廳長諭國立東北中學及國立東
北中山中學擬遷威遠借用靜寧
寺地點辦理飭函
貴府協助等因相應函請
查照見復為荷此致
威遠縣政府
四川省政府教育廳用箋

四川省教育厅关于东北中山中学等迁威远的函

宁寺办学发函给威远县政府。

之后，国立东北中山中学立即派员前往静宁寺做改建校舍、制作课桌等筹备工作。

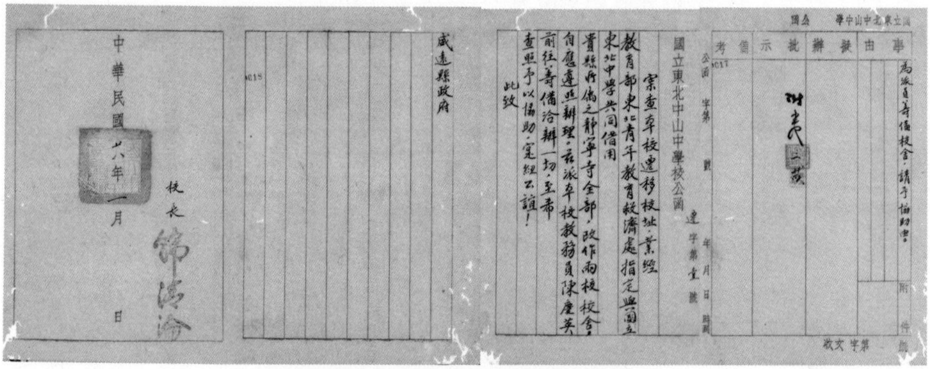

國立東北中山中學公函

事由：為派員籌備校舍，請予協助由

國立東北中山中學校公函 遷字第壹號

案查本校遷移校址，業經
教育部東北青年教育救濟處指定與國立
東北中學共同借用
貴縣所備之靜寧寺全部，改作兩校校舍，
自應遵照辦理。茲派本校教務員陳慶英
前往籌備洽辦一切，至希
查照予以協助，實紉公誼！
此致
威遠縣政府

校長 [illegible]

中華民國廿八年一月 日

东北中山中学关于迁静宁寺的函

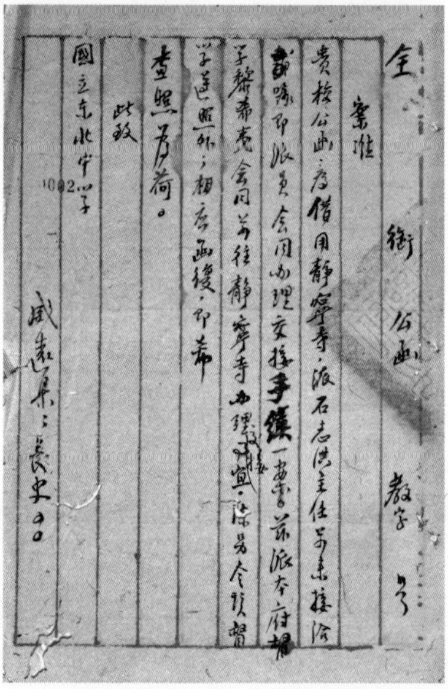

全銜公函 教字 號

案准
貴校公函，為借用靜寧寺，派石志洪主任等來接洽，
並囑即派員會同辦理交接手續一案，業派本府[illegible]
[illegible]蔡希堯會同前往靜寧寺辦理交接，除另令[illegible]
[illegible]外，相應函復，即希
查照為荷。
此致
國立東北中學

威遠縣縣長 史○○

威远县政府关于东北中学等迁静宁寺的函

由于战局恶化，湘蜀已难直达。学校只得先入广西，经桂林，徒步 800 里至宜山怀远镇，在此复课 3 个月后，化整为零至贵阳集中，再从贵阳至重庆、泸州、自贡，在久经战火、历尽磨难之后，于 1939 年 5 月 22 日到达静宁寺。

二、静宁名寺

静宁寺位于四川省威远县向义镇静宁村境内，距威远县城和自贡市区均约15公里。该寺始建于1886年，重建于1900年，建筑面积2.21万平方米，是川南最大的庙宇之一，曾在川东、川南乃至湖南、湖北、广东等地享有盛名。

昔日的静宁寺殿阁连绵、结构精巧、气势宏伟，以高耸入云的龙华亭为统领，以考仙院、儒林院两大建筑群为主体，错落有致、壮丽豪华的众多亭台楼阁构成了寺院庞大的建筑群。寺内杨槐垂柳，小桥流水，护寺河畔的木芙蓉花常开不败。寺外，条条乡间小路蜿蜒伸向坡前田边。对面的山冈上，一颗古老的黄桷树与之遥遥相望。寺庙前临荷塘，后倚小山，坐落在碧绿田野的起伏浅丘之中，风景秀丽如画。

静宁寺

三、静宁八年

学校的入住，给静宁寺这座古庙增添了活力。在它的上空，回荡着的是催人奋进的军号声；在庭院殿阁间，传播的是复土还乡的爱国思想和振兴中华的科学文化知识。学生们是一群背井离乡的流浪儿，家乡沦陷，家园破碎，他们无限眷恋着长白山和黑龙江。学校的校旗、校徽、校歌表现的均是不忘白山黑水这一主题。校旗的主体是上半部分为白色、下半部分为黑色的长方形，象征白山黑水；校徽是由三座白色山峰和山峰下寓意黑水的三条黑色波浪线组成；校歌开头便是“白山高，黑水长”。学校的校训是“校以作家”。在这所特殊的学校里，无家可归、流离失所的师生们只能以校为家，国难家仇形成了这个家强大的凝聚力。自1939年5月迁入静宁寺至抗战胜利后的1946年10月迁回沈阳，国立东北中山中学在静宁寺度过了近 8 年时间。其间，曾有韩清伦、鞠秀熙、王天民三位校长先后主持学校工作。学校的决策机构是校长领导的校务委员会，学校的职能部门有教务处、训育处、事务处和图书馆。迁入静宁寺时，学校有教员 30 人、职员 27 人、高初中学生 566 人。学校在静宁寺内还办有附属小学。与国立东北中山中学同时迁入静宁寺的还有国立东北中学，该校由张学良将军创办，入静宁寺时有教职员 60 人、学生 584 人。1941 年秋，国立东北中学被国民党当局解散，高中部迁往三台县并入十八中，初中部并入国立东北中山中学。当地人和国立东北中山中学的学生都习惯将国立东北中山中学简称为“中山”。

“中山”以优异的教学质量著称。学校极力倡导“今日事今日毕，勿待明日”的优良校风，每周几乎都有一个“治学”或者“做人”的主题，如“勤勉周”“真理周”等，并十分注重学生的全面发展。大部分教师是当时全国一流的中学教师。同学们学习有高度的自觉性，无须他人监督。学校还有大量的理化、生物、土木等教学仪器和包括《万有文库》《四库备要》《古今图书集成》《世界文库》及其他中外科技、文学名著在内的图书数万册。这些图书和教学仪器在当时中学中堪称一流。“中山”凭借一流的师资、图书、教学仪器和力求上进的学生，取得了辉煌的成绩。八年来，共有四千余人就读该校，学校的升学率一般都在 90%以上，其中不乏专家、学者、名流。他们中有：荣获克伦宾奖章的亚洲第一人、中科院院士赵鹏大；著名史学教授、美籍华人吴天威；荣任过毛泽东主席、周恩来总理外语翻译的翻译家章琨；参加过设计或制造我国第一批飞机厂、第一代飞机、第一艘导弹潜水艇和核潜艇、第一批拖拉机厂和第一台拖拉机的教授、高级工程师方同德、廖湘思、何保献、荀池中；获得过国家科技进步特等奖的高级工程师吴宗俭；参加过祖国十条铁路修建的高级工程师荀质彬；享受国务院政府特殊津贴的军旅诗人杨星火；著名数学教授丁尔升和原子、分子物理教授黄崇圣……

“中山”实行严格的军事和体育训练。学校配有军事教官和童军教官，校门口有校警持枪守卫，每周有军训，每年秋季有一次实弹演习。“中山”的体育极富特色，凡体育不及格者均要留级（别的学科要两门不及格才留级）。同时，学校又把游泳作为体育课的重要项目，无论男女，游泳不及格就是体育不及格，这在别的中学是没有的。学校游泳活动的开展受益于离静宁寺三公里处的一个名叫“大高洞”的深潭，其上是一个落差十几米的瀑布，四周群山环抱、树木葱茏、潭水清凉，它是“中山”师生的天然游泳池。在“中山”师生心目中，大高洞对“中山”的作用可以和学校图书馆相提并论。除游泳活动外，学校还经常开展篮球、排球、足球、田径、体操等运动项目，球类比赛经常远征附近县市中学，战绩显著。“天天有运动，周周有比赛”是“中山”体育活动的真实写照。严格的军事和体育训练激发了同学们的抗日斗志。当冯玉祥将军及夫人到威远宣传抗日救亡、号召青年投笔从军时，同学们曾整队步行前去接受将军的检阅和聆听他的演说。从此，有一批同学就报名参军抗日去了。军训和体育锻炼强健了同学们的身体，强健的身体在一定程度上又弥补了营养不良的缺陷。另一方面，军训和体育锻炼还淡化了同学们思乡之苦。

壁报、歌咏、演剧是同学们宣传抗日的阵地。学校的政治方向虽受国民党的控制，但“在中华民族到了最危险的时候”，一大批进步师生对蒋介石消极抗战、积极反共的政策深恶痛绝。他们积极开展各种民主进步运动，不断传播抗日救亡的爱国主义思想。“中山”在静宁寺时期曾发生两次学潮，有 69 名思想进步的学生被开除，十余名教师被解聘，学校也曾面临被国民党当局解散的危险。“中山”师生以壁报、歌咏、演剧等形式广泛开展抗日宣传活动。“中山”的壁报非常盛行，张贴在考仙院的黄庭阁、清音阁墙壁上，主要有《路》《维他命》《静宁风》《希望》《激流》等十余种。《路》以鲁迅“其实地上本没有路，走的人多了也就成了路”来启示人们探索国家和个人的路该怎么走;《维他命》以维护他人之生命，不惜做出个人牺牲为宗旨。众多的壁报使静宁寺显得并不宁静，它向同学们宣传进步思想，传达时局变化以及民主进步的呼声。歌咏是“中山”的传统，凡是歌颂抗日战争的歌曲“中山”师生都会唱。在课余、在节日、在假期，歌声此起彼伏。《校歌》《松花江上》《保卫黄河》《大刀进行曲》《游击队队歌》等歌曲激荡着每一颗年轻的心。每年的“九·一八”，全校师生要整齐列队，面向东北，满怀悲愤，哭唱由学校老师创作的《流亡三步曲》。在国难深重、民族危亡的时刻，“中山”师生借歌抒发复土还乡的情怀和激发抗日救亡的斗志。每逢元旦、春节、校庆日，学校都要上演一些剧目，如《雷雨》《以身作则》《宦海春秋》《升官图》《小人物狂想曲》《血祭九·一八》《米》等。剧目有大有小，有自编的，也有传统的，并多次到附近县市公演。这些进步话剧的演出，加深了同学们对人生、对社会的理解，为他们走上革命道路起到了潜移默化的作用。壁报、歌咏、演剧也锻炼了同学们的才干。

中山中学在静宁寺追悼重庆“五·三”大轰炸罹难师生

百花齐放的壁报孕育了一批像孙辑六（报告文学《欧阳海》作者之一）、丁耶（中国满族作家最高奖——荣誉奖获得者）、杨犁（中国现代文学馆第一任馆长）一样，从“中山”文坛走向中华文坛的佼佼者。“中山”的舞台造就了像关尔佳（《智取威虎山》等多种名剧的导演者）、萧向阳（中国电影界多产编导）这样的优秀人物。

近八年时间，“中山”与威远人建立了深厚的感情。威远人民对远道而来的“中山”师生给予了多方面的支持，为“中山”入住静宁寺后能迅速复课并长住八年提供了必要的外部条件。学校无钱买操场，是当地有极高威望的黄直宗先生出面动员静宁寺附近的地主把学校周边的坡地借给学校，才使学校修建了一个像样的操场。“中山”为威远的抗日宣传和文体活动的开展发挥了积极作用，为威远的人才培养做出了贡献。“中山”原本只招收东北籍学生和少数其他沦陷区的学生，不招收当地学生，但由于当地群众对“中山”的帮助很大，又很想就读“中山”，学校自 1939 年秋起，每年开始招收少量的四川籍学生，威远儿女从此就有幸蒙受了“中山”的一流教育，荀池中、荀质彬、杨星火、丁尔升、黄崇圣等是他们中的杰出代表。抗战胜利后，学校于 1946 年 10 月迁回沈阳。当学校撤离静宁寺时，学校还把部分教学仪器和生物标本赠送给了威远中学，不少师生和当地群众在寺前含泪相别。

如今的静宁寺，虽远离了“中山”的琅琅书声，但“中山”对威远人的影响是深远的。1994 年 3 月 26 日，在“中山”花甲之际，威远县向义镇人民政府在静宁寺建立了“国立东北中山中学纪念馆”。一个已经迁走并且已经不存在的学校，还让其原办学所在地如此怀念着，这是一个奇迹！静宁寺让“中山”校友魂牵梦绕，“中山”情让“中山”校友魂牵梦绕！

1996 年，该校复校于沈阳，定名为“东北中山中学”。

内江的出征抗日将士们

抗战全面爆发后，川军将士在四川人民抗日怒涛的推动下，出于爱国热情，先后纷纷开赴前线，直接参加了对日作战。据统计，四川儿女应征赴敌的壮丁达300万人，占全国奋战在前线的总兵力的五分之一。如此庞大的兵源，大大充实了正面各个重要战场的兵力，以致当时前线流行有“无川不成军”的说法。

一、浴血奋战 英勇内江将士

在抗战期间，内江输送了壮丁10.704 1万人，其中内江县3.821 2万人，资中县3.440 8万人，威远县1.817万人，隆昌县1.511 1万人。壮烈牺牲2 692人，其中内江县810人，资中县884人，威远县386人，隆昌县612人。

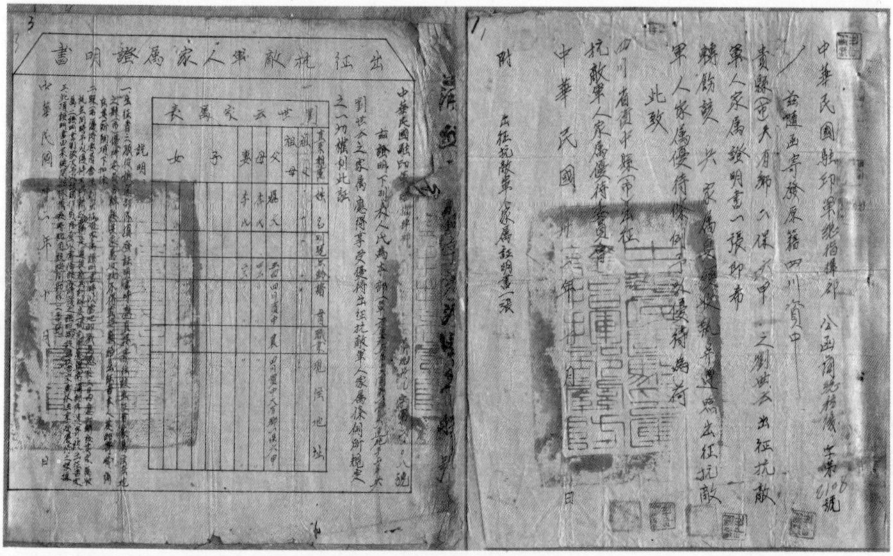
出征抗敵軍人家屬證明書

出征抗敌军人家属证明书

出征的内江将士，在生活极苦，装备、行装简陋，赤脚套上一双草鞋的情况下，以极大的爱国热情和高昂的斗志，转战于山西、山东、皖南、京沪、苏浙、鄂西、湘桂和云南边陲等地，先后参加的大型会战有：淞沪会战、太原会战、徐州会战、武汉会战、南昌会战、随枣会战、长沙会战、浙赣会战、鄂西会战、常德会战、豫中会战、长衡会战、桂柳会战、粤湘桂边区会战、豫西会战、鄂北会战及同古战役、仁安羌之战、胡康河谷战役、孟拱河谷战役、密支那战役、八莫战役、强渡怒江战役、松山战役、腾冲战役、龙陵战役、反攻之战等。尤其值得一提的淞沪会战、滕县会战等对日作战中，将士们手持陈旧的枪械，面对装备精良、海陆空联合作战的敌人，浴血奋战，狠狠地打击了日本侵略者的嚣张气势，为抗日取得最后的胜利做出了巨大贡献。据不完全统计，内江籍将士阵亡人数 2 816 名，其中内江县 974 名，资中县 844 名，威远县 386 名，隆昌县 612 名，受伤失踪的人数则不计其数。

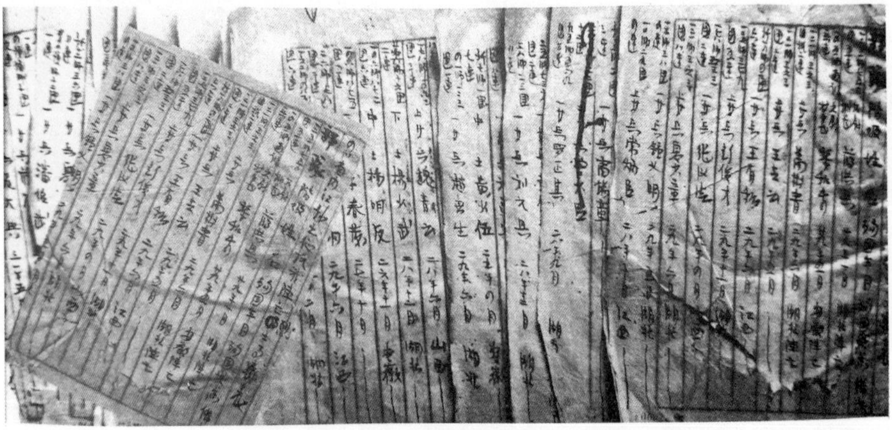

内江县出征抗战阵亡烈士事迹表

在这批阵亡的烈士中，既有驾驶雄鹰搏击日本飞机而壮烈牺牲的袁方炳、彭先春和彭先昶，也有在滕县保卫战中殉国的 122 师上校副官罗世泽，与日军肉搏中英勇就义的范长江胞弟范次希烈士，还有在日军大扫荡中不幸遇难的战地记者沈文林、电视剧《壮士出川》中王长生的原型邓遂良等。

空军中尉袁方炳是在驾驭飞机保卫成都领空与日军飞机激战中牺牲的。1917 年出生于威远县严陵镇的袁方炳，曾就读于杭州空军学校，毕业后分配到空军驱逐机第三大队任少尉飞行员，驻成都双流机场。

1940年，正值日寇侵华最为疯狂之际，袁方炳呈书上司，表示要与日寇决一死战，虽死无憾，只求遗体归葬故里。不久，他回乡探亲时对家人说：“现在我国受敌人欺侮，日寇杀害我们的父老兄弟姐妹，侵占我们的疆土，敌人如残酷的兽类。我们同敌人的斗争，是你死我活的战斗！人必有一死，要死得其所，决勿以我为念！”他还谈到后事说：“今生今世不结婚，以免种下今后的不良因素。我的后嗣抱大哥长子理乾（当时仅半岁），尚望为我教养好，以待他将来能为我完成未完成的任务。我已向国家立有遗嘱，遗体移归故里安葬。”1941年3月14日，日机侵入成都上空，袁方炳和战友们义愤填膺，立即驾机腾空迎战。在与日机激战中，袁方炳的战机不幸中弹爆炸，他本人亦壮烈牺牲，时年23岁。

袁方炳

同为内江籍空军飞行员的彭先昶则是内江县城芭蕉井人。在其父彭亚秀（又名彭崇圣，国民党起义将领，黄埔军校七期毕业生，曾任四川航空联谊会名誉主席）的影响下，彭先昶与其兄彭先春先后到广州考入国民政府举办的航空学校学习飞行技术。

1938年，时任国民党空军一大队（轰炸机大队）二中队中尉领航员彭先昶随部队对日作战，由于其飞行技术精良和作战勇猛，曾多次荣立战功，两次获国民政府航空委员会嘉奖。1945年7月21日，彭先昶在值勤交班时，指挥塔传来了轰炸机升空作战的命令，彭先昶自愿代替别的飞行员起飞，轰炸日军在武汉的高炮阵地。轰炸机飞临武汉上空后，为了精确命中目标，给日寇以致命打击，彭先昶冒着被敌炮击落的危险，压下机头实施超低空飞行投弹，使日军的高炮阵地成为一片火海，炸得日寇鬼哭狼嚎。当彭先昶完成投弹任务欲

飞行员彭先昶荣获的“空军二等宣威”奖章

返航时，不幸被从背后偷偷扑上来的日机击中机身，当即坠入武汉东湖阵亡，时年 29 岁。

不幸的是，彭先昶之兄长彭先春（空军运输机飞行员）也在抗日战争中自缅甸运送抗战远征军返回云南时遭遇日机，阵亡在滇缅路上。彭氏一门两位忠烈，兄弟二人都用自己年轻的生命，为内江抗战史添上了浓墨重彩的一笔。

威远县向义镇人罗世泽在“七七事变”后，9 月随军北出剑门，驰赴秦晋。12 月又东调鲁南，兼程征战。1938 年 3 月 10 日，罗世泽所在的一二二师进驻山东省滕县，师长王铭章被任命为前方总指挥。滕县守城战于 14 日拂晓打响，万余日军在大炮、坦克和飞机的配合下，向滕县发起疯狂攻击。川军激战竟日，阵地岿然不动。15 日，日军增逾三万，川军孤据无援，历经两天两夜鏖战后，至 16 日，城中能战斗的部队已不足两千。罗世泽奉命将师指挥所和师直属各部全调进城，决心与孤城共存亡，背水一战。17 日下午 5 时许，日军重压四门，城墙几处失陷，指挥部所在处腹背受敌，难以立足，遂议撤至火车站，重组力量拼搏到底。谁知未到西门就被城楼敌人发现，一阵密集的机关枪扫射，罗世泽及师长王铭章等十余人为国捐躯。1938 年 6 月，国民政府军事委员会追晋年仅 32 岁的罗世泽为少将，并对遗属给予抚恤。在向义镇罗家湾有其衣冠墓。

还有与日军肉搏的范次希，是范长江的胞弟，也用生命谱写了一曲抗日救亡之歌。范次希 1917 年 8 月 12 日出于内江县赵家坝，在家排行老十，被称为十娃子。

范次希

范次希从小十分好学，从小学到初中成绩都名列前茅。1937 年后，受其兄长范长江的影响，主动要求去延安抗大学习。他到达延安后，先被分配到陕北公学学习，继之编入抗日军政大学学习。他学习认真而勤奋。1938 年 8 月抗大毕业，转入瓦窑堡军事大队学习。期间，他加入中国共产党。1940 年 8 月，抗大二分校改为抗三团，并进入冀中抗日根据地，范次希任该团政治教员。

1942 年 5 月，日寇集中精兵数万，配以飞机、坦克、装甲车等，对根据地实行“铁臂合围”“梳篦清剿”的“三光政策”，企图以疯狂的扫荡消灭警中平原的抗日力量。日军司令员冈村宁次亲自在飞机上指挥战斗，这就是历史上有名的“五一”大扫荡。在战斗中，范次希所在抗三团直属大队未能及时跳出日军的包围圈，被困于深县、武阳、饶阳、安平一带，处于敌强我弱的态势。反扫荡开始后，范次希被分配到一大队一队做领导指挥工作。队员在范次希带领下，多次与日寇面对面对展开了肉搏。数日后，范次希终于带着齐平等几个学员突围成功，并巧妙地躲过日寇数十次的追踪。当时，队伍已被打散，两人冲出来后便开始收容并组织失散的战士及地方干部。到5月下旬队伍便发展到100多人。随后，范次希被任命为“警备旅抗三团收容大队”政委。当年6月9日，该大队袭击了一个伪军连， 随后进入深泽县南庄村。当日，日军渤海旅团长板本率部对该村进行“清剿”。当发现收容大队隐蔽地之后。板本跃马冲进该地，杀死了两名女干部，范次希和齐平见状从院子内屋冲出，范次希两手抓着板本欲开枪射击的手，齐平勒住板本的脖子，此时，大批日军冲进院子，开枪击中了范次希，范次希壮烈牺牲时年仅28岁。

在抗战阵亡名录中，还有一位与范长江一样的战地记者威远籍人沈文林。

1918年，沈文林出生于威远县严陵镇一个普通教师家庭。沈文林从小聪明好学，深得父母的厚爱。十二岁时随家迁至南京，进入南京钟南中学学习。在这里，沈文林有机会接触了大量的进步书刊和进步人士，启迪了革命民主主义思想，和班上进步同学一起，投身于学校地下党组织的学生运动。

沈文林

抗战爆发后，上海沦陷，沈文林随父母又返回四川，寄住在成都舅舅家中。国难当头之际，具有爱国热情的沈文林在成都街头得知八路军抗日军政大学招生的消息后，便于1938年4月到达延安，随即进入抗日军政大学第四期（最初分到三大队十四队八组，后在四大队四队）学习。当年11月底，沈文林从抗大毕业，随即被分配到八路军总政治部战地通讯记者团工作，成为一名战地记者。

其间，沈文林参与报道了1939年4月原八路军一二〇师对日寇在晋西北抗日反扫荡报道工作。战斗中，沈文林采写了多篇战地通讯、特写，以“戈里”笔名发表在《新中华报》《晋西日报》

《晋绥日报》上，真实地记录了反法西斯战斗的场面，鼓舞了抗日军民的斗志，受到上级首长的表扬。

这次反扫荡结束之后，沈文林前往绥远大青山抗日根据地采访。1942年7月，大青山游击战争进入了最艰苦、最困难的时期，日寇集中平绥铁路沿线各据点的优势兵力对绥中游击区实行秋季“大扫荡”，沈文林跟随当时的大青山骑兵支队进行实地采访，不幸陷入敌人的重围之中。据曾经接受沈文林采访的原八路军一二〇师三五八旅政治部宣传科长胡昭衡回忆，“在一次突围中，文林和一支骑兵小分队被大队日军骑兵围困，双方展开了激烈的战斗，一部分战友突围出去了，文林和几位战友退至一处山坡，子弹耗尽就用马刀与日军展到了肉搏。激战中，文林不幸被一日军从背后用刺刀刺穿了胸膛，不幸牺牲……”

抗战电视剧《壮士出川》中的王长生，参加了“暴风”特别行动组战斗，这方面的素材来自另一个原型——邓遂良。

1939年9月，由日本第十一军司令长官冈村宁次指挥，日军发动赣湘战役，我军第一次长沙保卫战开始。战役期间，驻守在九宫山的川军第十三集团军新十四师第一部在激烈抵抗之后，奉命撤退至二线阵地。但其中一个排却没有执行命令，继续在一线阵地作战。后来得知，当部队撤退时，位于最前沿的四连一排已被完全笼罩在硝烟弥漫的炮火中，连长看见这么猛烈的炮火，便派人上去传达撤退命令。其时，排长邓遂良正率领全排战士巧妙作战，抵抗敌人大部队整整一天。

这位邓遂良（又名邓述云）排长，是内江市东兴区高梁镇人，原是新十四师三十八团一营四连司务长。战斗中一排排长罗跃被炮弹击中阵亡，团长指定由邓遂良代理排长，他带领全排顶了敌人一天，创造了战区绝无仅有的奇迹。

邓遂良的事迹上报之后，引起了上峰的重视。他相继受到集团军司令官王陵基和战区长官薛岳的接见，获记大功一次，并获奖金1 000元。不久，邓遂良被派往鄂南，从事另一条战线的对日作战。

他们的任务是收集日寇的军事情报，破坏敌人的通讯和交通，惩治敌特汉奸，炸毁敌仓库，袭击敌小股部队和孤立据点。在这期间，邓遂良建立起了一个覆盖鄂南地区的情报网，一时间震动了鄂南敌占区。1941年8月，日寇准备发动第二次长江会战的情报，就是邓遂良别动队获得的。在长沙会战期间，邓遂良曾截获了关于敌人军列运行的绝密情报。他领5个别动队员，利用山坡的坡度在铁路上埋设炸药，炸毁了敌人运送兵员和弹药的军列。只用了八十块炸药，军列上的全部弹药就被摧毁，车上 3 000 日本兵几乎没有全尸。而我方 5 人无一伤亡。邓遂良为此获记特等功，参加士兵也人人记功。另一次，邓遂良率领别动队 100 人，巧妙布阵，伏击有 600 多人的日寇队伍，一共打死日寇 100 多人，缴获步枪 72 支、歪把子轻机枪 1 挺、弹药 60 余箱，战马 20 余匹。我方只在开展之初，因敌人试探性炮击时轻伤 1 名战士。邓遂良为此荣获一等功。

正是有了这些功绩，邓遂良在鄂南成为日寇的眼中钉、肉中刺，日寇四处搜捕他。1940 年 5 月 24 日，邓遂良被日寇抓获，受尽严刑拷打，左眼被打瞎。日寇的百般折磨也无法从他嘴中获得口供，于是决定枪毙他。行刑的前夜，即 28 日夜，日寇看他是一个了不起的人物。就赏了他一顿有酒有肉的绝命饭。邓遂良以此为契机，设法灌醉了汉奸看守，在半夜乘着雷雨交加，磨断绑绳，奇迹般逃了出来，回到别动队，继续与日寇做殊死战斗。

在内江籍抗日名将中，不得不提及刘公台。

刘公台（1896—1965），又名雄飞，四川资中金带乡人，行伍出身。1917 年，刘公台从资中县立中学毕业后入伍，陆军大学将官班乙级第一期毕业。1932 年随川军一二四师在川北与中国工农红军徐向前部作战，升为团长。1934 年调庐山军官训练团受训。1937 年随师出川抗日，驻山西洪洞县，上升为副旅长，与八路军 —— 五师协同对日作战 —— 娘子关大战。并听八路军总司令朱德讲授游击战术。

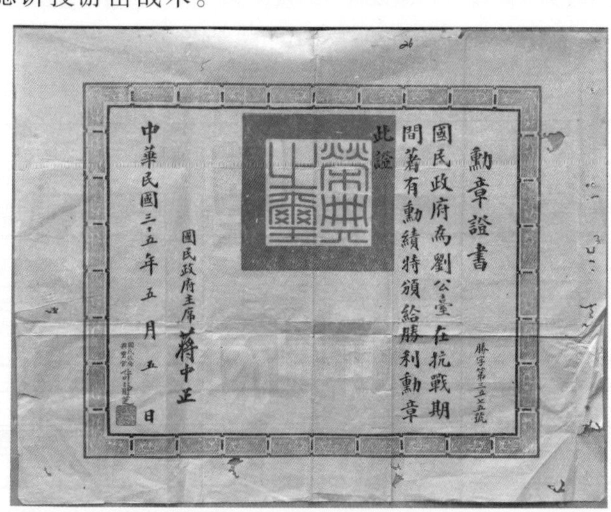
勳章證書

國民政府為劉公臺在抗戰期間著有勳績特頒給勝利勳章此證

國民政府主席 蔣中正

中華民國三十五年五月五日

刘公台抗战勋章奖章证书执照

1938 年 3 月，日军急攻徐州，刘公台随部防守山东滕县，参加了台儿庄战役。日军迫近滕县城，刘公台仅带两个连部队驻守城内，接到死守待援电令后，立即组织民众武装，与部队混编为四个连，坚守四个城门。日军以十架飞机为一组，轮番轰炸，又用大炮猛烈轰击城墙，每天削低一尺多，形势十分危急。16日，王铭章率一二二师残部入城增援，一二四师主力在城外被日军切割，王铭章要刘公台出城收集部队，与城内守军夹击围城之敌。刘公台带领一排敢死队乘夜突围。次日，3万日军倾巢出动，滕县陷落，王铭章与守城将士壮烈殉国。刘公台收集本部转守滕县临城一带，又被日军包围在沿铁路线狭长地带。刘公台激励官兵誓死报国，自己首先立下遗志，照全身戎装遗像。当晚，刘公台指挥部队炸毁桥涵，血战突围，刘公台身上负伤十余处。台儿庄大捷后，刘公台晋升为一二四师师长。

1940年5月，刘公台在枣宜战役中，奉命死守襄阳、枣阳，日军多次攻坚，始终无法突破其防线，敌军战报称刘公台"耳聋、面黑、骁勇善战"。蒋介石接见刘公台时，称一二四师为"铁军"，并派刘公台到峨眉山"陆大将军班"学习。

1945年9月，刘公台在驻马店代表中国政府接受该地区的日军投降。在受降仪式上，日军指挥官献上一把世传指挥军刀（中华人民共和国成立后，刘公台将军刀交人民政府）。

刘公台于1939年8月21日获四等宝鼎勋章，1944年获陆海空军甲种一等奖章，1945年10月23日获华胄荣誉奖章，1946年3月16日获四等云麾勋章，5月5日因"在抗战期间著有勋绩"获胜利勋章。

这些出川抗战的热血男儿，他们身上所体现出的那种为了国家民族生存而英勇顽强、不怕牺牲、机智勇敢、永不屈服的精神，正是内江籍抗日壮士们灵魂所在。

二、烽火连三月 家书抵万金

在内江的从军者当中，有很大部分热血青年和爱国志士是自愿应征参军的。如现存于东兴区档案馆的"内江县在职人员自愿参加知识青年从军运动呈"5件，记载了内江县警察局保安警察第一中队第三分队警长曹建奎，警士张文明、祝占川、陶春山、毛占奎、王银章，事务员雷立章及内江县政府雇员陈益华，靖民乡第二国民学校校长门寿成和第九国民学校校长冯巨臣，内江县义茂乡第一国民学校校长王刚业，内江县职校级任教员刘定远等均自愿弃职从军。正如呈文所述："窃此次中央发动全国智（知）

识青年自愿从军，举国青年皆已纷纷报名应召。职以国难方殷，正需热血青年踊跃报名从戎，报命疆场。……伏思国难正殷，正志士肝脑涂地以报国恩之时……”

1944 年 11 月 7 日，在冯玉祥将军到威远主持的知识青年从军运动大会上，当场自动签名的青年学生就有 332 名，年龄最大的 18 岁，最小的仅 14 岁。威远县梧桐乡小学生就有吴思言来到县府“抗敌后援会”办公室，坚决要求替兄从军。他激动地说：“面对国难当头，我已无心读书，我一直寻找从军机会。今天我哥哥中签应征，我让哥哥在家侍奉老母，我愿代兄出征，报效国家。”也有早已退役的老军人如威远县的邹济中先生“以感于国事险危，特慷慨致词，愿重上前线。其警语中有‘埋骨伏渍桑梓地，战死沙场是善终。’此其雄心，至堪嘉尚。”从军者家属非常支持，妻送夫、母送子、兄弟姊妹相送参军上前线的事例数不胜数。威远县的士绅李让三老先生，“早已退居林下，然犹关怀国事……命其素所钟爱之少公子人极（正肄业县中）报名应征。”威远县侦缉队长陈荣国之二公子邦信（肄业县中）此次也自动从军，在大会上代表应征同学慷慨致辞，决心“不扫倭奴誓不还”。

冯玉祥为威远县知识青年从军演讲词

现存于内江市档案馆的资中县四维中学女5班11位家长均立字据，支持自己的女儿参军上前线；隆昌县的“蓝玉清老太太，她的几个儿子都在前方抗战，女婿又参加了最近的河南战役，她献了最宝贵的儿子……”以至一曲亘古未有的“抗日号子”，唱遍了县城各大街小巷：“哪有女子不嫁人？哪有男儿不当兵？嫁人要嫁英雄汉，当兵要打日本人。郎在前方去杀敌，妻在家中把田耕。种好田地收谷子，杀尽鬼子享太平。好男当兵上前线，抗日队伍出四川。坐上大船到武汉，武汉火线扯得宽。哪怕飞机丢炸弹，写封家书对妻言：公婆面前多照看、抚养儿女苦中甜；抗战胜利时运转，你我全家就团圆。”

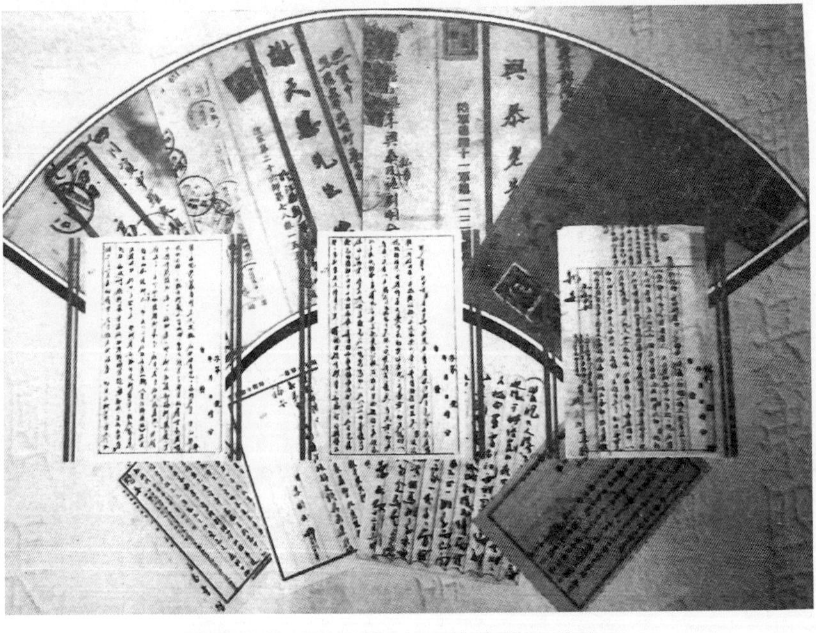

资中县出征抗战将士从前线寄回的家书

从保存在资中县档案馆里的抗日士兵寄回家的家书中，充满了他们的舍小家顾大家的爱国情怀。

家书一：要与倭寇拼个死活

资中县罗泉寺兴隆街人谢昌汝于1938年12月3日在给父母的信中说：“双亲大人膝下……男此次由上海返后，方时，经昆山乘火车至南京芜湖，大概本军要到江西武宁整编……男经此战后，成绩尚佳……我们青年都是国家一份子，当然要与倭寇拼个死活……”信虽简短，但字里行间表现出的抗日决心和民族气节，让人动容。

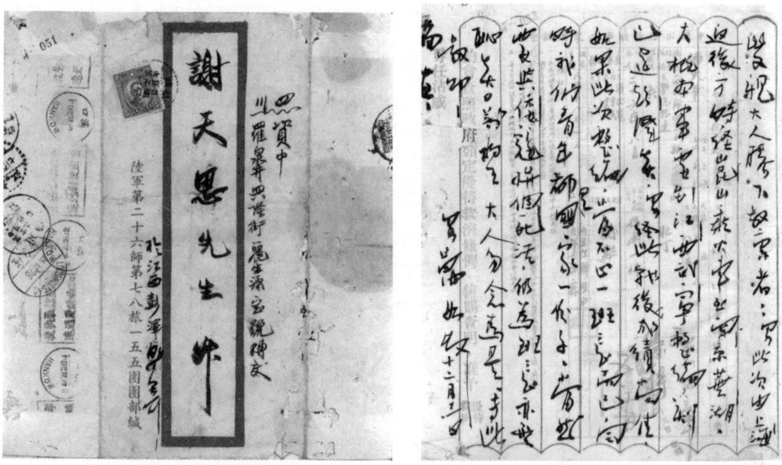

谢昌汝的家书

家书二：男现离家数千里，只得来函问候

战火在这头，亲情在那头。是怎样的信念，让资州罗泉井的李树成舍弃小家顾大家，甘愿献出生命！1939 年 3 月 8 日，他在给二老及家内各弟的信中这样写道："……男时常开拔，无有一定的地点，恐来信遗失，定请火速来信。男现离家数千里，只得来函问候，日后部队回川，决定回家看望双老及家内各弟。"

家书三：男自然努力为国服务

1939 年 8 月 15 日，□裕刚给父母信中描述了随部队转战的情景："父母亲大人膝下：本月五日在汉一航禀，计当早已入览。本月十日，男随部搭车由汉移住浠水，计程约四百里左右，途中共经四日。因公路甚坯（坏），汽车亦旧损不堪，故移动有如此困难。最近两三日内又当向前推进，大约移往距广济一百里左右之张家塝，地方已与安徽界相联（连），敌已节节败退，或因与苏俄冲突之故，再则孤军深入，于我大为有利。敌恐蹈拿破仑覆辄（辙），不敢不退也。浠水已被敌炸坯（坏）不堪，各部到此均住乡间民房，一俟部队向前推进稳定后，然后再推进，故并无若何危险。男自然努力为国服务，但无谓牺牲亦设法避免，大人勿劳远念。伏几作书颇不便利，以后有便仍当时时作禀。不过距离愈远，邮寄多需时日耳。特此即请福安！"

家书四：男在外面常常挂念母亲

1939 年 9 月 7 日，林有余在给母亲的信中有这样描述："跪禀母亲大人台尊均（钧）鉴：男因去年八月内出外做事，男到达一四八师二团三营九连做事。男不知母亲贵体可好否？一（亦）不知家中事情如何？男不孝有三，希望母亲庶（恕）儿之罪也。男现在到达一百四十四师四三〇旅八五九团三营七连做事。男抗战地点现在安徽省贵池县付（附）近，男在贵池付（附）音□□快汪岭。阴历九月二号作战负伤，伤右背。男（在）安徽省太平县岩寺做（住）医院。男希望母亲不必挂念。男希望在家中里（理）料家事。男在外面常常挂念母亲，希望母亲不必挂欠，只要日后太平返回家中在（再）孝敬母亲。"

林有余在给妻子信中说："问贤妻陈氏身体可好否？事情如何？余望贤妻在家好生孝顺母亲，不必反对，余日后回家在（再）作酬。意长不多叙，干急耳！如有回音，探交安徽省太平县总医院收。"

家书五：我的血为国而喷洒

威远县县立中学三年级学生曾文清从军后不久，从武汉寄回家信中，这样写道："我此次向外发展的原因，第一我是中华民国的国民，我居（住）在中华民国的领土。我中华民国在生死关头，也是居住在他上面国民的生死关头。故古人云：皮之不存，毛将焉附。假若，我此次出征不还而永眠，与世隔绝，那么我的英名，可以照耀于此时，因为我的死，是为国牺牲，我的血为国而喷洒，较之死于家乡或风尘，是何等的荣幸呢……"

正是这些珍贵的抗战出征军人家书，从一个侧面反映出内江在抗战中所做出的巨大贡献，以及为国家民族不畏牺牲的精神。

1940 年 7 月，资中县各机关法团学校和全县民众在荷花池体育场边立了一块三棱型的砖石巨碑，上书"抗日阵亡将士纪念碑"。"七七"纪念这天，全县机关法团举行公祭，其祭文曰：

呜呼！国运不幸，倭寇猖狂；"七七事变"，侵略我疆。维我领袖，督导抵抗；全面抗战，展开救亡。英勇将士，征尘踏上；前赴后继，义无彷徨。劣陋装备，胜过精良；丰功佳绩，卓著沙场。为国牺牲，死有荣光；大义凛然，千秋标榜。贼胆已寒，国威发扬；后死我辈，则无贷旁。继君壮志，努力自强；敌人斯竭，胜利在望。反攻准备，已联盟邦；停看日寇，日趋败亡。还我河山，奋我鹰扬；溅彼寇血，痛饮扶桑。值兹良辰，痛悼元良。一杯薄茗，三柱清香。灵兮不昧，来格来当。呜呼哀哉，伏维上享！

资中县罗泉镇的机关法团也立了一块“抗敌阵亡将士碑”纪念碑。

资中县罗泉井“抗敌阵亡将士碑”

其祭文曰：

呜呼，痛哉！生而为英，死而为灵，惟吾将士，国之干城。大憝蠹国，四海汹汹；青年志士，咸思呼号。枕戈待旦，冀靖敌氛；寓农同胞，热忱更深。牺牲家室，束发从戎，生存自卫，期进大同。“七七事变”，暴日称雄，惟我将士，舍命相从。沿江诸役，敌寇寒心；台庄一点，贼巢将倾。昊天不平，折我股肱，招魂祭酒，哭不成声！踏诸血迹，誓雪国耻。诸君精神，永远不死。尚飨！

威远县龙会镇龙会村建有七七抗战建国纪念碑、威远县镇西镇建有抗日阵亡将士纪念碑等。这些实物是内江人民的爱国抗日的有力证明。

三、英姿飒爽 投笔从戎留珍影

在资中县档案馆陈列着一张非常珍贵的照片，再现 21 名资中中级学生出征滇缅抗击日本侵略军、保卫中国西南大后方前整装待发的真实情形。

资中县中学生志愿参加赴印远征军留影

1938年初，资中县各中学决定不放寒假，举办“寒假学生战时训练一月”，讲授军事学科（步兵操曲、武器性能、野外学习）及实弹射击，女生加授护士学习。参加的学生有四川省立资中中学、四川省第二区资中联立师范等学校学生，参训学生年龄16至23岁不等，培训学生1 000人，提高了学生的军事素质，为中学生志愿投笔从军奠定了基础。1944年11月，资中县知识青年征集委员会成立。12月，应募者登记体检入伍。四川省立资中中学事务主任王冠雄以身作则，带头投笔从戎，率领文天杰、彭锡中、郑邦荣、刘祚勋、李震宇、陈中志、巫天棋、黄济民等数十名学生参加赴印缅远征军。为此，资中中学1943年12月29日致函资简师管区，为王冠雄等师生从军请予优待。其公函内容为：

径启者：查本校事务主任王冠雄先生，由北平师范大学暨中央军校毕业，曾留学日本，历任大中学教职员、校长及军校教官等职，壮志勇为，誉满士林，久欲献身党国，杀敌致果，苦无投效机会，迫暂蛰居教席，现今决志投笔，参加赴印远征军，振懦起顽，足资矜式，本校学生闻风而起者，已不下数十人。当兹成行在即，全校师生感念旧雨春风，除公宴饯别、赠旗志念外，特此函请贵部烦为通令所属，予以优待，而资激励为祷！

当时，因受王冠雄及其学生投笔从戎的影响，资中各中学学生报名参加远征军达到高潮：87名学生报名，经体检合格，41人参加了先生军。此外，在内江读书的资中籍学生张尊义等15人也志愿参加了赴印远征军。资中全县共有137名中级学生志愿参加了远征军。他们中年龄最大20岁，最小的只有15岁。

资中县中学生志愿参加赴印远征军留影拍摄于1944年12月，再现了21名资中中级学生出征前整装待发的真实情形，填补了内江抗战时期中学生参加远征军影像资料的历史空白，因此尤为珍贵。同时，资中县档案馆还保存有1943年10月驻印军总指挥部寄发给资中籍远征军士兵刘世云家属出征抗敌军人家属证明函及内江市档案馆、东兴区档案馆馆藏的资中县立农业职业学校志愿远征学生姓名册、资中县私立岭南中学志愿从军学生名册、内江县政府造报征送学生公教人员自愿参加远征军姓名清册等档案资料，都彰显了内江人民为抗日杀敌、不怕牺牲、前仆后继的英雄气概。照片、证明函及名册等档案资料，是研究内江中学生等参加抗战、组织学生寒假在校战时训练史事，以及动员全民抗战的珍贵影像、文字资料。

内江三县节约献金运动

1944年初，著名爱国将领、国民政府军事委员会副委员长冯玉祥将军亲赴川西、川南一带做动员工作，劝导节约献金。在此期间，他到了隆昌、内江和威远三县。

一、隆昌县的节约献金运动

冯玉祥将军到内江的第一站就是隆昌县。

1944年4月29日，冯玉祥将军到达隆昌，下榻县卫生院，不顾旅途劳累，即与县长李泽民做了长时间的谈话，介绍了其他县献金的情况。5月3日，冯玉祥将军在县参议会召开各机关、法团、乡镇负责人会议，正式成立隆昌县献金分会，大会推举县长李泽民为分会会长，并由冯玉祥将军聘请陈馨明为直属总队总队长，另聘多人担任副总队长、分队长、大队长，即日分头出发各乡发动献金。

5日，献金分会制定了《隆昌县节约献金竞赛办法》，办法分直属队与乡镇队竞赛两种，凡各乡镇年收益在300市石以上者列入直属队，年收益在300市石以下者列入乡镇队；获得个人冠军和集体冠军的，由县府呈请冯玉祥将军题字褒奖，制成匾额定期隆重荣赠。竞赛办法一经公布，激起了全县民众的热烈响应，节约献金热潮，犹如一股燎原之火种，燃遍了整个城市、乡村，呈现出无论是有钱人还是贫苦百姓都争先恐后尽力献金捐物的感人场面。

5月8日，献金分会发出关于召开献金大会的通知：隆昌县献金大会定于5月14日上午9时在大操坝举行。

在举行献金大会前一天，冯玉祥将军专门致函献金分会会长李泽民及各分会负责人，充分肯定了半月以来隆昌献金运动取得的成就，勉励大家一心一德、协力一致，作成最伟大之隆昌。在信函中，冯玉祥将军说："泽民先生会长，转分会各位先生赐鉴：隆昌为创造中华民国的革命发祥地，起初受尽艰难和危险，而今则光荣辉煌，万古馨香矣。

贵县献金救国，各位先生有的腿跑细了，有的喉喊哑了，只知为国，不知有家的精神，玉祥感佩万分！唯希各位先生，念到张自忠之舍身救国，胡阿毛之视死如归，以及目前中原大战之死义同胞献身流血实况，他们的国而忘家、公而忘私、人而忘之、磊落光明。各位先生在此每天有变化，每天有死亡，每天有进行的战斗激烈之时机，置身献金救国购买新武器的大运动大潮流中，定有日新月异的改变与进步。国家之转危为安，转弱为强，只在各位先生把牙咬一咬，把两根硬骨一撑，则令尹子文之爱国，商人弦高之犒军，非异人任也。还希各位先生，一心一意，努力一致，作成隆昌是最伟大、最救国之隆昌也。余请赖亚力先生面达。此颂。冯玉祥敬启。”冯玉祥的信函对献金分会负责同人起到了极大的鼓舞。

5月14日，隆昌县节约献金大会在大操坝隆重举行，盛况空前。尽管昨夜是一场阵雨，地面还很湿润，但也无法阻挡众多民众从三十里外乡镇赶往献金现场献金，涌现出了不少可歌可泣的动人事迹。大会由李泽民主持。10时正，大会正式举行，由李泽民做简短发言后，冯玉祥将军做大会致辞。在他讲话中痛斥了日寇侵我国土，杀我同胞的滔天罪行，简明扼要地分析抗战形势，动情地说：我们本着有钱出钱，有力出力的精神来捐献救国，不勉强，不摊派，要出于自愿，出于爱国热情，法币可以捐献，金银珠宝、玉器、首饰、古玩都可以捐献，捐献得多，我们欢迎，捐献得少，我们不嫌，积少成多，就是一大笔款，越多则胜利就越近。最后他号召大家万众一心、齐心协力，抗战到底夺取最后胜利。

冯玉祥将军的致词情真意切，那洪亮的声音，深深地感染着、打动着全体捐献者，全场爆发出一阵阵热烈的掌声，台上台下，群情激昂，挥舞着手臂，高呼：“冯将军，六十多，苦口婆心为救国！”“献得多，献得好，快把日本来赶跑！”“买飞机、购大炮，炸平三岛把仇报！”“男女一条心，大家都献金，忍痛又吃苦，直捣到东京”一系列的口号声此起彼伏，响彻云霄。

冯玉祥将军致辞后，开始献金。献金按照各总队献金（共有15大队）、实物献金、义卖献金、自由献金和游行献金进行。冯玉祥将军自始至终参加了献金大会，被隆昌县人民踊跃献金救国的场景所打动。他在致爱国朋友的第十封信中是这样描述的：

隆昌县踊跃献金的场面是非常感人的……五月十四日，这在隆昌县也许是一个永远不会遗忘的日子吧。昨夜的阵雨到今晨已经停止了。大草坝的广场还很潮湿，但是爱国的同胞们顾不了这许多，人们陆续向这广场集合了。百岁老人郭庶藩先生也从几十里外，赶来开会。十时整，大会开幕，由李县长任主席。我们两个人简短致辞后，便开始献金。第一项节目是老人队献金，由百岁老人前导，几十位胡须一尺多长的老先生都依次走到献金柜前，投下一束法币。第二项节目是幼稚生献金，这些小天使们，一辈子也不会忘记他们有生以来这第一次的光荣纪念罢。他们由教师带着上台来，排成队，行了礼，再由教师抱起来，一个一个把钱投在柜里面。接着是学校队献金。县立中学四十五万元，楼峰中学五十万元，并有夏布背心七十件，金戒指多只，立达学园三十五万元，兴国中学十五万元，乡村师范二十一万元，并有夏布背心一百件。这时学生队伍里唱起了加油歌，台上的报告员不断地报告追加的数字。计县中追加三万元；乡师追加四万元；立达追加十万元，再追加五万元；楼峰中学追加十万元。这一幕一幕的精彩节目，忙煞了中央摄影厂的连城、李剑华两位先生，开麦拉不断地转动，群众热烈的情绪，都收进镜头里面。接着报告小学数目，全县中心小学校共献一百二十八万元，国民学校五十九万元，许多小学都自动追加，使学校总队的总数接近四百万元。直属总队九百三十七万元，又追加二十万元；商业总队二百二十五万元，追加十万，再追加十万元（包括蚊帐、罗星纱等）；妇女总队四十万元，并追加了两个五万元，另外还献有金戒指七十一只，布鞋一百三十双，夏布背心一百三十件；机关总队一百二十三万元，县政府追加三次共四十万元，其余很多机关，也都有小数的追加。机关总队中，××师管区武装同志捐献十七万元，我退还他们，坚决不受。特种总队五十五万余元，义卖总队五十二万元。报告数字之后，献实物开始，共计金戒指二百十一六只。道人谢宗田献金片一钱九分尤其令人感动。接着是义卖，由林逢春先生作临时卖货员。乐山小朋友杨艾南捐献的磁扑满，由县银行王经理敬修义买。猫眼钻石戒指和古砚由郭毅群以二万元及三万元义买。接着，合江女教员捐献黄皮鞋，由县长夫人王爽秋女士买（卖），谢君奎以二万元买了；泸县荣誉官长尹镜堂献的俄国毯，成都空军忠遗族赵宝恕献的绣花毯，由王爽秋女士及陈能芬先生各出一万元义买。陈瞬五先生以二万元买了字帖；张加一先生以一万元买了成都齐大学生刘大明的蓝布棉袍，陈能芬先生出五万元买了成都薛坤明的狐皮袍；李从文先生以二万元买了豹皮大衣。这些物品，义买的人都不顾自己保存，都又献给国家。

还有一幕让人兴奋的场面，6 位青年由石鹅中心学校校长陈有章率领走上台前，他们不但要献金，还自动要身体献给国家，愿参加远征军去杀敌，这感人的举动引起台下一片掌声。

自由献金后，便开始游行。队伍摆得有好几里长，走在最前面是隆昌县献金大会旗帜、军乐队、中国献金总会会长冯玉祥将军及来宾，接着是隆昌县献金分会会长李泽民及各理监事，以及抬着献金包的人员，再后面依次排列的机关队、妇女队、小学队、直属队、长期献金队、义卖队、乡师队、隆中校、献金柜一号、商业队、乡镇队、特种队、民众、献金柜二号、立达学园、楼峰中学、兴国中学、国民兵团、驻军。游行队伍经富顺街、南街、河街、老街、北街、兴隆街。献金包由一面大旗帜做成，四角分别由总会、分会负责人拉着，冯玉祥将军走在献金包的前面，他精神抖擞，情绪激昂，全无一点花甲老人的龙钟态，且沿途不断向献金群众点头微笑致意。街上每一家都踊跃地把钱投在献金包里，住在楼上的同胞便从阳台上把钱投下来。住户和商店并用鞭炮来欢迎这伟大的队伍。献金包里的钱越来越多，越来越重。可以说全城的每一位都参加了这献金运动。直至下午 3 时，大会才圆满闭幕，游行队伍才开始解散，人们才开始感觉到肚中的饥饿了。

隆昌县节约献金大会结束后，冯玉祥将军离开了隆昌。

尽管冯玉祥将军离开了隆昌，但是，隆昌的献金运动并没有结束。5 月 20 日，献金分会李泽民与长期献金队总队长罗泽民发出通知，大量征集队员，每人每月献金数字以国币 10 元为起点。乡师校校长喻铭勋除捐献现金外，发动全家参加了长期献金队，每人每月捐 100 元，直到抗战胜利为止。

1945 年 4 月，国民党四川省政府明令嘉奖了献金 10 万元以上者，并转发了国民党中央行政院颁给的奖状，隆昌县受到嘉奖和奖状的个人和单位有 15 个，他们是：李从文，献法币 120 万元；林万和，献法币 50 万元；叶灵萱，献法币 10.2 万元；古正铨，献法币 10 万元；舒复生，献法币 10 万元；薛余海，献法币 10 万元；立达中学，献法币 50 万元；楼峰中学献法币 63 万元；县立中学，献法币 48 万元；乡村师范，献法币 25 万元；兴国中学，献法币 20 万元；义大煤矿，献法币 50 万元；石燕煤矿，献法币 20 万元。

冯玉祥将军对隆昌县的献金运动感慨至深，评价很高。他在内江椑木镇发动献金运动的演讲中这样评价："……4 月 29 日我们由泸县沿公路到隆昌的，在那里待了半月，5 月 14 日举行了献金大会，总数已超过二千五百万元，并献金戒指二百一十六个，其他蚊帐、夏布、背心等很多很多。从献金的数字上看，隆昌已超过了以往献金的各县，达到献金运动的高峰。隆昌是明末新成立的县，面积小，只有二十八个乡镇，人口三十二万，原是一个三等县，后来因在成渝交通要道，改为二等县……希望大家要赛过隆昌，超过泸县，突破五千万大关。"

二、内江县的献金运动

1944 年 6 月 7 日午前 9 时，冯玉祥将军偕夫人李德全女士、总干事赖兴治（即赖亚力）专车莅内，发动国民献金救国。内江县机关法团的代表有部子举、易元明等约 500 余人，列队在南外卷子坳郊迎接。冯玉祥将军下车后，含笑脱帽，与欢迎者握手为礼。

冯玉祥将军一行人初下榻于中国旅行社。下午 4 时，各机关法团代表 300 余人在国民党县党部礼堂开欢迎大会，并推举出内江县献金运动各部负责人。冯玉祥将军虽说是风尘仆仆，却无倦色，神采飞扬。他在一片热烈的掌声中起立讲演，他说：一要爱护国家，拥护抗日政府；二要团结一切爱国力量，收复土地；三要有钱出钱，有力出力。最后冯玉祥将军以"大声疾呼"四字赠送大家，希望大家做好宣传工作，推动献金运动。之后，冯玉祥将军夫人李德全致辞："一个家庭是由夫妇组合而成，一个国家由男女同胞组合而成，那嘛，我们女同胞也应与男同胞共同尽责。"最后由易元明（内江县县长）代表致答词，会议一直持续到六时半散会。

中国旅行社女工温毛氏，闻冯玉祥将军来内江倡导节约献金运动，至为感奋，将其终年辛苦所得工资一齐捐献。她系内江县献金的第一个。随后内江县立中学训育主任熊楚才，聆听冯玉祥将军在国民党县党部礼堂发表首次献金演讲后，慷慨将多年教书积蓄准备用于子女教育的 5.7 万元支票交与易县长转冯玉祥将军。全兴钱庄经理曾仲海，捐献 130 万元，突破了以往个人献金最高纪录。靠白案起家发了财的金台旅馆老板李焕章，将 200 亩田产每年收益的黄谷 600 石全部捐献，直到抗战胜利为止。随后受到委员长蒋介石通电嘉奖。

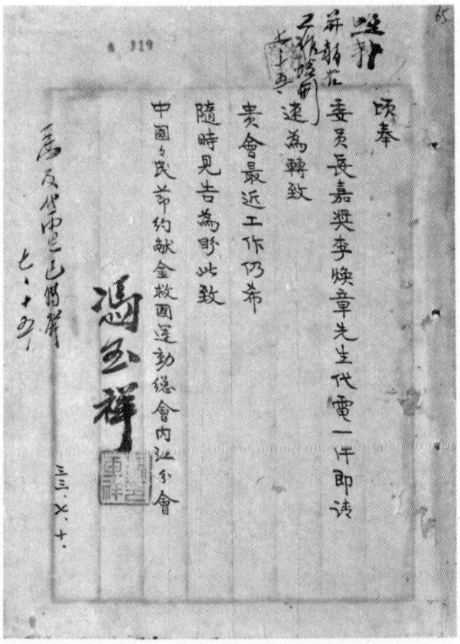

顷奉
委员长嘉奖李焕章先生代电一件即请
迳为转致
贵会最近工作仍希
随时见告为盼此致
中国国民节约献金救国运动总会内江分会
冯玉祥
三三.七.十.

冯玉祥关于嘉奖李焕章致内江献金分会的令

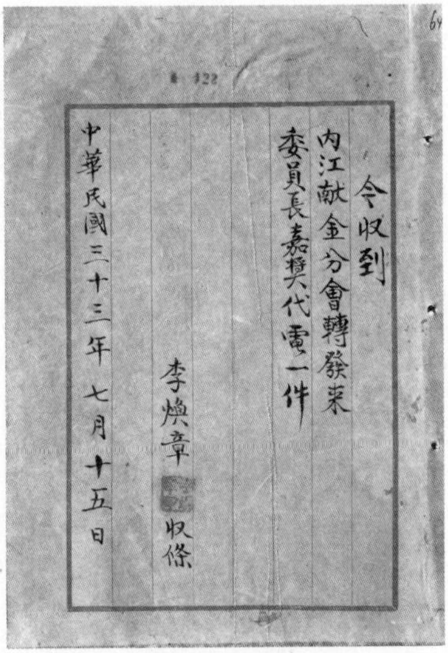

今收到
内江献金分会转发来
委员长嘉奖代电一件
李焕章 收条
中华民国三十三年 七月十五日

李焕章领取嘉奖令领条

贾家乡老人艾氏、凌家乡乡民李德鳌，分别献出田土变卖捐献。有的老太太献出了自己出嫁时祖母给的银手镯。有的穷苦学生熬夜打草鞋卖了钱捐献。一时间，工人、农民、教师、官员、商贩、拉黄包车的、挑水卖的亦都纷纷踊跃献金救国。

8日，《内江日报》第三版以“迎冯将军”为题，发表了热情洋溢的短评：

……内江各界盼望冯将军之到来，真是“眼巴巴”，吾人确可发誓，实是由衷的欢迎冯将军来，并望其早来，因为我们对冯将军有感情，对国家有感情，这感情是可以塞乎天地的。

内江为西蜀沃土，非瘠薄之地，而人文特盛。汉安代有贤人，慷慨激昂，爱国志士尤多，喻大将军培伦捐躯报国，即赫然之一例也！吾人对今次内江献金前途深寄期望。爱国运动，贵在自动，尤贵在人人尽心、尽力，愿我汉安人士，在‘尽’字上多用功夫，以造成光荣的纪录，以表吾人之“真心”。如此，则必有可观。最后，吾人特向冯将军致敬！并表由衷之欢迎。

9日下午4时，中国国民节约献金救国运动总会内江分会在国民党县党部正式成立，推举郜子举为名誉会长，易元明为会长，雷禹三（参议会议长）为副会长，下设总队分队。在成立大会上，冯玉祥训词：

各位会长、队长：今天个人得参预内江分会成立典礼，非常荣幸。现在我们有三件最重要事件：（1）德国强占欧洲地盘，现在被英、美、苏俘虏二十余万，并且打出苏联及非洲境界。就是苏联人爱国。中国人传统思想都是顾父母、妻子、兄弟，余力之外，才爱国，所以把日本鬼子打不走。现在我们遇着四五千年最严重的大难，我们要大家起来爱国，要希望人人都要作胡阿毛先生那样爱国。同时，希望大家像今天在座的王长□同志以眼足供（贡）献了大家，并且还在募钱来捐献。我在泸县、隆昌主持献金，大（家）们都很热烈，希望各位发动爱国热忱，劝导大家努力捐献。

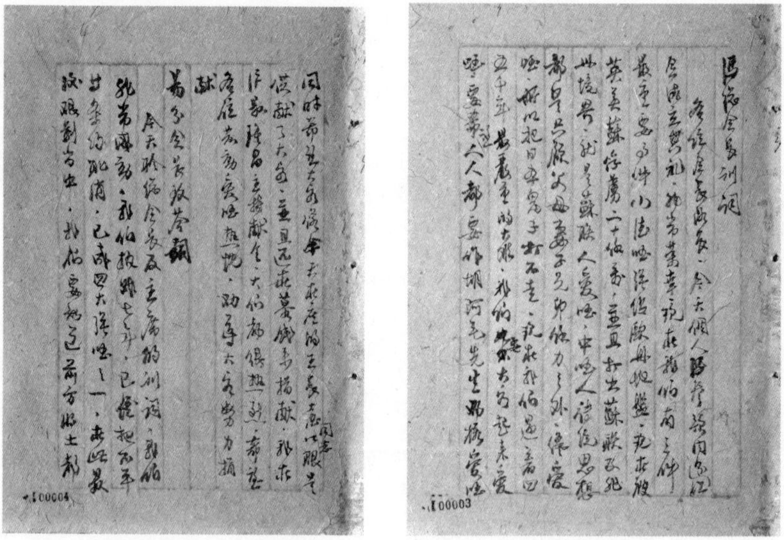

冯玉祥在内江县节约献金大会上的训词

同日，《内江日报》出版了冯玉祥将军所题《节约献金救国运动专刊》。上午，冯玉祥将军为大洲中学、沱江中学两校师生讲话。会后，冯玉祥将军偕夫人李德全女士还专程到内江县立女子中学参加该校初三毕业典礼，与师生们合影留念。

10日，又在全记戏院召集县城各公立私立小学高级班学生讲解爱国爱家和献金运动之关系。同日，冯玉祥将军对合作会计学员及户籍统计人员训话。

11日，冯玉祥将军召集内江钱业、工商业、自由职业、合作社、糖业各界知名人士大会。在大会上，冯玉祥将军动情地说：

今天，冯玉祥能来与各位见面、谈话，很荣幸，很难得。因在此说话的空间，我们前线的将士死了多少？所以是，正（郑）重地代表蒋主席问各位健康，就是问好。各位先生、各位同胞，请想，部司令连日奔跑各处为喊，为什么？是为我们国家、民族强。好消息，同盟（国）站（占）罗马，盟机二万多架、降伞二万多，兵舰四五千掩护登岸，意已完。现在三面围攻德国了。这是好消息。如现美十四航队陈将军……盟军胜利，同我们胜是一样的。其于（与）我们同打抗战以来，我们收（税）收日少。如（1）关税；（2）盐税；（3）……日减千万倍不止。开支日增庞大。所以我们（要）抗战胜，我们（应）自觉、自动起来，拿出良心，把节约的钱献给国家买飞机、大炮、坦克车。□美国节约把□巾剪。公债一日卖了一千万之六百五十万，他们能认国家，牺牲小我全大我。我们看他们如何节约爱国，我们应当跟上去。最近，有（个）戈贝将军，他是代丘吉尔签（字的），他说英国一人一日吃一（口）。他随员说，他国后方如此，前方则不然，但贵国则不然。我说，先生，咱们是同盟国，你即知道，你不要骂人。他说，不是相同，（是）的确关心的话。我此次出来，看见各地卖猪羊鸡鸭无数，让后方大人、财东、少爷、小姐、太太吃（得）嘴流油，而我们前方将士呢？连肚都不饱。沦陷区限吃、被刺情形。我们还能在（此）安静过日（子）。谁都知道，我们前线将士拼死流血，筑成一条新的长城挡住，才得安度。我把蒋委员长收到我转上献金款送我四大字“你大声疾呼”（转送各位）。同胞（们）醒一醒罢，你快把节约下来的钱，快献给国（家），把鬼子（赶出去）!

12 日，冯玉祥将军在国民党县党部礼堂邀集党、团和地方知名人士，介绍以往泸县、隆昌等地献金情形。冯玉祥将军说，泸县已突破 5 000 万元大关，超过了成都、江津和合川的总和，个人献金创造了 110 万元的新纪录，献金戒指的达 300 余人，献金运动正向纵深发展。

13 日，冯玉祥将军会见内江县各界妇女代表，并发表演讲，他说：“各位妇女应当牺牲小我全大我。（再）其次，同盟苏联最近的妇女作游击队，尽了她们的天职本分、责任，我们又应当要如（何）才好？请各位看看是不是国家难呢，我们要（做）到各尽其能来帮助国家，再（次）我们应把节约下、不应化（花）的钱拿出来，献给国家买飞机、大炮，把日鬼打回去，救国家、民族，复我们战死将士的仇。”冯玉祥将军还带去了铝制品纪念戒指，将乐于捐献金戒指的换下。冯将军动情的演说，深深地打动了在场妇女，她们纷纷摘下手指上的金戒指，戴上冯玉祥将军的铝戒指，她们感到无比兴奋和自豪。在三天的时间里，内江妇女界就捐献了 400 多枚金戒指。

14日，冯玉祥将军对附城乡镇保甲长及各机关首长训话，他说：

我们抗战快到七年，国家支出一天比一天大，而收入一天比一天少。所以，现在发动国民节约献金运动。一可帮助国家抗战力量，买大炮、飞机、坦克车。献金的办法：直给蒋主席；二、不开支。原则：一、自觉；二、自动；三、自由。其目的在农、工、商、矿，不希望军、教、公三界人士，因为他们很苦。其特别注重的婚丧喜庆四项，应当节约。把节约下来的钱献给国家，增加抗战力量，是不是化无用为有用，这才算真正节约救国。这年头很难得，要培植善根善感，如曾仲海、李焕章先生。我说这话很盼望各位携起手来，踊跃献金救国才是，为国民好榜样。整个的大计策，国存家在。其次，每次我把各地献金款送给蒋主席，均有回信，中间有一次的信这样复我："你汇款均收到，盼你大声疾呼。"请各位想想这"大声疾呼"四字是何等的意味。今天，我把这四字转送各位代（带）回去，大声疾呼说："同胞们，快快觉悟起来，快快醒罢！我们的敌人在宜昌，距我们的政府不多远。要把不应化（花）的钱节约下来，献给国家。同胞们快醒罢！献金救国。"这样，我很谢谢各位。

15日午前8时，冯玉祥将军偕夫人李德全及随从人员专车在内江椑木镇召集全镇居民及当地酒精厂全体职工讲话，生动介绍了隆昌的献金捐献运动，感慨万端地说："……从条件上说，它比内江当然差些。内江人是不甘落后的，希望大家赛过隆昌，超过泸县，突破五千万大关。"

16日，冯玉祥将军及夫人李德全和随行人员又去茂市镇动员献金。

17、18两日上午，分别在国民党内江县党部和全记戏院召集全县妇女和税务、粮食、交通等部门全体职工讲话，除了阐述献金意义外，冯玉祥将军要大家"看看曾仲海，学学李焕章"。因为李焕章、曾仲海献金较多，所以他提笔写了大幅横标，悬挂在南街的上段，大大激发了广大群众的爱国热情。

为响应冯玉祥将军倡导的国民节约献金运动，私立沱江中学早于月前既已发动了"全校师生减膳两月，共约得六七万元。该校于六月十日午后六时在沱中校内举行节约献金游艺募捐会，坐定甲、乙两种：甲种二百元，计二百张；乙种一百元，计六百张，早已发出，共约得十万元，计该校师生减膳与游艺募捐两项共约十六、七万元"。

特别是6月16日，内江县在大洲坝召开了轰轰烈烈的献金大会。第一个精彩节目是幼稚生献金2.27万元。他们由教师带上台，排成队，行了礼，再由教师抱起来，一个个把父母给的糖果钱投入柜中，给整个大会增添了光彩，引来了经久不息的掌声和阵阵欢呼声。第二个精彩节目，内江著名画家梅鹤年精心作了四幅书画作品，奉献给冯玉祥将军筹作“义卖”，其款作“抗日献金”捐，敬表“抗日”赤忱。冯玉祥将军还特请梅鹤年先生在一块洁白的绸缎上，描绘出梅枝，再用红丝线把捐献的金戒指缀嵌在梅枝上，挺拔的梅枝顿时开满了金耀眼的一朵朵“梅花”，堂堂地展现在内江人民面前，诚示对前方将士的敬意与支持，成为献金大会上一道亮丽的风景，极大地鼓舞和增强了广大民众“抗日必胜”的昂扬情绪和信心。这就是四川当时有名的“抗日梅树开金花”的动人佳话。内江著名书画家梅晓初有诗赞曰：梅树金花放异辉，捐资救国众心随。国人誓雪东洋恨，遥祝前方捷报飞。紧接着就是学校捐献，私立大洲中学献金 137.8 万元；内江县立女子中学 5.966 万元；蓉关中学 35 万元；沱江中学 31 万元；内江县立中学 30 万元。小学中以东镇中心校九万余元为最多，再加上其他学校。因此，学校总队的献金达到了 425 万元。其他为直属总队的献金数字达到 968 万元，民众总队 60.7 万元；机关总队 150 万元；妇女总队 100 万元；乡镇总队 800 万元；糖业总队 1 150 万元；党员总队 30.24 万元；团员总队 59.8 万元。大会愈开愈热烈，好似大海的波涛，一浪高过一浪，“加油”“再加油”的呼喊声此起彼伏，响彻云霄。在这样的鼓舞下，银钱总队献金 500 万元。

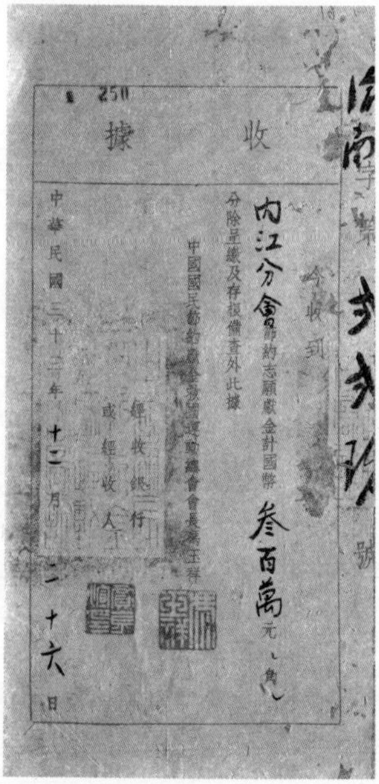

250

收據

今收到

內江分會節約志願獻金計國幣叁百萬元 角 分除呈繳及存根備查外此據

中國國民節約獻金運動總會會長馮玉祥

經收銀行

或經收人

中華民國三十三年十二月二十六日

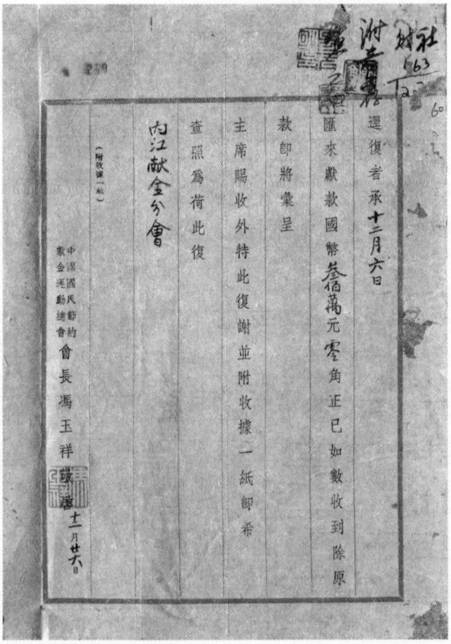

逕復者承十二月六日

匯來獻款國幣叁佰萬元零角正已如數收到除原

款即將彙呈

主席賜收外特此復謝並附收據一紙即希

查照為荷此復

內江獻金分會

（附收據一紙）

中國國民節約獻金運動總會會長馮玉祥

十二月廿六日

冯玉祥致内江献金分会的收据

冯玉祥将军及夫人李德全在内十余日，讲演多场，内江人民很受鼓舞，掀起献金热潮，给冯玉祥将军留下了深刻的印象，他饱含深情地说："内江这个地方献金是五千多万元。那时候正是华莱士副总统到了重庆，报纸上每天都登着献金轶事。内江地方上的人，有的献地，还有学生把他的家产都献出来。有一个小女孩，是个穷孩子，没有钱献金，看见别的学生都为了救国来献金，她就用稻草打草鞋，一夜打了十几双，第二天早上拿到场上去卖，把那钱献给国家。她的眼因为一夜未睡觉打草鞋所以很红。有的老太婆把她祖母给她的银镯子都献了金。老绅士们说，你看这镯子都是墨绿色，这是她们一辈传一辈，在家切猪草染上的色。"特别是有"曾仲海先生独献一百卅万元，突破以往个人纪录"。所以，冯玉祥将军在给爱国朋友的第十一封信中说："内江人是民族的瑰宝，是国家的光荣。内江人创造了当时献金的最高纪录。"

三、威远县的献金运动

冯玉祥将军离开内江县后，经自贡、富顺两地，于 11 月 2 日到了威远县，下榻在威远煤矿驻城办事处，住了四天。冯玉祥将军来威远，计划在县发动节约献金救国运动之前，召开一个慰劳抗属大会和主祭阵亡将士大会，并在县建立忠烈祠，把阵亡将士的"神主牌"送入忠烈祠供奉，以表彰忠烈，鼓舞抗日士气。

在献金大会召开前，威远县商业会长颜怀西说："冯玉祥装模作样，无论他说什么，我是不会献金的。"大会进行中，冯玉祥将军声似洪钟，满怀深厚的爱国热情，斩钉截铁地说："天下兴亡，匹夫有责，强敌入侵，我前方将士浴血抗战，我们后方的老百姓岂能无动于衷，不献金救国吗？如果有人丧心病狂，不有钱出钱，有力出力，那他就不是炎黄子孙，就不是有出息的中国老百姓。"颜怀西在亲耳聆听了冯玉祥将军长时间感人肺腑的讲话后，眼泪把他的胸膛全部都湿了，他首先站起来说："我代表全县商户拥护献金，争取多献金！"结果，威远县献金 2 000 多万元法币，布鞋一万双。可见冯玉祥将军的至诚能够感化教育顽固分子，更能激励广大民众的爱国热忱。

威远县是冯玉祥将军亲临四川各地倡导献金的最后一站，凑巧的是，这里也是他最初发动献金运动时首先响应的地方之一。冯玉祥将军记得，早在 1943 年 11 月，他应邀去后来被他称为献金运动发祥地的自贡倡导献金时，“距自贡市七八十里的地方，有一新开的煤矿，厂长姓郭，除了一次捐以后，还有每月捐。”这里所说的新开煤矿，即是威远煤矿。

1940 年代威远煤矿全景

当时，冯玉祥将军偕夫人李德全前往威远煤矿视察并推行“节约献金”救国运动，同时发表了主题演讲。冯玉祥将军站在学校操场上，用一口北方话，带点安徽腔，又学四川方言，那极有煽动性的铿锵有力的演讲极大地调动了煤矿职工抗日救亡的热情，节约献金活动得到全矿上下的积极响应，献金总额达 149 万元。威远煤矿的献金热情受到冯玉祥将军的高度赞扬，即兴题写“新天地新世界”赠予威远煤矿，同时赠送“还我河山”碎瓶一对。

冯玉祥将军在离开威远煤矿后，在给矿长郭象豫的信中写道：“贵厂热情献金之情形至为感，全国工厂均能如此爱国救国，则驱倭寇还我河山实易也。”以后又“历次寄下之献金消息，对全矿感动甚大。各职工每月献金之数虽属有限，贵能各尽其力。……经发动一次献金共得二十三万九千九百六十九元一角六

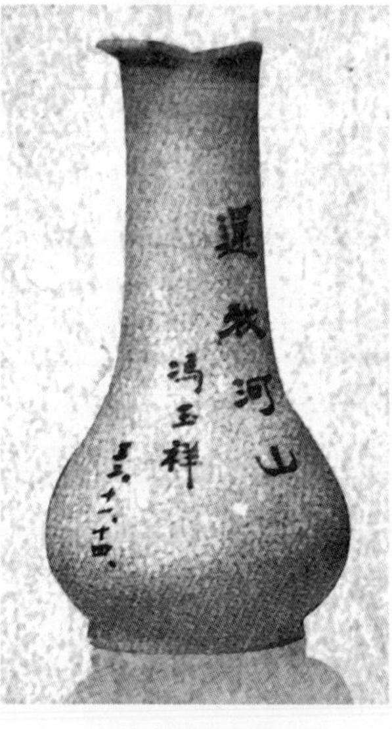

1943 年 11 月冯玉祥将军向威远永盛瓷厂定制花瓶赠送威远煤矿职工

分。……此外，按月献金亦自七月份起，较原定献额增加一倍。”特别是冯玉祥将军的 6 月来信，再次激发了威远煤矿工人的献金热情。尽管当时煤矿由于受资金周转的困难，从 4 月份起已暂时减产，工人收入减少了数十万元，全矿献金受了一定影响。冯玉祥将军 6 月来信后，工人克服了种种困难，除 7 月份一次献金国币 80 万元，连同 7 月份按月献金国币 71 005.2 元，两项共计国币 871 005.2 元。

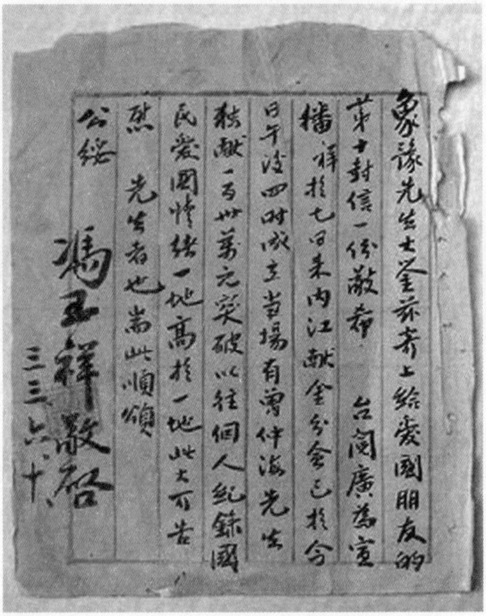
象豫先生大鉴 兹寄上给爱国朋友的第十封信一份，敬希 台阅，广为宣播。祥于七日来内江，献金分会已于今日午后四时成立，当场有曾仲澔先生独献一百卅万元，突破以往个人纪録。國民爱國情绪一地高於一地，此大可告慰 先生者也。耑此顺颂 公绥 冯玉祥 敬启 三三、六、十

冯玉祥致郭象豫信

冯玉祥将军偕夫人再次莅临威远进行抗日献金动员，他以饱满的爱国热情和一片赤子之心，做了四场极具鼓动性的演讲，号召“威远人民坚持抗战，团结御辱，一致抗日，把日本鬼子从中国的国土上赶出去!”7 日，冯玉祥将军亲自主持威远县知识青年从军大会，号召全县父老兄弟姐妹有钱出钱，有力出力，踊跃献金，踊跃应征，“牺牲小我救大我是最光荣的事业”。随后夫人李德全也做了演讲，号召青年妇女要“平等担负起爱国的责任，踊跃从军，发挥平等独立，实现自强自由的伟大抱负”。冯玉祥将军及夫人的演讲，深深地打动了每一位在场的人，他们不辞劳苦，为抗日募捐四处游说奔波的爱国情操，给威远人民留下了深刻的印象。抗日募捐受到威远人民的热烈响应，社会各界民众纷纷上台自报捐黄金、白银、现钞、实物等数额，献金金额达 2 172 万元，各界妇女捐布鞋 1 万双，尤其是威

远籍盐商余述怀在贡井献金动员大会上捐款 1 000 万元，为个人献金最多的一位。

冯玉祥将军结束了在内江三个县主持的节约献金运动，深为内江人民踊跃献金精神所打动，欣然提笔作诗，写下了《内江人颂》，并由威远直接返回了重庆。冯玉祥这次在内江，历时 40 余天，为募集捐款改善前线将士的生活、武器装备等物质条件而不辞劳苦的爱国精神和高尚品质，给内江人民留下了深刻的印象；而内江各界民众“无论男女老幼，莫不热烈响应，人人自动争先献金”，在极困难的条件下“牺牲小我全大我”，为争取抗战的最后胜利也贡献了最大的力量。

在冯玉祥将军发动的抗日爱国捐献运动中，内江、隆昌、威远 3 县献金总量就达 8 920 万元。

冯玉祥将军的《内江人颂》

冯玉祥将军

《内江人颂》是冯玉祥将军 1944 年 6 月 27 日发表在《自贡新闻》报上的诗歌，是赞扬内江人民抗战爱国情怀的颂歌，是内江人民为抗战做出重要贡献的历史记录。

內江人頌

《自贡新闻》报载“内江人颂”

一、《内江人颂》是内江人民爱国情怀的颂歌

较早介绍《内江人颂》的是内江市档案馆。1987年6月，为纪念全民族抗战爆发50周年，内江市档案馆编辑出版了《内江抗日救亡运动档案史料选编》，在自贡市档案馆收集到该诗并编入书中。2015年纪念中国人民抗日战争暨世界反法西斯战争胜利70周年之际，内江市档案馆为准确珍存和传播这一颂扬内江人民抗日爱国情怀的经典诗篇，派人前往自贡市档案馆查寻发表该诗的原报。因该馆收藏的《自贡新闻》报纸时间久远，纸张发黄易碎，已封闭不能翻阅。后经该馆与东方锅炉（集团）股份有限公司档案管理部门联系后，在其制作的缩微胶片中查阅到了该报胶片，拍摄胶片图片带回了内江。该诗原文是：

内江人颂

冯副委员长作

山有翠屏。水有沱江。山清水秀。大块文章。地种红苕。田皆谷香。漫山遍野。甘蔗作糖。人才辈出。公侯将相。文化极高。男女学堂。国之根本。大农工商。创造我民国。出有喻大将。人民很仗义。许多革命党。有的曾被抄家。有的革命而亡。每逢国家临大难。壮士负戈上战场。不说那些志士仁人。只看那：毁家纾难曾仲海。英雄豪杰李焕章。学校谁最先。大洲超江阳。有国而后有家。实践出在内江。司令郜子举。元明易县长。双腿都跑细。喊破喉和嗓。力夫脚夫齐争献。幼稚老翁出大洋。全县献金五千四百万。还有许多金戒和方糖。真正是忠贞无比义胆侠肠。这才是拥护领袖。这才是拥护中央。爱国志气坚决了。全国同胞均仰望。牺牲精神领导着誓雪国耻的思想。圣哉内江。贤哉内江。你是国家瑰宝。你是民族之光。

二、《内江人颂》包含内江人民丰富的民族精神内涵

《内江人颂》通俗易懂，但具有深刻的时代背景。冯玉祥将军是著名的爱国将领，国民政府军事委员会副委员长，更是一名基督教徒。他为支持抗战，在1942年12月19日，以基督教徒名义在陪都重庆发起成立了“全国基督徒节约献金总会”，将献金用于慰劳前线抗日将士。随后又听从财政部张某“献金不限于基督教徒和重庆，最好到外县去发动发动”的建议，

1943 年 10 月 14 日，将原献金总会更名为“中国国民节约献金救国运动会”，发动并开展国民节约献金救国运动。

他从 1943 年 11 月开始，离开重庆经内江到自贡、乐山、眉山、成都等川南、川西县、市，历时 3 个月，开展了第一次外地的节约献金运动。自贡捐了 260 万元，乐山捐了 304 万元，成都捐了 1 200 万元，许多地方如威远煤矿等还开展了持续性的献金，效果比在重庆好得太多了。

1944 年，中国人民抗战进入最艰苦时刻，抗战物资及武器等已经到了极度匮乏的情形。春节后，冯玉祥将军再次从重庆出发，经过江津、合江、泸县、隆昌、内江、自贡、富顺、威远等县、市，进行了第二次外地的节约献金运动。6 月 7 日，冯玉祥将军来到内江县开展动员献金。在内江期间，他不断地演讲动员，成立内江县献金分会，举行献金大会等，最终，内江人创造了当时各地献金数量的最高纪录，冯玉祥将军对“国民爱国情绪一地高于一地”甚为欣喜，满怀激情地写下了这首颂诗。

在诗篇中，冯玉祥将军首先赞誉了内江县的优美山水、丰富物产、深厚文化、发达教育、辈出人才和突出产业。冯玉祥将军对内江非常熟悉，早在 1916 年初，他任北洋军第 16 混成旅旅长时，率部第一次到内江。他看见的是：“内江城里东西街达数里之长，几乎家家铺子都陈列着冰糖，一座座堆成了糖山，晶莹剔透，使人目眩。大块的重至五六十斤者。走了多少地方也没有见过这种光景。制糖也是家庭工业，几乎每家都制造。”而郊外“行经各地，皆土壤肥美，物产丰富。内江尤有一特点，周围几十里路，尽是红土，漫山遍野都种着甘蔗”。这些种蔗制糖的独特景况写进了他的自传《我的生活》里。此外，内江县还盛产红苕和稻谷，表现了内江农业的发达。而内江县又因地处水路要冲，是物资集散地，加之蔗糖、酒精和手工业兴旺，自然是“大农工商”，这些乃是抗战的“国之根本”。

翠屏山在县城北面 5 里，又名玉屏山，上面有金觉宫。在 6 月 25 日端午节这天，冯玉祥将军曾应地方热心人士及画家尧文藻等邀请，游览金觉宫，并创作了许多书画作品分赠给大家，冯玉祥将军对翠屏山印象深刻且将其写入了诗中。

翠屏山金觉宫

冯玉祥将军还了解内江县的历史，不仅代有人才出，更有“公侯将相”的“高官任你做”。内江县历来文风鼎盛，唐代有首开巴蜀状元的范金卿，明朝就有进士 119 名，高级官员达 110 余人。近代以来大兴学校，不仅有男中，还有县立女子中学。冯玉祥将军这次来内江县开展献金，正逢县立女子中学初三班学生毕业，他还高兴地与她们合影。

冯玉祥将军与内江县立女子中学初三班合影

然后，冯玉祥将军以喻培伦为例，赞扬了内江人的革命精神和爱国情怀。在近代，以喻培伦等为代表的许多革命党人和仁人志士，为推翻清朝封建统治和反对清朝的卖国行径，进行了不屈不挠的革命斗争。在内江县范围内开展了四川保路运动和实现内江独立运动；在外有喻培伦等革命党人参加许多革命活动和广州黄花岗等起义，为辛亥革命取得胜利和民国的建立做出了重要贡献。喻培伦牺牲后被追赠为大将军；同盟会员张善于等因参加革命活动，就曾经被抄家和通缉。抗战开始后，内江人奋力投身民族救亡中，“全县服兵役人员，最低在三万人以上”，许多在职人员、学生都弃职、投笔从戎。真是“每逢国家临大难，壮士负戈上战场”。

内江人的献金热情是冯玉祥将军颂诗的重点。他来内江后，先在中国旅行社住了两天，然后移居内江县银行大楼。而在 6 月 8 日，中国旅行社女工温毛氏知道冯玉祥将军为抗战来内江县倡导节约献金，尽管自己收入微薄，生活艰苦，为表达救国赤心，毅然将其终年辛劳所得工资一齐捐献，成为内江县献金的第一人。冯玉祥将军在颂诗中列举了 3 个踊跃献金的典型。

一是曾仲海。在 6 月 9 日的内江县节约献金分会成立大会上，他当场“独献一百卅万元，突破以往个人纪录”。冯玉祥将军称赞他“毁家纾难”。

二是李焕章。他是金台旅馆经理，在献金中向冯玉祥将军递上献产呈文，表示“愿以己下置田 200 亩之每年收益共合黄谷 600 市石，完全贡献国家作战之需，至抗战胜利，始将该业交还焕章”，“约合国币二百四十万元以上”。6 月 23 日，冯玉祥将军将其事迹电告国民政府军事委员会。7 月 4 日，蒋介石通电“冯委员焕章（冯玉祥字焕章）兄转内江李焕章君大鉴：顷接六月二十三日函呈并据冯委员电告，获悉台端热忱爱国，每年捐献黄谷六百担，直至抗日胜利之日为止，以济军事需要，且见忠诚慷慨，足为国民楷模，且使前方将士益增感奋，良深嘉慰，除给奖外，特先电复。中正。午支特秘”以嘉奖李焕章，冯玉祥将军誉其为“英雄豪杰”。对于他们的壮举，冯玉祥将军深受感动，亲自书写了“看看曾仲海，学学李焕章”的大幅横标悬挂于城南门外。在 1946 年 7 月 7 日抗战胜利后首个“七七纪念日”，国民政府国防部新闻局编印了《七七抗战史迹专册》，在“特殊忠勇军民题名录”部分中列名表彰了 30 余位“特殊忠勇”“民众”，其中就列有李焕章。

《七七抗战史迹专册》封面

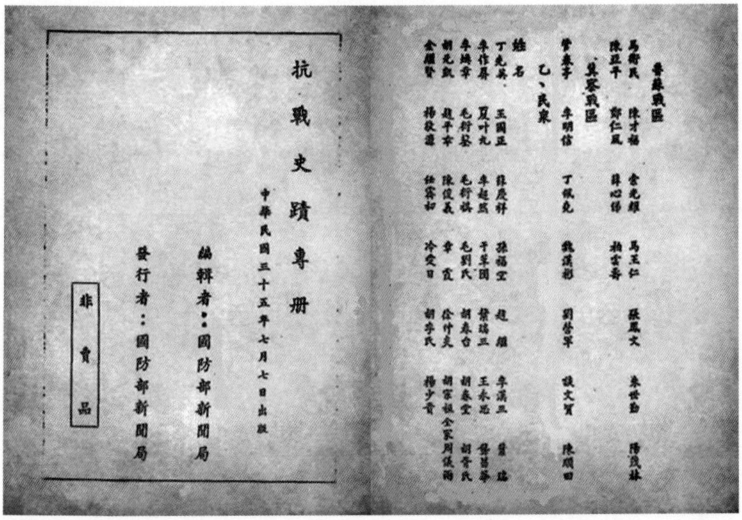

《七七抗战史迹专册》载“特殊忠勇”民众名单

三是私立大洲中学。6 月 13 日，内江县在大洲坝举行了轰轰烈烈的大会。分别由幼稚生和学校、直属、民众、机关、妇女、乡镇、糖业、银钱等总队献金，大会异常热烈，献金热潮一浪高过一浪，“加油”“再加油”此起彼伏。其中，私立大洲中学献金 137.8 万元，数量超过了泸县的江阳中学，冯玉祥将军情不自禁地吟出了“学校谁最先，大洲超江阳”。由此赞扬内江是先有国而后才有家的实践典范。

在内江县的献金过程中，冯玉祥将军充分发挥了本地组织者的作用。郜子举是当时的军政部第一补充兵训练总处处长兼内井警备司令，任内江县献金分会名誉会长，内江县县长易元明任内江县献金分会会长，他们积极宣传、组织和带头献金，发挥了示范作用。冯玉祥将军用通俗的“双腿都跑细，喊破喉和嗓”语句对他们的组织作用予以肯定和称赞。同时，冯玉祥将军更称颂了普通劳苦平民在国难之时的“匹夫有责”的爱国奉献精神。力夫脚夫们是社会的最底层，他们自己收入非常有限，但是他们都“齐争献”；还有内江人不分“幼稚”的小孩少年和年长的“老翁”都纷纷“出大洋”，如幼稚生队拿出自己的糖果钱就献金 2.27 万元，表现出非常浓烈的踊跃献金氛围。在这样全民的共同无私奉献下，内江县的献金运动取得了空前的成绩，“全县献金五千四百万，还有许多金戒和方糖”，全县共献金达 5 400 万元，其他还有金戒指 547 枚及糖品实物等。

冯玉祥将军在诗的最后称赞了内江人不仅具有忠贞和义胆侠肠的品质

及牺牲精神，更有高尚的同仇敌忾、共御外辱的伟大民族精神，这是全国人民的学习榜样，更是誓雪国耻的保证。在结尾冯玉祥将军以充满激情的高潮吟哦出了“圣哉内江，贤哉内江。你是国家瑰宝，你是民族之光”佳句。他以中国道德最高境界的“圣贤”赞誉内江人，这是我们的先辈在民族危亡紧急关头表现出的爱国和牺牲精神所赢得的最高荣耀。

三、《内江人颂》对自贡献金起到极大的激励作用

6月26日，冯玉祥将军非常满意地结束了内江县的献金工作来到了自贡市。次日，《内江人颂》在《自贡新闻》发表，既是向自贡宣传介绍内江人的献金情况，褒扬爱国奉献精神，更以此激励自贡的献金运动。

在1943年11月，冯玉祥将军在自贡开展了第一次献金运动，这是他离开重庆到各地发动献金的第一站，他在《冯玉祥给爱国朋友的第十二封信》里以为，自贡“可以说它是我们献金运动的发祥地”。但当时自贡总计献金数量不及乐山、成都，主要原因是盐商没怎么捐款。自贡盐业发达，经济富裕，抗战期间因为日寇切断海盐通道，促进井盐生产而达到高峰。冯玉祥将军这次再到自贡开展献金，以颂扬内江人的献金最多来激励自贡的献金运动，目的在于希望自贡的盐业资本家及井盐生产大户，以国家民族为重，慷慨解囊，共度抗日最后难关。他下定决心，要先从有钱人入手，鼓动富翁献金以带动一般市民捐款。

6月29日，在自贡慧生公园召开的集会上，冯玉祥将军发表了《为国民节约献金向自贡市各界的讲话》。其中，他着重赞扬了内江县献金成绩突破了13项纪录，并说：“内江因为文化高，真是爱国，可是自流井的文化更高，爱国必能超居人前。”还将“大声疾呼”作为礼物送给与会者及自流井，“同胞同胞醒醒吧，你把那用不着的钱献给国家，好使我们打走日本鬼子，好使我们子子孙孙活着像个人样”。

在冯玉祥将军的《内江人颂》和“大声疾呼”的激励下，通过大量宣传演讲，与盐业资本家及井盐生产大户交流沟通，同时采取了刺激献金办法，如个人献金超过1 000万元的，由冯玉祥将军出面请蒋介石亲自接见一次等，形成了“爱国必能超居人前”的自贡献金要超过内江的氛围。7月22日，在自贡蜀光中心操场的献金大会上，献金数量“造成一万万二千万元的空前记录”。其中，自贡盐商、威远县人余述怀独献1 000万元，盐业大户王德谦不甘落后，捐了1 500万元，起到了极大的带动作用。冯玉

祥将军不仅赠余述怀“今之弦高，献金楷模”长匾外，还写了《赠余述怀先生》诗：“先生余述怀，忠尽把国爱。首献一千万，英名惊中外。制盐极不易，节俭积钱财。雪耻收失地，仗义是特色。飞机坦克多，敌寇定溃败。先生明此理，输将最慷慨。将士皆振奋，全民齐仰拜。”年底，冯玉祥将军请蒋介石在重庆召见余述怀、王德谦，王德谦称病未去，自贡市市长刘仁庵陪同余述怀前去。蒋介石设宴招待余述怀，冯玉祥等陪同。

自贡市的献金记录超过内江县是必然的，其中与《内江人颂》的激励是分不开的。同时，还有多方面因素，冯玉祥将军认为“人口比例上说，自贡市超过了内江”。特别是内江县经济与自贡市比较悬殊太大。自贡市的盐业经济属于工业和资源性的，具有稳定性基础，并形成了许多大的盐业资本家，而内江县属于农业经济，虽然有蔗糖业，但各属分散型手工业，对大自然的依赖性强，经济不具稳定性，难以形成具有较强经济势力的个人与团体。尽管如此，内江人在冯玉祥将军开展的国民节约献金救国运动中，创造了全国献金总量第二的纪录，充分展现出了内江人的爱国情怀。他们赢得冯玉祥将军的颂扬是必然的。

冯玉祥将军评价说：“有的人说四川对于抗战是出钱、出力、出命，我说他没有说完全，还有出田、出地、出粮、出汗。这是多么伟大的事啊，这是永远不可忘记的事。”而内江人就是代表之一，冯玉祥将军的《内江人颂》在今天仍然具有重要的教育意义，是内江人的不朽颂歌，值得我们和后代永远传诵！

内江的蔗糖业生产

内江甘蔗种植起源于唐代，宋代开始大面积种植。从有文字的记载，内江种蔗史至少可以追溯到北宋初,《太平寰宇记》记载资州上贡有甘蔗。说明沱江中游这个地区，宋太宗太平兴国年间（976—983）已种有甘蔗，距今内江种蔗至少已有 1 000 多年的历史。到了明代，蔗糖的制造技术日臻完善。明代中叶至清嘉庆年间，农业和手工业的生产水平迅速提高，甘蔗种植发展迅速并集中于沱江流域。明弘治十五年（1502），内江普遍推广土法熬糖，进而产出冰糖，制糖工业已初具规模，内江“蜜饯”就是这个时期发展起来的。明末，四川战乱频繁，沱江流域田土荒芜，赤地千里，蔗糖业一蹶不振。清末民初时期,内江蔗糖生产有了较大规模的发展。

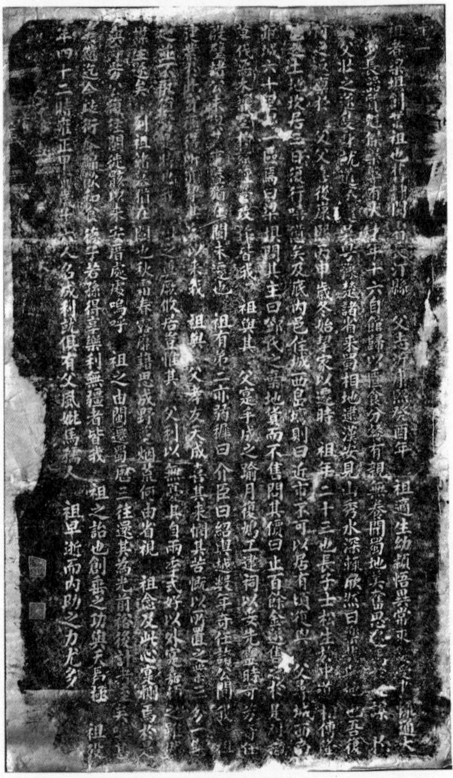

曾达一墓碑拓片

相传清初，曾达一引进了福建蔗种，他在内江县龙门乡梁家坝定居下来，并开始种植甘蔗，品种为当时曾达一由家乡带来的芦蔗。内江种植甘蔗，最初并未用于制糖，仅供生吃。在当时，种蔗收益优于种植其他作物，因而改种甘蔗的农民逐渐增多，并且影响了周围及整个沱江流域。

曾达一随即又从福建输入制糖工具和技术工人,在其定居处开设糖房，此即清代内江制糖业的开始。不久，漏棚也应运而生。制糖方法在当时是比较原始的。工具很简陋，榨糖用的是简单的木棍，熬糖是小锅小灶，动力全凭人推。然而，技术上却是精微的，绝非一朝一夕所能掌握，旧时有句老话说："熬糖烧酒，充不得老手。"起初，人们非常保守，对制糖方法守口如瓶，传曾达一在遗嘱中曾告诫后代："传媳不传女。"这对内江制糖业的发展是不利的。不久，制糖方法仍然传遍了内江。并且，随着时间的推移，也有了一定改进，榨糖由最初的木棍人推，改为较大的木辊用一头牛推挽，继又改为石辊三牛推挽。据传，木棍改为石辊已有近两百年的历史。

在近代，内江的蔗糖业一度成为其经济支柱，食糖、冰糖、蜜饯成为对外交换的重要产品，内江渐以"甜城"驰名，享誉中外。"甜城"一词已载入《辞海》。民国时期，四川 33 个县生产蔗糖，其中以内江、资中、资阳、简阳 4 县为最多，而内江县又居首位。在这个时期，内江蔗糖生产大体经历了起步、下降、复苏、衰败四个阶段。

一、起步阶段（1907—1919，即清末民初）

1912 年中华民国的建立为中国资本主义的发展创造了条件，民族资本工业开始获得了进一步发展，内江蔗糖业也进入起步阶段。

这一阶段，甘蔗种植面积空前地扩大了，总产量创历史最高水平。1911 年，内江县的甘蔗种植面积达到 22.2 万亩，总产量达 11.98 亿斤，除边远几个区乡外，甘蔗面积占全县总土面积的 50%左右，资中、简阳、资阳三县在沱江西岸 50 华里以内，甘蔗种植面积高达耕地面积的 70～80%。

制糖技术提高，蔗糖产量增加。糖房、漏棚星罗棋布，内江县的糖房有 1 400 家，漏棚 1000 多家，制糖技术开始用石碾压榨取代木碾压榨，动力用人推改为牛拉，由一牛拉改为双牛推。1919 年四川的糖产量为 9 万吨，占全国糖产量 69.2%，而四川糖产量的 70%的又集中在内江。当时内江糖产量竟占全国的 48.4%。

搬运甘蔗

压榨甘蔗

熬煮糖汁

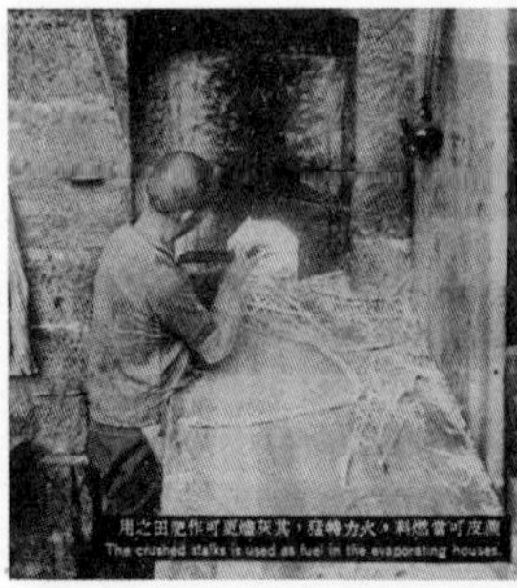

蔗渣煮糖

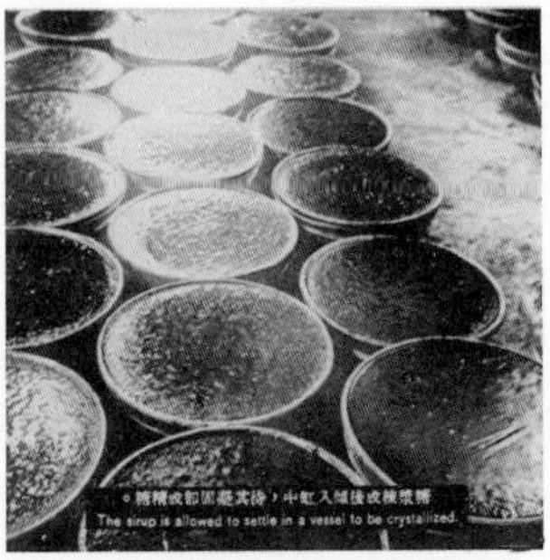

糖浆凝固

糖产品的销路逐渐扩大，商品经济空前活跃。辛亥革命前的内江糖只销省内，销行的地点是泸县、合江、江津、重庆、涪陵、万县等沿江各地，很少销到外省。但到了民国初年，情况有所变化。内江的糖产品开始销往省外。造成这一变化的直接原因，是洋货已经侵销到内江，其中最多的是洋纱匹头。商人在内江卖洋货的款汇兑上海，经内扣汇水后只能得到原款的百分之七十，如遇有阻碍，只能得到百分之五十，而且内江汇兑很不方便，还须把款送到泸州、重庆两埠的兑号才能汇出。此种情况下，外地来的商人认为不合算，往往把卖洋货的钱买成回头货，内江糖当之无愧地是他们买回货的主要对象了。“而其中又主要是桔糖。桔糖在外省叫红糖、药糖，外省人很喜欢用姜葱冲开水。用它来医治头痛、发热、发寒这些感冒病。”“桔糖销行的地点较广，如宜昌、汉口、上海、河南等省市，据统计，单是通过重庆一地出口的，1918 年即由 1909 年的 1 公担增加到 24.161 公担，这样销售大增，刺激了内江的糖业生产”。

二、下降阶段（1920—1936）

1915 年，袁世凯因复辟帝制失败死去，北洋军阀随即统治了中国。这时，帝国主义列强对中国加紧侵略，相互争夺，皖系、直系、奉系军阀之间和南北军阀的连年混战，中国陷入极端混乱的局面。

四川也未例外。“自 1916 年以后，四川军阀割据，后划为防区制，一个防区俨成敌国，你争我夺，民无宁日。”“内江是成渝的中心，水陆交通必经之地，也是军事上必争之地，而糖更是使军阀垂涎的肥肉，前后大小数百次战争大部经过内江，真是一年之间数易其主。每换一个军阀，必定要筹捐助饷。”“反动军阀赖心辉驻内江时，内江的田赋每年三征四征。以后刘文辉占据内江时，达到了每年六征，即每两个月征收全年田赋一次。一九三五年就预征了一九六八的田赋。”同时，“糖税已经预征了一年至数年，乃至数十年，其他捐款还名目繁多，无不以糖房、漏棚和蔗农为对象”……糖记、漏棚的老板东藏西躲不敢露面，乡间又盗匪如毛，他们把这些老板作为肥票对象，那时名为“拉肥猪”，拉到一个，索价数千以至于万，乡里也不敢住，蔗农生活更是苦不堪言。“佃农佃田，谷租超过十分之七，土租××，十元至十四元，稳租每亩百钏，再加以高利剥削，富农中农都渐渐的破产……”,“更因各种苛杂及经济压迫，卖新谷卖租田者甚多，确实调查，百人中每年破产者约占五人”。“有些豪绅劣士借办团之名，派枪款派丁，闹个不宁。”1920 年代的内江即有“兵如梳，匪如锯，周围尤如篦子篦”的民谣流行。在这种情况下，内江经济日益不振，民生日益凋敝，蔗糖生产时起时落，不仅停滞不前，甚至逐年下降，危机四伏。

第一，甘蔗种植面积急剧下降。从 1920 年代起，现内江市境内植蔗面积从 40 多万亩降为 30 多万亩。内江、资中、资阳、简阳四县 1935 年甘蔗面积为 35.98 万亩，1936 年下降为 26.78 万亩，下降 25.38%。内江县 1935 年植蔗面积 11.5 万亩，比 1911 年降低 48.1%，1936 年 9.3 万亩，比 1911 年降低 58.1%。

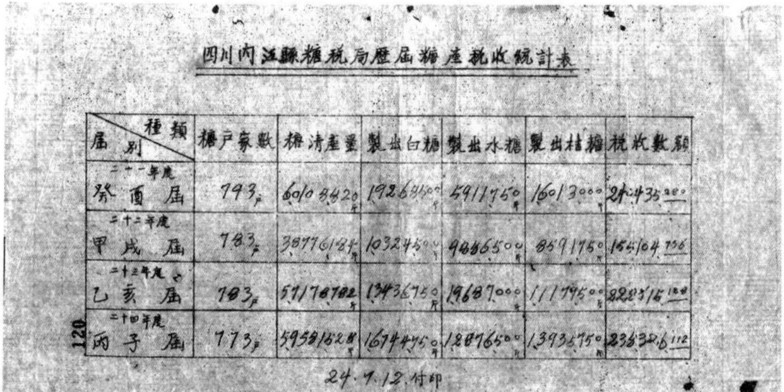
四川内江縣糖税局歷屆糖產税收統計表

屆别＼種類	糖户家數	糖清產量	製出白糖	製出水糖	製出桔糖	税收數額
二十一年度 癸酉屆	793户	60103420斤	19268500斤	5911750斤	16013000斤	214435.280
二十二年度 甲戌屆	783户	38776184斤	10324500斤	4886500斤	8591750斤	155104.736
二十三年度 乙亥屆	783户	57178782斤	13436750斤	19687000斤	11179500斤	223316.128
二十四年度 丙子屆	773户	59581628斤	16744750斤	12876500斤	13935750斤	238326.112

24.7.12.付印

内江县糖产税收统计表

第二，二是糖业贸易更是困难重重。有人追忆当时的情形说：“更有甚者是收商税，军阀所率部队小至一营一连都设有护商的机关，团阀们在各场各镇设有‘护商’税卡。几乎五步一关，一步一卡。运商运糖上路，专派若干人办税，主持税务的又百般刁难，有数日不能完清手续的情况。何况币值紊乱，厂板、私板闹得凶，各地又自出辅币，一出范围即不能行使，运商因此裹足。”

帝国主义加紧了对中国的经济侵略，太古糖、台湾糖（当时台湾被日本强占）侵销到万县、重庆、成都等地。1931 年，仅重庆和万县两地，外糖进口额就达 58 262 公担，内江在当时的年产白糖不过 9 万余公担。可见，外糖的销售量足足占了内江的一半还要多。

这样的结果，造成了内江的市场缩小，糖价低落，糖业停滞，金融混乱，小资本家倒闭很多，内江的蔗糖业已是奄奄一息了。

国民政府当时也曾喊过“振兴实业”，要改革糖业，并先后数次兴办糖厂，但均告夭折。唯一苦撑下来并略有成效的，只有内江甘蔗试验场。

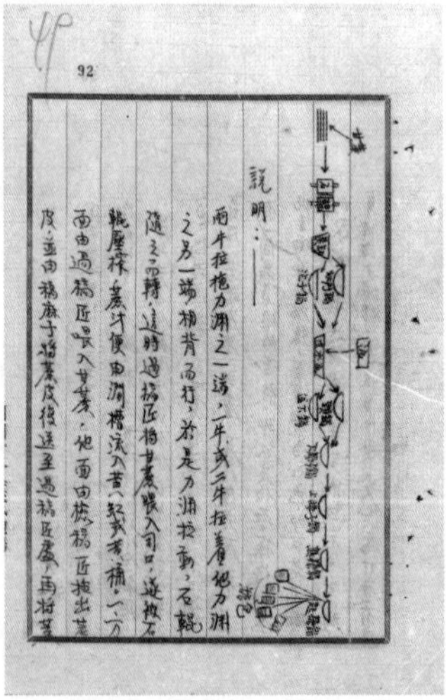
92

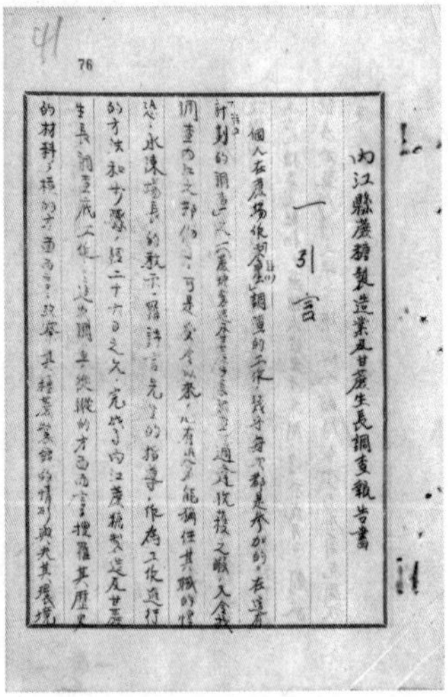
76

內江縣蔗糖製造業及甘蔗生長調查報告書

一 引言

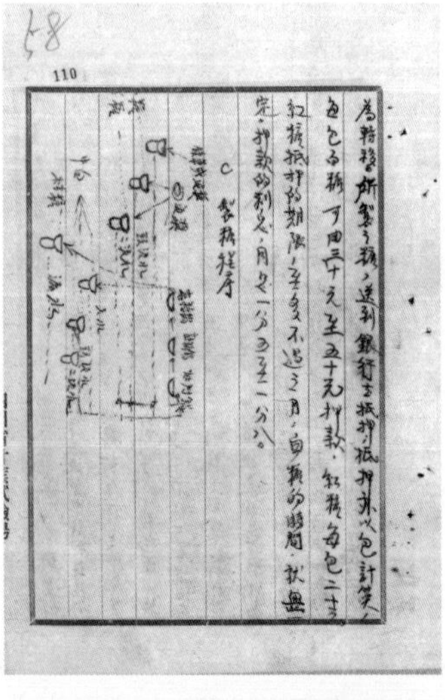
110

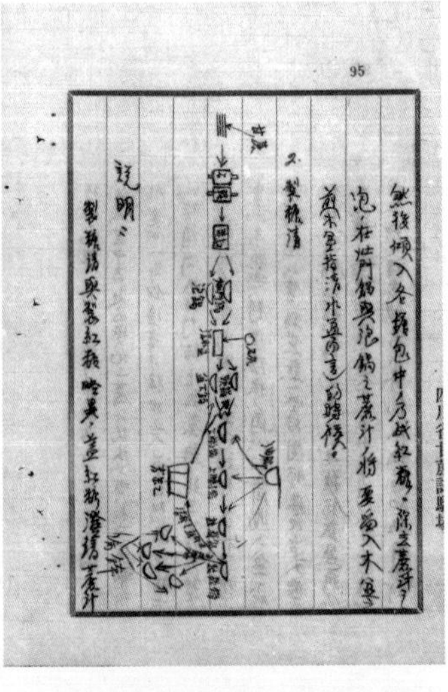
95

1936 年《内江县蔗糖制造业及甘蔗生长调查报告书》（部分）

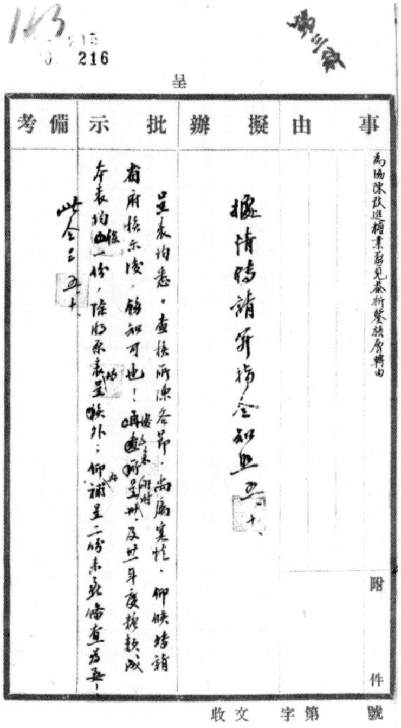

163 00216

呈

事由	擬辦	批示	備考
為協陳改進糖業芻見恭祈鑒核賜轉由	擬情轉請所核令知	呈表均悉。查據所陳各節，尚屬實情，仰候轉請省府核示後，飭知可也！附遞呈冊及卅一年度糖款成本表均係一份，除將原表呈暨外：仰補呈二份來府備查為要！	此令

附件

號　第　字　收文

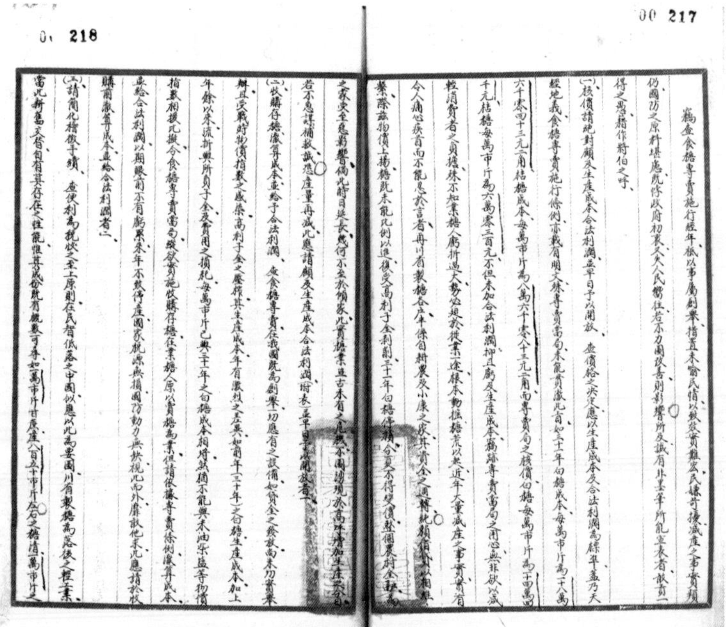

00 217

竊查食糖專賣施行經年，祇以事屬創舉，措置未喻民情，以致發貨難宏，民嫌苛擾，減產之事實頻仍，國防之原料堪虞。既悖政府初衷，又失人民嚮往，若不力圖改善，則影響所及，誠有非筆墨所能宣表者。敬貢一得之愚，藉作將伯之呼：

（一）核價請比對顧及生產成本合法利潤，並早日予以開放。查價格之決定，應以生產成本及合法利潤為標準，蓋乃天經地義，食糖專賣施行條例亦載有明文。殊專賣當局未能貫徹此旨，如三十一年白糖成本每萬市斤為一十八萬六千零四十三元二角，桔糖成本每萬市斤為八萬六千零八十三元二角，而專賣局之核價白糖每萬市斤為十四萬四千元，桔糖每萬市斤為六萬零三百元，不但未加合法利潤，抑且虧及生產成本。藐躪專賣當局之用心，無非欲以減輕消費者之負擔，殊不知業糖人虧折過大，勢必趨於棄業一途，根本動搖，糖荒以興，近年大量減產之事實，實有令人痛心疾首而不能忍於言者。再川省製糖各户，係自耕農及小康之家，其資金之週轉，胥賴借貸以相維繫。際茲物價上揚，糖既未能比例以進，復受高利子金剝削，三十一年白糖停積，今夏不得變價，整個農村金融為

00 218

之窘……[illegible]此時日延長，幾何不至於傾家。此實糖業亘古未有之危機，不圖竟現於高呼增加生產之今日，若不急謀補救，誠恐產量再減。此應請顧及生產成本合法利潤（附表），並早日予以開放者一。

（二）收購存糖，准算成本並給予合法利潤。查食糖專賣在我國既為創舉，一切應有之設備，如資金之發放，尚未切實舉辦，且受戰時物價指數之感染，高利子金之壓榨，其生產成本年有激烈之差異，如前年（三十年）之白糖生產成本加上年餘以來流折與所負子金及費用之損耗，每萬市斤已與三十一年之白糖成本相埒，然猶不能與米油柴鹽等物價指數相提比擬。今食糖專賣當局擬欲實施收購存糖，在業糖人原以賣糖為業，但請依據專賣條例准算成本，並給合法利潤，以期眼前不有虧累，來年不致停產，國家稅源無損，國防動力無缺。視此而外，靡敢他求。此應請於收購前准算成本並給合法利潤者二。

（三）請簡化稽徵手續。查便利為稅收之至上原則，在民智低落之中國，似應以此為要。四川有製糖為落後之糧業，當此新舊交替，自有其存在之性能，惟其成份既有概數可尋，如萬市斤甘蔗產八百五十市斤左右之糖清，萬市斤之

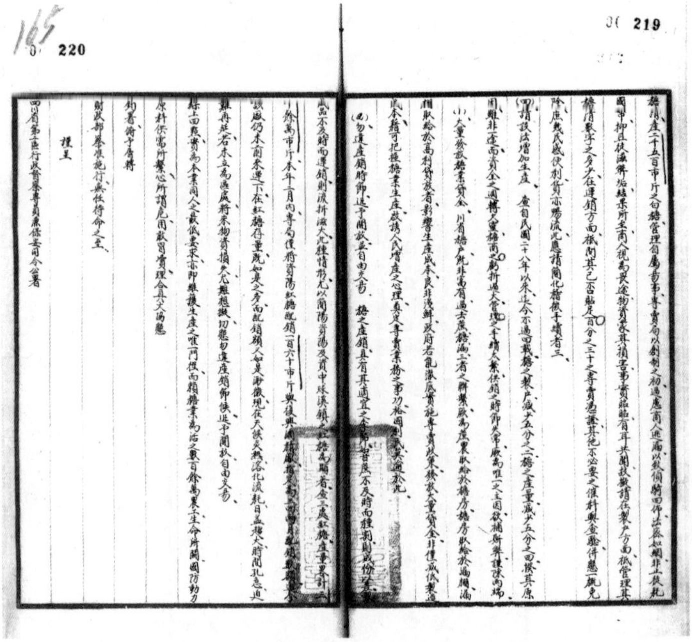

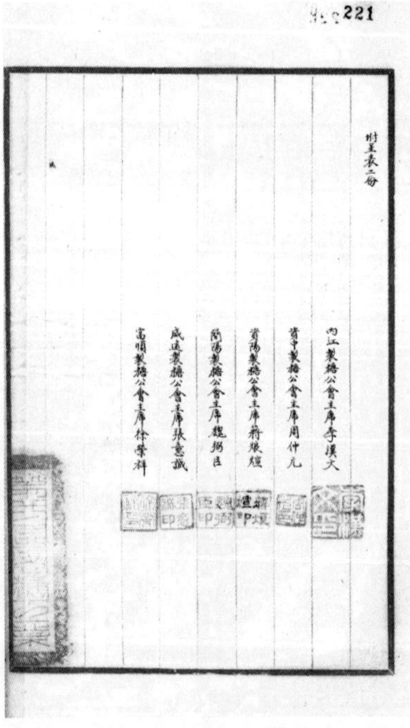
221

附呈表二份

内江製糖公會主席李漢大
資中製糖公會主席周仲元
資陽製糖公會主席蔣焕煊
簡陽製糖公會主席魏弼臣
威遠製糖公會主席張意誠
富順製糖公會主席徐榮祥

资内等地糖业工会改进糖业刍见

三、复苏阶段（1937—1945）

1937 年抗战全面爆发，由于国民党政府采取不抵抗政策和片面抗战路线，日军得以长驱直入。短短两年时间内，宁汉先后失守，广东、福建等产糖省区也相继沦陷，外糖内运断绝。为了满足军需民用，销区销量相应增大，官私资本有路可寻，政府战时税收有望，因此川糖尤其是内江蔗糖生产，不仅得到复苏，而且更有着巨大的发展，出现了新局面。

这时内江蔗糖生产步入鼎盛时期。抗日战争的爆发，由于日本的封锁，中外交通受阻，外糖运不进来，中国“其他较重要之蔗糖省区，多被袭……”，“广东、福建等省的糖不能内运”。我国产糖之地仅余四川，同时国民政府迁都重庆，四川人口陡增，对糖的需要量亦大增，这就出现了供不应求的情形。随着四川蔗糖业地位的上升，居全省产糖中心的资内一带，也显得非常重要了。内江植蔗面积、产糖量达到了历史的高峰期，虽然年度间有升有降，起伏不定，但植蔗面积在 35 至 40 万亩，产糖量在 8 至 10 万吨之间波动，总水平仍然是高的。1940 年，内江甘蔗种植面积达 45.8 万亩，产蔗 154.4 万吨，产糖 13.2 万吨，达到历史最高水平，这个产糖量也是新中国成立后内江产糖所未达到过的水平。

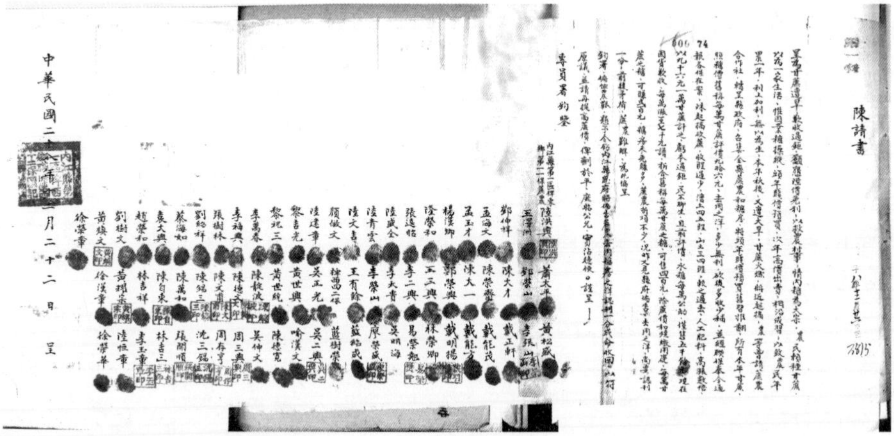

内江县榫东乡蔗农关于甘蔗遭旱提高蔗价陈情书

与此同时，还开始出现机械化制糖新工艺。这个时期的制糖法，90% 以上仍是土法制糖，在这同时内江也相继建立一批规模较大的官商合办的新式糖厂，如华农糖厂、中国联合炼糖厂、沱江糖厂（原资中龙山糖厂前身）等，以及为数更多、规模较小的资本家独资办糖厂，如一六糖厂、西南糖厂、星星糖厂、太极糖厂、利丰享糖厂等。除中国联合炼糖厂兼酒精生产外，资源委员会投资建设了资中（银山糖厂前身）、内江（茂市糖厂前身）两个专业酒精厂，沿沱江四个县共有大小酒精厂22个。官商合办工厂的建立是整个四川机械工业生产新法制糖的良好开端，以本地集资为主的企业开辟了小机榨道路，即用小离心炼制晶糖（亦称精糖），其产量约占总糖量的5%至8%，普遍采用土法的压蔗中，亦开始出现了少量的弹子盘，钢轴压蔗等局部的改进。

华农糖厂：1940年4月四川省政府以内江圣水寺甘蔗试验场之试验厂设备与大华实业公司及一部糖商合组华农糖厂股份有限公司，当年冬季开工出货。1941年4月合并于大华公司，改为大华实业股份有限公司华农糖厂。资本额最初为“五十万元，嗣后迭次增加，至三十二（1943）年运用资金达一千余万元。”“该厂具有压榨设备，兼购甘蔗及糖清为制造原料，每年购进糖清约六十余万公斤。设备最高生产能力每月可制糖清壹万公斤。白糖九万公斤。”

中国联合炼糖厂：由经济部资源委员会及中国银行及商人合资创办中国联合炼糖股份有限公司，于内江三元井设立糖厂，1940年10月动工建设，1941年12月试车，1942年正式出货，同年8月酒精设备亦告完成，9月出货。“资本总额国币百万元，至三十二（1943）年运用资金达五千余万元。”“该厂购糖清为原料，加工制成各号晶糖，每年购用糖清约二百余万公斤，制造能力每日可出糖七千公斤及酒精五百加仑。”

沱江糖厂：1942年冬季在资中设立制糖厂，名为沱江实业公司，“制糖厂资本五百万元，成立伊始，先制造土白糖，同时购置新式机器，预计于三十二（1943）年冬季，机器设备完成，开工制造精糖”。估计每年产糖量约为4 200市担。

抗日战争时期内江县食糖销售量的统计表　　　单位：元

品名 时间	白糖	红糖	桔糖	冰糖
1942年	7 800	10 823	4 568	0.394
1943年	5 940	8 664	14 000	0.292
1944年	47 010	9 294	3 140	0.489

同时，食糖销量大幅度增长。抗战时期，内江糖不仅满足了川内人员

猛增的需要，而且还通过水路运输远销七个省，甚至通过转运，出口到伊朗、意大利、日本等地。抗战期中川糖的销售，占据全国食糖销量的 50 ~ 60%，内江县食糖的最高销量，亦曾超过 6 万吨，被推为全省川糖之冠，即占全省总销量的 37 ~ 38%。

由于糖销量增加，加之内江居成渝交通线路段，沱江河中游，扼宜宾、自贡门户的地理位置和水路交通便利等优势，内江成为川糖集散市场。沱江流域各产糖县，其糖价均随内江的糖价浮动。伴随糖业的兴盛，内江城内银行钱庄林立，仓库货栈密布，商业贸易兴隆，构成了以糖为中心的繁华景象。

抗战时期内江蔗糖生产的发展是巨大的，是非常可观的。尤其处在国家战时经济极为困难情况下，社会动荡、通货膨胀，物价不稳定，劳资纠纷时起，能达到这样的局面是很不容易的。这主要是由特定的历史条件和环境决定的。抗战开始，进口糖减少，沿海产糖省份相继沦陷，食糖供应不足，石油进口困难，战争和运输急需酒精代替燃料，而糖的副产品——漏水又是很好的酒精原料，内江糖业就成为政府和沿海资本家的投资对象。省外的糖商和制糖技术人员流入四川，带来经营糖业的先进经验和技术，促进制糖工艺改进，加之，在蔗糖生产发展过程中，政府制定了不少好的办法和措施，如推广良种，举办蔗农贷款，组织蔗农生产合作社，合理评定甘蔗、蔗糖价格，这些都对生产起到了积极作用。

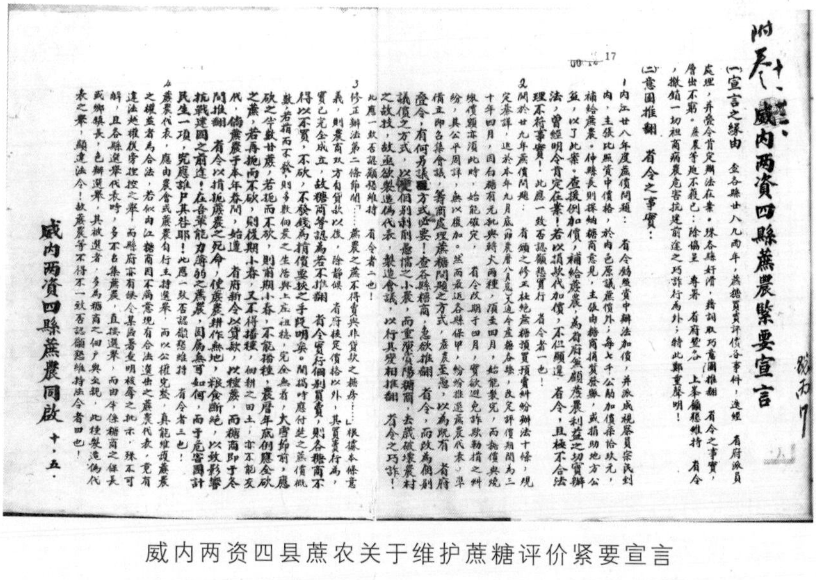
附表十二、威內兩資四縣蔗農緊要宣言

(一)宣言之緣由　查各縣廿八九兩年，蔗糖買賣評價各事件，迭經　省府派員處理，并發令肯定辦法在案。殊各縣奸滑，狡詞取巧意圖推翻　省令之事實，層出不窮。蔗農等迫不獲已：除協呈　專署　省府暨各　上峯籲懇維持　省令，撤銷一切袒商病農危害抗建前途之巧詐行爲外；特此鄭重聲明！

(二)意圖推翻　省令之事實：

1 內江廿八年度蔗價問題：　省令飭照資中辦法加價，并派咸視察員宗氏到內，主張比照資中價格，於內邑原議蔗價外，每七千公觔加價叁拾玖元，補給蔗農。仲縣長則採納糖商意見，主張由糖商捐貲發賑，或捐助地方公益，以了此案。查援例加價，補給蔗農，爲省府兼顧蔗農利益之切實辦法，曾經明令肯定在案！若以捐欵代加價，不但顯違　省令，且極不合法理不符事實！此應一致否認籲懇實行　省令者一也！

2 關於廿九年蔗價問題：　省頒之修正杜絕蔗糖預買預賣糾紛辦法十條，規定綦詳，迨於本年九月底（即農曆八月底）又通令產糖各縣，改定評價期間爲三十年四月，因白糖有元紅與時大兩種，須至四月，始能製完，而糖價與境堆價頗亦須此時，始能確定，　省令改期于四月，實欲避免詐欺勒措之糾紛，其公平周詳，無以復加。然而最近各縣保甲，紛紛推選蔗農代表，準備立即召集會議，籌商處理蔗糖問題之方式，蔗農至愚，以爲既有　省府查令，有何另議方式必要！查各縣糖商，急欲推翻　省令，而改爲個別議價之方式，以便個別剝削愚懦之小農，而重演資陽糖商，去歲破壞農村之故技，故亟欲製造偽代表，製造會議，以行其變相推翻　省令之巧詐！此應一致否認籲懇維持　省令者二也！

3 修正辦法第二條節稱「……蔗農之蔗不得賣與非貸款之糖房……」根據本條意義，則農商雙方旣貸款以後，除蔗價　省府核定價格以外，其買賣行爲，實已完全成立，故糖商等認爲若不推翻　省令實行個別買賣，則各糖商不得以不買，不砍，不發錢爲措價要挾之手段明矣。聞糖商時應付楚之蔗價概數，若猶而不發，則多數佃農之生活與上庄租穀，完全無着，大雪節前，應砍之少數甘蔗，若拖而不砍，則前期小春，不能播種，農曆年底例應全砍之蔗，若再拖而不砍，則後期小春，又不得播種，佃耕之田土，亦不能交代，倘蔗農于本年春間，始遵　省府新令以貸款，以種蔗，而糖商即于冬間推翻　省令以措施蔗農之死命，使蔗農耕作無地，糧食斷絕，以致影響抗戰建國之前途！在吾輩能力薄弱之蔗農，固属無可如何，而于危害國計民生一項，究應誰尸其咎耶！此應一致否認籲懇維持　省令者三也！

4 蔗農代表，應由農會或蔗農自行主持選舉，而以公推究整，真能維護蔗農之權益者爲合法，若似內江糖商因不滿意現有合法選出之蔗農代表，竟有違法越權假旁捏控之舉，而縣府亦有飭令某區署查明核奪之批示，殊不可解，且各縣選舉代表時，多不召集蔗農，直接選舉，而由本保糖商之保長或鄉鎮長，包辦選舉，其被選者，多爲糖商之佃户與至親，此種製造偽代表之舉，顯違法令！故蔗農等不得不一致否認籲懇維持法令者四也！

威內兩資四縣蔗農同啟　十、五、

威内两资四县蔗农关于维护蔗糖评价紧要宣言

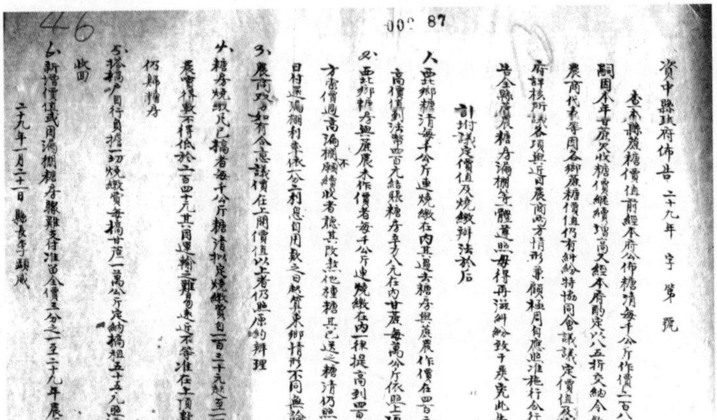
資中縣政府佈告 二十九年 字第 號

計附議定價值及燒繳辦法於后

资中县政府关于蔗糖价格布告

但是，内江蔗糖业的好景不长，1940 年以后，特别是当时对糖类实行专卖以后，专卖机关故意延迟对糖价的调整，往往要四五月之久才调整一次，这样，其他物价飞涨而糖价不变，生产成本增高，甚至与核定价格相等，或者更高，1942 年度白糖每万市斤生产成本为 15.82 万元，核定价格为 14.4 万元，仅占成本的 90%。另外，还要征收 30%的重税。因此，经营糖业无利可图，蔗糖产量逐年下降，1942 年竟比 1940 年减少一半，从此，内江糖业出现滑坡的趋势。

四、衰败时期（1946—1949）

抗日战争胜利后，台湾糖和进口糖向内地大量推销，川糖市场急剧缩小。内战开始，资本家的资金抽走，通货膨胀，中小资本家濒于破产，糖厂、酒精厂相继停产倒闭，内江糖业再度萎缩，濒临绝境，经济一蹶不振，百业凋敝。1949 年内江县的糖产量仅 1.12 万吨，只及 1940 年的 29.99%。造成内江糖业衰败的主要原因是：

一是由于台湾糖大量倾销，内江糖业出现大后退。抗战后，国民政府收回了曾一度为日本霸占的台湾。台湾是我国最重要的产糖基地，建立了工业水平较高的机械化糖厂，糖产和糖质均很高。台湾回归后，台湾蔗糖大量倾销内地，加之外糖涌入，因此，不仅内江、整个四川糖业在抗战胜利后的一段时间内，市场急剧缩小，出现了冷落的景象。大批的制糖技术人员外流，造成部分糖厂关闭。抗战时期，中国炼糖公司是内江规模最大糖厂，战争结束后，该厂技术人员调赴台湾各糖厂工作，使该厂被迫停工。

二是市场不稳，通货膨胀。抗战胜利了，当时人们普遍认为交通即恢复，物资应要畅通，通货也不会膨胀了，因此，囤货的尽量抛售。于是，物价由抗战期间的持续高涨，迅速转变为狂跌。内江糖价也出现了类似情形。1945 年 8 月，白糖尚为每百公斤售价 17.1 万元，到 9 月下降为 9.6 万元，10 月降为 9.3 万元。可是，国民党积极准备内战，一方趁后方物价狂跌之机囤积大量物资，另一方面又调集大量现金转到收复区去抢购物资。这样，物价又迅速回涨，紧随而来的又是通货恶性膨胀，那些资本少，经不起风浪的中小资本家纷纷破产。

三是内江蔗糖生产大幅度下降。1946 年甘蔗面积减少为 6.15 万市亩，仅是 1911 年的 27.7%，甘蔗总产量只有 2.69 亿斤，比 1911 年减少了 77.5%。糖的产量也下降到整个民国时期的最低点，1946 年白糖产量仅为 676.2 万市斤。

资内等县，历年以产糖为大宗，广大的劳动人民也大都赖以为生，蔗糖产量的急剧下降，不仅造成制糖工业的衰退，更为严重的是，农村经济也陷入了崩溃的境地，工农生活的痛苦达到了极点。

“这种情形，迫使各阶层人民不得不团结起来为救死而斗争。”在中国共产党的领导之下，爱国民主运动空前高涨，国民党统治区内，无论是城市还是农村，到处都掀起了要和平、要自由、反内战、反饥饿的斗争。

1946 年 10 月，中国联合炼糖厂停工，厂方分四批将工人强行解雇。按照当时国民政府劳工部的规定：凡属被遣人员，厂方必须付给三个月的工资。但是，厂方仅付了两个月的工资就打发了前三批工人。等四批工人知道后，坚决不服，要求厂方拿够三个月的工资，否则，决不离厂。内江县警备司令部虽先后两次出动军队恫吓和镇压。但工人们仍坚持斗争，并取得了不在解雇之例的工程、技术人员以及厂警的同情和支持，最终，迫使厂方答应了工人的要求。农民运动更是风起云涌。内江蔗农因甘蔗定价极不合理，掀起了声势浩大的请愿活动。

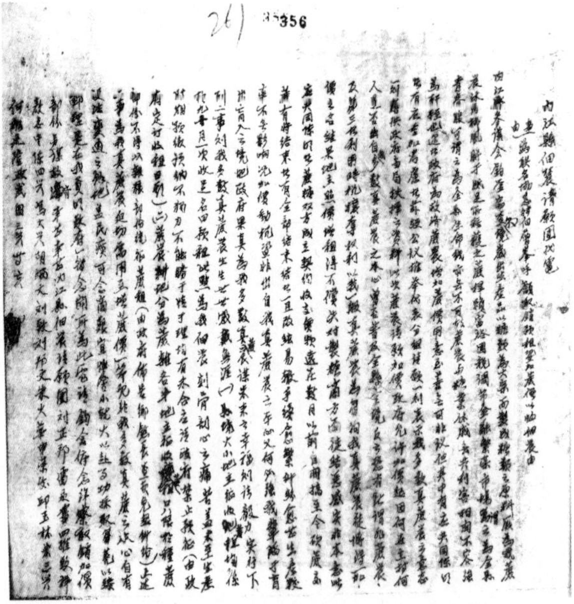

1946 年 10 月内江县佃农请愿团关于增加蔗价代电

1947 年 1 月，资中县发生了蔗农捣毁县政府和县警察局的事件。1947 年四川省建设厅《修正杜绝蔗农糖房漏棚预买预卖纠纷办法》，然而未能拯救糖业的衰退之势。

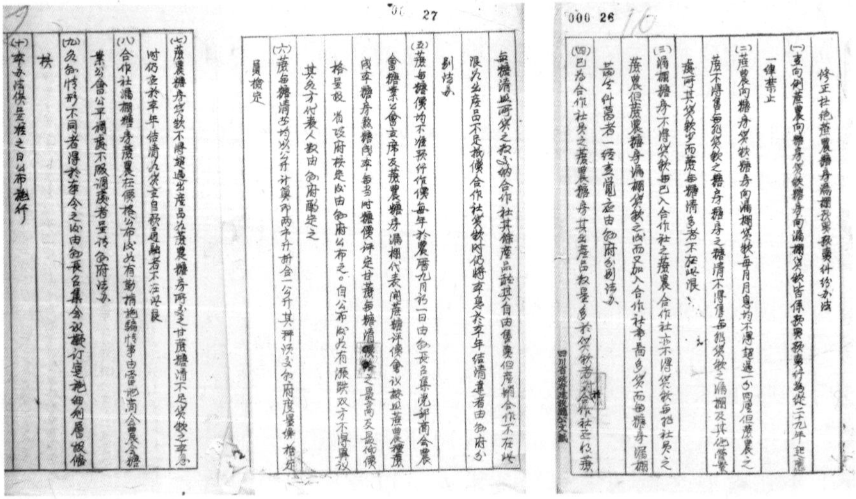

四川省建设厅《修正杜绝蔗农糖房漏棚预买预卖纠纷办法》

1949 年 12 月 6 日晚，人民解放军开进内江城。从此，内江人民解放，内江的蔗糖业也进入了一个崭新的发展阶段。

最早的甘蔗科研机构内江甘蔗试验场

内江甘蔗试验场于 1936 年 4 月 28 日在内江县西郊沱江河畔的圣水寺成立，它是我国最早的甘蔗专业科研机构。该场在成立后 10 余年间，大力进行甘蔗品种的引进、改良和推广，大力改良甘蔗栽培方法，研究肥料生产使用，对蔗农经济即蔗糖市场进行调查，改造制糖设备及建立新式糖厂，培训甘蔗技术人员，组织建立蔗糖生产合作社等。这些措施取得了实效，为抗战时期内江蔗糖业的发展，乃至蔗糖业在四川的推行夯实了发展基础，对新中国成立之后的西南地区糖业生产的高速发展提供了重要条件。

民国时期的圣水寺

一、内江甘蔗试验场建立的背景

内江蔗糖生产历史悠久，素称“甜城”，为四川产蔗及制糖中心。1919

年四川产糖 9 万吨，占全国糖产量 69.2%，而内江糖产量占四川省 70%，占全国 48.4%。然而，随着军阀连年混战，四川也陷入了军阀割据，内战不休。内江是成渝中心，水陆交通必经之地，也是军事上的必争之地，而糖业更是使军阀垂涎的肥肉，前后大小数百次战争大都经过内江，军阀易主，必定要筹捐助饷，各军阀横征暴敛。各种苛捐杂税，名目繁多，蔗农极为贫困，农村经济面临破产，加之土豪劣绅派款、派丁，民心不宁。在这种情况下，内江甘蔗种植面积急剧下降。从 1920 年代起，现内江市境内甘蔗种植面积从 40 多万亩降为 30 多万亩。直到 1930 年代，随着川内混战逐渐平息，四川经济得以逐渐恢复，产蔗县达 43 个，每年达 3 000 万担，糖产量占全国一半，是四川省重要的财源。但是，各产蔗区情况复杂，蔗种逐渐退化，栽培方法落后，制糖方法陈旧，副产品尚未得到利用，制糖业日渐衰退，加之由于帝国主义加紧对内地的经济侵略，太古糖、台湾糖（当时台湾被日本强占）侵销到万县、重庆、成都等地，1931 年仅重庆和万县两地，外糖进口量就达 5 826.2 万吨，占了内江县当年白糖生产的 50%以上，造成了内江市场的不断缩小，糖业低落，糖房倒闭。面对地方糖业的困境，国民政府提出“振兴实业”“改革糖业”的主张，采取扶持生产措施，比如向蔗农贷款，引进良种，兴办糖厂，不少有识之士提出过许多好的意见和办法。但是，由于当时社会关系的重重束缚，大多难以实现。唯一实行且卓有成效的，只有 1936 年成立的内江甘蔗试验场。这是中国第一个甘蔗专业科研机构，为后来的内江、四川蔗糖科研奠定了基础，培养了人才。

二、甘蔗试验场的建立

1930 年代开始，由于太古糖、台湾糖等在四川内地的倾销，内江糖业发展受阻。为改变这种不利的局面，内江糖业的巨头们向省政府呼吁，要求政府与之合办甘蔗试验场，以便引进良好的蔗种与改良制糖技术。1936 年 3 月，四川省政府建设厅指派专员罗诗言和建源公司人员陈陶声，对当时沱江流域甘蔗生产和糖业贸易情况展开调查。同时，四川省建源公司从广东采运爪哇蔗种 6 000 斤，送国立四川大学农学院。由于川大在试验场地和经费都感困难，无力承担引种任务，经四川省政府建设厅厅长卢作孚与四川大学农学院研究，确定在蔗区中心内江建立甘蔗试验场，以奠定振兴四川糖业基础。当时决定：试验场的经费、场地由建设厅落实，试验种植技术由农学院负责。当年 4 月 22 日，农学院园艺系主任毛宗良到内江县租定圣水寺场地，并于 4 月 28 日下种，故以 4 月 28 日为内江甘蔗试验场为成立纪念日。

内江甘蔗试验场得以建立，功勋卓著者首推毛宗良先生。毛宗良（1897—1970），我国著名园艺学家、园艺教育家，浙江省黄岩县人，时任国立中央大学农学院教授，在甘蔗试验场的场址问题解决、协调试验场初期工作和引进爪哇蔗种等方面有杰出贡献。甘蔗试验场建立之时，具体租用内江圣水寺庙产达 255 亩，筹备资金为 50 万元，大小职员 50 人。

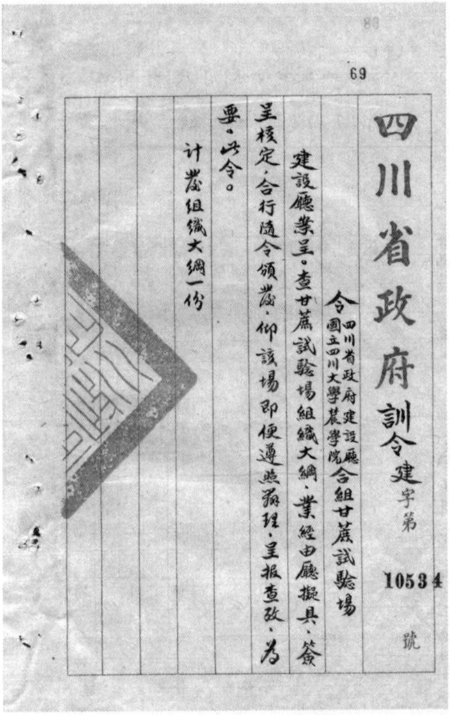
88
69
四川省政府訓令 建字第 10534 號
令 四川省政府建設廳 國立四川大學農學院 合組甘蔗試驗場
建設廳案呈：查甘蔗試驗場組織大綱，業經由廳擬具，簽呈核定，合行隨令頒發，仰該場即便遵照辦理，呈报查考，為要。此令。
计發组织大纲一份

四川省政府颁发甘蔗试验场组织大纲训令

为发展四川糖业，受四川省建设厅委派，1936 年秋去美国学习、研究蔗糖的陈让卿、黄振勋和凌立等蔗糖专家，于 1938 年 6 月回国后，即来到内江甘蔗试验场，陈让卿任场长，负责甘蔗生产技术研究；赵孝清任主任技士，襄助场长办理本场一切设计指导工作事务；凌立任病虫害防治所主任，负责甘蔗病虫防治工作；黄振勋任糖业主任，主攻制糖工程。陈、黄、凌、赵四位先生就职之后，试验场的领导班子也基本上得到确立。至此甘蔗试验场完全建立了起来。

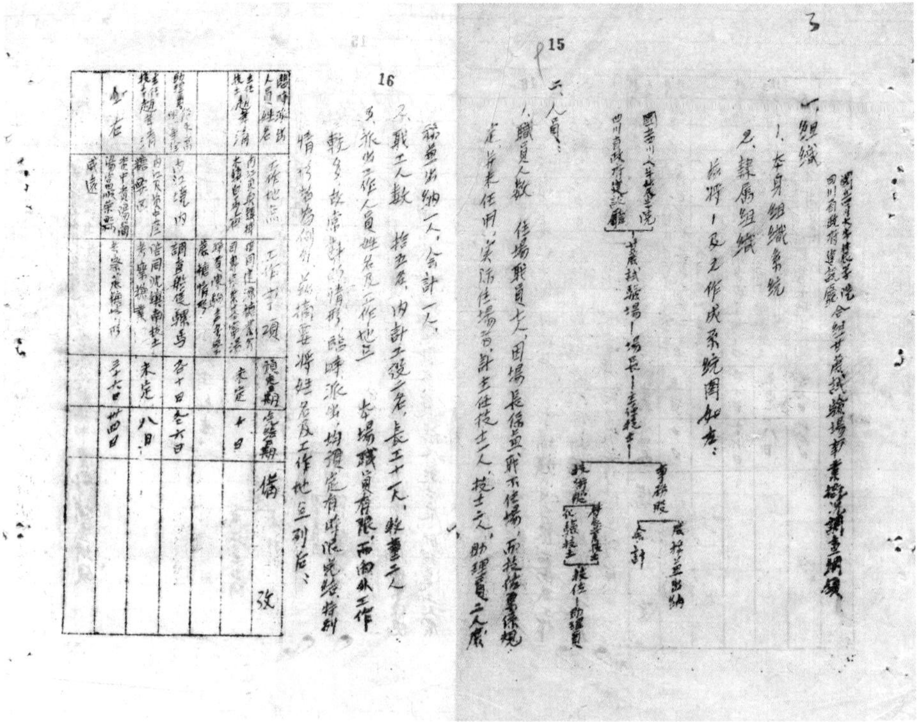

甘蔗试验场事业概况调查纲领（部分）

内江甘蔗试验场成立之初，系国立四川大学农学院、四川省政府建设厅合作组建，取名为内江甘蔗改良场，1937 年改属四川省建设厅农业改进所。1950 年改为川南农业厅内江甘蔗试验场。1951 年改为四川省内江甘蔗试验场。

三、甘蔗试验场的贡献

内江甘蔗试验场一开始建立就明确了自己的目标和事业范围，据《国立四川大学农学院和四川省政府建设厅合组甘蔗试验场组织大纲》第三条记载，甘蔗试验场的事业范围是“一、川产蔗种之改良试验。二、国外省外良蔗之引种试验。三、蔗作栽培上之研究与改良。四、蔗作指导推广事项。五、蔗农合作事项。 六、蔗作调查统计事项。七、其他有关蔗作事项。”根据此组织大纲可将其贡献概括成：川产蔗种的改良和引进国外省外良种、蔗作栽培改良和蔗作推广、培养专业人才、推广机械制糖和创办华农糖厂。

1. 改善蔗农环境，成为首要问题

当时的社会为糖商剥削漏棚，漏棚剥削糖房，糖房剥削蔗农，蔗农穷苦无告的不平竞争现象。陈让卿将从前期农村调查中发现的蔗农受高利贷剥削，生活长期处于贫困，甘蔗生产发展缓慢等情况，汇总成新的发展报告上呈省政府建设厅。在报告中，他提出组织蔗糖生产合作社，由县政府牵头领衔，包括中国银行、甘蔗试验场等3家合组，力图在宣传、指导、贷放、技术等方面研究出能调动蔗农生产积极性的办法。由蔗农合营糖坊、漏棚兼顾运营，并拟稿一份甘蔗合作贷款方案，以避免中间环节的欺诈剥削，组织甘蔗生产，使蔗农受益。这一方案获准后，当年贷款60万元，用于内江、资中、资阳、简阳等地甘蔗生产。蔗农的甘蔗产生、营销良性发展等得到有效促进。

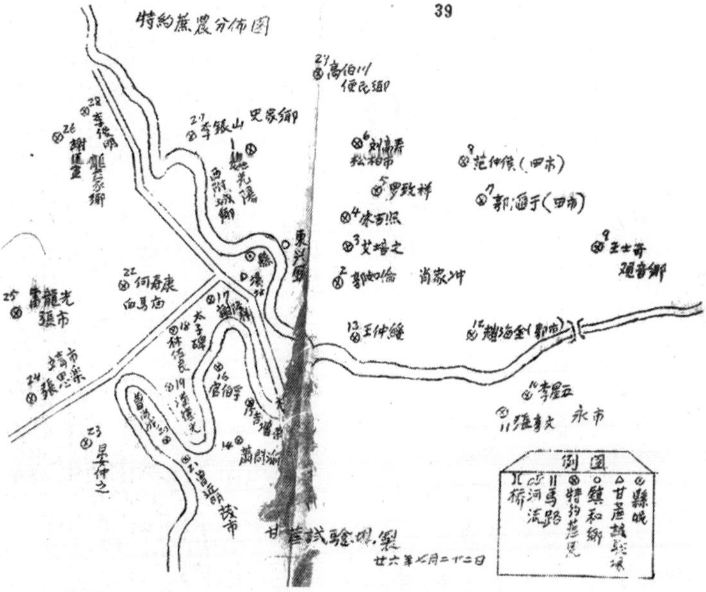

特约蔗农分布图

2. 川蔗良种改良和引进国外省外良种

内江甘蔗试验场成立后，在蔗种改良和引进方面，取得了较大成就。内江传统的甘蔗品种有芦蔗、洋红甘蔗、小立叶三大品种。第一种为芦蔗，俗称“芦茅杆”，沱江地区最为常见之品种，茎色白，因此又被称为“白甘蔗”。芦蔗常有空心之弊，因此糖分少，重量不足。 第二种是洋红甘蔗，此为四川甘蔗品种中最好的，俗称“红甘蔗”，色紫红，茎短而肥，皮厚多水，但民间以此为果蔗，种植少，不用于榨糖。第三种叫作小立叶，茎小于芦蔗，质坚而汁浓，无空心之弊，但煮成糖精之后，远不及芦蔗所煮者之光亮；且种植不易，故农人种植者寥寥。

但本地甘蔗也有明显弊端。1936 年 12 月 31 日出台的《改良蔗种意见》称：“窃以本厂负有改良全川制糖原料之责，曾经考虑内江、资中、资阳、简阳、富顺、荣县、威远等县制糖蔗种，大都蔗株矮小，糖份甚低。”因此，甘蔗试验场大量引进国外省外的蔗良种，最终确定爪哇（POT）2878、印度（CO）290 和美洲（CP）29－116 三种良种甘蔗，并在 1945 年左右进行了大量的推广种植。良种甘蔗逐渐取代了质量较差的本土甘蔗，取得了良好的效果，为四川甘蔗制糖业在质与量上的发展奠定了基础。

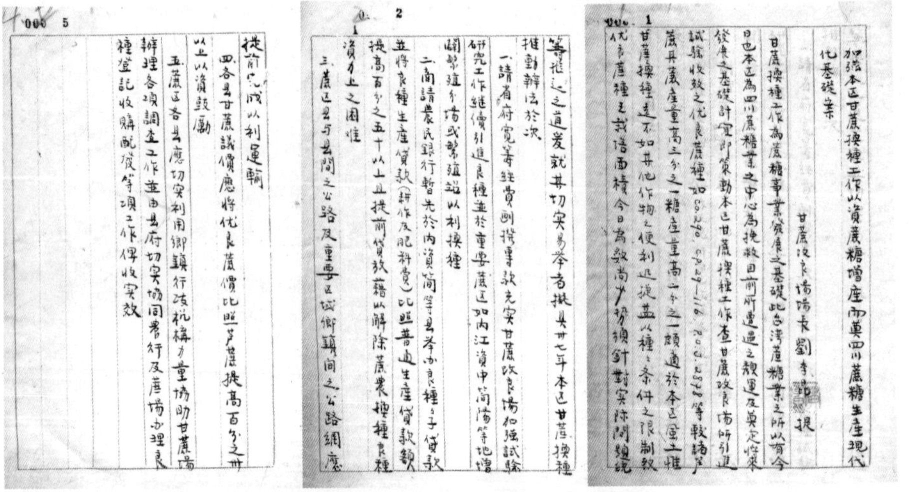

加强甘蔗换种增加蔗糖产量方案（部分）

3. 蔗作栽培改良和蔗作指导推广

在甘蔗的栽培方面，甘蔗试验场总结出必须充分利用内江的地理条件，因地制宜进行甘蔗种植，这样才能取得好收成。《四川省之糖》中提道：“川省之蔗土，分山土及坝土。山上有土厚数寸者，即可种蔗。泥土愈深愈好。山土所产之蔗，优于坝土。”而 1938 年 8 月，甘蔗试验场也有人撰文指出：“至于土壤方面，甘蔗需肥美而富有水分之土壤，故土壤须带粘性，多腐植质，蓄水力强，且地势排水便利。四川种蔗，多在山坡倾斜地，平地

（坝土）次之……至资内一带，或种蔬菜或种甘蔗……本场化学分析，亦证明山土蔗糖分优于坝土。”建议内江蔗农多在山坡种植甘蔗，增加甘蔗糖分，提高蔗农收益。

在优良蔗种的推广方面，甘蔗试验场根据政府政策颁布了许多关于蔗农种植良种的奖惩措施，如《暂行推广洋红甘蔗办法》《蔗农自行繁殖优良蔗种办法》等。蔗农通过种植良种蔗平均每年增加收益“从 1938 年的 6 604 元，增加到 1942 年的 4 695 995 元。”

除此之外，1943 年之后，试验场开始推广施用绿肥。甘蔗改良场《秋季绿肥观察》记载：“认为四川蔗区甘蔗生长之不良，肥料不足是一大原因。蔗场有见于斯乃详加考虑，广询意见，咸以绿肥为最佳者也。”并鼓励人们在种蔗之时采用甘蔗轮作制度。《内江糖业史》一书指出：“实行正确的轮作，能恢复和提高土壤肥力，改良土壤结构，减少地下害虫和土壤的有毒物质的积累，所以它也是培育良好蔗作土，促进甘蔗生长，提高甘蔗产量的一项重要措施。”可见轮作制度对于甘蔗的生长有极大的促进作用。甘蔗试验场在蔗作改良和蔗作推广上可谓颇有建树。

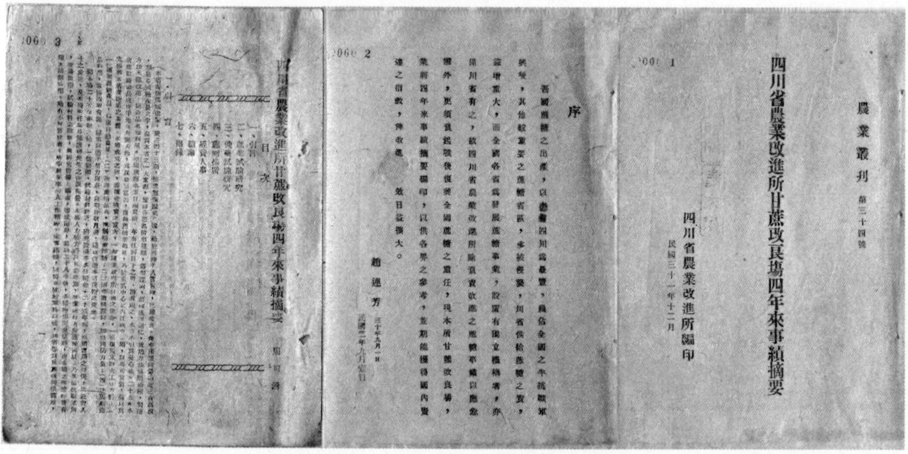
農業叢刊 第三十四號
四川省農業改進所甘蔗改良場四年來事績摘要
四川省農業改進所編印
民國三十一年十二月

序
吾國蔗糖之出產，以四川爲最豐，幾佔全國之半。抗戰軍興後，其他較重要之產糖省區，多被侵襲，川省供給蔗糖之責，益增重大，而全國各省爲發展蔗糖事業，設置有獨立機構者，亦僅川省有之，故四川省農業改進所除負責改進之應辦事項以應急需外，更須負起戰後復興全國蔗糖之重任，現本所甘蔗改良場，業將四年來事績摘要編印，以供各界之參考，並期能獲得國內賢達之指教，俾改進效日益擴大。
趙連芳 三十年九月一日

四川省農業改進所甘蔗改良場四年來事績摘要
目次

甘蔗改良场四年来事迹摘要

4. 培养专业人才

甘蔗试验场为了培养相关蔗糖业技术人员，采取了组建专业学校，与国立大学合作培养专业人才和开办蔗糖实习训练班、人员调训班等办法。

组建专业学校以接办农林实验学校为例。原设于资中宁国寺的农林实验学校，1938 年被甘蔗试验场接办，场长陈让卿兼任校长。该校学生毕业之前由专家带领至试验场实习，以便使学生掌握更多实践的一手资料。甘蔗试验场主要和国立四川大学合作较多。《国立四川大学四川省政府对于培育高级蔗糖业技术人员合作办法》记载："四川省政府甘蔗试验场所办理之蔗场、糖厂、分场等，均可供给国立四川大学农学院学生实习；四川大学农学院需要四川省甘蔗试验场材料时，四川省甘蔗试验场得尽量供给，……由院尽量供给仪器、用具及一切便利；四川大学农学院及四川省甘蔗试验场设备图书得相互借用。"由此可知，甘蔗试验场为学生提供一切便利条件，帮助学生完成相关研究。蔗糖实习训练班于 1939 年暑假开始在资中、内江、仁寿、井研、富顺等 6 个县贴出了招收"蔗糖实习训练班"学员广告，每县预先 3 至 5 名，资中县预先 4 名。当时 6 个县有 20 多名青年学生参加复试，最后发榜录取了 10 名。另外甘蔗试验场又在产甘蔗多的县选调了 10 多人到场部（内江圣水寺侧）参加训练班。

训练班于 1939 年 9 月开学，学习期 3 个月。陈让卿任班主任，教制糖学的是谭履平；教推广课的是周可涌；教栽培学的是陈克新、叶庆净；教甘蔗分析的是陶仕佐；教机械学的是李瑛。11 月底学习期满后，大多分配到甘蔗试验会的附属糖厂工作。1940 年，甘蔗试验场开始创办蔗糖人员调训班，根据 1942 年 11 月 11 日内江甘蔗试验场《四周年特刊稿》记载："蔗糖改进工作已全面展开，而是项人才极感缺乏，……事故本场拟目二十九年度起，每年招收中学以上学生一班，加紧训练以补急需，……以上各生共计训练三月，结束后均分派工作。"实习训练班和人员调训班既保证了学员能够了解蔗糖业的基本知识，并给予其实习的机会，毕业后又可直接分配工作，为蔗糖业储备了较为充足的专业人才。

同期，甘蔗试验场先后在富顺牛佛镇、资中球溪河分别建立甘蔗推广、育种基地，即设立内江甘蔗试验场推广站。内江场本部技术员刘建纯具体做技术指导工作。推广站获得成功后再向种植大户及广大蔗区推广栽培。试验场将甘蔗种植、管理、糖业生产等科学试验成果，通过"培训班"和推广站这两个平台，向田间地头的广大蔗农传播、普及，以至应用，收到很好的效果。

5. 推广机械制糖和创办华农糖厂

机器制糖并非甘蔗试验场最先开始探索和实施，川内各个军阀、官绅在此之前就对机械制糖进行过探索，因为"各系军阀为着保存自己，消灭敌人，巩固地盘，扩充实力的迫切需要，不得不在自己的防区内提倡实业，发展经济”。在经济利润的刺激下，军阀、官绅们开始引进机械制糖技术。如 1930 年，资阳人兰田玉在内江县白马镇江家坝，建立开元精糖厂，配备离心机两台，但因成本太高，亏损数千元而最终停办。此举时间不长，却是内江机制糖的开端。

甘蔗试验场建成以后，传统的“蔗农—糖房—漏棚一条龙的纵向协作‘整体经营’模式”仍被人们广泛使用。糖房、漏棚“普遍采用畜力牵引石棍榨蔗取汁，敞锅熬炼。盛糖器具多为木、陶制成。甘蔗中的糖份抽出率普遍在 90%以下。半成品、成品糖纯度不易提高，含杂质较多，致使色泽不晶莹。生产周期长，经济效益差”。有鉴于此，甘蔗试验场大力推广机械制糖技术。1938 年 4 月，国民政府经济部属中央工业试验所派孔宪模来内江甘蔗试验场，与黄振勋合作研制糖机，用离心机制白糖最终成功，并开始向周边传播此种技术。

1940 年 4 月，甘蔗试验场因需要做较大型的机器榨蔗制糖试验，又没有足够的资金支持，四川省政府遂以内江圣水寺甘蔗试验场之试验糖厂设备与大华实业公司及一部分糖商合组官商合办的华农糖厂股份有限公司。它是四川省内第一家新式的半机械化糖厂，其主要设备如下表所示：

表 1　华农糖厂主要机器设备

种类及名称	式样	能力	制造者	年份
蒸汽锅炉	卧式反火焰管	30 匹马力	中国	1938
锅炉	同上	60 匹马力	美国	不详
蒸汽机	立式单缸	24 匹马力	美国	不详
蒸汽机	立式单缸		中国	不详
35 瓦发电机	一部		美国	不详
四缸福特引擎	二部		美国	不详

表 2　华农糖厂主要制糖设备

种类及名称	式样	尺寸	数量	用途	制造者	年份
压蔗机	卧式三辊	12×8 ¢ ″	2	压蔗	美国	不详
动力离心机	座式	17 ¢ ″	6	分蜜	中国	1940
手摇离心机	座式	12 ¢ ″	5	分蜜	中国	1940

公司最初董事长为甘典夔（已就任四川省财政厅长），厂长为陈让卿。

“每日压蔗 30～40 吨，压蔗期约八十余天，可产糖清 200 吨左右，白糖 360 余吨，较土压泥制糖多提取白糖 180 吨左右，少产桔糖 100 吨左右，但产值高于土法白糖。”1941 年之后，华农糖厂被大华实业公司合并。

华农糖厂被合并，部分因为华农糖厂的糖浆蒸煮和湿糖干练仍采用土法，规模较小，最重要的问题还是资金问题。1941 年之后，资金问题仍很棘手，不得不经常以设备、制成品及原料等作抵押来换取借款。由于战乱仍频，货币贬值，加之外国糖倾销等原因，华农糖厂的销售业绩不佳，不得不长期借款，导致信用度大打折扣。新借款越来越少，只能运用借款合约转期、拖欠等方式勉强度日。

1946 年，华农糖厂已经债台高筑，其负责人最终将华农糖厂停办。然而其历史作用不容忽视。四川内江甘蔗试验场借它推广了机械制糖技术，使人们了解到机械制糖技术的先进性。“技术的革新推动了糖业生产关系的变革：其一：家庭副业性质的传统制糖方式向以市场为导向的近代手工工场性质制糖方式转变；其二：股份制机制糖厂的出现。糖业内部不同生产方式的并存，为理解民族机器工业与近代手工业之间关系提供了另外一种面相。”同时华农糖厂的建立也掀起了当时创办半机械化和机械化糖厂的热潮，即华农糖厂之后，中国联合炼糖股份有限公司、西南糖厂等相继建立起来，积累了较为先进的糖厂管理经验，为四川糖业经济的发展注入了新的活力。

四、内江甘蔗试验场的影响

1. 促进了四川蔗种的进化和甘蔗栽培技术的发展

沱江流域的主要蔗种从原来的芦蔗、小立叶、洋红甘蔗等逐渐变为引进的美洲蔗、爪哇蔗、印度蔗等，并且将良种进行了推广。在栽培技术方面，对种植甘蔗的土壤与有利地势做了有效的分析，重视施肥和消灭虫害，提高了甘蔗的产量和含糖量，推动了相关产业，特别是酒精产业的发展，制造了充足的燃料，为抗日战争的胜利做出了积极的贡献。同时也为内江支柱产业——制糖业的最终确立，储备了充足的原料，奠定了物质基础。

2. 推广了机械制糖技术，促进生产率的提高

自从 1938 年 4 月成功制造离心机之后，甘蔗试验场还自己生产了一些小型的机械设备用于榨糖，如小型蒸汽机、小型蒸汽锅炉等。后来又逐步将机械制糖的设备与技术推广到整个沱江流域，极大地提高了沱江流域制

糖业的劳动生产率，为制糖生产节约了成本和劳动力，更促进了该地区制糖经济的发展。

3. 华农糖厂具有示范作用，推动川内新式糖厂的兴建

华农糖厂是川内第一家成功经营的新式糖厂，因为它的示范效应，促进了四川，特别是内江地区民间设厂，这些厂房雇佣工人，采用机械化生产方式，从而带动了本地经济从传统生产方式向资本主义生产方式迈进，传统手工作坊开始被近代机械化工厂所代替，为中华人民共和国成立之后建立起以内江糖厂、银山糖厂为主的机械化糖厂奠定了坚实的基础。在促进内江经济发展的同时，也推动了内江的城市化进程。

4. 为中华人民共和国储备了较多的制糖专业人才

甘蔗试验场通过创办培训班、调训班，与高校进行技术人员合作等方式培养了大量的制糖技术型人才，为中华人民共和国成立后沱江流域大型机械化糖厂的建立，储备了较多的相关人才，为中华人民共和国成立之后西南地区制糖业的高速发展提供了重要条件。

资中县蔗农捣毁县政府事件

资中县是四川省有名的产糖区，种植面积和糖产量占全省的15%左右。甘蔗是农村的主要经济作物，也是农民经济收入的主要来源。民国时期，在工业不发达的情况下，资中因产糖而被誉为“殷富之地”，但广大蔗农在官僚、地主、资本家的剥削下，却生活在极其贫困和日益破产之中。为了生存，蔗农们不断抗争。1947年1月8日（农历腊月17日逢场期），终于引发了一场银山镇蔗农一举捣毁县政府和警察局的大规模蔗农风潮，震惊全川，惊动了南京国民政府，得到了南京的“资中旅京同乡会”等的声援，他们向全国新闻界发出了《为资中蔗农血案呼吁代电》，声讨家乡当局的血腥暴行，呼吁政府从速查办罪魁祸首，震动很大，影响甚广。

一、蔗农事件的历史背景

发生震惊全国的资中县蔗农捣毁县政府、警察局的“蔗农事件”并不是孤立的一件事，它有着很深的历史背景。

民国时期，资中县糖坊、漏棚为地主、官僚和富农占有，他们通过封建的生产资料占有关系，用收租放大利，低价收购等方式赚取原料，广大蔗农则直接受压榨剥削。主要剥削形式有以下十种。

1. 地租

蔗农佃地主的土地，当地叫“称租”，大都讲糖。称租一般是田土收入的50%～60%，多的达70%，此外，还要交额外的剥削物——过年蔗、过年糖（漏钵糖或片糖）。蔗农交过地租后，所剩就不多了，不能再生产，这还是正常年景，若遇天年不好，就更苦了。

2. 卖青山

预卖甘蔗俗称“卖青山”，即蔗农将未收的甘蔗，于前一年或当年春季预卖给经营糖坊的地主或富农。此类交易多在紧迫时不得已而为之。青山价（土里交货）比估产时的市价要低20%～30%，加上估产时的踏价，则要低一半。卖青山后，不管糖价涨多高，都不变更，而且规定付款分三次付清，卖青山时交一半，甘蔗追肥时交四分之一，甘蔗挖大行时交四分之一。这样，糖坊老板有利，蔗农吃亏，特别是在通货膨胀时，蔗农就更吃亏。据调查，资中卖青山的占蔗农总户数的 90%以上。

3. 卖预糖

卖预糖俗称卖空仓糖，即蔗农以所种之甘蔗，按一般产糖量预卖给糖坊或糖商。在预卖时，不仅糖价要比当时市价低 2/5，还要找坐棚老板作保，如卖预糖 2 000 斤，就需要有 4 000 斤糖的甘蔗，坐棚老板才给予担保。

4. 卖借糖

卖借糖这是蔗农在迫不得已的情况下而采用的方法。供两桶糖（1 000 斤），半年多时间，需还 3 桶糖（1 500 斤）；有借红糖还白糖的，即供红糖 1 500 斤，还白糖 1 500 斤。

5. 卖班期糖

距糖坊开镐半月或 20 天左右，蔗农办甘蔗时急需钱用，将部分糖卖给坐棚老板，卖价比市价一般低 10% ~ 20%。

6. 长项

长项又叫“下片”即蔗农在卖预货后，由于天灾影响，甘蔗收成不足，或糖分减少而不能抵偿卖预货的数量，就须次年补上，并用“二还三”的方式计息。蔗农一有积欠，以后不能再行预卖，债权人有权收割其甘蔗以偿清上季所欠，且常是利上加利，终身不得偿清，故旧时蔗农又叫作“子孙账”。

7. 高利贷

资中高利贷形式也是多种式样，蔗农为了维持生活和甘蔗生产，多靠借高利贷度日。主要有：（1）月期钱，即以一月为计息期限，如借 100 元，满一月后须还 102 ~ 104 元；（2）比期钱，以一个比期（半月）为计息期限，如借 100 元，比期到时，须还 101.50 ~ 102.50 元；（3）场期钱，又名“打打钱”，以逢场（3 日 1 场）为计息期限，如头场借 10 元，到 3 日后的第二场，便须还 10.20 元；（4）上钱，即整借零还，4 个月本利还清。如借 10 元，每月须还 3 元，4 个月就是 12 元；（5）倒扣利，利息先在借款中扣除，如借 100 元，实只得 80 元，满期则须偿还 100 元。

随着通货膨胀，高利贷的利率也大大增高。据1945年资中产糖区银山乡的调查：（1）月期钱的月息已增至20分（即20%），且借此月期钱必须拥有恒产或相熟亲邻，才能借到；（2）场期钱，最低利率已增至3分（3%），高者达5分（5%）。1月9场，以3分计，每月已增至27分，以5分计，每月增至45分，且借款者须每场都付利金，如有一场交付不清，债主当即追回其借款，即在平时，债主如觉有收回之必要，亦可随时追回。不然，利上加利。如借1万元，以场息3分计，3个月须还本利2万余元，6个月须还本利4万余元，9个月须还本利8万余元，一年则须还本利16万余元。若以场利5分计，借1万元，两个半月须还本利2万余元，4个月须还本利4万余元，6个须还本利8万余元，1年须还本利60万余元。1949年时，该乡已基本上只放"场期钱"，利率高达10分（10%），且倒扣，蔗农称之为"敲敲利"。在这样的残酷剥削下，蔗农必然破产。

8. 踏价

这是官僚、地主、资本家剥削蔗农的残酷伎俩，也是蔗农与他们抗争的焦点。由于甘蔗不便长期存放，而当时的运输又很落后（全是人力拿马夹搬运），办甘蔗的时间便较长，蔗农怕甘蔗在土内存放过久，减少熬糖成分，便希望尽早砍完。因而，糖坊、漏棚在甘蔗成熟期便乘机踏价购买。仅1938年冬至1939年这段时间内，就有文江乡农民陈伯林等61人、球溪镇农民茂萱等23人、甘露乡农民肖宪文等26人不断呈文县政府，控告"糖坊漏棚狼狈为奸，掯购相因"。呈文中说：糖清价额，应值白糖半价，系属恒情，而当年11 000斤白糖售价450~460元，1 000斤糖清（即10 000斤甘蔗）仅130~140元。可见其踏价之狠。

9. 掯银

糖坊漏棚常假借资金周转不灵，不按时付款给蔗农，而一面又以"种蔗制糖是本县人民之生命"为由，"请省府拨大宗长期低利放款"，贷得款后，又转作他用。更有甚者，如高楼乡农民代表刘清轩等向县府呈文控告该乡"糖坊漏棚互相操纵，掯银不拿，已熬之糖分分文还给"的拖延情况。

10. 强取豪夺

强取豪夺有两种形式：一种是估买。蔗农在搭搞中，如需卖已搞出的部分糖，只能低价10—20%卖给坐棚老板，否则，第二年就不让你搭搞，蔗农称为"恨倒买"专卖或"估倒买"。另一种是少给。对评议会议定之蔗糖价，付款时不付足，打折扣。如杨柳乡乡长、乡民代表等所开糖坊，1943年每公斤糖清，就少付 1/4，即 5.7 万元（包括蔗皮款）给蔗农。

蔗农所受压榨剥削除上述 10 项外，还有食糖专卖后，大多转嫁到蔗农身上的“专卖利益”“食糖征实”等增加的税额及一些说不清、无名目的压榨剥削。仅据甘蔗试验场抗战前对资中球溪河（镇）的菜子沟、大生堂、打儿洞、石岭子等地 160 余户蔗农调查，卖预糖户占总蔗农户的 70%以上，负债户占总蔗户的 80%以上。对菜子沟、大生堂、谭家山、何家沟等地 40户蔗农收支情况的调查，全是入不敷出。这还是 1937 年前的状况。1937年后，在拉丁派款层出不穷，苛捐杂税多如牛毛，物价飞涨一日千里的盘剥下，蔗农破产逃荒者有增无已。

资中县广大蔗农为了生存，不断进行抗争，曾发生了 1943 年 1 月 16日蔗农痛打食糖专卖局局长、1943 年 5 月 26 日蔗农砸烂球溪镇食糖专卖业务所事件。

针对不断发生的蔗农事件，资中县农会理事长何衡九于 1946 年 10月 16 日，呈文第二区行政督察专员公署，呼吁为农商交困恳予迅发大量贷款，以资救济，并请令饬依照习惯划一糖清价格，取缔暗盘而杜纠纷。但呈文并未引起第二区行政督察专员公署的重视，以致发生了蔗农捣毁警察局事件。

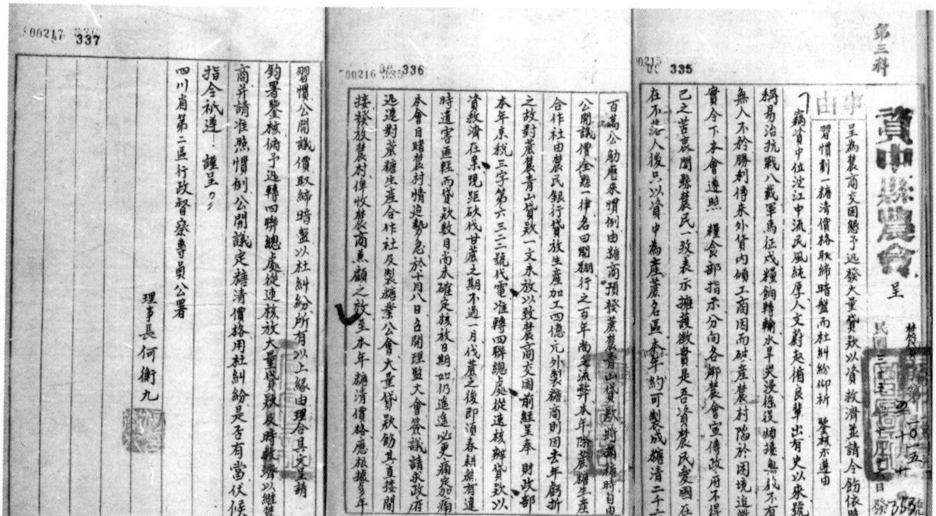
第三科
資中縣農會 呈
呈為農商交困懇予迅發大量貸款以資救濟並請令飭依照
習慣劃一糖清價格取締暗盤而杜糾紛仰祈 鑒核示遵由
事由
竊資中位沱江中流民風純厚人文蔚起循良輩出有史以來號
稱易治抗戰八載軍馬征戍糧餉轉輸水旱災浸徭役煩擾無役不有
無人不於勝利後來外貨內傾工商困而破產農村陷於困境追徵
實令下本會遵照 糧食部指示分向各鄉農會宣傳政府不得
已之苦衷開縣農民一致表示擁護繳實是吾資農民愛國在
在不甘後人後只以資中為產蔗名區本年約可製成糖清二千六
百萬公觔歷來慣例由糖商預發蔗農青山貸款將來糖時自由
公開議價全縣一律名曰開棚行之百年尚無流弊本年除蔗糖生產
合作社由農民銀行貸放生產加工四億元外製糖商則因去年虧折
之故對蔗農青山貸款一文未放以致農商交困前經呈奉 財政部
本年東稅三字第六三二號代電准轉四聯總處從速核辦貸款以
資救濟在案現距砍伐甘蔗之期不過一月伐蔗之後即須春耕如有遲
時遣害匪輕而貸款數目尚未確定核放日期如仍遲遲必更痛定加痛
本會目睹農村情迫勢急於十月八日召開理監大會發議請求政府
迅速對蔗糖生產合作社及製糖業公會大量貸款飭其直接間
接發放農村俾收農商兼顧之效至本年糖清價格應根據多年
習慣公開議價取締暗盤以杜糾紛所有以上緣由理合具文呈請
鈞署鑒核俯予迅轉四聯總處從速核放大量貸款及時發放以維農
商并請准照慣例公開議定糖清價格用杜糾紛是否有當伏候
指令祇遵！謹呈
四川省第二區行政督察專員公署
理事長何衡九

何衡久关于农商交困恳拨贷款以资救济的呈

二、蔗农事件的直接导火线

1940年11月，资中县开始统一评定甘蔗糖清价格，从此，一年评一次，直至1949年。但这不仅没有消除踏价、掯银等剥削蔗农的伎俩，有时反而使之更加严重。首先是评定“糖清产制成本”的糖类评价委员会，并不代表蔗农利益，该委员会，按章程规定，全是专署专员、县长、县党部书记、三青团主任、商会主席、当地“公正”士绅及食糖专卖局在当地的主管官员，无一名蔗农。其次，蔗糖价格评议会，由县长主持，根据糖类评价委员会评议后交上级核定的糖清价格，讨论蔗价、糖坊烧缴、价款支付等事。而评议会中蔗农代表人数不到三分之一，且常因接不到通知而缺席，如1942年西乡（民国时期，资中按自然地形分为东西两部分，习惯称为东乡和西乡）蔗农代表就有半数未得到通知，讨论中权力不大。且评议会前，糖坊、漏棚串通一气要手段，评议后，又不全部按照执行。从资中蔗农代表团高浚泉、张显光，蔗农廖文安等向省、县政府及省主席张群的呈文中，便可看到蔗糖评议的实质。在呈文中说：在政府规定评价后的四五年中，蔗农并未享受评价利益，而受之痛苦，较前尤甚。文中举出糖坊、漏棚对待蔗农的不平事件有：① 糖清评价过低。每万公斤糖清评价27万元（1943年），而漏棚每万公斤糖清可赚67万元。② 不遵照评议会的决议。漏棚收买糖清时，多不照会议规定算息，蔗农糖清不足过用之款，漏棚即照市面无法利息计算，漏棚应补蔗农之款，则贻延不付。③ 操纵压价。评价前，糖坊漏棚串通市面，使白、桔、漏水糖均少做买卖，使其价格跌落，让价格按照现行市定价，评价中又“动辄不说，筹码不足，资金有限，若照市价过高，只有请求歇业，无法续做”等以相要挟，待评价后，糖价又回升上涨，使蔗农有苦难言。④ 烧缴、搭搞费过高。烧缴、搞租，一般占糖清价的30%强，但评定却在40%多，高者达49%；搭搞搞租，一般占糖清价的8%～10%，但评定均在10%以上，高者达14%。蔗糖评价，受压榨剥削者还是蔗农。据有关资料，从评价起，糖清价格从未超过白糖价的38%，更不要说为白糖的半价了。

正是甘蔗糖清评定的不合理现象，引发了1947年1月8日资中县蔗农捣毁县政府、警察局事件。

1946年10月，资中县政府公布糖清议定价格，每万公斤830万元（除去烧缴费，蔗农仅得486万元），按当时糖清价计应为1 080万元。于是，广大蔗农众议沸腾，县农会理事李传瑞等到县政府请求增加价格，但未得到答复，李传瑞等征得广大蔗农同意后，又到县政府请愿，表示如糖清价不增高，烧缴费及卖青山的利息则应减少。然而，专署和县政府完全不顾对广大蔗农正当的诉求，强行把糖清价定得太低。按常规糖清价应为当时白糖市价的二分之一，即当时白糖市价每万公斤为 2 800 万元，每万公斤应议价为 1 400 万元，除付糖房加工费约 300 余元外，蔗农可得 1 000 余万元。但几次开会（有蔗农代表参加）议价悬殊，未获得解决。

1947 年 1 月 6 日，官办的鉴定委员会强行定价，即糖清价格每公斤 838 万元，其中应付糖房所得 290 余万元。在蔗农得 540 万元中，还要付地主租金约 250 万元，蔗种约 90 万元，人工伙食和肥料等费 190 元，贷款利息 10 万元，蔗农本身实无余剩，不能维持简单再生产。

1 月 8 日（逢场期），县政府正式公布糖清价格，把布告张贴在县城内重要街口，一下激起了广大蔗农的愤慨。上午 9 时，600 多名蔗农在农会理事长何衡九、蔗农代表黎龙泉等人的率领下，前往县政府请愿，要求县长回答、评理，做出合理解释，增加糖价。然而，县长不仅不向广大蔗农合理的诉求做出合理的解释，反而视请愿蔗农有意闹事，视为大敌，派出一中队警察前来，妄图驱散蔗农队伍。前来的警察依仗自己手中的枪支，鸣枪弹压，更加激起了广大蔗农的不满情绪，他们先把糖清布告撕毁，然后向警察扑过去，扭打一起，打伤一警察，并夺走警察枪械数支，一举捣毁了县政府。

此举吓得赶紧从后门逃走的县长又令大批警察前往镇压。广大蔗农则以木棍还击，进行了坚决斗争。午后 1 时，专署保安司令部（驻大东街）闻得蔗农闹事讯息后，立即派出二中队又前往镇压，蔗农与警察、保安队进行了搏斗。因蔗农声势浩大，警察、保安队败退到县警察局。蔗农跟踪追击，警察、保安越墙逃走，蔗农又一举捣毁了县警察局。下午 2 时，驻军警备部队重兵前往镇压，蔗农与他们对峙到下午四时。这次资中县政府与军警开枪镇压蔗农，打死打伤蔗农数十人，随后还逮捕了农会理事长何衡九，农会理事李传瑞、欧子山和蔗农代表黄应清等所谓带头和参与者 18 人，并送法办。

5 月 6 日，四川内江地方法院检察官杨德尊起诉蔗农事件称：何衡九、李传端、欧子山、朱万邦、黎龙泉、陈有余、杨子度等 7 人有教唆捣毁县府及警局之犯罪行为；周叙五、姚思洪、刘官鸿、黄应清、周海清、周相柏、韩江廷、李建国、何治国、肖述尧、邱千元、魏永书等 52 名有聚众捣毁资中县府警局之行为。在二区专署、县政府及县参议会串通下，捏造事实，上报省政府，诬称奸民作乱，捣毁官所。内江地方法院以“纠众肇事”罪名判处黄应清、刘官洪、黎龙泉、何衡九等 5 人一年又 6 个月徒刑，年仅 17 岁的何治国也被判一年徒刑。其余的人被关了一段时间后才释放。

捣毁警察局情形

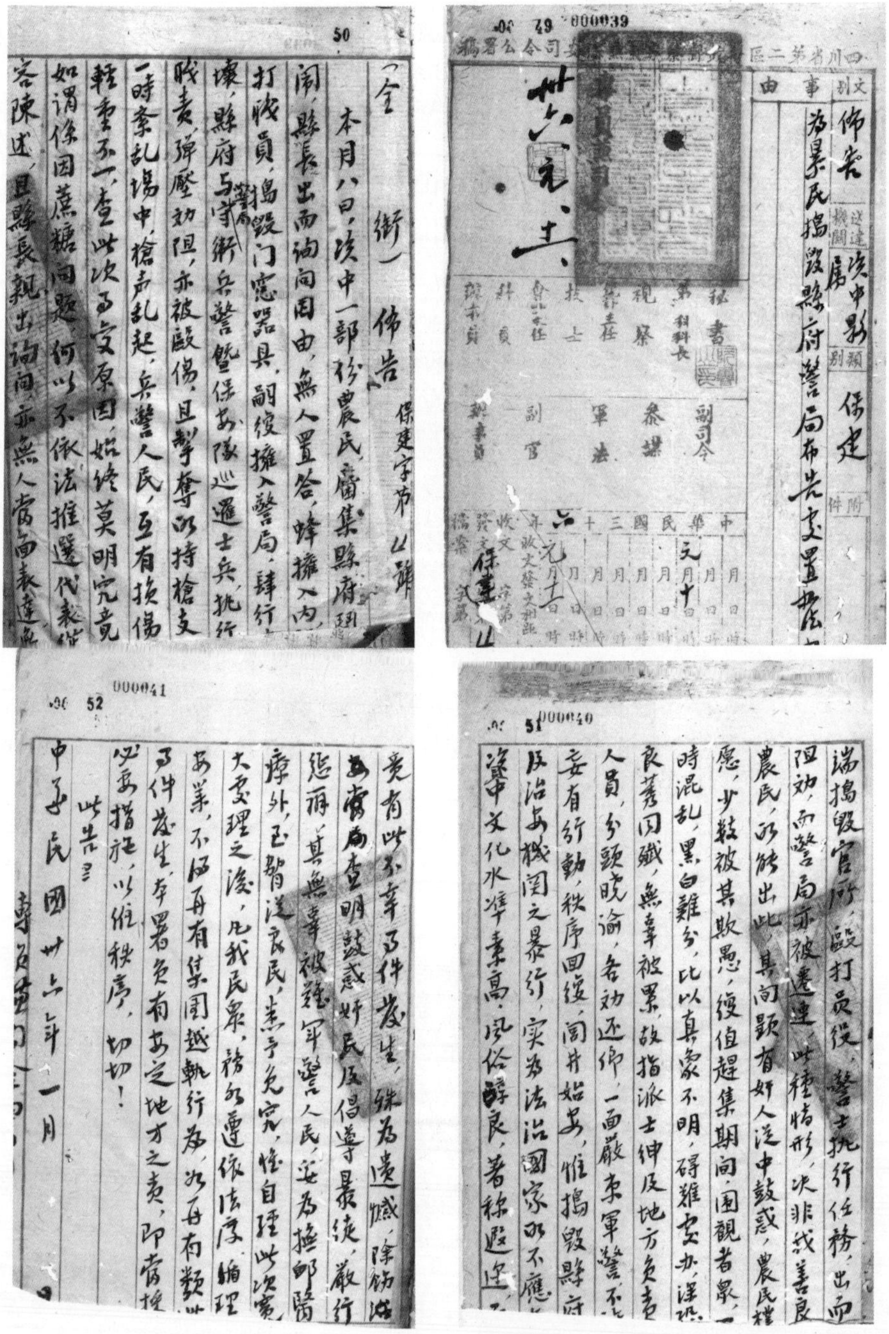
四川省第二區……司令公署稿

文别：佈告

送達機關：該中影屬

類别：保建

事由：為某民搗毀縣府警局布告處置辦法

中華民國三十六年元月十日

（全銜）佈告　保建字第　號

本月八日，該中一部份農民，齊集縣府鬨鬧，縣長出面詢問因由，無人置答，蜂擁入內，打殴員役，搗毀門窗器具，副役擁入警局，肆行破壞，縣府與警衛兵警暨保安隊巡邏士兵，執行職責，彈壓勸阻，亦被毆傷，且掣奪所持槍支，一時紊亂場中，槍聲亂起，兵警人民，互有損傷，輕重不一，查此次事變原因，始終莫明究竟，如謂係因蔗糖問題，何以不依法推選代表，從容陳述，且縣長親出詢問，亦無人當面表達……

……端搗毀官府，毆打員役，警士執行任務，出面阻勸，而警局亦被遷連，此種情形，決非我善良農民所能出此，其間顯有奸人從中鼓惑，農民樸愿，少數被其欺愚，復值趕集期間，圍觀者眾，一時混亂，黑白難分，比以真象不明，碍難處辦，深恐良善罔殲，無辜被累，故指派士紳及地方負責人員，分頭曉諭，各勸還鄉，一面嚴束軍警，不……妄有行動，秩序回復，閭井始安，惟搗毀縣府及治安機關之暴行，實為法治國家所不應……資中文化水準素高，風俗醇良，著稱遐邇……

竟有此不幸事件發生，殊為遺憾，除飭……安當局查明鼓惑奸民及倡導暴徒，嚴行懲辦，其無辜被殃軍警人民，妥為撫卹醫療外，至暫從良民，悉予免究，惟自經此次事變處理之後，凡我民眾，務須遵依法序，循理安業，不得再有集團越軌行為，如再有類此事件發生，本署負有安定地方之責，即當採取必要措施，以維秩序，切切！

此告

中華民國卅六年一月

二区专署关于蔗农民捣毁县政府警察局处置办法的布告稿

三、蔗农事件震动很大、影响甚广

蔗农事件发生后，舆论反应极为强烈，全川震惊，也惊动了国民政府。蔗农的壮举，也赢得了舆论界的支持。国立中央大学资中同学会、国立政治大学资中同学会、私立金陵大学资中同学会、私立金陵女子文理学院资中同学会、国立东方语文专科学校资中同学会、国立乐学专科学校同学会和四川资中旅京同乡会发出了《为资中蔗农血案呼吁代电》，揭露了二区专署及县政府的罪行，呼吁严惩凶手：

窃资邑地处沱江中游，夙为产糖区域，农民生计，惟兹是赖。去岁因糖价问题，致演血案，历今数月，犹悬未决，同人等痛念竹马之乡，未放缄默，不能不挥泪以控诉也。

缘我邑糖清评价，向由县府每年九、十月，召集蔗农代表漏棚老板会同有关方面，以当时白糖市价二分之一，别除国税为标准，讵去岁县府与县参会中无耻之徒，勾结糖商，拖至岁暮腊残之际，一反往例，由糖商投票“议”价，而美其名曰“鉴定”。查当时白糖市价，每万公斤二千八百元，按诸历年“糖精半价”之成规，每万公斤糖清应为一千零八十万元，今被鉴定八百三十万元，显系非法侵害蔗农权益；故蔗农于国历一月八日（场期），相率赴县府请愿，该游铂镛县长，不惟置诸弗理，更唆令警察及保安队开枪驱阻！哀我蔗农，血肉横飞，伤亡枕籍，事之可悲，孰甚于斯？！二区专员田伯施，本系军阀余孽，平庸无能，交往土劣，常挟其妻妾，挥资豪赌，趋利若骛，毫无政绩建树，于事发之后，初则布告曰：“此次蔗农请愿，因警察对付不善，失手击伤，其死者伤者，拨给公费，从优抚恤”。继复曰：“请愿为暴动，显有奸人从中煽惑。”观其前后矛盾，用心可知。进又与该县长串同县参会，捏陈事实，欺蒙省府，诬称奸民作乱，并肆意搜捕无辜人民，滥施毒刑。举凡“灌石灰水”“坐软板凳”，种种非刑，不一而足。推其用心，不仅在逼敕招供，希图卸罪，实欲逞其淫威，邀功快意！

夫官吏者，人民之公仆也，奈何串通糖商，剥削农民，非刑拷打，迫使供罪乎？！请愿者，人民之权力也。奈何坐不受理，诬为暴动，而滥施枪杀为？！是彼官吏之暴戾恣睢，草菅民命，违法赎宪，已成铁案，又安用掩尽天下耳目，追罪逃责？再者，县参会人民之喉舌也，宜若何公方戒慎，监督政府，弥祸于前，善谋其后，胡丧心病狂，狼狈为奸，鱼肉乡里，而自弃于邑人哉？！同人等远处束几，闻此惨讯，痛心殊甚，誓以全力，贯彻左列主张，邦人君子，其见义而勇为乎！

同时提出了：

（一）请政府从速查办祸首田伯施、游铂镛，并严惩开枪射击警察及保安队。

（二）罢免参议长林云根等并追究其责任。

（三）从优抚恤死伤蔗农，立即释放被捕者。

（四）重新议定糖清合理价格。

（五）保证今后不发生类似事件。

资中旅蓉同乡会也在《新新新闻》和《建设日报》上发表文章，声讨家乡当局的血腥暴行，援救被捕入狱的何衡九等人。资中旅渝同乡会于1947年2月26日代电资中四川第二区行政督察专员田，呼吁查清事件真相，依法惩办元凶。

同时，资中蔗农事件消息在报纸上披露后，中共党员胡春浦看见何衡九被捕（何衡九曾就读京师法政学堂，接受先进思想，参与过刺杀摄政王的革命活动。后退出政界，回到资中乡下开糖坊。1937年营救过胡春浦），及时向田一平汇报，要求设法营救何衡九出狱。田一平写信交与胡春浦开展营救活动，以何年老有病为名取保释放出狱。

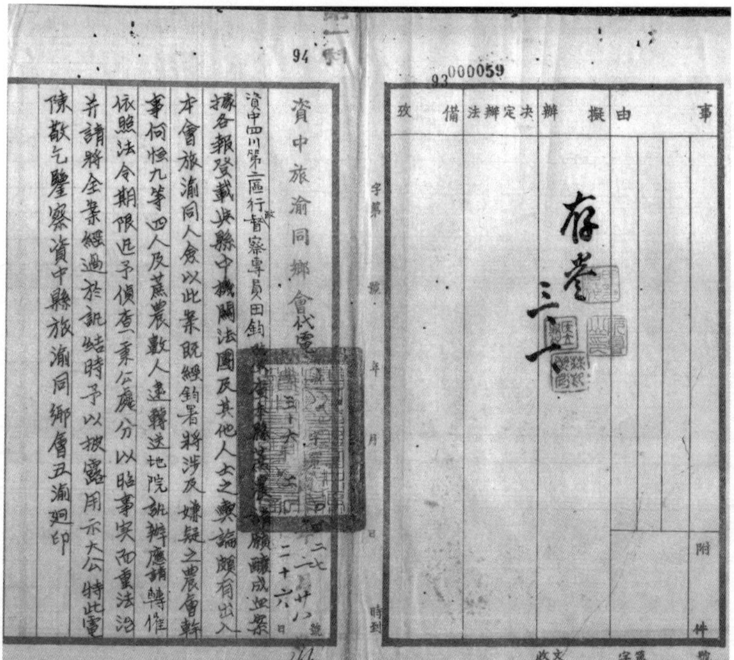
資中旅渝同鄉會代電

資中四川第二區行政督察專員田鈞[illegible]釀成血案

據各報登載與縣中機關法團及其他人士之輿論頗有出入

本會旅渝同人僉以此案既經鈞署將涉及嫌疑之農會幹

事何恤九等四人及蔗農數人逮轉送地院訊辦應請轉飭

依照法令期限迅予偵查秉公處分以昭事實而重法治

并請將全案經過於訊結時予以披露用示大公特此電

陳敬乞鑒察資中縣旅渝同鄉會丑渝迴印

资中旅渝同乡会代电

这次蔗农的反抗斗争虽然被镇压下去，但也展现了蔗农的反抗力量及社会舆论的影响力。1948 年，蔗农与糖坊、漏棚之间，改金额议价计算为以物易物计算，每 1 000 公斤糖清，蔗农得中白糖 235 公斤外，再由漏棚补贴 30 公斤。漏棚代表陈子寿、黄尔模、刘衍皋等通过县商会，呈文县府、二区专署，认为此次议价过高，比资阳、内江都高，特别对另补贴蔗农 30 公斤白糖一项“于情于法均有未当，殊难承认”。县政府不敢像过去一样，明显地为糖坊、漏棚老板说话了，而是回复“关于以白糖掉换糖清事，在本府三十六年（1947）公布之《杜绝蔗糖预买预卖纠纷办法》上并无明文规定，……因本年币制改革，物价高涨种种特殊情形，蔗农除照议价标准每千公斤糖清得白糖 235 公斤外，并得斟酌当时掉换情况，向漏棚请求补贴，惟最高额每千公斤糖清，不得超过白糖 30 公斤”等语，还是维持原议。

内江抗战中的酒精生产

抗战期间，内江在抗战物资严重匮乏的严峻形势下，奋力生产酒精，保障了液体动力燃料供应，为抗战胜利做出了重大贡献。

一、内江的酒精厂发展迅速

中国在抗战极其艰苦的时刻，许多用于抗战军事运输的汽车都使用内江生产的酒精，飞机则使用无水酒精。当时酒精生产成为内江工业的重要支柱，而酒精在抗战的大背景下，成为国防重要战略物资。在抗战前，国内石油自给率仅为所需的0.2%，多赖于进口。抗战爆发后，沿海等地被日军占领，石油进口率锐减。1939年，南宁失守及滇缅公路被封锁，国际物资线路受阻，汽油来源更加困难，“液体燃料势非自力更生，不足以维持战时之交通与运输”。资源委员会“故对于酒精工业首先倡导”。于是，国民政府明令全面实施以酒精代汽油办法，国防和民用“纷纷采用酒精为汽车燃料”“因之需要量大增，制造者获利亦厚，公私各方纷纷设立酒精厂，尤以四川产糖中心之内江、资中一带为最”。

四川抗战前无酒精厂，1938年，四川省政府与经济部资源委员会在椑木镇合办的四川酒精厂开工，是当时大后方第一家酒精厂，“首在补充抗战期间液体燃料之缺乏，次及工业医药之需要”，“以发展后方工业并供给兵工用途为宗旨”。1939年7月，军政部在白马庙（现市中区白马镇）设立了军政部第一酒精厂，为第二家酒精厂。随后，外省的一些酒精厂迁川，如资中酒精厂系陕西省营酒精厂，于1939年11月全部完成迁运。川内公私更兴办许多酒精厂。

1941年底调查，这时全川已有大小酒精厂81家了，仅“资中区（包括资中、内江、自流井、富顺等地）二十八家。”截至1943年4月，已经核准登记的内江县有四川酒精厂、军政部第一酒精厂、国防动力酒精厂第三制造厂、蜀丰酒精厂、辅仁化学工业社、中国炼糖公司酒精厂、中国胜利酒精厂、泰昌酒精厂、西川酒精厂、中川酒精厂、永成酒精厂、中兴酒精厂、同昌酒精厂13家，资中县有资中酒精厂、复兴酒精厂、复兴酒精厂分厂（即沱江公司复兴酒精厂）、内江化学工业社酒精厂、力合化学工业社、沱江化学厂6家。之前，内江县的酒精厂最多时，除前面列举之外，还有同春酒精厂、建华酒精厂、蜀川酒精厂、光轮酒精厂、裕民酒精厂、茂市酒精厂、云蒸酒精厂、京华酒精厂，达到21家，占全省酒精厂总数的四分之一。这些酒精厂主要集中分布在内江县城附近和白马庙、椑木镇。另外威远县还有协和酒精厂，而属于二区专署（资中专署）所辖的简阳县还有简阳酒精厂、自强火酒厂、建华酒精厂等。当时的报纸对内江建立如此众多的酒精厂评论称为“世界上一大创举!”

资中酒精厂外景

资中酒精厂全体员工合影

二、内江生产的酒精品种全、质量高

内江的酒精厂主要生产动力酒精和无水酒精。动力酒精用于汽车。在抗战初期，一般使用酒精的，多是掺百分之二三十于汽油中，也有利用乙醚与酒精混合体即称为人造汽油或者代汽油的。以后汽油来源更加困难，一般车辆除烧木炭作为动力以外，就直接采用酒精为燃料，不混合汽油等。1940年春，主管运输当局曾令一般商用汽车改木炭车，以节约酒精之消耗。无水酒精（酒精纯度达到99%以上）则可以用于飞机燃料。1940年9月，资中酒精厂应航空委员会之约，在成都以无水酒精作掺合飞机汽油发动飞机的试验并成功，航空委员会采用和推动掺合政策。

1942年6月7日，国民政府军事委员会委员长蒋介石令称：“前据称资源委员会在四川制造有一种无水酒精，可作飞机汽油之用。该项酒精应全由航空委员会承购全数。希转饬遵照。”经济部、资源委员会呈转资中酒精厂等知照遵行。16日，经济部、交通部、军政部、后方勤务部及运输统制局等开会商决，资源委员会资中酒精厂完全改造无水酒精，并全部供应空军使用。

7月3日，资源委员会训令酒精业务委员会，“迅饬资中酒精厂全部改造无水酒精，以应空军需要”。资中酒精厂以其先进的设备和优良的技术，承担着用于飞机燃料的无水酒精生产。它在迁川前就购置安装有无水酒精生产设备，生产无水酒精。1938年底“敌寇迫秦境，旋以世局关系，奉会命先将无水酒精设备迁运四川”，仅在1940年3月至1942年10月间，就生产无水酒精达15.03万加仑（1美制加仑合3.785升），供给航空委员会。

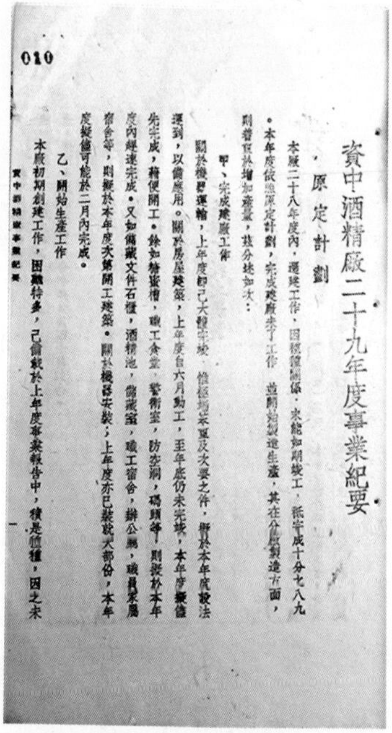

010

資中酒精廠二十九年度事業紀要

一、原定計劃

本廠二十八年度內，趕建工作，因種種關係，未能如期竣工，祇完成十分之八九。本年度依照原定計劃，完成建廠未了工作，並開始製造生產，其在分廠製造方面，則着重於增加產量，玆分述如次：

甲、完成建廠工作

關於機器運輸，上年度即已大體完竣，僅餘少數及次要之件，擬於本年底設法運到，以備應用。關於房屋建築，上年度自六月動工，至年底仍未完竣，本年度擬儘先完成，俾便開工。餘如鍋爐檯，職工食堂，警衛室，防空洞，碼頭等，則擬於本年度內趕速完成。又如儲藏文件石櫃，酒精池，儲藏室，職工宿舍，辦公廳，職員家屬宿舍等，則擬於本年度次第開工建築。關於機器安裝，上年度亦已裝就大部份，本年度擬儘可能於二月內完成。

乙、開始生產工作

本廠初期創建工作，困難特多，已備載於上年度事業報告中，積是種種，因之未

資中酒精廠事業紀要

资中酒精厂1940年事业纪要

资中酒精厂无水酒精广告

三、内江的酒精厂具有很强生产能力

当时，内江的酒精厂不仅数量多，而且还规模大、产量高，在提供酒精支援抗战和保障军事诸方面发挥了重大作用。属于国营的有军政部第一酒精厂、资中酒精厂、简阳酒精厂，国省合办的有四川酒精厂，官商合办的有中国炼糖公司酒精厂、复兴酒精厂及其分厂沱江公司复兴酒精厂，其余属于民营酒精厂。可见国家对酒精工业的重视和民间对抗战的支持。

四川酒精厂股款总额国币14万元，占地53亩。生产、办公用房及设施有蒸馏室、发酵室、酵母室、原料贮藏槽、锅炉室、帮浦室、发电室、

材料房、贮水槽、酒精贮藏槽、办公室、职工宿舍、工人宿舍等；生产机器装置最重要的有蒸馏器，系 Guillaum 氏式，由民生公司机器厂承铸，“是为我国自行设计铸造酒精蒸馏机之始”。计有粗蒸馏塔、清净塔、粗馏塔三部及配套、实验设施和化学分析仪器，另有卧式锅炉一具，发电机两具，其他还有运输车、木船、原料桶、消防用具、机器维修工具等。全厂职工百余人。1938 年 11 月时，计划并达到酒精月产量 6 万加仑。1942 年 12 月产量 9.01 万加仑，达到日产 3 000 加仑，“突破本厂历年产量最高记录”。

四川酒精厂印章

四川酒精厂徽章

资中酒精厂“制造效率堪称优良”，“每公吨糖蜜可获取之酒精，应为三点四与一之比，纯糖变酒，已达到理论上百分之九十八点四；不特国内厂家，无与伦比，即在欧美，此种成效，亦列于最优等之林，是盖在职员工诚恳任事有以致之”。同时，“增加生产数量”，“在陕每日产量不足一千加仑”，迁川后，“仅就原有设备，以发挥其效能，竟以达到每日产量最高无水酒精一千五百加仑，普通酒精三千三百加仑之多”。

根据经济部、液体燃料委员会委托四川酒精厂对请求登记的酒精厂的调查，民办的同昌酒精厂“蒸馏塔一座，在内江制造，全为铜质，全塔高三十余尺，直径十三寸”，“现有蒸馏塔之装置尚属合理，所出酒精浓度亦可达到标准（九十五度）”，可见内江对蒸馏塔的制造能力。中兴酒精厂“该厂规模虽小，设备尚称完善”。再据 1943 年统计，部分酒精厂可达月产量情况是军政部第一酒精厂 4.5 万加仑， 国防动力酒精厂第三制造厂、蜀丰酒精厂 3 万加仑，中国炼糖公司酒精厂、中国胜利酒精厂、中兴酒精厂、辅仁化学工业社、力合化学工业社 1.5 万加仑。1945 年 2 月时，内江酒精厂（原军政部第一酒精厂）有职员 50 人，技师 22 人，技术工人 102 人，普通工人 129 人；每月最大产量可达 6.5 万加仑。

1938 年至 1944 年间，国统区全部酒精产量根据不完全统计，大约分别是 26.8、81.2、455、540、784、745、754 万加仑，尽管 1942 年的统计与其他有出入，但可显示酒精产量迅速增加情况。资源委员会属各酒精厂（其中四川有四川、资中、简阳、泸县、北泉酒精厂）1938 年至 1944 年产量分别是 7.2、30、67、130、240、281、283 万加仑。1945 年 3 月，液体燃料管理委员会规定资源委员会所属（含接管交通司酒精厂）17 个酒精厂全年生产酒精 736.2 万加仑。资源委员会统计 1 至 3 月总计生产 67 万加仑，并决议 4 至 12 月“参照现有各厂实际生产量规定生产”710.9 万加仑。

由液体燃料管理委员会控制的酒精中，据 1942 年统计，在分配给军事单位用于军事运输的达其总分配量的 80%以上，1944 年底到抗战胜利达到 95%以上。1944 年 3 月时，液体燃料管理委员会还要求资中酒精厂为美军提供 5 000 加仑无水酒精。这充分显示了酒精和酒精工业在军需中的重要性。而四川酒精实际产量占全部产量的 60%以上，为酒精主要生产基地。

1943 年杨公庶《酒精工业生产及困难情形》统计，四川酒精产量 1940 年至 1943 年分别为 400、500、800、720 万加仑。1945 年 2 月《大公报》报道，四川的酒精厂产量“目前每月一百四十万加仑，占大后方酒精总产量的十分之七”。1944 年资源委员会属四川各酒精厂共售出酒精 247 万加仑，其中供应军需酒精就达 233 万加仑，占 95%。

在四川的酒精工业及产量中，内江自然为重点了。根据内江、资中县 19 个酒精厂规定月生产量数统计，年总生产能力可达到 594 万加仑。尽管抗战对酒精需求持续增大，生产量也随之增加，但因原料供应、资金不济、设备不足等原因，实际生产量是不足的。四川酒精厂每年最大生产能力 69 万加仑，实际生产 1939 年至 1944 年分别是 27.1、27.3、50.5、56.9、50、48.4 万加仑；资中酒精厂每年最大生产能力 69.6 万加仑，实际生产 1940 年至 1944 年分别是 30.3、47.6、62.9、64.4、56.2 万加仑； 简阳酒精厂每年最大生产能力 54 万加仑，实际生产 1942 年至 1944 年分别是 20.5、43.8、41.8 万加仑。

根据资源委员会 1945 年统计，1942 年至 1944 年三年间，四川、资中、简阳酒精厂的生产力分别占生产能力的 54%、88%、65%。尽管如此，而内江仅四川酒精厂、资中酒精厂总计产量 1940 年至 1944 年分别达到 57.6、98.1、119.8、114.4、104.5 万加仑，占资源委员会属各酒精厂同期总产量的 86%、75%、49.9%、40.7%、36.9%。资中酒精厂 1940 年动力酒精“总计全年销售量为一四六五四三加仑，供售军事机关者九〇九一〇加仑，约占总销售额百分之六十以上”。无水酒精全年总销售“九六九五五加仑”，供“航空委员会一四三一〇加仑。而主要之顾客，则为军政部交通司，计七九〇四二加仑，几占总销售量百分之八十五”。可见四川酒精生产在抗战中的主导地位和内江酒精工业发挥的重要作用。

四、内江各酒精厂员工激发出高昂的爱国热情

在抗战中，内江各酒精厂的广大管理人员、科技人员和工人等为支持抗战，激发出了高昂的爱国热情，他们克服一切困难，奋力生产高质量的酒精。四川酒精厂选址椑木镇凿坝滩，“其地依山傍水，距内江九公里许，舟车并通，运输称便”，又能够隐蔽，避免被日机轰炸。利用自然地形，车间布置成梯形，液体自动流放。1937 年 11 月初着手设计，12 月下旬购地建屋，仅仅建造半年多时间于 1938 年 7 月完成，26 日试机，30 日晚正式出货，“是为四川酒精工业之开端”，“居然于半年间完成，正式开工制造亦可谓难能矣”。

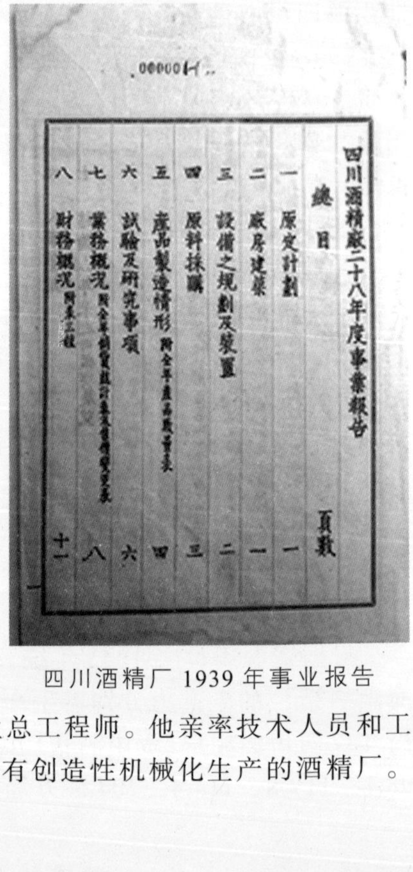
四川酒精廠二十八年度事業報告

總目	頁數
一 原定計劃	一
二 廠房建築	一
三 設備之規劃及裝置	二
四 原料採購	三
五 產品製造情形 附全年產品數量表	四
六 試驗及研究事項	六
七 業務概況	八
八 財務概況	十一

四川酒精厂 1939 年事业报告

该厂的几任厂长都是博士留学生及化学或微生物学专家。第一任厂长魏岩寿于日本京都帝国大学化学科毕业、喜多研究室酿造学专修二年，毕业回国后任国立劳动大学农学院农艺化学系教授。1930 年至 1937 年，担任国立中央大学农业化学系教授兼系主任，致力于用近代生物化学方法研究中国传统发酵食品的制作工艺。1935 年经实业部举荐兼任中国酒精厂总化学工程师。其间，魏岩寿曾试验用甘薯生产酒精，成为中国可再生能源生产研究的先例。1937 年至 1945 年，魏岩寿担任资源委员会酒精工业总工程师。他亲率技术人员和工人，艰苦奋斗，兴建了大后方的第一座具有创造性机械化生产的酒精厂。

他在酒精厂背后山岩上题词，留下了“凿坝滩上黑烟飞，凿坝滩下血泪挥，何处是，何处非”的名句，是当时艰辛生产的真实写照。

四川酒精厂生产的酒精纯度达到 98%以上，比一般酒精厂生产的用于动力燃料的 95%的纯度具有优越性，其“地球”牌酒精最有名。

四川酒精厂厂长、微生物学先驱魏岩寿

资中酒精厂也是在短短一年时间内完成搬迁和投产工作，1938 年 12 月“奉令全部迁移，另行觅地建厂以策安全，而应抗战要需”。1939 年 1 月，资源委员会派人察勘基地，张季熙厂长由陕西飞四川，决定以资内接界的银山镇为厂址。

张季熙是留学德国的博士，在他的领导下，一面办理陕厂拆卸迁运工作，一面于银山镇设立筹备处，收购民地。4 月分别以工程轻重缓急，或招标承造，或自行鸠工建筑。至 11 月，厂房全部完成，迁运工作完毕，开始安装机器，1940 年 2 月试机，3 月成功正式出货。

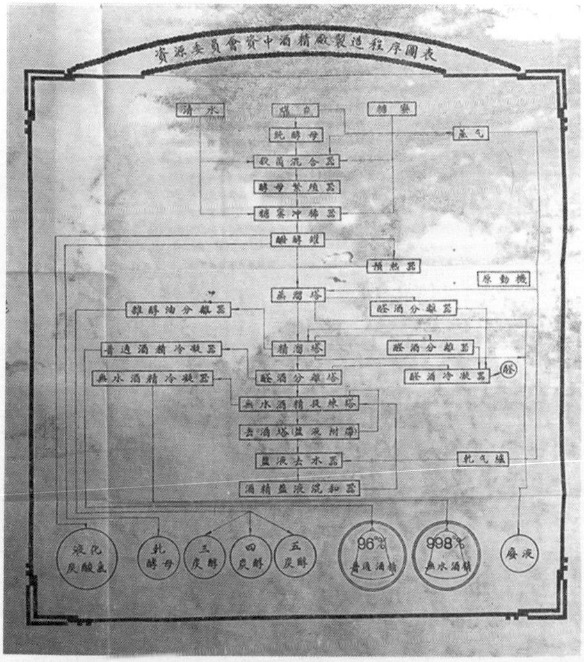

资中酒精厂制造程序图

该厂的主要设备系德国制造，拆卸安装难度大，但他们克服各种困难，在短时间内圆满完成。“一般人以为经过拆卸搬迁，难于装配之酒精厂，将在抗战建国中，对于液体燃料之供给，作最大之贡献矣。”这是迁厂完成和开机成功欣喜之情与抗战决心自然流露。资中酒精厂 1940 年 12 月的“本厂酒精规范”要求：无水酒精纯酒精（以重量计算）99.77%，96 度酒精浓度为 96%。“盖本厂成品浓度，常较一般为高，售价又均较一般为低，以旨在服务抗战，支援后方交通，固未以盈利为目的也。”

资中酒精厂无水酒精生产设备

1943 年 4 月底，英国生物化学家李约瑟博士考察了资中酒精厂后，在信中称赞“很明显，张非常能干。他在荒凉的沼泽地创办了这家工厂”。并在以后的文章中数次提到和赞扬张季熙及资中酒精厂。

1943 年 5 月李约瑟（左四）与澳大利亚驻华公使参观资中酒精厂

五、蔗糖业和技术人才成就了内江的酒精工业

内江抗战时期酒精工业能够迅速崛起，是发达的蔗糖业成就的。生产酒精的原料主要来自制糖生产的副产物——漏水（又称糖蜜、桔水）。制糖“最主要副产品为漏水，乃制酒及酒精之主要原料”，“故沱江流域各县漏水醻房颇多，所制酒俗呼为‘漏水酒’。抗战以来，酒精工业兴起，漏水为主要原料。”1942年不完全统计，内江县醻房99家，漏水酒产量194.87万斤；资中县56家，漏水酒产量22.1万斤，资阳县297家，漏水酒产量103.97万斤；简阳县300家，漏水酒产量173.58万斤，内江县的产量最高。

内江从清代前期开始已经具有蔗糖业，清末民初发展到极盛，仅内江县的糖坊漏棚曾达3 000余家。而抗战时期，因为我国主要产糖之地仅余四川，内江蔗糖业得到复苏和繁荣，产量约占全川的70%。大量制糖生产的漏水满足了酒精工业的需求。为保障酒精生产原料的供应，在川康区域实行食糖专卖基础上，1942年11月3日，国民政府行政院颁布了《川康区各酒精厂所需糖蜜桔糖红糖分配办法》，规定糖蜜不得配作制酒之用，特定糖蜜以及桔糖、红糖为制造酒精原料，不准作其他之用。对已经登记的酒精厂原料实行分配购买，严格限制新厂设立，还在一定程度上规范和限制其价格。1943年7月20日，行政院还令颁了《四川省酒精厂购买糖类原料办法》，详细规定了具体的购买糖类原料办法，这些法规和行政管理保证了重点酒精厂的原料供应和正常生产。

除此之外，内江抗战时期酒精工业能够快速发展，还有抗战期间酒精作为战略物资的时代需要；内江有发达的水、陆交通，作为抗战大后方之一，避免了战争破坏而具有相对的稳定环境；也有政府资金扶持建设国营重点酒精厂，民众基于抗日热情而投资兴建众多酒精厂，具备了生产酒精的基础设备设施的重要物质条件；重要的更有生产酒精的科学技术力量和人才，主要酒精厂的厂长和管理及科技人员许多是化学生物专家，酒精生产技术人员也得到大力培养。

当时，魏岩寿受省教育厅委托，在四川酒精厂附近的糖坊旧址，开办了四川省立实用职业技术学校，并担任校长。学校采取厂校合作，厂里的科技人员担任学校酒精专业教师，接受学生实习，在实践中培养了大量的酒精生产技术人才。四川酒精厂建成后，对内江众多酒精厂建设起到示范作用，许多都是其科技人员参加或指导建立的。还有云南、贵州等产糖的省，也陆续按照四川酒精厂的生产工艺建立了酒精厂。

1940 年 2 月，魏岩寿调云南酒精厂任厂长，1942 年 7 月，四川酒精厂第二任厂长汤元吉调遵义酒精厂任厂长。内江虽然有生产漏水酒的传统和技术，相对比较落后和规模小，不能满足快速而大规模生产优质酒精的需要，许多酒精厂对生产技术、材料和设备等进行了更新，成效显著。四川酒精厂对发酵技术、使用物质和设备等进行改革并获得成功，提高了产品质量和原料的利用率，降低了成本，并生产出相关化工产品，在当时科技相对落后的情况下是非常具有影响力的。资中酒精厂在 1940 年就“应用死酵母代替硫酸铔”，“查本厂本年度所用酵母，向以硫酸铔培养，是以滇缅路不通，硫酸铔一时中断，本厂经以死酵母代替硫酸铔；使用以来，颇为顺利，不但节省外汇，减低成本，且亦增高酒精之产量”。

抗战胜利后，随着汽油的大量进口和低廉的价格，酒精滞销，内江酒精工业遭受严重冲击而几近毁灭，除极少数有实力的如四川、资中、内江和中国炼糖公司酒精厂等外，其他酒精厂都彻底关闭了。尽管如此，内江酒精工业对抗战的重要贡献和作用是永恒的，首先是生产的大量优质酒精弥补了滇缅公路、驼峰航线的运能不足，为保障抗战军需发挥了重要而不可替代的作用。

早在 1938 年 12 月 9 日《新华日报》的“酒精的话 —— 内江四川酒精工厂一瞥”就对其予以充分肯定：“酒精是和抗战有密切关系的液体燃料之一。”“酒精无论在战地或后方，无论用于交通运输，或用于工业生产，它都占有相当重要的地位，发挥着它无限的效能。”同时对内江经济发展具有相当影响，它促进了内江金融、商贸、运输、煤矿、化工、制造业和科技等的极度繁荣，也奠定了内江近代工业的基础，第一次大规模出现而集中生产的酒精企业。它既成就于传统的蔗糖业，更促进其迈入了近代工业行列。

抗战期间为保证酒精原料，提高蔗糖业产能，推动了手工制糖业的技术改良革新和机器制糖业的发展，在公私力量合力下，沱江领域特别是内江建立了一批具备先进技术和设备的糖厂；国民政府制定了系列的发展蔗糖业政策，还有酒精及蔗糖业工业为以后内江工业发展提供了人才技术保证。

成渝公路在内江的修建

成渝公路西起成都，经内江境，终至重庆牛角沱，全长 450 公里，内江境内长 231.96 公里。

成渝公路是横贯四川盆地，连通成渝两大都市的主要干线，沿途又连通原东大路的数个富庶县区，在重庆又与长江水运相接，因此，是四川最重要的一条公路。早在民国伊始，即筹修此路，后屡经波折至 1933 年才建成通车。

一、筹建概况

1913 年川督兼民政长胡景伊拟筑成渝铁路，委托了总办并拨款用于勘测，不久因其卸任而路事告停。1921 年，刘湘任川军总司令兼四川省省长，筹筑成渝公路并提出议案上报，经省议会通过，但筹款非易而流于空谈。次年，省道局成立后，将成渝公路列为全省拟建 6 条省道之首，并由省署委派周骏为督办，在成都设立督办成渝马路事宜处。4 月，省道局聘请匈牙利人肖飞与美国人贝克负责测量，并得到前成渝铁路勘测队多人协助。5 月，组成 2 个测量队，肖飞负责测量成都至内江段，贝克负责测量内江至重庆段。10 月，测量完成。

省道局拟通过发行债券及募集筹款筑路，但因工程浩大而艰巨，筹资困难，且处于四川军阀割据，政令不统一的“防区”时期，而成渝公路跨 4 个“防区”，统一筹修实难实现，只好搁置。

后来，成渝马路分为成简马路（成简马路还包括资简马路）、渝简马路两大路段，分别修筑。路事波折颇多，尤以成简马路为甚。

二、成简马路的修建

1924 年，中华全国道路建设协会四川分会倡修成都至简阳石桥井（石桥镇）的成石马路。次年，为使成石马路与简阳的政治中心简城连接，将计划中的马路延伸至简城，并更名成简马路。组建了“成简马路股份有限公司”并设立董事会。前四川省督军、中华全国道路建设分会会长周道刚任经理，廖辉如任总工程师。邀请了四川铁路学堂学生复勘路线，简阳县财团产业经县议会作为成简马路专款。但因军阀混战，沿途拉丁抽夫，筑路施工颇难，且公产又为地方势力所把握，因而，筑路之事只好罢休。

1926年5月，由成都、华阳、简阳、资阳4地绅商集股，及马路占有地给价入股，加上庙会款等筹资了资金后，重组成简马路汽车股份有限公司，采用雇工与包工相结合形式，正式启动成渝公路修建工程，1927年元旦在成都牛市口破土动工。年内，通车至龙泉驿。拟向左在柏合寺开凿隧道然后通贾家场至简阳，却因当地封建势力以“开凿隧道断了龙脉，破了简阳风水”为由予以阻挡，遂被迫放弃这条走向合理的路线计划，改由龙泉驿右侧上山，经山泉铺过石经寺到贾家场。但须经过29军军长田颂尧所谓“凤凰抱蛋”之祖坟，田氏因怕惊动祖先影响后人而横加阻挠。尔后两次改线仍遭田氏反对，最后才选走鸦雀口转4个大弯下龙泉山。

1927年冬，筑路工程屡受沿途官绅阻拦，民工又常被军方强拉支差，加上资金不足，工程进度迟缓。遂呈准四川清乡督办邓锡侯收集股金，令成简马路公司董事会监事会休会，改公司为马路局，改民办为官办。次年5月，84名股东集会成都，否认官办，得以恢复公司。时简阳为四川边防军防区。公司为笼络地方势力，减少筑路干扰，敦请田颂尧及28军3师师长陈书农分别担任公司名誉总经理、名誉经理，四川边防军第2混成旅旅长兼简阳县知事李青廷任监督，委派简阳县豪绅徐东才、曾常伯和杨自平任工程经理。工程得以正常推进，1928年6月通车至简阳。

成简马路完工后，李青廷见全县所拍卖的公产款尚有余额可资利用，便派人与资阳县知事商议后，决定修建资简公路。成立了“资简公路路政局”负责修路事宜。1928年秋，资简公路动工，由驻军和民工修建。简阳县负责修筑简城至杨家街的尹家沟石缸嘴二道桥（简资交界处）路段，二道桥以下由资阳县负责。1931年，资简公路完工。成简、资简马路连成一线，成为后来建成通车的成渝公路的重要组成部分。

简阳县境内的成简、资简马路，虽只有76公里，却因封建恶势力干扰及战事频繁，政局不稳，及筹资波折等因，历时达7年多，耗银币50多万元。有的官僚借修路之机谋取私利，如有1人贪污大量工程款买田200多亩，有1人获巨款后在简城北街修公馆1座。搜刮民脂民膏修筑的成渝公路简阳段，路基路面因全系泥土修筑而欠坚实，道路弯急坡陡，晴则颠簸，雨则泥泞，满路泥浆深及脚踝，连步行也艰难。

三、渝简公路的修建和成渝公路全线贯通

受“防区”制约，整个成渝公路的修建无法统一安排，实为成简公路与渝简公路分别修筑。拥有川东地区且势力西达简阳的21军军长刘湘，也与四川其他军阀一样，为利用马路之便争夺和巩固地盘，命令各地部属修建防区马路。1926年，于重庆设立渝简马路总局，委任师长唐式遵为总办，并聘请傅有周为会办兼工务处长，还聘请了工程顾问、工务处工程科长等，组织力量筑建重庆至简阳的渝简马路。经两度勘测确定路线：由重庆大溪沟，经上清寺、化龙桥、小龙坎，过新桥，经歌乐山、青木关、壁山、来凤驿至马坊桥，会合东大路经永川、荣昌、隆昌至椑木镇过沱江，经内江、资中、资阳而达简阳，长337公里。包括内江、资中、资阳等县相继成立渝简马路分局，连同1926年即已成立的资中县马路局（因1926年8月21军驻防资中的师长王缵绪率先修筑资中县武陵井至内江县界公路），统属渝简马路总局。筑路款由各县变卖神会庙业、标卖官公产、粮糖税附加，及派股、组织路政银行、商帮及驻军等多渠道筹措，劳力以兵工为主，辅以包工、雇工，继续开工修筑。工程占地，按《渝简联线马路计划书》所载：“除公地应收回外，其他概丈量合价，暂给以债券，路成归还。”

1932年成渝路政总局全线会议之景

1928年10月，刘湘为对付20军等部联合攻渝，被迫将永川至资阳各县让给24军驻防，但路政仍由刘湘节制的渝简马路总局管辖。后来，刘湘

与刘文辉发生矛盾，刘文辉趁机将各县路政置于设在成都的川南马路总局管辖。渝简马路总局多次电请刘文辉退还管理，刘一面复电同意，一面仍支持各县驻军行使路政管理权。由于两军相互掣肘，加之战事，马路时修时停，至 1931 年 10 月才完成境内段修筑工程，共耗资 286.68 万元。至于修筑技术标准，本应按照 1927 年渝简马路总局制定的《渝简马路全线工程办法大纲》的具体标准实施，但因防区变易而各行其是等因，路基、路面、弯道和纵坡等均未能严格按标准实施，桥梁大半是半永久性。

1933 年，渝简马路与成简马路接通，成渝公路的建设费时 22 年终于全线贯通。

其中成渝公路资中段从资阳碑记沟 132 公里处进县境成渝乡，经球溪、鱼溪、水南、银山金紫乡至 192 公里处入内江界。1926 年，杨森督理四川军务，训令修筑成渝公路。10 月，资中驻军师长王缵绪提倡修筑资（中）内（江）马路，设马路局于城内川主宫，自任总办，何庆延坐办；集股款约 20 万元，征调民工，修筑五陵井至银山镇界牌段。1927 年 10 月，修资中至资阳碑记沟段，公推王缵绪、票选县绅林跃辉为总办，同时变卖田产、神会庙产为路款，被占田地发给临时股票。由于无专业工程人员，工程质量差，时路基宽 4 至 5 米，泥结碎石路面。1933 年，始与资阳、内江接通。

1929 年修建成渝公路资中段

1936 年成渝公路资中球溪河至资阳县之间（老鹰崖）跨线桥——以第一桥著称

内江县路段于 1926 年由驻军与县政府从粮税、糖税以及地方捐税中筹集资金共 60 余万银圆建成。县境路段，自资中县界经史家街、县城、椑木镇、牛棚子至隆昌县界，全长 39.5 公里。1929 年 4 月 6 日通车。

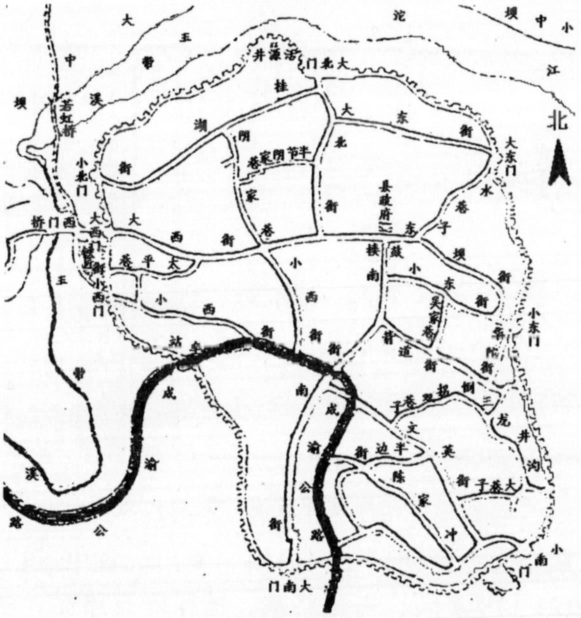

1934 年内江县城地图（成渝公路穿城而过）

隆昌段自双凤驿入境，经太平铺、迎祥街、县城、石燕桥、李市镇，蒋家寺出县境，全长 37 公里。1926 年 9 月成立隆昌马路筹备处。1927 年 1 月成立隆昌县马路招股局，提卖官、公、营、庙、会产及提取历年积存公款、平粜为股本，共集资银圆 48.68 万元。同年 11 月撤销筹备处和招股局，成立渝简马路总局隆昌马路分局，动工修筑隆昌路段。1931 年 8 月完工，路基宽 6.1 米，为泥结碎石路面，实耗银圆 47.71 万元。

四、成渝公路维修改造

四川“防区”时期新修公路，由于质量不高，通行能力差，尤其是雨天泥泞陷车，中断交通。路况亦差，时人讥为“一行二三里，抛锚四五回，修车六七次，八九十人推”。

1935年1月，川政统一。3月，“四川剿匪总司令部”要求成都附近各县速将损坏马路桥梁修复。5月，蒋介石下令，成都500里以内公路限期赶修完善。如此急迫下令，乃因实施所谓公路“协剿”政策。成渝公路是要求重点整治的川内公路之一。10月，四川省政府责令省公路局，限期将成渝公路路基加宽至8至9米，路面桥梁宽6米，桥涵荷载7.5吨以上。

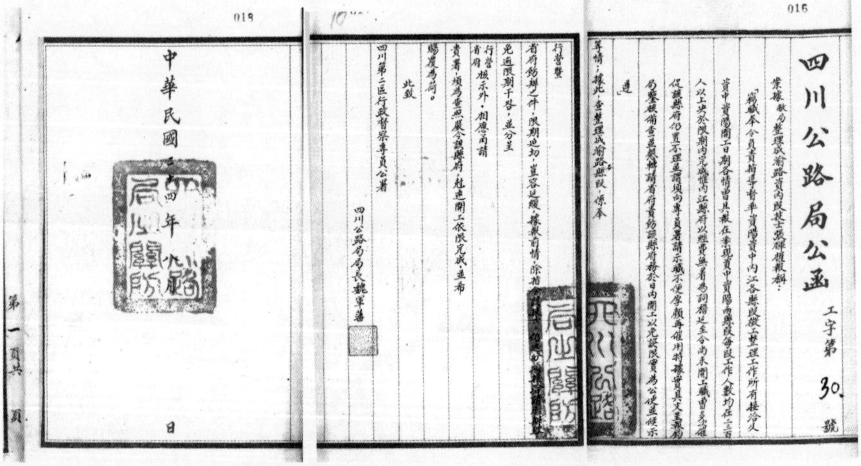
四川公路局公函 工字第30號
案據敝局整理成渝路資內段技士張輝樞報稱：
「竊職奉令負責指導督率資陽資中內江各縣段徵工整理工作，所有接洽及資中資陽開工日期各情，曾具報在案。現資中資陽兩縣段每段工作人數均在三百人以上，決於限期內完成。惟內江縣府以經費無着為詞，稽延至今尚未開工。職曾屢為催促，該縣府仍置不理，並謂須向專員署請示。職不便專頗再催，用特據實具文呈報，鈞局鑒核備查，並懇轉請省府責飭該縣府務於日內開工，以免誤限，實為公便。並候示遵。」
等情。據此，查整理成渝路縣段，係本
行營暨
省府飭辦之件，限期迫切，豈容延緩。據報前情，除……
免遭限期干咎，並分呈
行營
省府 核示外，相應函請
貴署，煩為查照，嚴令該縣府，剋速開工，依限完成，並希
賜復為荷。
此致
四川第二區行政督察專員公署
四川公路局局長魏軍藩
中華民國 四年 日
第一頁共 頁

四川公路局整理成渝公路资内段函

沿线各县奉令义务征调民工，简阳、资阳、资中、内江、隆昌各县征调民工共达21.1万多人，拓宽路基，铺压碎石路面，达到晴雨通车。12月资中县路段经统一大整修，路基加宽至7至9米，路面加宽至5至7米。

内江县于12月8日按照《义务征工条例》略加变通，出台“贫者出力，富者出粮，至竣工为止”的政策，征用民工整修路段。时全县共征民工4万多人上路，于次年3月9日完工，共用工398.8万个。同时，建椑木镇沱江汽车渡口渡船码头。

成渝公路内江渡

1935 年隆昌县政府征集 3 万民工扩建、整修县境段。1937 年自筹经费再次整修。各县路段整修后，纳入了常年养护。以后 10 多年中，特别是抗战时期，为满足军需民用，对成渝公路又多次进行较大规模整治。

1941 年 5 月四川公路局简阳车站

1941 年成渝公路上的桥

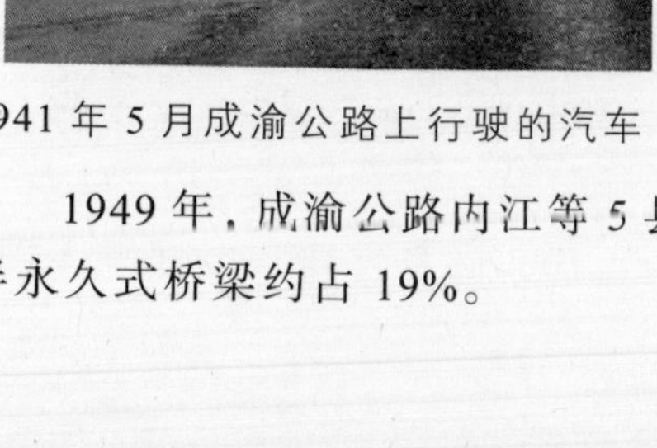

1941 年 5 月成渝公路上行驶的汽车

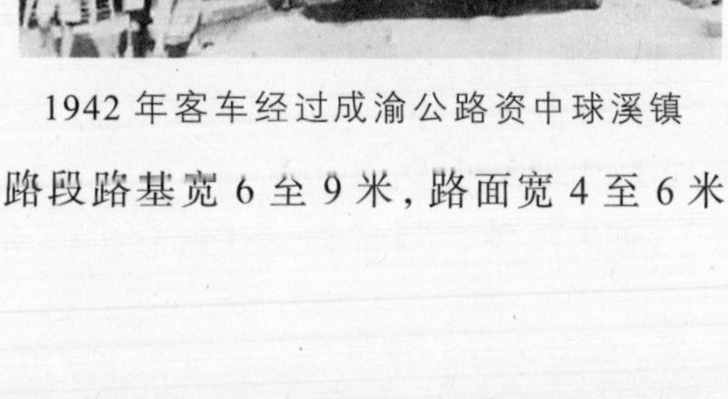

1942 年客车经过成渝公路资中球溪镇

1949 年，成渝公路内江等 5 县路段路基宽 6 至 9 米，路面宽 4 至 6 米，半永久式桥梁约占 19%。

威远县的采矿冶铁生产

内江采矿冶铁历史悠久，据史料记载：威远县西北四十里为铁山（现连界区域），富于铁矿，从汉代已开始开采，并设铁官管理铁山。以后持续开采生产。光绪年间，铁价渐昂，煽户（炼铁商户）增多，时有土炼铁炉4座，年产土铁1 500吨以上。

内江冶铁业虽然起源于汉代，清末时，威远县连界场一带既有手工锻打生产的土钢。但在近 2 000 年的漫长历史中都处于土法冶铁的阶段，直到1930年代初，威远铁厂建成第一座热风焦炭炼铁高炉，才开创了本地区现代冶铁业的先河。

1914年，重庆北碚铁商张文儒将江苏以生铁为原料、木炭作燃料熔铁成钢的“苏钢”（俗称“小钢”）技术引传到内江。此炼钢法一直沿袭到新中国成立初期。

1928年春，杨森、李家钰、罗泽洲联合向驻重庆的刘湘进攻。刘湘为了取得刘文辉的援助，乃将资中、内江、荣昌、隆昌等防地交刘文辉接防。于是，威远铁矿区范围就在刘文辉的掌握之下了。

刘文辉雄心勃勃，欲统一四川，控制西南，问鼎中原。他深知“武力是扩大个人政治局面的重要资本，故升至旅长时即开始大力扩军”，“军队光是有人不行，还得把它装备好”，“一是花钱向外国购买；一是自办兵工工业”。随之，刘文辉为扩充军实，向外国购置枪炮、交通电讯器材、飞机和大炮，进入川江口，即被蒋介石和刘湘扣留没收。于是，就自己动手搞兵器工业，刘文辉进驻成都后，即占据了成都兵工厂（后更名为“国民革命第二十四军机械修理所”）、四川造币厂。当时，川东重庆、万县一带是第21军的防区。万县则由21军第3师师长王陵基所部驻防。那时，川陕、川黔公路未修通，四川与省外物资交流，长江是唯一的通道。万县是川东门户，也是长江航道的咽喉。刘湘、王陵基就利用地理上的优势，卡住其他各军的军火补给，还不让钢铁、机器等资军物资过境。因钢铁原料缺乏，两厂生产即告停顿。

1929 年冬，刘文辉正式命令机械所总办唐永晖负责建一个日产 15 吨的铁厂。唐永晖接令后，即约请王仲槐 、杨声（曾在成都高工校教书，又名杨懋实）、段子祐、何应簧、徐孟华、邓慧泉（均毕业于成都高工校），于1930的2月在成都开始筹备工作，筹委会根据调查，认为威远有低磷低硫的铁矿，有优质的炼焦煤、石灰石、耐火黏土等，因而，最后确定威远连界场为建厂地点。厂名定为“威远铁厂”，对外称为“国民革命军第二十四军机械修理所威远铁厂”。而当地的商民均称为“连界场兵工厂”。

1930年9月26日，工程破土动工。1931年初，开始平整高炉地基，工程设计、机械安装，煤井、矿井的开办，焦窑的兴建均同工程分头负责。机械技术工人主要来源于成都兵工厂和四川造币厂。机械设备，除自做部分简单工具外，主要是拆迁机械所的设备，化验药品由造币厂支援锅炉等大件先在成都剔除铆钉，分块装船运至资中球溪河上岸，用人力抬出，通过山间小路，经罗泉井到厂；惟有现代化高炉的熟练工人本地无法寻找，在高炉修建开初，王嘉猷工程师就亲赴山西阳泉铁厂聘请冉生祥等五位技术工人到厂，参加高炉修建工作。到1932年10月份，已建成投产的车间有模样车间、翻砂车间、红炉车间、耐火车间及发电房、化验室、煤井、矿井等，铁厂初具雏形。

威远铁厂全景

因形势需要，刘文辉军部指令，在加快铁厂兴建的同时，为军工民用提供材料。何应簧、段子祐详细考察了威远土铁、土钢的生产，按实际可能，加以创新，进行生产设计。威远铁厂在连界场场后设炼铁工段、炼钢工段，在红豆树坡设粗炼段和精炼段。生产人员除工程技术人员和掌火师傅外，主要来自军队士兵，两处共有120余人。1932年9月初开始三班生产，到撤退时仅二月左右，生产高、低渗碳钢共60吨，经成都兵工厂加工制造出较笨重的仿德20响手枪和土枪，经试验连放100响枪口无异样。当时厂内曾有人将枪私自出卖给本地绅商和匪徒。

刘文辉决心在此建厂，也采取了一些配套措施，如为了沟通工厂与成都的联系和解决厂区内运输问题。1931 年 12 月决定修筑球溪河至连界场公路。1932 年 1 月 19 日，军部刘文辉又电告仁寿、威远两县县长，在铁厂至煤厂之间修筑公路，以利运输；同年 4 月，24 军工兵营开往连界场，以连为单位，分段修筑连接资中的公路，但到 24 军撤走时，公路只从铁厂修到芹香庙共 10 余公里。在 1931 年 2 月 14 日，刘文辉派出一个连队进驻连界场镇公所，整顿治安，扩建街道，修建学校，还组织士兵挑堰筑塘，解决居民饮水问题等。刘文辉在建设铁厂的同时，为满足制造军械的需要，在红豆坡建设了一个小型炼钢厂，名威远钢铁厂，采用土法炼钢工艺与坩埚工艺相结合的方法，名为“煨钢”，是段子祜工程师总结出来的方法。即用土法生产的熟铁（即低碳钢）抽成钢坯与渗碳剂（如木炭、骨炭之类），分层混装于土坩埚中，然后放入火焰炉内，并保持一定的温度。经过一周时间，让碳素逐步渗透钢坯形成透钢。

在这期间，刘文辉与刘湘由于双方军事实力的过分膨胀，“二刘之战”终于爆发。这次战争从 1932 年秋开始，到刘湘与刘文辉爆发荣（荣县及仁寿）威（威远）之战时，威远铁、钢厂受到影响。在战争初期，厂部接军部指示，做好应变准备，停止工作，遣散员工，并将重要文书档案、账册、图表清理装箱派员专程送往成都。战争紧张时期，双方部队和败军频繁来往于连界场和厂区之间，除刘文辉部两进两出于厂无损外，其他均骚扰百姓，强住民房等。直至 1932 年 10 月，21 军先头部队离连界场 20 华里左右，24 军铁厂留守人员才最后撤离工厂，威远铁、钢厂就此夭折。

1933 年 3 月 1 日，21 军刘湘所属部队进驻连界场，调查了威远县连界场土铁产量为 1 000 万市斤，年产量为 3 571 吨。同期，隆昌县地主陈制仪等集资办新隆铁厂，但因资金问题未能投产就停办。

后经有关人士详加考察，四方呼吁，做了大量工作，但终因国弱民贫，政府无能，不能恢复生产。1935 年，原威远铁厂工程处长、总工程师杨声随四川省矿业调查团重至威远铁厂，目视厂区内一片荒凉，回顾创业之艰辛和数年之荒废，不觉潸然泪下。

1938 年，为解决抗战期的军需民用，重庆钢铁厂收购土铁作为炼钢原料，给内江冶铁业带来了空前繁荣。成都、重庆、乐山、泸州等地商人相继在威远县连界场一带投资建铁厂。办有再兴、同福、中兴、复兴、聚鑫、永鑫、万发祥、中和等铁厂 10 家，建高炉 16 座，年产生铁 7 000 吨。1941

年，国民政府经济部矿冶研究所派安朝俊等到威远连界场一带考察后称，威远厂区产铁量居全省第二位。

1939 年春，重庆新华兴业公司（天津南开大学校友组织，总经理是南开校长张伯苓的大儿子张锡羊）的子公司新威矿冶公司从四川省政府手中接办了威远铁厂，名为新威炼铁厂。与新威矿冶公司人员同时到达的还有四川省政府建设厅矿区测绘队第 2 队（队长且邦典）。测绘队的任务是为新威矿冶公司确定矿权。国民党四川省政府建设厅规定，凡过去私商已申请的小矿区，由测绘队代测绘矿区图报批，给予开采权。此后，不再由私人申请。连界场附近的整个矿区划为一个大矿区，由新威矿冶公司独家开采。

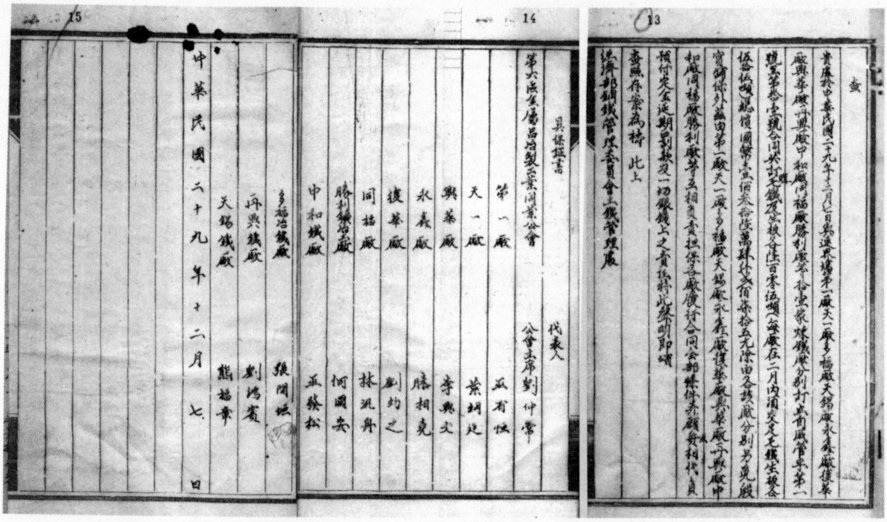
查照存案為荷 此上
經濟部鋼鐵管理委員會土鐵管理處

具保證書
代表人
第六區金屬品冶製工業同業公會 公會主席 劉仲常
第一廠 巫有恒
天一廠 葉炳廷
興華廠 李興文
永義廠 滕相克
復華廠 劉灼之
同福廠 林汛舟
勝利鐵冶廠 何國安
中和鐵廠 巫發松
多福冶鐵廠 張開垣
再興鐵廠 劉鴻賓
天錫鐵廠 熊福章
中華民國二十九年十二月七日

威远金属品冶制业关于履行生产合同的保证书

新威炼铁厂厂长是中国有名的炼铁工程师李公达，但他很少来，经常驻厂的是周卫权，原是自贡市私立蜀光中学事务主任。

新威炼铁厂接办威远铁厂后，首先筹建耐火砖厂，为高炉生产炉衬砖。1942 年 12 月，铁厂 15 吨高炉正式投产，次年产铁 1 694 吨。为解决小高炉布料不匀，黏附炉壁、阻碍通风、影响铁质、多耗焦炭的问题，铁厂厂长靳树梁发明“小型炼铁炉之标准喉”，即在炉喉部位用倒置截圆锥体形铸铁或铸钢件，围绕炉壁四周，使其在承受炉料时就其倾斜方向，将细粒向中央抛送，不聚于炉壁内，分布适当，风力通畅。此项发明于 1943 年 9 月获国民政府专利。

新威炼铁厂自 1939 年春至 1940 年冬，还在杨家沟建了一个炼焦场，开了一部分铁矿，为高炉炉体装上部分钢板外壳。他们在香港订购的机器设备，其中有罗茨风机两台，开始拟从广州进口，广州沦陷了，改运越南海防，拟经滇越铁路运回。可是法国又封锁了滇越铁路，最后，乃转运仰光经滇缅公路运至昆明。那时，因物价上涨，新威矿冶公司资金耗尽，经济部又不肯支援，迫使新威矿冶公司以 40 万元（法币）的价格将所有权和经营权一齐卖给资源委员会，并更名为“资源委员会威远铁厂”。

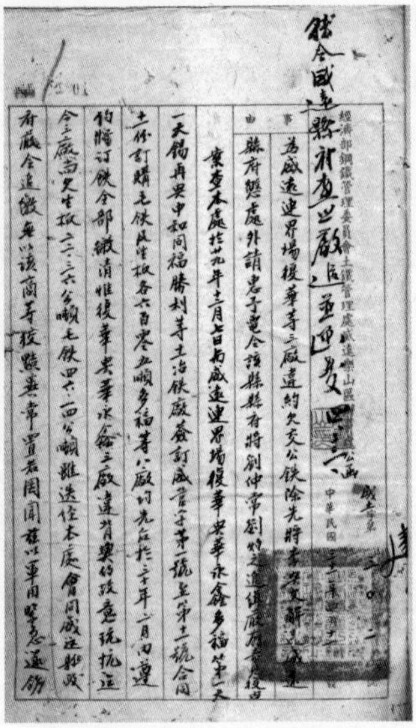

威远区土铁办事处关于连界等三厂欠交公铁的函

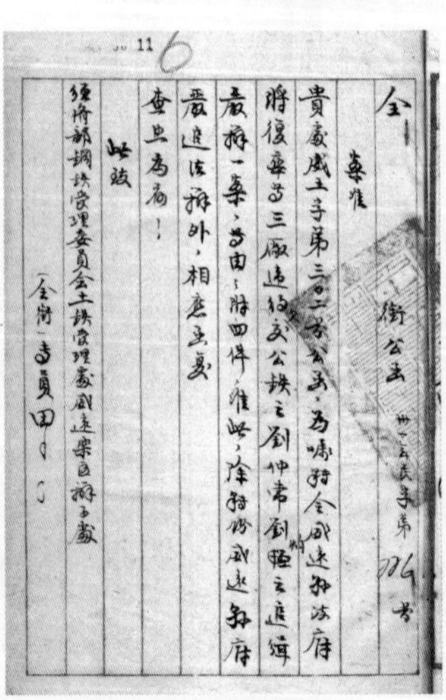

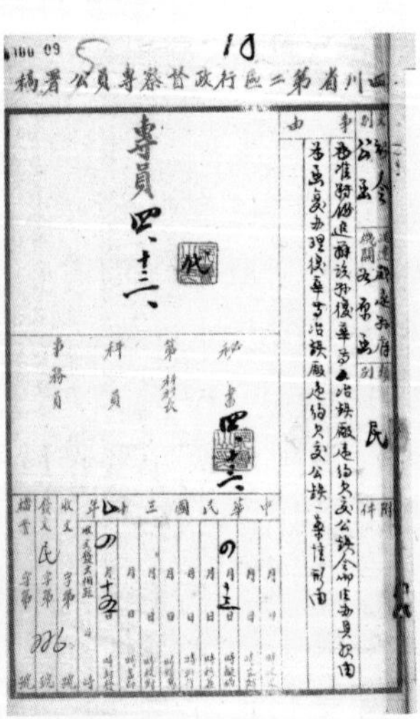

二区专署关于连界等三厂欠交公铁的函

在资源委员会经营期中，总的情况也不顺利。时而生产，时而停顿，销路不畅是最突出的难题。有段时间，曾大量生产盐锅倾销自贡盐场。抗日战争后期，国民党政府在美国支持下，设立了“战时生产局”。“战时生产局”收购了威远铁厂的铁，生产较为顺利。

抗战胜利后，国民政府急于抽调人员接收沦陷区的工厂，威远铁厂于1945年10月奉命停产，除少数人员留守铁厂外，大部分外调走了。威远铁厂从1942年12月开始生产到1945年10月，共产生铁5 094吨，铸铁件2 414吨。

1946年夏，资源委员会将铁厂交四川省政府建设厅接收。建设厅第二科王述言作为先遣人员首先来厂。同年8月，建设厅第二科科长刘国华率领接收人员来厂，正式接管。同年冬，威远县政府在建设厅授意下，邀请县内有关方面负责人和工业界人士座谈威远铁厂复工问题。威远县籍的自贡市工业界知名人士颜心畲和连界场铁业界代表应邀参加座谈会。与会人员中多数主张省、县合作，共同努力恢复铁业生产。当时经济形势日益恶化，通货膨胀加剧，机械工业很不景气，铸造生铁销路已经不畅；重庆炼钢厂多年来以威远铁为原料，自抗战胜利后已不再买威远铁了，土铁已因销路不好一天天减产，何况焦炭铁在炼钢和民用方面质量还不如土铁，销路就更成问题。原来支持复工的人失去客观实际的依据，反对者则振振有词。座谈会无果而散。

1948年初，刘国华再次来连界场，邀请铁业界代表座谈，他希望铁业界能够与省方合作，把威远铁厂的生产恢复起来。销路仍然是应优先考虑的问题。以当时的情况看，要能把焦炭铁用已有设备炒炼成民用熟铁，适应当时市场的需要的问题，比较容易解决。不久，建设厅邀请刘述恒去成都参与将原威远铁厂生铁炒炼熟铁的试验。这次试验是由前威远钢厂工程师主办段子祐主持的，结果较为满意。

在试制熟铁工作取得一定的进展的基础上，向建设厅厅长何北衡就铁厂复工问题提出建议意见。建设厅意见是省方将威远铁厂全部设备、物资作为投资，由县出资修复，并与连界场铁业界合作经营。

1948年夏，县内派出董绍舒、周君律、罗文藻三人并请刘述恒也以县方代表身份同去与建设厅谈判。建设厅由李铭、刘国华、杨楚翘（威远人，建设厅股长）等三人接谈。一开始，双方为厂的领导权问题发生争执，弄成僵局。省方授意杨楚翘提出一项折中方案，由省、县各派一人为厂长，省方派出的人为正，由威远县籍人为财会负责人。县地方代表未接受这个意见。

同年秋，重庆钢铁业经营情况有好转，能够外销，为了增产，大抓原料来源。渝鑫钢厂首先夺得了威远铁厂的租赁权。渝鑫钢厂原是上海的大兴炼钢厂，抗战初期内迁重庆。它在当时主要是炼转炉钢，产品有建筑钢材、圆钉、圆丝以及盐锅、饭锅等。

渝鑫钢厂租办威远铁厂后，请所址在重庆沙坪坝对岸盘溪的“中央工业试验所”所长张顺担任厂长。张顺来威远铁厂，把恢复公路的交通运输作为威远铁厂复工准备的优先工作。因当时威远铁厂的运进焦炭、白石等主要原料和向外运出的生铁的唯一公路就是连新公路。公路桥涵是木头架的桥梁，因年久失修，不但汽车无法通过，就是人畜也不能过。连新公路石牛井隧道内经常塌方，不仅阻碍交通而且影响安全。渝鑫钢厂决定把隧道用石条卷起来，同时把全县较大的桥——双桥改为石桥。前一项工程顺利完工，但第二项工程在完成一半时，随着国民政府面临全面崩溃，物价暴涨的困境，使渝鑫钢厂无力复工，把一切威远铁厂的复工准备工作全部停了，他们派到威远铁厂的人也全部撤回去了。

至此，内江冶铁业主要代表威远铁厂的生产恢复工作暂告一段落。

隆昌县的夏布生产

夏布又名麻布，是隆昌县的传统土特产品，已有 300 多年的历史。隆昌素有“夏布之乡”的美誉，其“美女”“狮球”牌夏布制品享誉中外。夏布是制作刺绣饰品、衣料、蚊帐的最好布料。隆昌夏布因其品质优良，平整结实，色泽光润，坚韧耐用，缝制夏衣凉爽沥汗，特别是细夏布，其使用价值和经济价值卓著而驰名中外，内销国内各地，外销朝鲜、日本、菲律宾、马来西亚、韩国及欧洲 30 多个国家和港澳地区。

1915 年，铺商李洪顺收买的 1 800 头细夏布，被选送到美国旧金山举办的巴拿马太平洋万国博览会展出，获工艺品名誉奖。1924 年，仰山庙张炳荣机房编织的 1 800 头细夏布，被选送参加重庆举办的国际纺织品评比赛会，名列第 1 名，获金质奖章、奖状。一时间，隆昌夏布享誉全球。抗战时期，军事委员会军政部先后在隆昌收买夏布若干，缝制暑衣、蚊帐，寄慰前线抗日将士。隆昌县人民也纷纷向抗日将士捐赠夏布背心、蚊帐等物品，以表达拳拳之心。特别是许多妇女、女学生，她们不分寒暑日夜绩麻，将绩麻所挣之钱捐赠抗日前线。1940 年代“宋氏三姐妹”专门到隆昌考察夏布发展情况。当时上海有一条街叫“隆昌街”，是隆昌夏布对外交易的重要场所。

一、隆昌夏布的起源及发展

隆昌夏布起源于明末清初。当时，大批移民由湖南、湖北、江西、广东迁徙来到四川，落户隆昌，大批移民的到来，也将夏布编织技术传入县内，沿袭发展。

清乾隆年间，隆昌夏布生产处于萌芽状态，农民编织夏布自用。清嘉庆时，市场开始出现夏布交易，但经营者少，产品无规格。直到清道光时，夏布产品初有品名，规格有京庄布（500 头，1 000 根经线），二细布（600 头，1200 根经线）两种。清光绪、宣统年间，夏布品种增加了六八、七二、八百、九百和一千头布 5 种，连同以前的京庄布、二细布共 7 个品种。夏布的长度、宽度也有了较统一规格，即七二布（含七二布）以上的细布，宽幅为1.4市尺[①]，七二布以下的粗布，宽幅为1.2市尺。布之长度，不分粗细，每匹均为48市尺。至民国时期，增加到7大类17个品种：罗纹类有三百、四二、五六3个品种；粗布类有三二、四五2个品种；细布类有六百、七五、九百、一千4个品种；特细布类有千二、千四、千六3个品种；加宽细布类有七四、六八、九八3个品种；超级细布有超级宽细布1个品种；窗纱布类有隆昌窗纱1个品种。

隆昌夏布自形成商品交易后，生产逐渐兴盛，发展很快，夏布产量一直居全省之冠。至民国初年，隆昌夏布产量、销售达到了鼎盛时期。抗战前，常年产量达40万匹左右，最高年产量达到90万匹，仅在1927年外销夏布就达到45万匹以上。据档案资料记载，1936年，隆昌夏布兴盛时期，全县有机织户1 400户，织布木机2 000余台，从业人员6 000余人，夏布经营商家60余家，靠此业为生者达10万余人，占全县人口总数的三分之一。是时，市场经济繁荣，内销兴旺，民心安宁。抗战时期，外销受阻，夏布生产、经营遭受挫折，最低年产量为7.5万匹，处于外商裹足、短贩停门、铺商歇业、织者停机的状况，造成失业者激增，经济萧条、社会秩序混乱的局面。由此可见，民国时期，隆昌经济形势的好坏与夏布生产的荣枯有着密切的关系。

二、元麻种植及夏布编织工艺

（一）元麻种植

元麻即苎麻，有青麻、白麻之分，是编织夏布的主料。民国时期，川省苎麻以珙县、高县、长宁、邻水、大竹、中江、内江、叙永、江津、綦江、隆昌等地为主产区。而以珙县之洛表区、江津之贾副桥、隆昌之界市场所产扁子麻（俗称家麻）质量最佳，具有纤维细长，拉力强，色泽莹洁等优点，是编织细夏布的上等原材料。

隆昌县元麻多种植在房前屋后和背阴、避风的沃土中，质量好，但产量少。夏布所需元麻，多数靠外地输入。种植方法有播种、分根、分株、压条、插杆5种。成熟期为六七十天，每年收割多到4次，少则3次。第一次收割为头麻，次为二麻、三麻、四麻。头麻收割期多在立夏、小满两个农业节气之间。头麻收割后，除去残茎，复生新苗，再施肥，中耕，松

---

① 1市尺≈0.333米。

蔸数次，六七十天后，再收割二麻。以后的三四麻，亦依次进行。元麻的质量，最好是二麻，三麻次之。头麻、四麻更次之。收割方法，用小竹枝打掉麻叶，在茎之下部，距地一二寸处折断，取下麻胚，用麻刀刮去青皮，去掉胶质，晾干后，按其长短，分类成束，即可供应绩麻者绩成麻线。

传统夏布用麻，每匹布平均约 4 市斤。兴盛时期，隆昌全县一年需用 16 000 担（每担 100 市斤）以上，即 160 万斤以上。没落年代，则只需 300 担左右。抗战爆发后，元麻销量锐减，1937 年全县仅销售元麻 2 890 担，约编织夏布 7 万匹，比兴盛时期减少 80%以上。民国时期，隆昌县苎麻常年种植面积为 3 000 亩左右，产原麻 25 万公斤。

（二）夏布编织工艺

夏布产生的全过程，均系手工操作，对绩麻、牵经、浆刷、编织、漂染加工等工序，都有严格的制作要求，是一种独特的传统的工艺流程。

1. 手工绩麻

绩麻，就是绩麻者将原料麻用手指甲划成细小麻线并连成长线的劳作。同时，绩麻者要负责将绩出的长麻线挽成一个一个的麻线团。绩出的麻线，要求头尾搭配均匀，线条粗细一致，接口紧实，去掉花节。

麻线是编织夏布的主料。民国时期兴盛年代，每年耗用麻线 1 200 万两左右，全靠农村妇女手工绩成。常年约有 2 万户，3 万多妇女从事绩麻线，他们中有七八岁的小孩，有六七十岁的老年妇女。绩麻时间的长短，则视其家务劳动之繁忙、农事之忙闲而定。绩麻时间一天一般约七八小时较为普遍，有的长达 10 多个小时。从事绩麻的妇女有 3 种：家庭贫苦，专靠绩麻为生，日夜赶绩；经济来源进不敷出，凭借绩麻增加收入；家庭较为富裕，凭借绩麻以习勤劳。

绩麻

绩麻妇女的收入微薄，每日按八小时计算，粗线1月绩40多两，细线绩10多两，售价按级论价。1934年，绩麻月产量及收益情况表记载：一人1月如绩京庄布线45两，每两售价0.033元，可得银洋1.485元，除去元麻成本0.66元，仅获毛利0.825元；如绩千六百头布线10两，每两售价0.42元，可得银洋4.20元，扣除元麻成本0.30元，可获毛利3.90元。

2. 牵经、浆刷

麻线牵经、浆刷两道工序后制成夏布半成品。牵经、浆刷是刷布工人的职责。

牵经线：牵经工具有牵礅、牵架两种。牵礅装置，即排置在地面之竹桩（如图所示）固定墙壁之竹圈。竹桩一般为15根，竹圈30个。开始牵经时，将排列之麻团，抽出每团之线头，各穿过墙上的竹圈，将各绪并执一起，打结拌于1桩上，并依绕1、3礅桩上，绕完各桩，俗称“一手”，即为需用长度之经线一束（1匹布长度50市尺），照此连续进行。如编织六百头夏布，经线城绕足40手，即达到1 200根线。

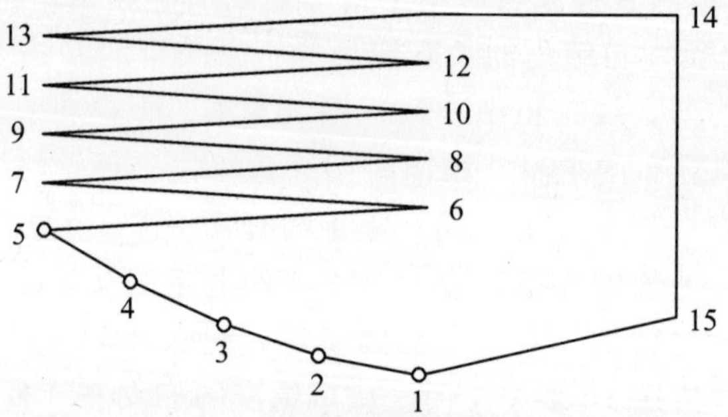

经线牵礅图

牵经线时，每绕1桩后，将经线每二根拨为一交叉，跨绕于桩与桩3之间，将经线分为一组，形成投梭道，此种交叉，名曰“大告”。至桩4时，在每手经线之间，各绕桩4之一侧，在3与4桩之间，构成交叉，使各手经线不相混淆，在浆刷时，便于捡接断线，此种交叉，名曰“小告”。根数牵足时，从桩1处剪断，链牢两端，取离竹桩，结成锁链形。

经线牵完后穿梳扣。穿扣时，解开经线“大、小告”之一端，依次将“大告”之每一交叉，用穿扣针一次钩两根经线穿过扣眼，以数十根为一组打结，穿以竹片，固定于经线轴。并用木板（告板）二片分隔大告；用竹条（告条）两根分隔小告，即转入浆刷工作。

浆经线，俗称刷布。将经线轴移放在刷布架上。把经线束放出数丈，系于A形架（拖勾）上，从中段承以三脚架。用湖北或江津所产𬙋刷（刷把）醮上浆糊，调于掌中，扫为细沫，刷溅于经线上，用𬙋刷细细刷匀，移动梳筘、筘板，交换经线上下二层位置，如有断线，即依“小告”捡接。一段经线浆刷两次，使经线光滑，排列均匀，待其干后，卷上经线轴，再浆刷第二段。浆刷完后，抽去告板，换穿织筘，穿完打结，浆刷工作遂告完成。

刷麻

3. 挽麻芋子

按织布梭子大小将浆过米浆的麻线绕成一个一个小麻团，作为编织夏布的纬纱。过去挽麻芋子都是手工，现在改进用手摇机械，一个人可同时绕两个麻芋子。

挽麻团

4. 夏布编织

夏布编织，是编织工人的职责。织布工将浆刷好的半成品置于织布机的“狮子口”上，将“捆方”（织布工具）通过“榨棍”之下，再穿过经线打结头的中心，腰皮系于腰部，将织筘置于“筘谷”内，抽去告板，穿以“浪纱板”及“肚脐棍”，分绷经线为上下二层，用绉线进行挽绉筘，依次套结。将下层经线悬于“绉梁”上，形成告口，以挽好纬纱的“麻芋子”，装入织布梭内，开始织布。织足规定之长度剪下，放入硫黄熏框内，熏足六七小时即可。

织布

5. 加工处理

夏布加工，分为漂白、染色、印花、浆扎四个环节。

（1）漂白。

准备工作：一是缚号头。因生布两端记有布匹之名称、长度、布主图记，为防止号头在浸漂时磨灭，先将号头部分折卷，缠束成结；二是提折，将生布展开反复折叠，使其有空疏，便于石灰水浸渍均透。

酸液处理：将生布放入酸缸内，用米汤、淘米水等溶液发酸，历时一夜，待酸性浸透，取出搭在酸缸板上，滴干酸液，用清水洗净，再用绞棒绞出污水。

石灰处理：处理用具有化灰器、浸灰缸、灶、铁锅及木甑。浸灰缸为石制，装布百匹左右，木甑无底，容布三四百尺。每匹用生石灰 10 至 12 两[①]（16 进位秤），处理三至四次，即头灰、二灰、三灰、四灰。每次分浸、

① 16 两=1 斤。

蒸、洗、曝四项。操作方法：一是浸头灰。将石灰放入石灰缸内加水溶解，澄去粗块，取用上层浆汁，转入浸灰缸，将酸过之布浸入其中，每匹用手拨动，布匹浸透后，取出放于缸口石板上，滴去水分，每次浸布三四匹。二是蒸头灰。将浸灰后的布匹，叠放于木甑内，盖严加热蒸二三小时，促进灰的效力。三是洗头灰。将蒸过之布放在河滩上，冲以流水，去其灰分，历时半天，再用清水洗净。四是曝头灰。灰布冲洗之后，铺在草地上，曝以日光，勤观察，勤洒水，曝后转入二灰。

浸二灰至四灰所用石灰量，较头灰少三分之一。浸灰操作比头灰简单，按石灰缸内的容量，装入布匹，用木棒搅拌，使布匹浸透灰液，取出后照前面方法，放入木甑蒸，蒸后仍用河水冲洗和曝以日光。

碱液处理：处理的用具有碱缸、铁锅、木甑、灶。碱缸为石制，可溶布百匹左右。碱液材料用纯碱，每匹布用碱8钱至1两。处理三至四次，即头、二、三、四碱。每次操作仍分浸、蒸、洗、曝四项。方法：将纯碱溶于缸内，每次浸布应视缸之容量而定，用木棒搅拌。碱液浸透后，将布取出放入木甑，加热蒸七、八小时，停火后将布取出，用河水搓洗，去净碱液，洗后铺于草地，曝以日光。以后各次均按此法进行。

漂白处理：处理用具有石缸或缸二口，一口用以溶解漂粉，一口用以浸渍布匹。每匹布用漂白粉二钱。方法：将漂白粉放入缸内，加清水搅拌，使氯溶于水中，静置片刻，澄去石灰粉末，除去杂质，将清液倒入浸布缸内，加水冲至适当的浓度，将布放入缸内，历一小时，取出用清水洗净，绞去污水，搭在竹竿上晒干。漂白工作遂告结束。

（2）染色。

色布多以蓝色、玉色为普遍，其他颜色较少。

染蓝色：不论生布、漂布加染，均要进行一次完善的酸液处理，去净一切污渍，处理方法与漂白相同。染液处理，均为翁染法，用具是石制染缸。染料为蓝靛，蓝靛分土靛、洋靛两种。初期概用土靛，后因洋靛出色力强，多改用洋靛，但洋靛容易变色，后仍用土靛染布。方法：先测试土靛内的含灰份量，再加适量的石灰溶解于水中，澄去粗块，将清液与蓝靛倾入染缸内拌匀，使蓝靛完全还原成为靛白后，将酸过的布放入染液内浸泡，布匹吸收染料至适度时，取出绞干。布匹取出时是黄绿色，经靛白氧化为靛青，逐渐变为绿色，终至蓝色。

染玉色：此色深浅不一。酸液处理与染蓝色相同。染液处理用具有煮染缸、灶、退水缸。染料俗称“洋灰”，为翠兰直接染料。染布时，取适当

“洋灰”放于碗内，用沸水溶解，将溶液倾入锅内搅拌，使其溶液均匀。将酸过的布放入锅内沸煮，视其颜色的浓度适合时取出，在冷水缸内洗去渣滓与浮色，晒干后踩扎。

（3）印花。

印花的布必须漂白。印花分两种，一种是色底白花，采用刮灰、染色、去灰三个环节；另一种是白底青花，此种颜色不经缸染，而用黑色染料淋成，程序分刮灰与淋染两步。

（4）浆扎。

经过漂白染色，印花的布，加上少量米浆，增其硬性（骨力）和倒眼子（填充经纬线之间的孔目）。经过绷踩，以平“子眼”，增加长度、宽度和色泽。然后叠折成卷、贴上商标，以彩线系于布上，用布榨（压布工具）压紧体积，打卷成包。

（三）设备改进

民国时期，学艺者多系家传，技术保密不外传，致使生产设备、技术水平长期处于落后状态。

三、夏布生产与经营

（一）夏布生产

夏布生产初期以个体机房为主，民国时期出现了小型工厂和合作组织。

夏布机房分专营、兼营两种。专营者多数雇工，常年织布；兼营者多系农民，农忙种地，农闲织布。据档案资料记载：夏布产销兴盛时期全县有夏布机房 1 400 余家，散布城乡，除西乡机房较少外，东、南、北乡到处都有，犹以东乡居多。机房最大者，雇工一二十人，小者雇工二三人，或全家人进行生产。机房户多属贫穷，缺乏资金，大多依赖商铺预付的“定机银”作为资本，其“定机银”主要用于购买麻线、雇请工人。夏布销售旺盛时，商铺收购夏布竞争激烈，全县“定机银”高达三四万元。

夏布机房的主要生产工具有织布机、梭骨、刷把、羊角、竹扣、刷布架等。机房业主拥有织布机一般三四架，多者十余架，小型工具如刷把、布衬、布刀等，都是受顾工人自带。机房工种分络苧、刷布、织布 3 种工序。络苧多属机房外包工，专门负责将浆过纱的麻线挽成麻苧子，作夏布纬线；刷布工专做配线、牵经、浆经及穿梳、织扣；织布工只负责挽绉、织布与整布。

民国时期，机房工人非常辛苦，每日工作十几小时以上，如完不成工口（定额），则要通宵赶做。普通织布工每月的工口是：京庄布 20 匹、尺三布 18 匹、四八布 16 匹、七二布 12 匹、八百布 10 匹、九百布 6 匹、一千布 8 匹、千二百布 6 匹、千四百 4 匹、千六百 2 匹、罗纹 10 匹。刷布工的半成品工口倍于织布工。据《隆昌县志》记载："麻布为隆昌特产，行销省外国外。机匠之编织以八十两为一机，每机两个，七二头者须织三天，八百头者须织四天，九百头者须织五天，千头及一千以上者时间递增。工资则七二头为五角，八百头加二角，以此每增加一百头即加二角。此项机房以东乡为最多。"织布、刷布工的工资约占产品销售额的 15%。

1940 年 3 月，西南麻织厂股份有限公司在隆昌县朝天寺侧（现城关职中地址）兴办西南麻织厂隆昌第二工厂。工厂有铁木织机 60 台，纯麻织机 20 台，工人 100 余人。生产棉麻交织斜纹布，每匹长度 40 码，幅宽 28 英寸①，月产量 33 600 码（计 840 匹）。同时，该厂又受航空委员会之托，研究制造飞机翼布。该厂于 1945 年停办。1940 年 4 月，财政部妇女工作队负责人唐蕴（财政部税务司司长高秉坊之妻），利用隆昌夏布做原料，在县城富顺街尾大操坝组织兴办隆昌挑绣花厂。工厂招有 30 余名青年女工，聘请四川大学、北平大学、金陵大学的学生数人当管理人员，并从富顺牛佛渡聘来精通湖南湘绣技艺的郭老太太做挑花技术指导。挑花图案有"三潭印月""苏堤春晓""北京天坛"等，以宽幅细夏布作载体，刺绣成台布、餐巾、茶几帕、风琴遮布等手工装饰品，销售美国。同时，该厂还收购隆昌县生产的"罗星纱"夏布，以绿色颜料染后，再涂上光油，制作成蚊蝇拍，卫生罩及窗纱，销售省外。1945 年抗战胜利后，妇女工作队迁走而停办。挑绣花厂成立的当年 9 月，中国工业合作协会负责人宋庆龄，从香港到重庆后，偕姐宋霭龄、妹宋美龄，由重庆来隆昌，视察了隆昌挑绣花厂的生产，下榻于大操坝高秉坊寓所，次日离开隆昌去成都。

1937 年，经县府合作指导室批准，夏布机房联合成立隆昌县夏布生产合作社，石碾乡、周兴乡也同时成立类似的夏布合作社。1939 年，中国工业合作协会隆昌办事处先后在隆昌郊区的清水塘、冯家院子、朝天寺和石燕乡谢家院子组织夏布生产合作社。合作社产品销售、生产指导、资金扶

---

① 1 码≈0.914 4 米，1 英寸≈0.025 4 米。

持均由隆昌办事处负责。1945年，抗战胜利后，夏布销路畅通，生产逐渐兴盛，城乡机房纷纷组织起来，自己经营。1946年起，经县政府合作指导室批准，先后成立了隆昌县中城镇、云峰关、石包店、罗星坝夏布生产合作社。宗旨是收购社员产品，对外经营，社员负有盈利分红和亏损偿债的权利与义务。同年5月，经夏布机房业主与工人研究，由县政府批准，成立了隆昌县夏布仲裁委员会，专门研究制定夏布生产定额，工人工资标准和调解劳资双方纠纷。

（二）夏布经营

夏布行业的经营，涉及面广，环节很多，变化也大。从事此业的有贩商、铺商和客商。

1. 贩商

贩商最早从事夏布经营的商贩。大致分为元麻贩商、麻线贩商、夏布贩商三种，也有同时兼营几种的贩商。元麻贩商，从产麻区珙县洛表、叙永、高县等地贩运元麻回本地，设摊卖给绩麻户。麻线贩商，每逢赶场，从龙市、黄家、石碾、响石、胡家及富顺的童寺、代寺、泸县的喻寺等地收买麻线，运回本地卖给机织户。夏布贩商，购买成品夏布运往外地零星出售。贩商们多数资金短缺，获利微薄，勤买勤卖是他们的经营特点。据1932年统计，全县元麻贩商有13家，麻线、夏布贩商约有30家左右。

2. 铺商

在本县设庄经营夏布的当地商家称为铺商。1927年至1931年，隆昌全县有铺商50家，1931年“九一八”事变后，铺商减少到20家，至1937年抗战爆发，只剩下5家。

1911年，谢利华在隆昌城内开设“利川通”夏布商号，并在宜昌、汉口、上海等地设庄，从事夏布购销业务。1920年，曾玉章、曾明安、张聚华等在外地设庄经营夏布。1947年，相继有“诚昌”“协成”等夏布商号，收购夏布，运销汉口、上海等地。“诚昌”创立的粗布“金鹅牌”商标，细布“鹰球牌”商标，有一定声誉。1948年，钟开祥、杨兆临、谢尚文等人也先后运夏布到汉口出售，外销获利20%左右，且回手贩运花纱、匹头、百货回隆昌出售。

3. 客商

客商系外县、外省来隆昌采购夏布商家的统称。清道光年间，山西省行商沅吉生来隆昌开创了隆昌夏布外销途径。此后有山西、北京、陕西、河南、山东等各省的夏布商相继来到隆昌，设庄常年收购夏布外销。由此，隆昌夏布产量增多，品种增加，质量提高，促进了夏布生产的发展。

隆昌的客商大致分为山西帮、河南帮、山东帮、北京帮、四川帮等。山西帮，自道光时起就陆续来隆昌设庄，商号有庆泰尉、长裕川、联成、晋丰泰、元生利、锦全昌、万聚恒、元吉升、万泰恒等。他们都是在隆昌收购产品，由荣昌精制加工，再交重庆运往各地。抗战爆发后，山西帮全部撤走。河南帮，该省从事夏布经营的商家均在当年冬季至翌年三四月来隆昌收购，时来时往。1933 年在隆昌收买夏布的有 8 家，商号是义聚和、德泰茂、义顺永、公聚源、正德泰、恒顺德、得庆祥、长聚祥。山东帮，原本是从山东贩运布匹来川销售，因夏布销售有利可图，用所销之货款在隆昌收买夏布，运出川外销售。1933 年在隆昌进货的有 10 家，商号是利和祥、恒盛永、公兴永、利顺成、公盛兴、福增祥、德恒祥、德恒泰、日裕祥、天荣东和恒心久。北京帮，1931 年在隆昌设庄收购夏布的仅有 2 家，商号是义信永、义聚合。抗战爆发后，北京帮全部撤走。四川帮，本省的夏布帮，组织规模较京、西帮简单，资金雄厚的在隆昌设庄，即经营夏布，又经营匹头、百货，资金少的，同于商贩，收买少量夏布，到处销售。1934 年在隆昌进货的有 4 家，商号是美利通、聚兴永、裕丰、民生益。

客商中资金最雄厚的要算山西帮，隆昌全县所产之布，约 70%由山西帮买去，从重庆长江运往汉口、上海转运华北各地销售。汉口、上海两地逐步形成夏布集散地，当地有代客买卖货品的行家。朝鲜夏布商多数到上海进货，1921 至 1931 年间，由上海输出到朝鲜销售的夏布，约占总销量的 60%。朝鲜夏布集散地仁川港，当地气候炎热，人们喜欢用夏布做衣，销量很大。在仁川港约住有 3 000 多山东人专门从事夏布小批发或零售，上海经营夏布的行家也有些山东人。

夏布除大批运销韩国外，内地销售也不少，主要是经过当地挑绣花厂加工后，刺绣成台布、窗帘、手帕等工艺饰品，再由客商运销南洋群岛和欧美各国。过去山西帮在各大城市都设庄经营粗夏布。在清末民初还织很多花布，有万字格、金银乐等花样，这些花样是用本色麻线先染好深蓝色再配合本色麻线，强成各样式花子，全部做衣服用。华北地方很多用本色夏布做卧单、垫单用。其他细布如七百二十布、八百布、九百布、一千布等通过漂白做衣服用，这主要是城市人口需要。1920年以前，漂白夏布比绸子更为名贵，价钱也比绸子高。1925 年以后，穿细夏布的人逐渐减少，被日本人造丝织品所代替，虽然人造丝不很耐用，但凉爽、美观、价廉。日本利用关税限制夏布进口，漂白细布的关税比成本更高，所以细夏布大量用作刺绣，主要由北京、汕头两处绣成台布、窗帘和其他装饰品，运销南洋群岛，也销往欧美各国。1927年至1937年曾大量用本色的七二〇布、八百布、九百布绣花，这种绣花不同，是用本色夏布剪成花样，用各色棉布来填花，大大超过了原来刺绣的数量。抗战后，本色布绣花就断绝了，刺绣品一般是在圣诞节用作礼品，所以圣诞节前是旺销时期。

四、夏布三次改进运动

隆昌夏布因头尾不一等质量问题滞销，严重影响了县内经济发展。县政府为了规范夏布生产的每一个环节，提高夏布质量，打开销路，繁荣夏布生产，组织领导了三次夏布改进运动。

（一）第一次夏布改进运动

第一次夏布改进运动是在1928年。由于隆昌所产夏布产品头尾不一，质量低劣，运往上海后严重滞销。四川、山西驻上海万聚恒、金华永、同生源、源集森等23家商号于1928年7月17日联名向隆昌县商会致函，要求急速改良隆昌夏布质量差的现状，以挽救夏布滞销的颓势。

隆昌县商会接到万聚恒等23家商号的联名信函后，非常重视，立即召开会议研究夏布改良的办法，并会同县实业局联合申请县知事公署在全县开展夏布改良运动，得到县知事公署大力支持。7月底，召开改良夏布全县代表大会，专题研究讨论提高夏布质量及改良夏布处理规则等事项，大会开了3天，形成了《隆昌县改良夏布全县代表大会议决案》《民国十七年隆昌县改良夏布处理规则》两份文件。其中，《隆昌县夏布全县代表大会会议决案》规定：（1）织各种夏布头尾线条稀密应完全一律，机户出售时不得将头尾两幅纱折里面；（2）各种夏布宽度之规定：京庄布，宽一尺二寸足；尺三布，宽一尺二寸足；四八布，宽一尺三寸足；六八布，宽一尺四寸足。七二以上布，宽一尺四寸足。以上各种夏布每匹长度应织足四丈八尺，至各种布匹经晒干后其长度宽度亦必须足规定之尺码为要[①]；（3）各种夏布头数之规定：1千头布定为足9百根数，9百头布定为足8百根数，8百头布定为7百根数，72头布定为620根数，68头布定为足520根数，尺三头布定为400根数，48头布定为足420根数。上项各种夏布，机户遵照此规定织足，即须加工加料，各买帮即当照原织之劣布推算增价，不得操纵；民国十七年（1928）农历八月十五日为劣布截止期，以后不得再行纺织劣布。《隆昌县改良夏布处理规则》规定：凡经营夏布业者须受本规则之规定；凡违反大会议决案劣织滥买者，故意破坏造谣反对致有意外行动者，机户敷衍改良及买帮有意操纵者，售布、买布不遵照规定或勾结机户暗代买者，均属本规则处理之事项……大会结束后，上述两份文件均由县署布告全县施行。

为了深入宣传改良夏布是关系全县生计的重大事项，县商协两会和实业局派出数支宣传人员，到各乡镇和机户中广泛宣传改良夏布的重要意义，并推举稽查员数人随时查视夏布质量，如有违反者或破坏夏布改良情事之一者，即报由商协两会及实业局分别轻重惩办之。对那些最大经营夏布业者，如有违反或破坏夏布改良的行为，即使不是稽查员，普通民众也可检举揭发，其举发人由商协两会及实业局酌给奖金。夏布改进运动在全县开展后，劣布得到有效遏制，夏布质量大幅度提高，销路慢慢打，隆昌夏布又成为市场上的畅销货。

（二）第二次夏布改进运动

第二次夏布改进运动在 1936 年。隆昌夏布自第一次夏布改进运动以来，夏布生产有了较大发展。随着产量的增加，部分投机取巧的机户和商家又在偷工减料方面做起了手脚，使织布之经线，多数不足规定数目，且粗细不匀。1938年8月，驻上海川、晋夏布同业工会致函隆昌县商会及夏布同业工会，称“近月所到之布，品质粗次，以致运往朝鲜后大受各方指责，应加改良”。县商会及夏布同业工会及时报请县政府，成立了隆昌县夏布改良委员会。随后，夏布改良委员会派出多名稽查员到各商号、机户调查了解夏布生产销售情况，制定了改良夏布的具体方案，并在全县开展改良运动，对促进夏布质量的提高，取得了一定成效。

---

① 1丈≈3.333米；1尺≈0.333 3米；1寸≈0.033 3米。

（三）第三次夏布改进运动

第三次夏布改进运动是在 1945 年。这年 7 月初，隆昌县夏布商业同业公会、夏布机织同业工会、夏布制筘同业公会中的许多有识之士，鉴于抗战以来隆昌夏布质量日渐低下，销量大减的现状，拟具夏布改进提案，交付县参议会第三次大会审议，并得到全体参议员的赞同通过。在取得县府的批准后，决定在全县开展一次声势浩大的夏布改良运动。

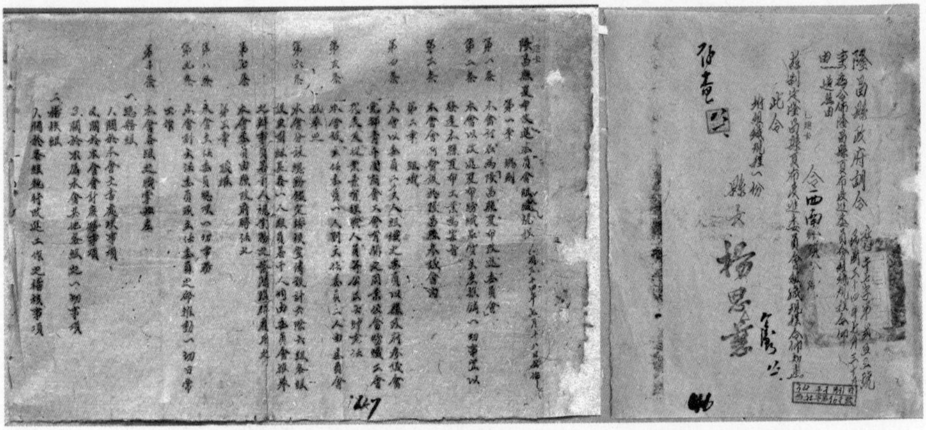

隆昌县政府公布夏布改进委员会工作规程训令

8 日，隆昌县夏布改进委员会成立，成员由隆昌县改进热忱之工商从业人员及绅士组成，县长杨思慈亲自担任主任委员，参议长陈能芬担任副主任委员，银行行长王敬修担任总务组长。在夏布改进委员成立大会上，县长杨思慈慷慨致辞："本人自接掌县篆以来，从各种较可靠的统计数字来看，吾隆三十余万民众，除其主要从事农业外，或直接或间接参半均与夏布分销发生最密切之经济关系，每每夏布分销之旺淡即影响整个隆昌之荣枯。其关系如是重大，故誉夏布为隆昌之生命线，实不为过。无如抗战以来所出成品，江河日下，隆昌夏布过去之光荣历史，几将荡然无存。瞻望前途，不寒而栗。盖此生命线长此不活，其毁灭与断绝为势所必至，而吾县民众之经济收支必成为巨大之出超，更无可疑。又以夏布为吾国素有价值之出口商品，其于整个国家对外贸易，亦必招致严重后果。故惕然深忧，亟思以有整顿改进，籍图挽救……当前少数不明利害工商为图一时之利偷工减料，致市场劣布时有出现，后果是葬送长远利益。各工商此种行为，实无殊于自杀！今天召集各位研讨，希望此种劣布永远绝迹，整个夏布产品长远优良，发扬光大，隆昌经济籍以繁荣，隆昌人生活籍以改善，出口贸易籍以增加，实有待于各位之善自努力。本人对改进工作无时无地不在关怀，并具最大决心，不达目的，誓不终止。”夏布改进委员会成立后，赓即拟具改进夏布实施方案，召集全县夏布工商及有关团体，举行扩大会议，逐条通过。这次夏布改进制定了《隆昌县改进夏布实施方案》《隆昌县各类夏布品名及眼份表》《隆昌县改进夏布生产奖惩办法》《隆昌县夏布改进委员会宣传提纲》等法规性文件，并由县政府布告全县施行。这次夏布改进运动比前两次更加深入，涉及麻的品种、栽培、绩漂、编织、漂染、商贾等各个环节。

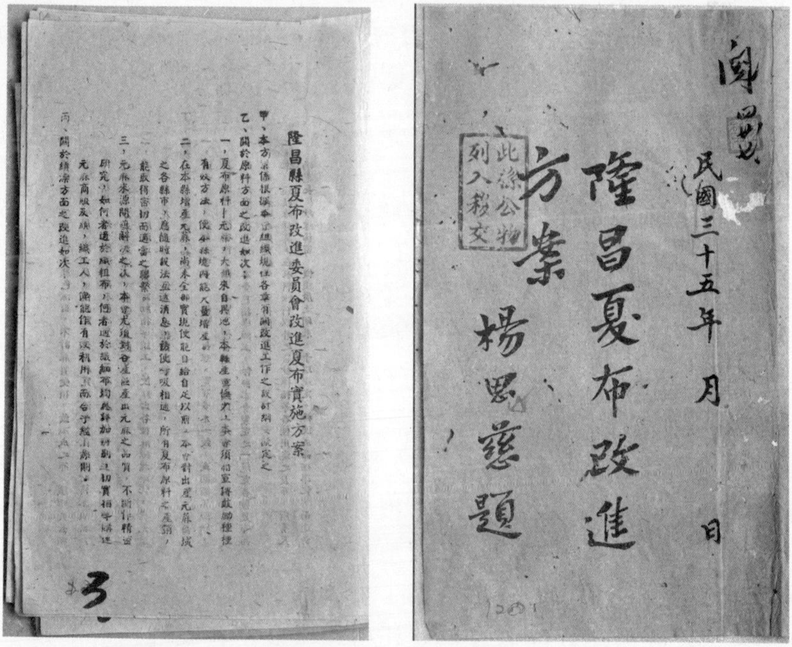

隆昌夏布改进方案（部分）

为了利于夏布改进工作正常进行，夏布改进委员会特限定民国三十四年（1945）农历八月十五日前为向工商两界劝告期，也就是截止劣布最后之一日，以后即绝对禁止再绩织或买卖不合规定之劣布。如果临近八月十五日劝告期终止时，尚有未售完之劣布，统一于农历八月十二日起至八月十五日止到夏布改进委员会登记，并于每匹之头、尾、中三处，加盖登记戳记，予以证明，始得继续出售，如未经盖戳记证明的劣布，以违反规定议罚。

这次夏布改进运动声势浩大，改进委员会运用口头及文字图画等多种形式大力开展宣传工作，务求普遍深入，凡属有关工商，更是辗转宣传，做到家喻户晓，妇孺咸知。因为这是一场关系到全县经济命脉，关系到自身经济利益的运动，所以得到广大民众的欢迎和积极参与，通过夏布改进，收效明显，此一时期生产的夏布品质优良，符合改进规定，销路也较改进前畅通了许多。

五、夏布在抗战中的特殊贡献

1933 年，国民政府军政部在隆昌县城外锣星坝建了一座“蒙布”厂，雇工 60 余人，用细麻纱（织细夏布用的麻线）双线合织加工生产“蒙布”，供制造飞机双翼用。为了满足生产“蒙布”的需要，隆昌人民积极提供相当数量的细麻纱，支持中国的航空事业，以增强中国抗击日本帝国主义侵略的力量。

1939 年夏，国民政府军事委员会政治部在隆昌购买尺三布、四八布、七二布三种规格的夏布 2 万匹，做暑衣 20 万件，寄慰前方抗日将士。为了早日完成暑衣任务，6 月 30 日，成立了隆昌县暑衣购置委员会，专办暑衣的购置工作。全县人民不计个人收入得失和编织的辛劳，集中力量，生产所需规格和数量的夏布，供制作 20 万件军用暑衣之用，并及时地发往抗日前线。

1939 年 8 月 20 日，国民政府内政部卫生署致函隆昌商会：抗战时期，各后方医院需用外科裹伤大批夏布，拟在隆昌订购。县里接到通知后，隆昌人民急抗日前线之所急，心急如焚地赶织出所需规格和数量的夏布，以补救我国当时棉织纱布的奇缺，帮助了抗日前线伤员的救护工作。

此外，国民政府军政部储备司委托中原服装厂，在隆昌收购尺三布上万匹，做军用蚊帐。为了及时完成这一任务，县政府发出布告，规定全县城乡夏布机户，一律编织尺三布，其他品种暂时停止编织。对收购事项，指令夏布商同业会办理。为了满足军用蚊帐所需的尺三布，全县的夏布机织户，自觉地放弃了其他品种夏布的生产，提供所需数量的尺三布，以满足军用蚊帐的急用。

1944 年 4 月 29 日至 5 月 14 日，著名爱国将领冯玉祥将军来隆昌发动抗日救国献金运动。隆昌人民以高昂的爱国热忱，积极响应。在 5 月 14 日的全县献金大会后的游行队伍中，除展示各界人民献出巨额现金数字外，所献的实物中，楼峰中学师生捐献了夏布背心 70 件；商业队捐献了一定数量的夏布蚊帐和织飞机双翼用的“蒙布”锣星纱；妇女队捐献了夏布背心130件；乡村师范师生虽多为清贫家庭子弟，所献金额以人数平均计，超过其他学校，并还捐献夏布背心100件，支援抗日前线。

冯玉祥将军对隆昌人民的抗日爱国热情高度地赞扬“只知有国，不知有家”。他以乡村师范师生为例，特致函蒋介石。不久，以蒋介石的名义发来代电称：“爱国情殷，殊深嘉慰。”请冯玉祥将军转告乡村师范校师生。

隆昌这个全国闻名的“夏布之乡”，以自己的特产——夏布，在抗战时期，做出了自己应有的贡献，充分表达了隆昌人民“救亡图存”的爱国精神。

内江的教育

内江文风鼎盛，重视教育是历代的优良传统。民国时期具备从私塾到专科性的多层级的公私立教育，为不断提高民众文化和传播知识做出了重要贡献。

一、齐备的多层级教育

（一）私塾

清末，内江各县私塾遍及城乡，或私塾先生自己开馆收徒（称团馆），或富庶家庭为教子女而延师设塾（称东馆）。私塾按教学程度分“蒙馆”与“经馆”两种，蒙馆为最多。私塾大多一馆一师，入学不考试，学生水平不一，实行个别教学，长期保留体罚陋习，也无例假日。清政府对私塾未予管理，听取其自生自灭，故全区无统计数字。

1905 年 9 月 2 日，清政府废科举兴学堂。当时合格师资少，小学堂不多，遂改良私塾，以合乎近代教育要求。1906 年发布《私塾改良会章程》，邀有能力、大体能按学堂课程要求教学的塾师入会，提倡塾师对私塾自行改良。1910 年 7 月，清廷学部颁发《改良私塾章程》，规定私塾改良在地方由各县地方官、劝学所经理，以私塾教授渐期合法并补助地方教育为宗旨。经改良的私塾可视其程度分别定为初等或高等两种，每种又各分为一、二两级。改良重点有二：一是增设新式课程；二是“讲解渐求详明，不专注背诵”。初、高等改良私塾，若其学生在 30 人以上，筹有常年经费，可详请提学使司允许作为私立初等小学堂或私立高等小学堂，这便是内江各县首批私立小学的由来。

1912 年民国建立，教育部提出整理私塾宜采用“奖进主义”，不以取缔为务的方针。次年 2 月四川省政府民政厅颁布《私塾教员讲学会章程》，要求每年暑期召集私塾教员到会讲习 20 天，内江所辖的有些县举办了塾师讲习会。1926 年，四川全省通令改良私塾，推行义务教育。由于军阀割据，各县无法实施。

1935 年，川政统一后，省政府颁发《四川省各县市管理私塾章程》，规定塾师必须具备三项条件：（1）曾在初中以上学校毕业者；（2）曾任小学教员 1 年以上有确实凭证者；（3）有相当学历并经检定合格者。《章程》还规定私塾必须开设公民、国语、算术、常识等课程；禁止体罚学生，体察儿童个性并善为诱导。此后各私塾按国定课本开课。随后二区专署拟发《取缔私塾暂行办法草案》，各县利用暑期举办塾师训练班，整顿塾师，仅简阳县参训人数就达 1 478 人，合格仅 625 人；次年仁寿各区也组织塾师甄别考试，仅发出许可证 524 张，占塾师数 30%。1937 年，内江县亦对私塾进行整顿，将部分改良成绩优异私塾由县政府批准为代用国民学校，此后内江各县私塾逐年减少。1940 年推行新县制，建立国民学校，对私塾限制日严，1944 年，仅内江县私塾减少 169 所，学生 3 600 人（一部分学生转入国民学校）。1948 年，各县虽严令查封私塾，但因内战在急，教育经费枯竭，关闭部分国民学校，使教员失业，学生失学，于是私塾又不断兴起。中华人民共和国成立之初，私塾大多停办。

（二）幼稚园

民国时期幼儿园称为幼稚园。1917 资中县视学黄默善在资中县立两等小学附设蒙养园，这是内江境内第一个公立学前教育组织。1922 年实行新学制后，改蒙养园为幼稚园。次年，资中县基督教美以美会于翠花街福音堂建立私立圣功幼稚园，这是全区第一所私立幼稚园。1934 年各县幼稚园（班）6 所，入园幼儿 300 余人。

1935 年，内江县筹建第一所幼稚园，附设于简易乡村师范学校，称城区幼稚园。资阳县基督教美以美会开办崇德幼稚园。简阳县立初级中学开设幼稚班 4 个。1936 年隆昌县在顺河街南华宫开办第一所幼稚园。同年，威远县简易女子乡村师范学校开设城区幼稚园。1937 年，资中县在金带、斯盛、孟塘、骝马等乡中心国民学校附设幼稚园，将私立铁佛小学附设幼稚园改为公立幼稚园，银山镇私立豫章初级小学亦附设幼稚园。同年，资阳县在城内 3 所小学附设幼稚班 10 个，收幼儿 141 人。1940 年，四川省临时参议会第二次大会议案提出：各县城至少设幼稚园 1 所，各乡镇中心国民学校设法添办幼稚班。这时，日机轰炸成渝公路附近城镇，居民多疏散乡村，县城幼稚园有的被炸毁停办（如隆昌县幼稚园），有的迁到农村（如内江县幼稚园），因而促进乡镇中心国民学校开办幼稚园（班）。安岳县在条件较好的通贤等 10 所乡镇中心国民学校开设幼稚班，每班收幼儿 20 人。

威远县在新义乡中心国民学校开设幼稚班。简阳县公立幼稚园由 1 所增加到 3 所，6 个班，收幼儿 511 人。1944 年 2 月，简阳县城乡幼稚园 7 所，23 个班，收幼儿 462 人。内江县 8 所中心国民学校附设幼稚班 9 个。1945 年，全区幼稚园（班）计 42 所（公立 35 所，私立 7 所），入园幼儿 3 031 人，教职工 136 人。

抗战胜利后，疏散到乡村的家长、幼儿相继返城，乡镇小学附设幼稚园（班）有所减少，城镇幼稚园有较大增长。1948 年隆昌县大义煤矿职工子弟学校开设幼稚班，这是全区第一所企业办园。1946 年后，国民经济凋落，幼稚园（班）大量减少。1949 年后，全区仅有幼稚园（班）32 所（公立 28 所、私立 4 所），入园儿童 1 816 人，教职工仅 84 人。同 1945 年相比，幼稚园（班）减少 23.8%，入园幼儿减少 40%，教职工减少 38.2%。

（三）小学

1912 年，内江各县根据南京临时政府《普通教育暂行办法》规定，将清末各类小学堂改称高、初等小学校，并开始实行男女同校制度。同年，全区公立小学校 631 所，私立小学校 40 所，其中教会办小学校 9 所。1915 年 7 月，教育部《民国学校令》，将初等小学校改为国民学校。1920 年教育部规定分期筹办义务教育，因各县为滇、黔、川军割据，战乱不已，义务教育无法实施，尤其是公立小学，发展甚少，只是私立小学发展较多。1922 年颁布新学制，小学分初、高两级（不再称等）。

1923 年威远县立模范国民学校第十班毕业摄影

从 1925 年起，全区各县小学改行新学制。同年，初等教育实行学区制，资阳县划分为 12 个学区。1926 年，简阳县庙会产监委王锡先借口办学，拍卖全县庙产、会产，迫使一部分庙、会主事将产业转为学田，申请办学，全县增加私立小学 40 余所。1928 年，四川兴建成渝公路，打算计提部分庙会、神祠产业作路款，各县驻军也向寺庙、神祠筹集军费，大多业主为保住产业，也纷纷申请办学，服务桑梓，促进私立小学校增多。1929 年至 1933 年，各县驻军为筹集军费、征收寺庙、神祠产业，也促使其主事兴办学校。

1935 年，川政统一后，各县推行保甲制度，并实施义务教育，除办公立完全小学和初级小学外，还设短期小学、简易小学。1936 年，二区专署发出实施强迫义务教育指令，县、区成立义务教育委员会，相继颁发强迫义务教育令，并采用重以课税方式强令家长送子女接受义务教育，促使各县学校发展。同年，全区公立小学校 1 136 所，私立小学校 651 所，另有短期小学校 147 所，在校学生 125 697 人，教师 2 573 人。

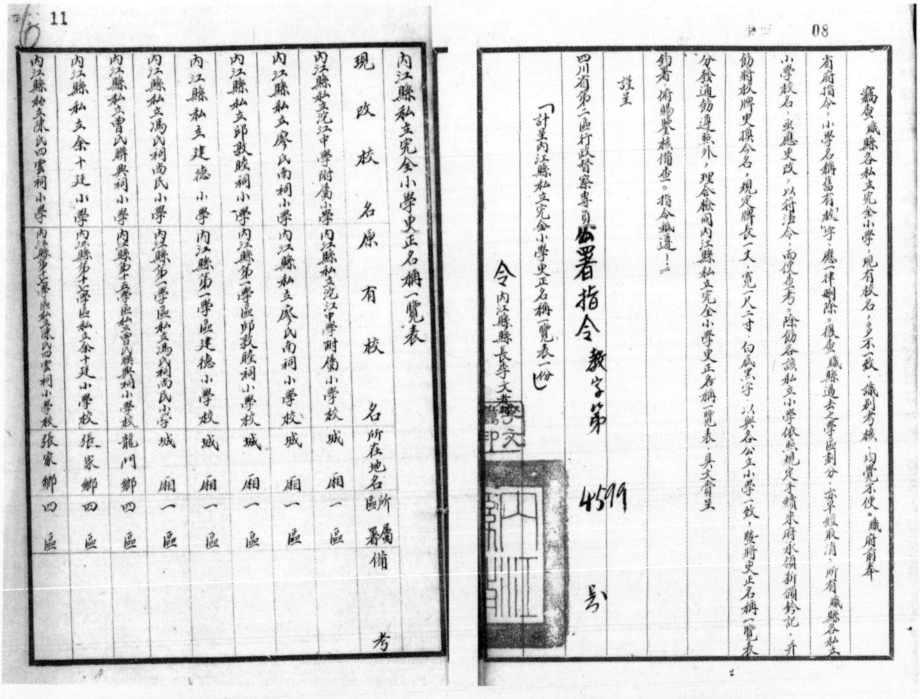

11

內江縣私立完全小學更正名稱一覽表

現改校名	原有校名	所在地名	所屬區署	備考
內江縣私立沱江中學附屬小學	內江縣私立沱江中學附屬小學校	城廂	一區	
內江縣私立廖氏南祠小學	內江縣私立廖氏南祠小學校	城廂	一區	
內江縣私立郎敦睦祠小學	內江縣第一學區郎敦睦祠小學校	城廂	一區	
內江縣私立建德小學	內江縣第一學區建德小學校	城廂	一區	
內江縣私立馮氏祠尚氏小學	內江縣第一學區私立馮氏祠尚氏小學	城廂	一區	
內江縣私立曾氏聯興祠小學	內江縣第十五學區私立曾氏聯興祠小學校	龍門鄉	四區	
內江縣私立余十廷小學	內江縣第十七學區私立余十廷小學校	張家鄉	四區	
內江縣私立陳氏四雲祠小學	內江縣第十七學區私立陳氏四雲祠小學校	張家鄉	四區	

08

竊查職縣各私立完全小學，現有校名，多不一致，識別考核，均覺不便。職府前奉省府指令，小學名稱舊有校字，應一律刪除。復查職縣過去之學區劃分，亦早經取消，所有職縣各私立小學校名，亟應更改，以符法令，而便查考。除飭各該私立小學依照規定手續來府承領新頒鈐記，并飭將校牌更換今名，規定牌長一丈，寬一尺二寸，白底黑字，以與各公立小學一致，暨將更正名稱一覽表分發通飭遵照外，理合檢同內江縣私立完全小學更正名稱一覽表，具文賫呈

鈞署，俯賜鑒核備查。指令祇遵！

謹呈

四川省第二區行政督察專員公署

指令 教字第 4599 号

計呈內江縣私立完全小學更正名稱一覽表一份

內江縣縣長李文[illegible]

1936 年 11 月内江县政府关于完全小学更名呈（部分）

四川內江縣榫鎮公立小學校第四屆懇親大會表演童子軍團體操攝影

四川內江縣榫鎮公立小學校第四屆懇親大會表演學生軍兵式操攝影

内江县榫木镇公立小学学生表演军操撮影

四川內江縣榫鎮公立完全小學校第五屆懇親會女生部跳舞花環

内江县榫木镇公立完全小学女生部跳舞撮影

1937 年，全区完全小学 273 所，学生 72 637 人，初级小学 1 557 所，学生 107 535 人；短期小学 725 所，学生 53 421 人；民众学校 369 所，学生 2 468 人。在校小学生人数时占全区总人口（467.8 万）5.4%；同时还规划第二期义务教育，要求每两保设 1 所国民学校，全区 6 728 个保，增设国民学校应不少于 3 000 所。1938 年，各乡按省政府颁发《设置中心小学暂行办法》，按 5 至 10 所国民学校划分为一个学区，每个学区设立一中心小学（一般选择在场镇）管理国民学校并办理学生升学。1939 年，推行新县制时，按教育部《国民教育实行纲要》推行国民教育制度。乡设中心国民学校，保（或联保）设国民学校，把推行义务教育与失学民众教育统一起来，并提出“三年发展计划”（1941 至 1943 年）：每乡有中心国民学校 1 所，每保有国民学校 1 所，使 90%以上儿童入学。取消学区制，由中心国民学校负责本乡国民学校管理和辅导。仅资中一县 3 年中初步实现上述目标，基本普及小学教育，适龄儿童（8 至 12 岁）入学率达 60%。

1942 年，全区入学儿童（8 至 12 岁）占总数 54%（全区适龄儿童 57.2 万，入学 32.3 万）；387 个乡（镇）已建中心国民学校 374 所，占 97.4%；5 030 个保，建国民学校 2 884 所，占 57.3%。翌年，隆昌县 28 个乡（镇），建中心国民学校 33 所，314 个保，设国民学校 229 所，被誉为“川南之冠”。1943 年 11 月，各县建立乡（镇）国民教育促进会，担负劝募经费、改善教职员生活、修建校舍、充实设备重任。是年开始调整，改组私立小学，在私立小学前均加“代用国民学校”名称并规定其毕业生须参加统一考试，否则不能毕业，将私立学校纳入国民学校管理，于是私立学校逐渐减少。

1944 年 3 月，国民政府颁发《国民学校法》，8 月，立法院通过《强迫入学条例》。1945 年，是民国时期全区小学校发展高峰时期，全区公立小学 4 233 所，私立小学 122 所，在校学生 322 799 人，占适龄儿童 60%。1946 年至 1949 年，小学教育受战乱和经济影响，极度萎缩。1946 年，仅资阳县一年中就减少国民学校 323 所，学生 14 333 人。减幅分别为 46%和 36.8%。翌年，国民学校大量减少，教员被大量裁减，学生流失严重，简阳永宁小学教师 8 人，学生不满一桌，失业教员也就只好办私塾，虽然政府严查，但为生活所逼，私馆亦不能禁。

.00012.0 12

内江縣政府委任令

教二字第125號

中華民國三十五年[illegible]月 日

令双河鄉鎮中心國民學校教員李[illegible]光

茲三十五年下學期双河鄉（鎮）中心國民學校教員一職，該員堪以充任，合行令委，仰即遵照到校，發揚服務精神，勤慎供職，獻身政教工作，報効國家，仍將奉委及到職日期，暨該員資歷表証，報由該校校長，將報來府備核為要！

此令。

縣長 黄希濂

内江县政府委任教员令

至 1949 年，全区仅有公（私）立小学 3 309 所，在校学生 202 884 人。与 3 年前相比，学校减少 1 046 所，下降 31.6%，学生减少 119 905 人，下降 37.1%，入学率 30%。

（四）普通中学

1903 年，《奏定中学堂章程》规定：“须先就府治或直隶州治由官筹费设一中学堂，以为模范，名为官立中学。其余各州治可量力酌办，如能设立者听。”1905 年资州直隶州将珠江书院改建为资州官立中学堂。

1905 年创办的资州中学堂（资中一中）

清建隆昌莲峰书院（隆昌一中图书室）

1913 年春，废州改县，各州县官立中学堂改称县立中学校；资属共立旅省中学堂更名为资属联合县立旅省中学校；安岳、隆昌两县县立中学校成立。1921 年，威远县立中学校成立。

1922 年，教育部《学校系统改革令》规定实行新学制，中学校分高、初两级，修业年限各 3 年，初级中学得单独设置。全区各县立中学多数于 1925 年改为县立初级中学校。1926 年，资中县中学校改为省立第六中学校；同年，原资中县立两等小学改为资中县立女子初级中学，系全区第一所女子中学。1927 年，成立乐至县立初级中学校。1928 年至 1934 年，安岳、隆昌、乐至、简阳等先后建立女子初级中学校，其中资中县立女子初级中学校于 1933 年改为资中县立女子中学校，翌年乐至女子初级中学校并入乐至县立初级中学校。资属联立旅省初级中学校于 1936 年改为资属联立旅省初级工业职业学校。私立中学从 1912 年至 1935 年先后建立 9 所，其中中途停办 4 所，坚持下来的有资中县私立进德女子中学校、内江县私立沱江初级中学、资阳私立存诚初级中学校、资阳县私立寿民初级中学校、资中县私立岭南初级中学校。到 1935 年，全区各县中学 17 所，其中省立、县立完中各 1 所，县立初级中学 10 所，私立高中 1 所，私立初级中学 4 所，在校学生 3 000 余人。

1935 年 11 月，二区专署第一次教育会议决定：各县分设有男女县立中学合并为一校，男、女分班上课。

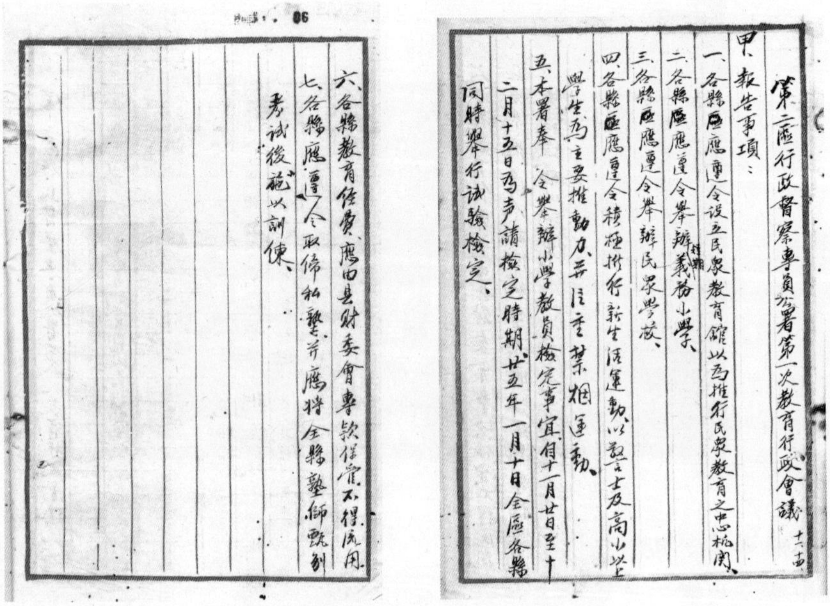
第二區行政督察專員公署第一次教育行政會議

甲、報告事項：

一、各縣區應遵令設立民眾教育館以為推行民眾教育之中心機關、

二、各縣區應遵令舉辦義務小學、

三、各縣區應遵令舉辦民眾學校、

四、各縣區應遵令積極推行新生活運動，以教士及高小學生為主要推動力，並注重禁烟運動、

五、本署奉令舉辦小學教員檢定事宜，自十一月廿日至十二月十五日為聲請檢定時期，廿五年一月十日全區各縣同時舉行試驗檢定、

六、各縣教育經費，應由县財委會專款保管，不得挪用、

七、各縣應遵令取締私塾，並應將全縣塾師甄別考試後施以訓練、

二区专署第一次教育行政会议记录

次年，男女中合并有简阳、荣县、仁寿等县。第七区隆昌县立女子初级中学校推迟至1944年始恢复。一年后，简阳县女子初级中学恢复，其他县立女子初级中学陆续恢复。

1936年省立六中建成科技馆（资中一中）

1937 年 6 月资中私立进德女子中学毕业留影

1938 年，中学数量不少，但规模都不大，以资中为例，中学最多，当年小学毕业生 965 人，升入中学 189 人，仅占小学毕业生 20%。其余各县高小毕业升学率更低。

1938 年内江县立初级中学校址 —— 白马水晶坝张氏祠堂

抗战期间，推行国民教育制度，高小毕业生剧增，而公立中学只增加资中县立中学校、内江县立女子中学校、资阳女子中学校、简阳县立龙泉初级中学校 4 所，连前 12 所共 16 所，远远不能满足民众入学的要求，于是各县筹建私立中学。经费来源：有的是庙产、会（馆）产、祠产，有的是私人捐赠的田产、现金，有的是政府资助的税款，加之外地大学内迁，川人入高校的越来越多，为中学发展提供了师资。于是私立中学有较大发展。1939 年至 1945 年间，资中县开办龙江、资北、琴山、天叙、陇西、四维、峤海、华菁等私立初级中学校和私立岭南女子中学校 9 所；内江县开办私立大洲中学和朝阳、景福、蓉关、大新、清源等私立初级中学校 6 所；上海私立学园四川分校于 1941 年在隆昌县开办；国立东北中学校和国立东北中山学校于 1940 年迁威远县静宁寺。至 1945 年，全区共有公私立中学校 62 所，其中民办中学校 44 所，公立中学校 18 所，在校学生 25205 人，是民国时期的高峰。

郭有守（1938 年至 1945 年任四川省政府教育厅厅长）

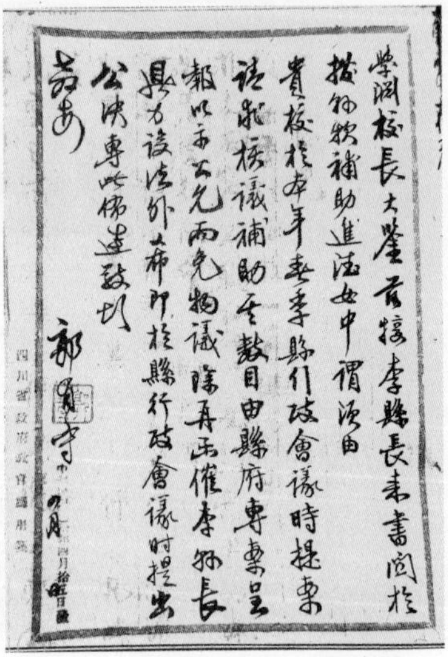

學潤校長大鑒 頃接李縣長來書閱悉
撥付欵補助進德女中謂係由
貴校於本年春季縣行政會議時提案
請求核議補助之數目由縣府專案呈
報以示公允而免物議 請再函催李縣長
另設法外希即於縣行政會議時提出
公決專此佈達 致祝
籌安
郭有守

四川省政府教育廳用箋

1944 年郭有守致资中私立进德女中的函

1946 年至 1949 年，部分县立中学已升格为完中，虽迁走一批中学，但也兴办一批私立中学，1949 年底，全区中学 63 所，其中公立中学 17 所，私立中学 46 所；完中 21 所，初级中学 41 所；在校学生 23 143 人，其中高中生 4 432 人（万人口中 7 人）；初中生 18 711 人（万人口中为 22 人）。

（五）中等师范教育

1903 年，《奏定初级师范学堂章程》规定每州、县设立初级师范学堂 1 所，条件不足的州、县可设简易师范科及传习所。为培养新学堂所需师资，1905 年内江县兴办初级师范学堂，1 年后停办。1907 年资州开办资州官立初级师范学堂，1911 年停办。1909 年，隆昌县官立高等小学堂附设简易师范科，两年后停办。1910 年，威远县开办官立女子初级师范学堂。其他如简阳、资阳、安岳、乐至等县也先后建有师范学堂，其管理与中学堂相同。

1912 年，教育部公布新的学校系统（即壬子学制），规定初级师范学堂改称师范学校，并在《师范教育令》中规定师范学校定为省立。同年，威远县女子初级师范学堂改名为威远县立女子师范学校。1914 年资阳县屠帮创办全区第一所私立女子师范学校，10 年后改为公立学校。1915 年资州联立师范学校成立，由资中、资阳、内江、仁寿、井研 5 县合办。民初以来，各县小学师资缺乏，除兴办上述 4 所师范学校外，还在中、小学内附设师范科（班），以造就小学师资。以至每个县几乎都建有师范学校，虽然名称不同，但都是由地方政府创办，按中学管理办法实施管理，其校长一样由省教厅任免。如 1926 年，内江县立师范学校成立，四川省政府教育厅任命钟汝为为校长，后来官德汶、黄天柱、肖绥来、李兰文、魏大俊、廖溥、官简贤、王启素、谢友伦、苏相华、王纯碧、罗权纳、罗书昌、夏炳西、刘祖尧、官世禹、周子诰、粟和奎等均为省教厅任免。

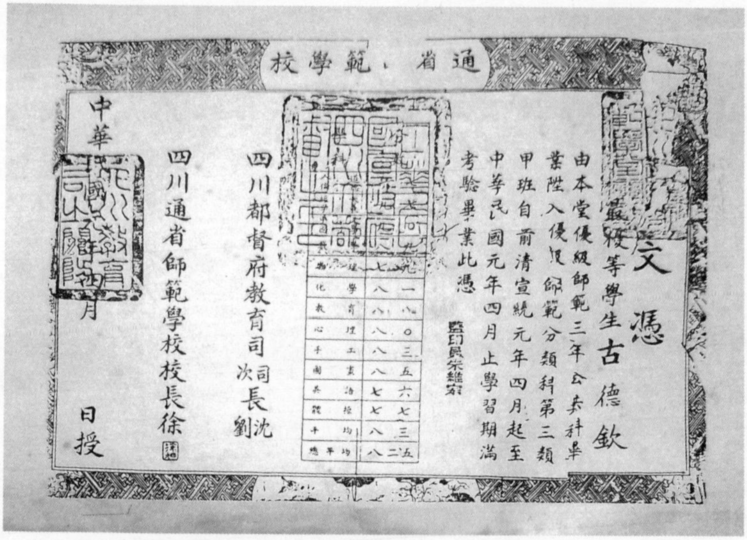

1912 年 4 月古德钦毕业于四川通省师范学校的文凭

1932 年，教育部公布《师范学校法》，随即制订《师范学校规程》，规定师范学堂以单独设立为原则。同年秋，隆昌县成立乡村师范学校。1935 年至 1947 年，全区先后有简易师范学校 8 所，达到每县 1 所。1949 年下期，全区共有省立男、女师范学校各 1 所，县立师范学校 6 所，中学附设师范班 1 个，在校学生 1 343 人，同 1945 年师范学校学生数 2 316 人相比，下降 42%。

（六）高等教育

民国时期高等教育由教育部统一管理。1942 年经教育部同意，南充人王恩洋创办东方文学研究院，校址设于内江圣水寺，校董会董事长是自贡人罗筱园，王恩洋任院长，1947 年 5 月迁往成都新西门罗家碾包家院子。1949 年夏天，重庆大学教授张圣奘在重庆开办的私立蜀民大学迁来内江，改名私立雅风学院，院址在现东兴区胜利镇插剑山罗家碾子大院，由李江春、张仕雄等人创办，设农业、商业两科，以“改良蔗种，复兴农村为主旨”，同年招生 34 人，内有李春江任总务长、童碧琼任女生管理员。学院经费主要由民间筹集，学生交纳学费，生活费自理。开办不久，经费来源枯竭，无法维持，学生星散。1949 年 12 月内江解放，雅风学院请求人民政府接收并补助教职员生活费用，1950 年初，内江专署文教科曾派人去学校清理。终因办学条件不具备，于 1950 年夏停办。

此外，民国时期还开展有特殊教育，具有慈善事业性质。1944 年，资阳县兴办聋哑学校 1 所，初为私立，后改为公立。1949 年有学生 25 人，教职工 4 人，由县教育部门领导和管理。1950 年下期停办。

二、教师的“六腊战争”

教员聘期在清末民初俱为一年，校长更替，教员亦随之聚散。1936 年 7 月，教育部《修正小学校规程》规定：教员“初聘以一年为原则，以后续聘，任期二学年”。抗战前，学历合格的教员还不难谋得续聘。抗战时期，大中学校毕业生渐多，国土日蹙，知识阶层纷纷挤向教育界，教员一期一聘，变动频繁。1940 年推行国民教育，为安定小学教员，教育部在全国教育工作会议上建议：国民学校及中心国民学校教员“今后得由主管教育行政机关或由校长呈送主管教育行政机关会衔聘任之，初聘以 1 年为原则，以后续聘，任期为 3 学年至 5 学年”。《规程》尚不遵行，“建议”更无用，因此每年寒假中小学校教员遂为一席卷入激烈的“六腊战争”。这时地方政治势力和学阀、帮派联合起来，互相争夺学校的人事控制权，致使众多教员不得不望门投拜，被剥削，被驱使。

“六腊战争”，首先是校长争位于朝。通过“搭梯子”（行贿、请客、送礼拉关系），与党派和地方势力勾结，取得支持任命，得到校长位置，校长位置竞争十分激烈。1948 年，安岳县 4 所中等学校校长有 3 个为县参议会中“知行社”支持，而县教育局则为县参议会中“民力社”支持，两派相互攻讦，各求控制全县教育大权。资阳县中小学校校长则受制于“东乡派”和“西乡派”。其次是教员激烈竞争。同乡、同学拉帮结派。资中县有“川大派”“北大派”“省师派”；内江县有“联师帮”“乡师帮”；彼此分合排挤。最苦是教员，手持合格证却难求一职，请客送礼，低三下四有辱斯文，却只能求得半职或几人合一职，或全职半薪，一旦校长一换，教师则大换，能留用不过十之一二。1946 年后，物价飞涨，教员菲薄薪金已不足糊口，还要受官商克扣盘剥。1946 年内江县各国民学校开校两月，未领到一分薪金，全县国民学校教师一致怠教，以示抗议。隆昌县小学教员彭××在 1947 年就仅得半聘，1949 年彭××等 5 人合领三职半薪，余下的全被校长或学督侵吞。1948 年内江县立 3 校（县女中、县中、县师）教师因连续 3 月未领到薪金而联合罢教。教员在政治和经济双重压迫下，不但就业艰难，而且生活也全无保障。当时，社会上把从教看成是读书人穷途末路。

三、师生的进步活动

（一）“五四”回响

1919 年爆发的“五四运动”在内江引起阵阵回响。这年内江县立中学教员廖划平、韩文哇、李仲权等组织起来阅读《新年青》《新思潮》《每周评论》等进步刊物，并向学生推荐，进而引导学生上街宣传查禁日货。他们在标语上写着“商女不知亡国恨”“抵制日货”等口号。学生成立两个查检组，手持木枪到各商店查禁日货，一经查出，即予砸毁。1920 年，内江县立中学八班进步学生廖恩波倡导成立“内江县联合会”，会员有 300 多人。联合会坚持抵制日货达两年之久。1922 年奸商勾结县中校长束缚学生的校外运动，廖恩波带领同学找校长说理，反对校长专横，反对学监制，要求学生自治。校长蛮横拒绝，学生遂举行罢课示威，结果为首的廖恩波等 2 人被开除学籍，内江第一次学生运动被镇压下去了（廖恩波后来在成都加入中国共产党，曾任中共四川省委代理书记）。1921 年，威远县进步学生罗世文、罗世良等成立读书会（后改为劳动读书会），组织学友阅读《向导》《觉悟》《新年青》等刊物，定期研讨俄国革命，在学生中传播马列主义。

威遠教育週刊

1922 年威远县傅韵莲创办

1924 年寒假中，廖恩波自成都的学校回内江来组织“非基督教大同盟”，发动“反对帝国主义文化侵略和宗教毒害”的斗争，从美国美以美会手中夺回华美小学的办学校权，重新立案，改办为建德小学校。同年，隆昌县立中学校师生以余霖三、郑公禄为代表，为民请愿，联合本县在北京、重庆读书的同学，声援隆昌民众反对封建军阀苛捐暴政的正义斗争，迫使当地驻军停征门户捐。与此同时，隆昌县立中学校和安岳县立中学校发生反对学监制，推动有志青年投笔从戎，走上革命的最前线。

从 1926 年起，中国共产党就逐步在各县中小学校建立革命活动基地，引导师生开展进步活动。这年，共产党员黎灌英自外地返内江，组成内江县国民党临时党部（左派），发起组织“内江公学”，作为革命活动的中心。公学学生（相当于小学及初中两部分）经常随同黎灌英在城内和四乡进行宣传，积极组织工会、农会，掀起了内江反帝反封建宣传活动的高潮，使全城充满了革命气氛。同时内江共产党组织指派 1 名共产党员在内江县立中学发起组织进步学生团体“警觉青年谈话会”。学生李源岷、范希天（范长江）、廖维国先后作过该会负责人，他们经常与内江公学联系。该会最初有会员二三十人，最多时达 100 人左右。由于大部分同学倾向革命，警觉青年谈话会在学生中掌握了领导权，并能对学校行政施加有力的影响，可以通过学生会的名义清算贪污；参加反对土豪劣绅李汉文的斗争，向教育厅推荐学校校长（未被采纳）；节日上街讲演等。1927 年内江清党，黎灌英被迫出走，学生运动停顿。1928 年底，国民党内江县党部想安置私人任内江县中校长，趁学生不满黄国栋之际，地下党组织通过“谈话会”引导同学搞反黄的“择师运动”，及时挫败国民党内江县党部安置私人掌校的图谋，实现了“倒黄”（推倒校长黄国栋）、“迎师”（接回数学教师刘烛周）、“改善学生福利”（增添文体器材、增订进步书刊、补助警觉青年社谈话会经费）的要求，大长了民主正气。

1926 年，“威远县学生联合会”成立，有会员 300 多人。在中共威远地下党引导下，“学联”不时结队到街上宣传，沿途高呼“反对封建礼教”“破除封建迷信”“打倒帝国主义”“收回租界”等口号，在城乡燃起反帝反封建的星星之火。1928 年，地下党在威远县初级中学校发展共青团员周传九等。1931 年，威中共青团支部成立，组织青年读书会，开办“文化导扬社”，引导师生读进步刊物；组织示威游行，支持女教师王荣芳反对封建礼教；举行纪念“五四运动”群众大会，印发“打倒帝国主义”“打倒军阀”“发扬五四运动精神”等传单，革命声势为之一振。

1928 年资中县特别支部成立，以金李井小学为活动阵地。党组织领导师生办壁报、张贴标语、上街讲演以及组织新式婚礼等，宣传新文化、新思想，唤起民众反对帝国主义、反对新老军阀的革命激情。

1930 年，共产党员韩秋雁、张营禄引导隆昌县立初级中学校学生组织“赤霞社”，开展革命宣传活动。次年，全校师生举行声势浩大的示威游行，声讨帝国主义经济侵略的罪行，揭露奸商私销日货的勾当。1932 年中共隆昌县特别支部成立，并在隆昌县立初级中学校成立“少共特支”。次年，县中少共特支发动并领导了抵制四川军阀刘湘举办的“泸州会考”的斗争，并取得了最后胜利。

1930 年起，各县地下党组织先后遭到破坏，学校师生进步活动进入了低潮时期。

（二）抗日救亡

内江发生的第一次爱国运动是内江县立中学师生等在 1919 年的“抵制日货”运动。1938 年暑假，内江县立中学和私立沱江初级中学的进步学生，在一些进步教师的帮助下，分别成立了暑期乡村宣传队，到史家、富溪、便民、田家、观音滩等乡演出，上演了《放下你的鞭子》《凤阳花鼓》等抗日歌曲和话剧，深受农民欢迎。是年8月底，中共内江特别支部派遣党员吴汝翊以内江县中“兴华宣传队”为基础，筹组“兴华救亡歌咏话剧社”。9月，剧社在北街敦睦小学成立，社址设在上南街何家祠侧面，有成员近50人，除两名银行职员外，其中有13人后来加入了中国共产党。剧社分为六股，其中4个股的负责人是中共党员。歌咏股负责人谢碧芳（党员）组织社员每天早晨在街上做一小时“晨呼”活动，大唱抗日歌曲——《义勇军进行曲》《游击队战歌》《流亡三部曲》《大刀进行曲》等。天刚拂晓，就听见街头巷尾歌声激昂，令人振奋。每隔一定时间，剧社就在街头、戏园、会馆演出，观众多时达2 000余人。群众在观看《放下你的鞭子》时，不少人纷纷将钱丢到台上去。有的戏里，一当台上出现日本鬼子和汉奸，观众就“打”声四起；甚至有用石子投击的。剧社还巡回到东兴、椑木、白马、田家、观音、便民、龚家、石子、平坦、华山、永兴、史家等10余乡镇演出。演出之余，社员还三五人一组深入农民家庭进行访问和宣传。兴华剧社的影响日益扩大，引起了反动势力的注意。先是国民党14军补训处组成的“铁血团”强令兴华剧社与之合并，遭到拒绝，没有成功；随之国民党县党部和县政府就于1939年以莫须有的罪名，下令强迫解散了兴华救亡歌咏话剧社。

1931年“九一八”事变后，威远赴成都读书的青年学生拟发了《威远旅省学会为东北事变告县人书》。书中大呼“县人乎，事急矣!国危矣。愿同心努力，之死靡他，以一腔热血洗尽国家永久之羞渐……”这份充满爱国激情的告县人书，激励了县中父老兄弟的抗日斗志，促使他们纷纷投入运动中。1936年，县内进步教师胡绩伟、罗世林、李建梅、殷公义等组织起来在界牌开展抗日救亡宣传活动。1937年“七七卢沟桥”事变后，在暑假中，威远中学学生办夜校，威中、威师学生组织晚呼队，在大街小巷，利用晚间宣传抗日救国。1938年，威远县立初级中学校教师叶仿吾（中共党员）发动学校进步师生组织“抗日民族先锋队”，以编辑印发《威风》月刊、《抗日》周刊，办墙报、贴标语、画漫画等形式，开展抗日救国宣传。1940年《威风》曾刊载“皖南事变”真相，对国民党的倒行逆施进行揭露。同年中共威远界支部，组织进步师生，成立一个由40余人组成的宣传队，利用逢场天宣传抗日救亡，动员群众参军参战，仅镇抚、升平两乡就有五六十人自愿应征入伍。1943年，以肖德林为首的威中青年学生，组织成10余人的“暑假抗日救亡宣传队”，在黄荆沟、山王场、高石场等地巡回演出，宣传抗日救国主张。

1938年，中共资中县特支在资中县立女子中学校重新建立，并在北城小学发展党员，建立党支部。北城小学党支部在学校组织抗日宣传，创办《小战士周报》，领导学生晨呼，唤起民众；还编写抗日教材，进行街头讲演，出街头壁报，宣传党的抗日方针。球溪镇小学纪念“九一八”，连续宣传9天，讲演17个抗日专题。马沿乡重华小学宣传到邻近的资阳县祥嘉等地。同年秋，省中、女中等校在公共大礼堂联合举办募寒衣晚会，募得捐款800余元。会后，女中又单独捐献170元。

1940年《大公报》记者范长江回到内江县，应私立沱江中学校邀请级师生宣讲抗日救亡，收到了良好的效果。在此期间，省立资中中学校和资中县立女子学校建立了“抗敌后援会”，隆昌县立初级中学校举办“抗日救亡周”，开展抗日宣传活动。各县中小学还进行了抗日募捐、献金和支持知识青年从军的活动。

（三）反内战、争民主

在1940年代左右，国民党法西斯专政更为露骨，任意践踏人民的民主权利；同时经济崩溃，民不聊生，教职工最低生活水平无法保障，罢教索薪争民主、争生存的运动时有发生。

1939年，沱江初级中学女生部在进步教师廖有涛（中华人民共和国成立初任成都市手工业管理局局长）的领导下，组织“沱光读书会”，有学生喻仿勋、曾祥蕴等10余人参加。他们秘密传阅进步书刊，把《新华日报》剪成小块夹在书中传递；常在校内流露进步言论，唱民主救亡歌曲，引起学校当局不满。一天，学校突然清查，企图搜查读书会的进步书籍。读书会成员闻讯，立即把书籍交给洗衣服的老婆婆带出学校，才幸免于难。清查时，曾祥蕴（地下党员）与校方发生冲突，后被辞退。廖友涛得知县政府要抓他，连夜搭小船离开内江。廖走后，读书会由闻化鱼（共产党员）领导，地址改设倒湾（今民族路）。

1943年5月，内江县立中学庆祝新校舍落成及男女中分校1周年纪念，邀请县女中及各中学与社会人士参加。素以封建统治著称的女中校长借口影响学习，不仅不允许学生参加，反将学生选出赴会的代表禁闭起来。学生推代表向学校交涉，要求释放代表，又遭拒绝。于是有正义感的师生决定在典礼前一日举行罢课，以示抗议。这时县中师生也组织支援县女中师生斗争的工作，由教师洪念崖、郑乾柱起草《告全县人民书》，散发全城。

两校师生又派代表向县府请愿，要求县府命令学校撤销“禁令”，准许学生有参加社会活动的自由。县府拒绝师生的合理要求，并强令限期复课以“恢复社会秩序”。他们一面散布谣言威胁说，罢课事件是“廿一八”(“共”字拆写)分子挑起的，叫学生不要上当；一面又急忙向省府请示。他们得到省府“严厉制止”的密电后，即派出特务、警察，伙同驻军、宪兵监视两校代表行动，密探代表会议内容。5月12日上午，罢课期间，两校代表在七郎庙(北渡村)胡增慧同学家中开会时，内江县特委秘书特务分子雷天元带领武装人员趁师生开会之际，将胡家院子包围，并鸣枪示威。女中学生艾伯钊挺身而出，冲着便衣警察说：“开枪吧！”教师郑乾柱当即提出：“一、学生返校决不接受任何处分；二、应无条件收回斥退学生林远华的成命；三、立即撤换事务主任周雨龙；四、学校贪污应立即洗刷。”并声称“未得易县长正式书面答复，决不返校。”特务雷天元当即强行将艾伯钊、李仁芬等学生40余人以及教师郑、洪两人逮捕。学生押回学校，将郑、洪两位教师以“扰乱后方治安”的罪名，送交宪兵12团“从严讯办”。一月之后，郑、洪二人被转禁县监狱。当天(12日)县政府牌告：“限期返校复课，违者立予开除学籍。”这次历时半月的罢课斗争就这样被扑灭了。数月后，郑、洪二人始被释放。

1945年秋，威远县国民学校教师代表143人，先后5次联名向县政府请愿，要求按规定加薪；扶安、东兴、绥靖、镇西、严陵、高石6乡所有国民学校教师罢课一周，迫使威远县政府承诺尽速从善解决。同年，资中县立女子中学校师生发动反贪污、反压迫、争民主的学潮，迫使县立女中校长曾×赔退侵吞的公款，撤回斥退学生的上报密令，并向受迫害的学生承认错误。

1935年8月抗日战争胜利后，蒋介石发动内战，增加军费，群众生活困难，小学教师薪俸很低。1946年4月，隆昌县政府对全县小学教师的薪金和学校公用费分文不发，激起了教师的愤怒。县一小徐承灿、二小苏德举、西南镇小学黄代富、东北镇小学韩公荣联合举行记者招待会，阐述事实真相，发动请愿，等待新闻界的舆论支持。四所小学的教师组成的请愿团，向县政府、县参议会请愿，要求提高小学教师的薪金。县政府县参议会均以含混的言辞答复，请愿无具体结果。他们随即成立了隆昌县小学罢教委员会，由7人组成。罢教委员会于5月25日发表罢教宣言。全县小学教师统一罢教。一个星期后，县长杨思慈邀请罢教委员会徐承灿、苏德举、黄代富、韩公荣商谈复课事宜。杨提出四点复课方案：(1)保证3天内发放欠压小学教师的薪金；（2）俸米从现在起，每月1号拨发（原为月底拨发）；（3）除发动全县性的尊师运动外，由地方筹集尊师米，教师每人每月发尊师米1.5市斗[①]；（4）立即复课，但不再举行记者招待会，不发新闻。经过商谈，罢教委员会同意杨思慈提出的方案，全县各小学复课。

1946年内江县各国民学校开学两月，未领到一分薪金，全县国民学校教师忍无可忍，一致怠教，以示抗议；随即组织请愿团要求县政府发放全部欠薪，否则，全体教师改就他业。同时内江县立女子中学校、私立大洲中学校、内江县立师范学校也因领不到津贴和薪金而怠教、罢课。同年，隆昌县教师发起反饥饿请愿斗争；先是城区县立一小、县立二小、西南镇小学、东北镇小学教师代表联合举行记者招待会，倾诉开学数月未领到一文薪金，告贷无门，悬釜待炊的苦况；继而组织教师请愿团分别向县政府、县参议会要求立即发放薪金，未得结果。于是，“隆昌县小学校教师罢教委员会”宣布全县教师统一罢教，直至县政府保证3天之内发放积欠并按时拨发食米方才复课。同年秋，沱江中学高一班学生范立天等酝酿上演郭沫若的话剧《屈原》，并约女生14班学生杨泽明扮演婵娟。校长魏心如得知此事，立即训斥范立天，谓沱中从来没有男女同台演戏，这种“好”风气，决不容许破坏。范据理力争，魏就以斥退相威胁；现时杨泽明也受教育主任高元凯的压制，不敢参加，致使“屈原”剧不能演出。范立天等并不就此罢休，当即改排郭沫若另一历史剧《南冠草》，剧倒演出了，范立天毕业时就因此而未获得毕业文凭。

1947年内江县中小学校教员掀起较大规模的反饥饿斗争。这年4月内江县立女子中学教师因2、3、4月未发薪金，经请愿无结果，实行怠教、罢课。5月，全县小学教员为争取与县府公务员同等待遇（当时县政府以经费困难为辞，对小学教师拟执行7折支薪），组织“内江县国民教师请愿团”，代表小学教师1 000余人发出快邮代电。代电宣称：他们的意见不采纳，则实行罢教。县政府于5月19日召开校长、教师座谈会，进行解说。随后，请愿团派代表20余人赴县参议会旁听关于薪津7折支付议案的讨论，迫使县参议会未敢蓦然通过议案。同年县立师范学校（时校址迁松柏乡般若寺）开学数月，教师未按月发薪，学生伙食费无着落已近断炊。在全国“反内战、反饥饿、反迫害”运动的影响下，教务主任邹作圣、训育主任吴

---

① 1市斗=10市升=10升。

伯函于 5 月 15 日晚召集全体教工开紧急会议，决定罢教，学生留校自习。次日发出《内江县立师范学校全体教师罢教宣言》，揭露县政府与参议会配合玩弄“提议又被否决”，拖延时间的政治花样。宣言最后提出三点要求：一、1、2、3 月份薪津及尊师费（随同息金）全数发放；二、师待遇既规定从一月份开始，本校旧有教师应照数补发；三、小学师待遇不能打七折发给。宣言发出后，城区小学立即响应，在黑板报上张贴《宣言》，大书“代表我们的呼声，呱呱叫”等词句。县师的学生也同情教师，组成“县师学生请愿团”到县府、县参议会要求早日发薪，恢复正常教学秩序。县府被迫发给了大部分工资，才于 6 月 10 日恢复行课。这次罢教自 5 月 17 日起到 6 月 10 日结束，计 20 多天，是内江中小学教师坚持罢教时间最长的一次。

1947 年下期，省府补发四川省内江实用职业学校上期副食费 920 余万元。学生要求拨作伙食、灯油、书籍及合作社资金，而校长赵生信借口扩充学校设备，企图贪污。双方坚持不下，全体学生遂于 11 月 7 日罢课。县督学、教育科长、县长及省督学先后奔赴该校调处，学生同意于 13 日复课。不料《成都快报》《新新新闻》俱同时报道省教育厅饬令赵校长返校，严惩首要分子的消息，引起学生公愤。12 日晨，全体学生离校，并派代表赴成都请愿，举行记者招待会，揭发校长贪污事迹。12 月，赵生信凭借教育厅权力，施加高压，强迫学生复课，并斥退聂滨、廖正中等 9 人，勒令敖泉昌等 9 人停学一年。后聂滨被捕，送往重庆渣滓洞，不幸牺牲（现已追认为烈士）。

1948 年 11 月 3 日，内江县立中学、内江县立女子中学、内江县立师范学校教师 50 余人，在反饥饿浪潮中，聚集在南门和平茶馆举行第一次联合会议，决定分别致函三校校长，要求迅即补发 9、10、11 月薪津及追加薪津，并以联名请假的形式向县府施加压力，致校长的公开信内说：“无奈饥寒所迫，呼声皆同；窃以为政府既无己饥己溺之心，同仁等又何敢为自误误人之计。乃一致赞同，联名请假，另谋生路。所有各级课程，暂授至本周为止……”三校校长无法控制局势的发展，被县长李之青臭骂无能，都只好躲在家里，不敢露面。14 日三校教师 50 余人在南门外社会服务处开三校教师联谊会成立大会。大家推女中阮素华、罗鸿章、傅汉三，县中周超、李希三、邹清祥，师范张敏思等共同草拟教师联谊会章程，并选李希三、傅汉三、李宗祥为代表，到县府谈判。翌日，三位代表正好碰上教育厅厅长任觉伍、县参议长雷雨三、县长李之青正召集三校校长座谈。李希三当场宣读教师提出的三点要求和“最后通牒”：一、9、10、11三个月薪津，政府应于3日内一次拨发；二、今后每月薪津应于每月10日以前付清；三、县级教师待遇，应按中央调整省级公教人员办法办理。以上3点，政府如在3日内不能兑现，我等同仁将实行总请假。李之青拍胸膛保证，把代表骗走。随即借口出巡，想不了了之。18日下午，教师联谊会在和平茶馆开会，一致决定自即日起实行总罢教，同时在《内江日报》发表《县立三校教职员告各学生家长书》。李之青企图扑灭罢教烈火，假托县中校长魏心如名义，垫付县中9、10月欠薪，复课后再补发11月欠薪以破坏三校团结。11月22日，县中单独复课。当日下午，教师联谊会召开紧急会议，决定坚持罢教，并发动学生游行请愿。23日晨，女中和县师学生1 000多人分头冒雨游行，最后于县府门前汇合，开进县府广场，斗争持续了5个多小时，弄得李之青狼狈不堪。24日下午，教师的《告全县父老书》贴遍全城。当时抢米之风已盛，李之青不敢再造事端，只好于25日补发三校全部欠薪，这场罢教斗争，以教师取得胜利而告终。

1949年春，民主同盟会成员邹作圣任沱江中学训育主任，又组织学生演出《屈原》，这次主要角色邀请校外同学担任。如范立天演屈原，艾德英演婵娟；同时以部分校内男女同学参与演出和后台组织工作，借此对学生进行民主教育。上演前，即遭到驻军反对，认为是禁演剧目，托人疏通驻军后，演出时又遭到流氓捣乱，几乎大打起来。社会上又对女演员艾德英造谣中伤，此剧公演5场后告终。而邹作圣则因组织演出《屈原》，加上组织学生自治会，反对体罚等原因，致校方不满，明白表示不遂欢迎，辞去训育主任职。

同年，威远县立中学校发生反抗学校当局独裁专制，要求民主自由的“四·二四”学潮；隆昌县中小学教师联合举行反内战、反饥饿的示威游行。其余各县学校，有的发出要国民党的党团组织退出学校的怒吼；有的驱逐驻校的军训教官；有的公开宣传新民主主义革命和《中国人民政治协商会议共同纲领》等，于是，反内战、反饥饿、争民主的运动，由小学到中学、中专，由教员到学生、家长，汇集成吞舟巨浪，奔涌向前，直到内江解放。

内江的书画艺术

内江书画艺术自东汉以来，具有悠久的历史和传统，到民国时期发展更加兴盛，有“书画之乡”美誉。

一、内江具有崇尚书画艺术的传统

关于“书画之乡”由来有多种说法，一说明代赵贞吉主阁之后，因为是内江人，有“赵内江”之称，“书画之乡”其名渐著。二说1930年代初《大公报》记者在该报发表文章，介绍内江书画，称内江为“书画之乡”，从此得名。当时，被誉为书画之乡的在全国只有两地，除内江之外，还有广东省的海丰县。三说1920年代到1930年代间，张大千、张善子兄弟的画已闻名国内外，因他们都是内江人，故内江得“书画之乡”之称。民国时期，书画艺术确实成为内江文化的一张“名片”，抗战期间，书界画坛人士坚持文化抗战。内江书画艺术更包容并蓄，广收海内外书画艺术精华，受到社会和文化人士称赞。1940年代初，内江文化名人张匀石在撰写的《天下文章尽蜀中》称：“内江居四川中枢。历代人才辈出，尤以书画为最，有书画城之称。”中国现代著名画家、美术教育家、海派书画代表人物之一张聿光抗战时期在内江办画展，仅3天时间，展出的100幅作品全部售出，张聿光曾感慨：“四川（内江）名士多如鲫，真不愧为‘书画之乡’。”

内江民国时期具有崇文尚艺的社会基础，遗存大量的科举人才，他们不仅推崇书画艺术加以传承，并且具有极高的书画艺术造诣。还有许多书画艺术世家，继续传承书画艺术。同时，不少书画家们设堂授徒，培养后学；更有学子走出内江，外出拜师或者留学国外学习书画艺术，取得了极大的成就，影响海内外。特别是新式学校开设图画美术课，学成回内和过内的书画家为内江书画艺术注入新的理念和技法，内江学子和书画家紧随潮流，不断继承和发扬光大了内江书画艺术。当时，书画艺术成为人们追求的风雅时尚，书画之风极盛，具有浓厚的社会氛围。在社会上百姓或者朋友之间，红白喜事，分离重逢，常以书画为馈赠礼品；旅馆商店，茶楼酒肆，剧场影院之地，皆要挂上名人书画，以示高雅；新建店堂，无不以名人字画对联为招牌，以招揽顾客。

二、民国时期书画人才辈出

民国时期内江书画人才辈出，著名的书画家主要有骆成骧、赵熙、曾庆昌、杨春梯、张善子、张大千、刘采臣、谢保南、廖泽龛、陈鸣鸾、余燮阳、公孙长子、梅鹤年、邱特澄、叶青、陈石渔、张仲孝、晏济元、尧文藻等。

在以科举出身而书法方面具有成就的代表有以下几人。

骆成骧（1865—1926），字公啸，资中县人。清光绪二十一年（1895）状元。辛亥革命后，任临时议会议长、都督府顾问、四川筹赈局督办等职，1916年任四川高等学校（四川大学前身）校长，勤政清廉，有“穷状元”之称。《益州书画录》载骆成骧工书，晚年恒与一二旧友诗酒外，咄咄书空以隐尤。他除精书法诸体外，还擅长绘画。

骆成骧

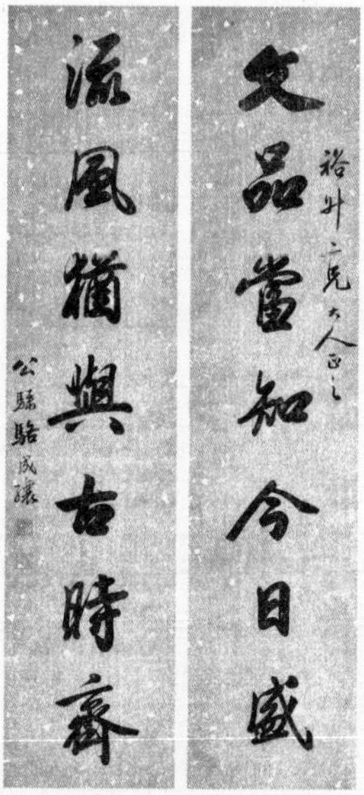

骆成骧书法

赵熙（1867—1948），字尧生，号香宋，又署雪王龛，荣县人。著名的文学家、诗人、书法家、教育家、戏剧家。清光绪十八年（1882）进士，授翰林院国史馆编修，后官至监察御史。他的书法字体秀逸挺拔，以魏碑为本融诸家为一体，时人称“荣县赵字”。1945 年来内江度 80 寿诞，寿宴设于太白楼。席终，书法家张仲孝等请其赐书墨宝，赵熙欣然题诗，书写时虽双手颤抖，然字仍苍劲，足显朴拙。

曾庆昌，字仿文，晚号竹谷，溪老人，内江县人。地方著名教育家、学者、书法家。清光绪十九年（1893）癸巳恩科举人。后出任内江华萼、翠屏书院主讲，民国初年主持编纂《内江县志》。学林咸以“曾老夫子”称之。今翔龙山摩崖石刻尚存其 1922 年以行书写就的律诗二首，其楷书也突破馆阁体，入颜柳之室。

谢宝南（1848—1936），字泽蒸，内江县人。秀才出身。早学篆隶，继入大小王，秀劲灵活。中年后以字酬世，自定润格甚高。据记述，光绪二十二年（1896）内江知县杨增辉改建考棚，请内江书坛主盟人物谢宝南题写“腾蛟”“起凤”四个大字，谢受族人怂恿，索银 200 两，杨遂自书之。其后谢见其所书数幅联匾，均用多种书体写成，始知杨为大书家，遂自愧弗如。于是在家闭门转学龚晴皋，又在黄山谷上用功，更有成就，在民国前期影响很大。

赵熙书法

民国时期的“四大书法家”为陈步鸾、余燮阳、公孙长子、梅鹤年。

陈步鸾（1874—1949），族名嘉龄，学名鸣珂，名鸣鸾，字步鸾，别号桂湖居士，自署白漫斋主，内江县人。清末秀才。1902 年从军任文书，后任四川税捐总局科员、盐场知事。1943 年弃职回乡任重华小学校董会董事长。书法初习隶书，后专写章草，尤称独步，出索靖《出师颂》；行草精审，惨淡经营，虽小如蝇头，而点画使转，俱中绳墨。绘画早期学杨春梯、石涛、八大山人之画帖，善画水墨小品，疏落淡雅。画家陈子庄为其学生。曾自题书斋联：“壮不如人何待老，文难媚世敢言工”“诗堪入画方称妙，官到能贪（指对事业和政绩追求，非贪财物）乃是清”。今翔龙山摩崖石刻尚存其题诗。

余燮阳（1878—1944），字哲徽，内江县人。清末秀才。幼入内江书法名家萧玉林之门，受其指导，初学“馆阁体”，方正工整，继学汉魏碑拓。后入成都尊经书院，临写《兰亭序》和十三行，不下数千余张。因书法特优，经座师举荐，入清廷军机处充任章京，专司谕旨、奏议誊录。后又考入京师法政学堂，与沈钧儒为同学，受教于书法大家翁同龢、姚茫父，书风大变，技艺精进。民国初年返川任职于成都、重庆政法界。暇时仍耽爱书法，不荒笔墨，常与人写匾对。晚年返乡专以鬻字为生，书、酒自娱，爱其字者竞相订购。他擅长行书，又善写擘窠大字，笔力苍劲，气势雄浑。写小字也多用悬肘。每日不临池，辄感手痒，座上所陈笔砚，虽暑天亦常濡湿。即使行路之时，亦常见其用手指在衣服上默契书划，足见其练笔之勤。在为人题写折扇，兴来之时，左手高执扇页，右手用提笔作工楷小字，腕底功力之厚由此可见。他还喜豪饮，有唐人张旭醉后作书之遗风。原内江“大利昌”招牌，每字有 1 米见方，是他酒后用大斗笔，饱蘸土红汁写就。今内江挂榜山摩崖石刻“挹秀江濑”为其中年力作，笔力粗劲而婉转，飘逸潇洒；又为资中文庙书“大成殿”匾额，纵横四尺楷书大字，刚劲工稳。

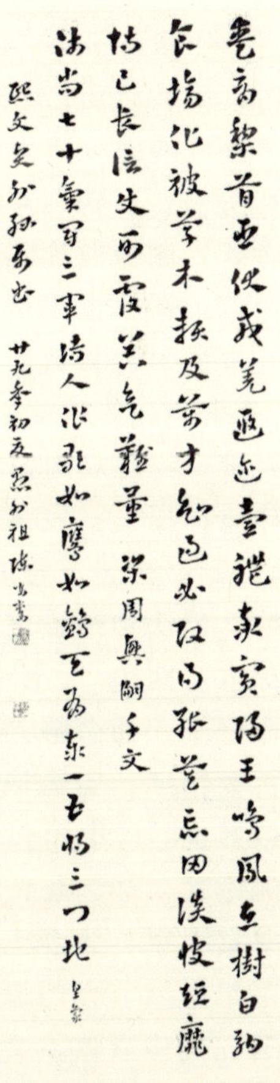

陈鸣鸾书法

余夒阳

余夒阳书法刻石

公孙长子，清末就读于川南纬经学堂。1907年加入同盟会，民初参加讨袁武装活动，1931年退役回乡，后寓居成都，专以研习书法、鬻字为业。书法以魏碑方笔为主，而对双钩、飞白则尤称绝妙。其所书“双钩”承继唐人钩法，但钩而不填，运腕而就，侧锋取险，正锋取圆，融碑隶篆于一体，不论草隶篆，无不运笔自如，得心应手。其《花蕊夫人宫词》卷长数丈，而笔笔工整，字字精神。在其《论书绝句》中云：“论书相与数乡贤，丈雪高于王六泉。我自双钩弹绝调，徽钦何足话当年。”张大千称公孙长子：“双钩前无古人，何论当代，高矣！美矣！”书法名家曾农髯赞道：“长子先生双钩各种碑帖，笔法神理输之腕下。前有怀素，今见长子，可称古今两绝。”书法大家谢无量云：“长子先生以革命巨子，而余暇乃复好作双钩书，其笔力时时出于古鼎铭字，盖无论魏晋也。空心书惟其空心乃其所以妙也。”《中国美术家人名大辞典》称其“善双钩，无论真、草、篆、隶，无不酷肖。”所书之魏碑方笔擘窠大字，为乡人称道不已，原内江“喻培伦大将军纪念祠”大门匾书“喻大将军神祠”即为公孙所书，气势豪放，金碧辉煌。今内江东兴区文管所珍藏其《花蕊夫人宫词》长卷、《双钩杂册》精装本一百余页，书体有双钩大篆、魏碑、草书，内容涉及

公孙长子双钩书法

寄情诗文、纪事短句等，均属精品。

梅鹤年（1901—1958），原名云松，号竹知居士，居室名竹庐，斋号竹知斋，内江县人。幼读私塾，酷爱书画艺术。后从军，退役后从事地方政务，以长于书法，被延聘入银行业，作文牍和秘书工作，曾任川盐银行内江分行襄理。中华人民共和国成立后任职于中国人民银行内江中心支行，后调四川省分行工作。晚年定居成都。他出生于内江“梅氏丹青世家”，早年曾得叔祖梅梦清指点，精于书法、篆刻与绘画。书法师王、赵、董、王（文治）等，兼收篆、隶和魏碑，形成自己的特点：笔法锋正劲挺，笔画圆润；结体方正如隶，有晋人遗韵；章法行距宽绰，横势谨然。国画多为工笔没骨法，清秀妍雅，工整艳丽，有沉着古朴之气。篆刻有古玺和邓派兼收吴昌硕两类风格，为许多书画家治印。

梅鹤年

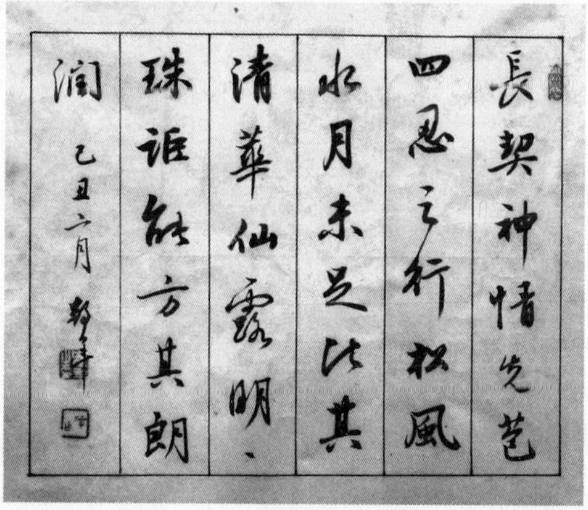

梅鹤年书法

其他代表性书法家还有廖泽龛（1876—1960），号振培、东野老聋夫，内江县人。以写北碑为主，行笔严峻，从“龙门十二品”变化而出，与公孙长子的双钩，余燮阳的十三行行楷，陈步鸾的章草各具特色。常见其以篆、隶笔法写百寿字中堂，别具匠心，更富典雅古朴图案意味。作画多用篆笔，凝重有力，古朴润厚，不落俗套。

张仲孝（1884—1952），字崇典，号群友，内江县人。清末秀才。书法家张时斋之子。早年毕业于四川法政专门学堂，1916年任职四川高等检察厅，后历任四川省第四、八行政督察专员公署及四川省政府秘书。1948年回乡任椑木镇蓉关中学校长。擅长书法，常为人书写屏条、匾对、神榜，工整娟秀。其书出入欧、柳，极富书卷气味。无论点划结构、篇章布局，既工整遒劲，又娟秀可人。

陈无垢（1902—1990），名戒予，号无垢、散花室主，内江县人。自幼喜书法，与陈鸣鸾、余夔阳和公孙长子等交往，研习切磋书艺。长期在自贡裕商银行任职，后任教于四川成都东方文教学院。在自贡期间，书法影响很大，因索书者众而不堪其困，自拟《书例》却之。中华人民共和国成立初被邀请书写“川南行政公署”。学书从颜楷入手，继学汉魏六朝及“二王”行草，后专攻草书，取法张旭、怀素诸家。主张习字要“绝俗而不欺世”。其线条奇古，不类常人，不忌涨墨，不避枯涩，所作笔势放纵，跌宕多姿，劲健洒脱。其《论书》云：“天工人力两相妍，欲胜天须法自然。学得自然真妙处，人功自可胜于天。”

清末民初著名的画家首推杨春梯（1832—1913），名朝政，字春梯，以字行，号珠江钓叟、珠江钓鱼人，又自署斋名“清白室”“漱芳书屋”等，原籍内江县双河场，后到资中县水南街落籍。清同治年间恩贡生，蜀中知名教育家、书画家。《四川近代书画家》称其：“工山水，法王麓台，雄浑苍劲，名噪一时。”早年家贫无师承，临《芥子园画传》，终岁不息。51岁赴京应试，沿途写生，后选景色最奇特的四十幅名为《万里壮游图》。常以减笔白描法作画。因喜垂钓，作品多渔家生活题材，其所绘《渔家乐》屏，技法精绝。书法学柳、颜、赵，用北碑手法入笔，以刚劲、跌宕、隽逸见长。且工诗词，著名书法家包弼臣以“三绝”称之。他一生以笔砚为友，授徒为乐。张善子、陈石渔、刘采臣、邱特澄等均曾师从之，为资中、内江培养大批书画人才。

杨春梯《渔乐图》

民国时期内江绘画世家影响最大的当数内江城西外芭蕉井的张家。女主人曾友贞是一位杰出民间绘画艺人，启蒙培养了张善子、张文修、张大千及张君绶兄弟。特别是张善子、张大千成为影响世界的书画大家。张善子，幼随母学画，1924 年后离开政界，潜心绘画，精山水、人物，尤善画虎。其艺术成就也在于画虎，并名播东西方。他笔下之虎，除讽世讥弊外，更注重象征性。著有《大风堂画絜》三卷印行，江东杨云史赞曰：“画虎先从养虎看，张髯意态托毫端。点睛掷笔纸飞去，月黑风高草木寒。”由是“虎痴”之名闻名遐迩。1927 年曾应日本东亚佛教会邀请，开办画展，颇受欢迎。1934 年应新加坡华侨商人胡文虎、胡文豹昆仲邀请赴新加坡举行画展。胡氏以所得之虎画作商标。1920 至 30 年代，他纵横上海艺坛，曾是烂漫社、蜜蜂画会、寒之友画社等重要美术团体的发起人之一。1937 年“八·一三事件”后，创作了具有象征意义的虎、马图，在全国各地巡展，以期唤醒中华民族的斗志。1938 年底，张善子在周恩来、林森、许世英等人的赞助下，携与张大千共同创作的 180 余幅作品出国举办画展，募集抗日捐款。先后在法国、美国展出，募集上百万巨款，全部寄回国内支援抗战，被美国朝野与民众誉为“东方近代艺术代表”。国民政府明令褒扬其爱国热忱和行为，称他为“中国真正的爱国大画家”。1940 年初，张善子画《飞虎图》赠美空军志愿队陈纳德，陈即将志愿队改名为“飞虎队”，并按《飞虎图》做了许多旗帜和徽章分发部下，以鼓舞战士。《怒吼吧！中国》《飞虎图》分别藏于美国白宫和美国国家博物馆。张善子的抗日内容的国画，是美术界在国画形式上开抗日宣传画先河的作品。

张大千与张善子在苏州网师园作画

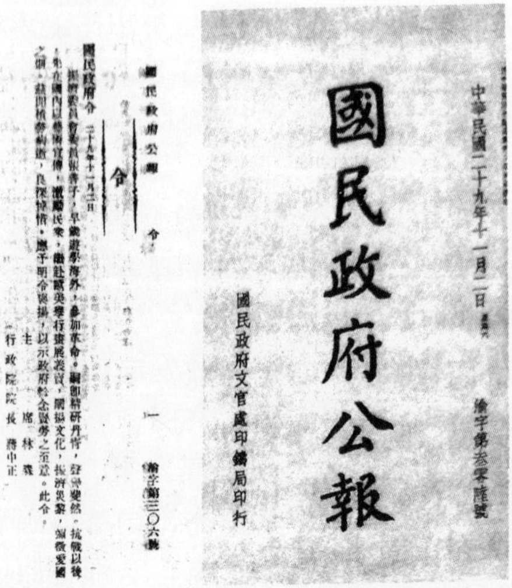
國民政府公報 令 一 渝字第三〇六號

令

國民政府令 二十九年十一月二日

撫卹委員會委員張善子，早歲遊學海外，參加革命。嗣卽精研丹青，蜚聲斐然。抗戰以後，奔走國內以藝術宣傳，激勵民衆，繼赴歐美舉行畫展義賣，闡揚文化，振濟災黎，彌徵愛國之忱。茲聞積勞病故，良深悼惜。應予明令褒揚，以示政府軫念賢勞之至意。此令。

主席 林森

行政院院長 蔣中正

國民政府公報

中華民國二十九年十一月二日

渝字第三〇六號

國民政府文官處印鑄局印行

1940 年 11 月 2 日国民政府给予张善子的褒奖令

张善子《怒吼吧！中国》

张大千（1899—1983），原名正权，后改名爰、季爰，字大千，别号大千居士。幼随母学画，1917 年东渡日本习绘画与印染工艺。1919 年归国后拜著名书法家曾熙、李瑞清为师。在绘画方面勤奋学习传统经典，博采众家之长，形成自己独特的风格，30 岁后即名扬全国，有“南张北溥”“南张北齐”之称。在书法方面，于 1930 年代中期形成了独具特色的“大千体”书法。1940 年代初两探敦煌艺术宝库，潜心研讨，画艺精进。花鸟、人物、山水无所不工。1949 年去海外，足迹亚、欧、美，曾在几十个国家的都市举办个人画展。张大千毕生以书画为业，天资超迈，笔纵奇异，凭借手中的笔传播中国文化，为中国书画艺术在海外打天下。1956 年 7 月与西画大师毕加索在法国会晤，称为“中西方艺术峰会”，赢得“东张西毕”之称。1958 年国际艺术协会选为“当代世界第一画家”，并授予金质奖章，这是中国人在美术方面第一次在世界上获得的最高荣誉。1978 年定居台北市。张大千一生在诗、书、画、印、鉴定、美食、园林、建筑、戏剧、摄影、敦煌研究等方面均有不同凡响的造诣，对近现代中国美术做出了特殊而巨大的贡献。不仅整合了中国画各家各派的画风，集古今中国画之大成，而且还复活了中国画的色彩并推展至千年极限，并将古典中国绘画风格做了现代转化，采用西方抽象画技法，形成泼墨泼彩的时代风格，堪称全能型中国画的一代宗师，被徐悲鸿誉为“五百年来第一人”。

张大千《巫峡清秋》

张大千书法

在全国具有重要影响的画家还有晏济元（1901—2011），名平，别署素贞老人、老济、济公、江州散人，内江县人。7 岁从父晏辉廷学习诗书画印，后就教于内江名宿张曲斋、邱特潜、陈鸣鸾，学习诗词、书画。绘画主张“学古要敌古，创新要破新”，强调“学画必先学书，书成而后学画，必有成就”。其山水画气势磅礴，豪放不羁，而花鸟中最精于画荷。张大千对其花鸟画评价甚高，曾在其画上题曰：“济元仿宋人布局而运笔清润，如王若水、陈仲仁辈所谓作家、士气兼到也。”1930 年仿石涛作品与张大千作品一起参加柏林中、德美展。1937 年与张大千在北平中央公园“水榭”联合举办画展。以后，又多次与张大千举办书画展，并在画坛上享有较高声誉。抗战早期，回乡作巨幅国画《海天落照图》。1963 年毛泽东 70 岁生日，应郭沫若之邀，晏济元作《青松红日》祝贺。朱德赞曰：“海外有个张大千，国内有个晏济元。”他德艺双馨，为人豁达，虽年逾百岁，仍身心两健，作画、写字、治印不减当年，对艺术孜孜以求，欲达最高境界，堪称开晏氏画风的一代宗师。

晏济元《瑶台濯玉》

尧文藻（1897—1988），名典，又名之行，字墨斋，号墨里巴人，内江县人。11 岁开始习画，深得名师萧作伍、邱特澄山水技法。1923 年考入北京国立艺专中国画系。师承画家萧屋泉，并受萧谦中、陈半丁、王梦白、姚义文器重，与李苦禅同窗。毕业后在重庆西南美专、四川艺专等地任教。1940年回乡后任县立中学校长等，中华人民共和国成立后任省文史馆馆员等职。他的画从王蒙一派脱胎，笔墨苍古蓊郁，多崇山峻岭，有《论画山水》诗云："水墨丹青韵更多，神州胜迹壮山河。笔分五彩天然色，传统精神永不磨。"书法宗颜鲁公，厚重挺拔。书画艺术影响遍及海内外，著名画家石鲁系其学生。

在省内本土活动的著名画家主要有刘采臣（1864—1951），又名廷焕，内江县人。幼自学书画，不顾塾师责其舍本追末。稍长与喜好绘画的邱特澄、陈石渔、张善子交往，结为金兰契友，常聚会论画。后相约步行到资中拜杨春梯为师，得师精心指点，终成名家。他擅长画虫草，兼及山水。晚年曾言："幼时酷爱之事业，到老而不能弃也。"故七旬后仍每日作画不倦。刘采臣与张大千友情甚笃。1938年，张大千从北平返成都，特邀刘采臣等至蓉，安排在其临时宅所"静安别墅"居住。在蓉月余，张大千设专宴邀请四川军政、文化名人到场，为刘采臣接风洗尘，称其为良师益友，向成都文化界举荐内江书画名家，并陪同赏花绘画，同游名胜古迹。

邱特澄（1879—1939），字永培，别号柳湾渔人，内江县人。清末秀才。潜心绘画，尽得杨春梯写意水墨山水画真传。所作山水画极富倪云林天真幽淡气韵，晚入云何山人室，善泼墨法，不喜着色，烟云欲滴。自言作画心得："写意是笔到意到，不在于写形。"水墨雄浑高洁，着色则掩盖淡雅。故其用笔多渍墨而润，形成独特风格，赢得内江"邱派"之誉。

陈石渔（1883—1943），原名其钧，又名陈湘，字石渠、石渔，内江县人。自幼喜绘画，年稍长拜杨春梯为师研习山水。中年后又拜遂宁画家杨重岳学画人物仕女。民国初期旅居贵州遵义从事工艺美术及绘制陶瓷，后转重庆陶专任教习。晚年回内江阴家巷居住，专以人物仕女画酬世，所绘小品多富诗意。尝谓"水墨画必具真功夫，着色可补画中不足"。又兼画炭精、彩色人物像，不逊于照片。晚年常与陈步鸾饮茶于爱群俱乐部，与名鼓师魏楷儒论戏。

叶青（1884—1954），名隽如、俊儒，字云根，笔名叶青，因排行在七，自号阿七，自署画室名"宜宜斋主"，内江县人。早年涉猎山水、人物、花卉、翎毛、走兽等工笔、写意画。擅长以写意没骨法画花卉翎毛。尝云："不在古法，不在吾手，而又不出古法吾手之外，笔端金刚杵在脱尽习气"，其画用笔有力，画面色彩明快，装饰性强，风格突出。他画花不用粉，多采取烘染。为探索墨荷、墨菊画法，曾用打灯影和相机拍摄的办法，研究花叶的质感神态、透视变化和素描关系，并找出水墨表现的方法，悟出了独特的墨菊。在技法上除用黑白对比外，融会了高光、飞白等手段。1931年，叶青应邀参加在日本东京举办的中国历代名家画展，与张善子、张大千等作品同展。5月5日，日本画界有志社设宴为中国画界洗尘，并拍片纪念。他还对书法、篆刻等均有研究，小楷学瘦金书体，所用印章大多自己篆刻。

官寒知（1896—1937），名硕华，又名石华，字寒知，亦作寒枝，以其耳聋，又号聋耳居士，内江县人。幼入私塾，喜爱绘画，家人累阻而数焚其画。后考入四川省工业学堂，课余仍学画不辍。1920年代后期，历任重庆陶瓷专科学校、四川第二女子师范学校、求精中学等校美术教师。常与重庆书画界同仁及同乡陈石渔、韩文畦、尧文藻精研绘事，其后又与蜀中书法名家蒲伯英联袂游沪，深得海上艺林好评。他生性淡泊，擅长画花卉翎毛，尤以画狗为独步，人以“官狗儿”称之，与“张老虎”（张善子）的老虎，“陈美人”（陈石渔）的仕女推为“内江三绝”。

具有特色的画家还有萧作伍，杨春梯弟子，喜绘飞禽鹰；张绍龄长于水墨花鸟，生动活泼；刘选青专攻兰、竹并配绘石景，极富诗意；罗志君擅长工笔画，在成都卖画，花会期间买画者络绎不绝。他的两个女儿罗稚筠、罗筱筠均是精工笔花鸟画的女画家，常绘牡丹、桃花，后亦在成都挂牌售画；杨建屏以画荷为主，所绘墨荷呈现出鲜明泼墨法特征；曾鉴清擅长画动物走兽，曾在内江举办个人画虎专展，获得好评，内江画虎有“张虎头（张善子）、曾虎尾”之誉。1940年代初，任内江县立女中、省立女师美术教师，从事抗日宣传活动，绘制海报、广告画甚多。

内江另外一个丹青世家梅家除梅鹤年外，还有梅雪舟，号荣江，约生活于道光年间至民国初。自幼受教于其父梅春崖，擅工笔花鸟。据《益州书画录·附录》载：“习恽寿平设色法，画芦雁入边寿民之室。常与曹琦（锜）往还，绘事益臻神妙。卒年九十有二。”梅梦清（1866—1937），名竣钦。清末增贡生。受教于其父梅雪舟，工花卉、善书法。尤擅画梅，画风略近恽南田。梅晓初（1910—1999），又名梅英，字晓初，笔名笑楚、老梅、阿英等，别号川南老梅。早年毕业于四川艺术专科学校和华西大学国学研究班，历任内江中学、沱江中学等国文、美术教师。抗战时期兼任《内江日报》副刊主编，特辟“汉安书画舫”栏目，介绍旅内书画名家和地方书画家作品。并组织带动内江书画家举办义展，捐助前线。曾卖掉祖业购回流失海外的中国名画《南画大存》。他擅长书画诗文，尤以画梅著称，1948

年时与梅鹤年的书法“世称二梅书画合璧”。

民国时期内江有三位早期留学学美术的女画家，均事业有成。周剑秋1908年留学比利时，先学化学，后转皇家美术学院主攻西画，并以优异成绩毕业。回国后，在成都创办四川成都女子美术学校并任校长。学校设置中画、西画及水粉、碳精等课程，供学生学习。其晚年以画怡养性情，延年益寿，百岁后去世。苏相华于日本东京美术专业毕业后，专攻美术，主研油画，曾任内江简易乡村师范校校长。邓学成1932年留学德国柏林大学学习油画，回国后任内江县女中校长。

三、抗战时期内江书画艺术获得交流发展

抗战期间，内江书画艺术得到极大发展，全国一批文化名人和著名书画家随国都迁渝而入川，而旅内者达几十人之多。他们或者过路留下墨迹，或者举办展览义卖，或者书画交流，以及旅居等，主要有吴稚晖、于右任、冯玉祥、黄炎培、郭沫若、老舍、沈尹默、丰子恺、傅抱石、关山月、董寿平、关良、黄君璧、赵完璧、赵望云、张聿光、吴宓、张恨水、柯璜、张书旂、李琼玖、吴一峰、阎松父、沈逸千、佘雪曼、黄苗子、郁风、翟道纲、王王孙、黄圭笙、郭蔓锄、岑学恭、周抡园、梁鼎铭、梁又铭、梁中铭、胡藻浜等。这些名家们在内江传播、交流他们的书画艺术，促进了内江书画艺术水平的提升；通过高水平的作品展览，提高了内江人的书画艺术欣赏水平；而以书画艺术等形式宣传抗战，则更进一步激发了内江人的爱国热情。

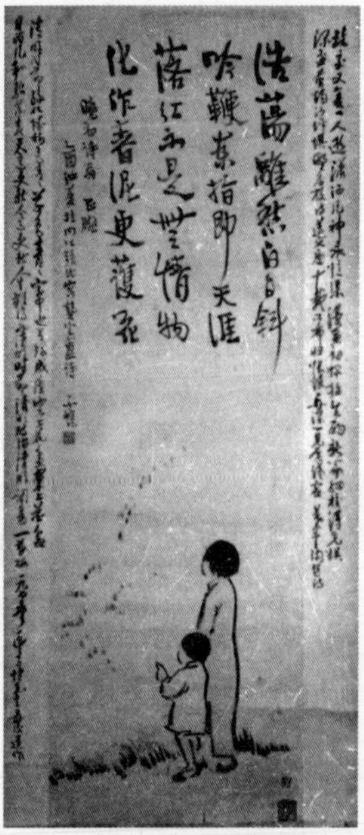

丰子恺画作

四、浓厚的书画艺术氛围促进收藏和装裱业

民国时期内江浓厚的书画艺术氛围也激励了字画的收藏，许多文化人士、富有之家都以收藏有书画作品为自豪。余夔阳就善于收藏字画，其标准是不择名气大小，不择作品新旧，但求笔墨功底浓厚。常与人言：“大名

家之作，赝品甚多。即非赝品，亦不一定是其佳作。小名或无名辈之作，亦常有其佳品，应视其在艺术韵味上、技法上是否有无可取之处。”见解精到。梅晓初除祖传书画作品外，还开展了大量的收藏活动。胡竞寰更是大规模收藏书画作品的代表之一。他曾经在吴佩孚军队任职，善作画，精鉴赏，以收藏字画特别是扇面名世。其号“万扇楼主”，可知其收藏扇画之富，藏有纪晓岚、吴佩孚、章太炎、齐白石、张善子、张大千等书画大家作品。1930 年代中期在北平与齐白石交往密切，齐白石为其篆刻印章 20 余方。

齐白石为胡竞寰刻印

兴盛的书画艺术也带动了当时内江的文房四宝和装裱业等，书画装裱店仅内江县城内就有二三十家，笔墨业亦达 10 余家。书画装裱店开设者许多也是书画家，而装裱店又成为书画会友交流和书画接件及中介交易的场所。“丹青引”是晏济元、梅晓初等合办的，于右任、丰子恺等都在那里活动过。黎端赐开办了“小米家”，他曾从邱特澄、梅鹤年习书画，1948 年还征集内江许多书画家的润例寄到重庆《大公报》刊载联合广告，被称为“人才外扬之举”。胡吟秋擅长画花卉草虫，与叶青齐名，长年任内江各中小学美术教师，又曾于城里小东街开“镶云馆”裱褙铺，常与书画界名流交往。郑素侯早年拜张大千为师，且能裱字画，曾在文英街开设装裱铺，书画界名流刘采臣、邱特澄、叶青、官寒知、罗光藻等常到该裱铺聚会。

内江的解放

1949 年 12 月，内江、资中、威远、隆昌县等先后获得解放，成立了新的人民政府。17 日，“中共川南区党委资中地方委员会”成立。21 日，中国人民解放军内江军事委员会成立，发布了军秘字第一号布告。其内容为奉中国人民解放军第二野司令刘伯承、政治委员邓小平令：“内江已获解放，为保障全体人民生命财产安宁，确立革命秩序，着令在内江实行军事管制，成立中国人民解放军内江军事管制委员会，为内江军事管制时期最高权力机关，统一军事、政治、经济、文化等管制事宜，兹任命陈刚为该会主任，张励为该会副主任。”同时，“川南行政公署资中区行政督察专员公署”成立，任命张励为专员，川南行政公署资中行政督察专员公署发布秘字第一号布告：“奉西南军政委员会主任刘电令内开：兹委任张励为川南行政公署资中区行政督察专员公署专员，等因；奉此，即日就职视事，特此布告周知。”这也是内江解放后新成立的专署级人民政权性质的第一号布告。

一、内江县的解放

1949 年 4 月，中国人民解放军在“渡江战役”胜利之后，向西南和西北各省进军，蒋介石面对人民解放军的强大攻势，在重庆召开各省军政要员会议，决定以西南为“反攻根据地”，除调兵遣将对抗解放军外，还拟定“西南应变计划”，部署游击战争。国民党在内江的党、政、军、警、特开展各种活动，中共和各民主党派及进步人士为迎接全国的解放进行了斗争。1949 年 4 月 17 日国民党内江县参议会第十二次大会，以“顾及目前情势计，摊筹自卫特捐大洋 2 万元，挪借县粮 2 万石，为自卫队添置械弹。”民革川康分会负责人周从化来内布置民革成员迎接解放任务，要求秘密掌握地方武力、粮食，保全建设与档案，相机扰乱蒋介石军队。6 月，国民党内江县党部书记长陈永宜和中统内江分处主任胡天斗召集应变会议，通过加强“自卫”力量，划分游击区域，组织游击队伍等议案。7 月，中统四川省调查处长先大启召集郭嘉仪筹组“黄埔军校及各中央军校毕业同学非常委员会四川省内江分会”，准备在内江建立一支“反共”军队。民革川康分会负责人周从化再次来到内江，分别会见民革成员黄世凯（税捐处副处长）、邓树人（退役少将）、吴剑波（退役少将）、罗耘岗（民众自卫队副总队长）、何震华（田赋粮食管理处副处长）等人，进一步布置迎接内江解放的任务，并要他们与民盟团结一致，共同战斗（周于8月20日被国民党逮捕，11月27日牺牲于重庆渣滓洞）。9月，国民党三十四师师长刘展绪召集县参议长雷禹三、特委会秘书赵邦杰、仁和社社长舒泽九、全汉公总掌舵苏相时等人举行“团结应变座谈会”。10月初，民盟四川省委组织委员、市县联络员张松涛来内江，促进内江民盟、民革成员合作，建立新民盟，尧文藻、张匀石和民革邓树人、吴剑波、罗耘岗五人组成合作小组，分工负责各项迎接解放的任务。10月，二区专员刘幼甫来内江检阅民众自卫总队和警察中队，发表反共讲话。先大启也赶来内江检查中统分处的游击部署，决定建立潜伏组织，发展两个特务大队。雷禹三、郭嘉仪、张得刚等亲赴凤天寺，召开东乡29乡乡长、县参议员及乡民代表主席会议，并邀请资中、安岳毗邻乡参加，贯彻“西南应变计划”，策动组织游击，建立以凤天寺、杨家乡、郭北场为中心的3个游击根据地。国民党、青年党、民社党内江县党部推选三党负责人陈水宜、朱德钧、邱少仑等60余人去中央军校成都分校参加第五期游击干部研究班受训。10月底，成都汽车工会派叶秋平来内江，向汽车工友传达第六次全国劳动大会精神和《中华全国总工会告蒋政权下工人书》，帮助内江县汽车工会做好迎接解放的工作。同时，中共党员徐方进（女）、杨光烈从成都来内江，在内江建立和发展“新民主主义解放社”和“新民主主义协进会”。早期来内江的中共党员邱松年、游平（女）等亦提出迎接内江解放方案。11月21日，尧文藻以祝寿为名，约民革、民盟成员研究保卫内江安全，迎接内江解放的部署与分工，协商在“真空”期间建立一个临时机构以代县政。月底，县长陈锡周集地方武力分设5个守备区，罗耘岗趁时将民革成员吴剑波、邓树人等安排为分区指挥官。11月30日，重庆解放，大批国民党残部向内江涌来。12月2日，国民党二十七军三十一师师长李我率部赶来布防，扬言“要在内江决一死战”，警察局长周浪平集合全体官警训话，决心配合国民党军队抵抗解放军。3日，泸州解放。解放军十军三十师所属沿隆昌、内江、资中方向，渡过沱江，追歼内江地区之敌。国民党军大量涌向内江，有弃车辆、器械以图轻装逃命的，有沿公路西走成都的，有的散布其他县道游离的。滞于椑木镇渡口的车辆摆到了凉水井，长 8 里。有些残兵找不到队伍，便以重价买民服求保命。一幅“威威胜军挺步前进、残余败军溃不成师”的图画，为历次战争中罕见。与此同时，内江县民众自卫队副部队长罗耘岗，在城区和东区、南区分建守备区，以吴剑波、邓树人、张瑞虎为各守备军指挥官，意在控制地方武装，迎接解放。4 日午后，李我在内江建设银行召开“治安会议”，并与县长陈锡周、警察局长周浪平、县参议长雷禹三、自卫总队副总队长罗耘岗及各法团负责人商筹维持治安、供应粮秣大事，决定在城区治安由该师警卫营会同内江县警察局办理，区乡治安由民众自卫总队负责。会议之前，李部士兵抢劫民物，遭城区自卫队城东中队指挥部开枪打伤 1 名，中午，李部停放的 1 辆军火汽车，又被自卫总队认为无主车辆弄回总部里，李部即在城内戒严，把自卫总部包围起来。为避免武装冲突，张文修、张匀石、苏相时、艾尔森、傅长楠等前往李我师部解释情况，陈述如以武装解决事端，则弊多而利无，调处为城、乡分治，和平解决。傍晚，李我召见罗耘岗，示以“我们要走了，希你好好维持地方治安”，罗答“似这样无政府状态，我怎样出来维持治安”，李称“立即电报省保安司令部和胡宗南，委你为内江地方团队指挥官，少将衔”。5 日拂晓，李我率部撤离内江。县长陈锡周、警察局长周浪平带亲信随逃资中，内江处于“真空”状态。5 日上午，罗耘岗以指挥官名义，召集各法团负责人、城区各镇镇长以及一些有代表性人物开会，成立内江县临时安全委员会，推选张文修为主任委员，苏相时为副主任委员。同时，罗耘岗指派武装占领政府机关要害部门，守护档案，公共设施，监狱，仓库，通讯局、台、所，以及渡口等处，同时发出安民布告，宣布严禁抢劫公私财物等“十杀”条令。当天，陈锡周在资中受到代理专员、保安司令黄家齐批评，复与周浪平等返回内江史家街，忽闻隆昌、自贡解放，又乘车逃往成都。6 日晨，叶秋萍等开车去自卫总队部，罗耘岗告知隆昌、自贡解放消息，布置准备汽车迎接解放军。中午，中国人民解放军十军三十师接到“迅速到达内江”的命令，师长马忠全、政委鲁大东令八十八团为先头部队，向内江跑步前进。下午 4 时许，解放军到达椑木镇，人民得知信息，椑南乡长邱存甫、自卫大队副大队长周学谦、椑西镇长张道谦等人，一面派 4 辆私营卡车去迎运解放军部队，一面找来 4 只渡船，渡先头部队过江。同时亲去迎接部队首长。罗耘岗得报，调派汽车 8 辆，去黄荆坝迎接解放军部队进城；汽车工会叶秋萍闻讯，派出汽车 7 辆同往，临时安全委员会派傅长楠为代表去三元井，与解放军取得联系。傍晚，人民解放军十军三十师八十八团团长刘墨卿率部从东西两路进城，城内四街电灯通明，各商店开门并点燃香烛，以示欢迎。解放军经南街、西街去外西岛湾，军纪严肃，步伐整齐，笑对所有民众。傍晚6时左右，从自贡方向来内的解放军，受到民盟内江负责人尧文藻、张匀石等人迎接。同时，部队派出指导员李志、刘文政等与内江县临时安全委员会、民从自卫总队和汽车工会联系。晚上，师长马忠全到汽车工会致谢，并要求组织支前车辆。12月7日，支前车队载八十八团向资中进发。师政委鲁大东到达内江，经鲁大东与各方联系，国民党军三四九师副师长余农治和西昌警备旅旅长周鉴镒分率残部起义，人枪均交解放军30师。10日，中共内江县委书记郭克、县人民政府石大观、公安局局长李明带领干部战士从自贡赶赴内江到职视事。12月12日，内江各界人民在梅家山举行欢迎解放大会，内江宣告解放。

二、资中县的解放

1949年4月，解放战争已在全国取得了决定性胜利。4月21日，中央军委毛主席和朱德总司令代表中国人民革命军军事委员会发布了向全国进军的命令。中国人民解放军和地方党的各级组织在党中央的指示下，向国民党和国统区展开了强大的政治攻势，争取一切可以争取的力量，为早日解放全中国服务。在此形势下，全国不少地区出现了起义投诚及和平解放的局面。资中人民在中共地下党员和开明人士的配合下，争取了地方势力，于1949年12月8日迎来了具有重大历史意义的和平解放。

资中县位于四川省东南部，地处盆地中心，成渝线上的腹心地带，居沱江中游。水陆交通方便，是重庆到成都的必经之地。解放前是四川省第二区专署所在地，军、警、宪、特遍布全城，情况比较复杂。为了使解放大军顺利西上，围歼成都国民党胡宗南之残部，粉碎其向雅安、西昌逃窜的企图，党组织决定派中共地下党员游萍到资中做统战工作，争取策动地方势力，迎接资中的解放。游萍在资中期间，经过多方努力，联络并争取了社会名流及开明人士，先后组成了“资资安内人民协助解放运动委员会”和“资中县维持治安委员会”。这两个组织都在协助和宣传迎接解放、稳定地方势力、分化瓦解土匪、维护地方治安等方面做了大量有益的工作，为资中的和平解放做出了贡献。

1949年9月，游萍受党组织派遣来到资中，住在资中县马鞍乡的蔡军识（曾是国民党卅集团军驻蓉办事处处长、县参议员）家里（因游萍与蔡军识的妻子杜超文是同学、好友，1938 年游萍在成都做地下工作时，在工作和经济上都曾得到蔡军识夫妻的帮助），多次往返于内江、资中县城、马鞍乡等地，先后结识了罗任一、黄家齐（资中保安副司令，解放时率部投诚起义）、刘公台、刘雪雄等，并对他们分析了当前的形势，宣传共产党的政策，做了大量的思想工作，使他们对我党及党的政策有了新的认识，都表示愿意为资中解放出力。在蔡军识家里，游萍、罗任一、蔡军识等多次商议，筹划迎接资中解放的工作，于 1949 年 11 月成立了“资资安内人民协助解放运动委员会”（简称“协解会”，资资安内指资中、资阳、安岳、内江 4 县），各乡镇分别成立了分会。“协解会”以蔡军识任会长，罗任一为顾问，刘玉贞（游萍化名）、杜超文任秘书，蔡锐修、陈罕淘负责宣传，陈彦博、唐永福、黄万益负责文书，黄伯勋负责武装。在游、罗的协助下，起草了“协解会”纲领（纲领的主要内容是：为加速国民党反动派的地方政权之崩溃，响应人民解放军之进军运动，安定人心，维持地方秩序；协助进军，供应军粮，供给情报；接收和保护档案、文件；解除人民对共产党和八路军的怀疑和恐怖心理；改造旧的形式，利用壁报、歌咏等形式，把人民生活改死气沉沉变为活活泼泼……）。为了做好舆论宣传工作，扩大影响，“协解会”在资中老五区（今双龙、龙江、太平、水南区部分）和资阳、安岳、内江靠近资中的乡、镇以马鞍山蔡军识家为集中点，组织召开乡、镇长、参议员等地方势力和马鞍山中心小学校长、教师及一些知识青年参加的会议。游萍、罗任一、蔡军识分别在会上讲了话，游萍向大家宣传了《目前的形势和我们的任务》《中国人民政治协商会议共同纲领》《向全国进军的命令》《中国人民解放军布告》《新民主主义论》等党的方针、政策。游萍指出国民党将全面崩溃，全国性解放即将来临，叫大家做好思想准备，积极投入反蒋迎解的行动，不要信奉谣言，要跟着共产党走才是唯一的出路。通过宣传，使得有些准备逃跑的参议员、乡长等表示愿意留下，进行帮助迎接解放工作。他们的宣传教育工作，对稳定局势、安定社会秩序、迎接解放等起到了很大的作用。

1949 年以来，我解放大军横渡长江，南京、杭州、上海、武汉、长沙等各大城市相继解放，到 11 月底重庆解放，资中受到了很大的震动。在这大好形势的推动下，在中共地下党员游萍和进步人士的策动帮助下，社会知名人士刘公台、刘雪雄、蔡军识、黄家齐等于 1949 年 12 月 3 日成立了“资中县维持治安委员会”（以下简称“维持会”）。“维持会”由刘公台、刘雪雄、阮甸韩、周竹虚、黄家齐、张玉阶、蔡军识、陈克壮、罗子久、罗公甫、金治善等11人组成，刘公台任主任委员，刘雪雄任副主任委员。委员会下设财务组、庶务组、粮食组、军事组。主要任务是负责解放大军通过资中时粮秣柴草的供应；保护地方财产文件档案的安全；确保地方旧部队不被反动派拖走或当土匪。“维持会”成立后，当即开展了工作。

就在资中即将解放的前夕，资中行署专员刘幼甫、资中县县长王增谷于12月5日晨不辞而别乘车逃往成都,并带武装一连保护。当逃到球溪时，被“维持会”发现，刘公台马上通知球溪武装部队，截下专员、县长所带武装连，不许他们把部队带走，否则不准通过。专员、县长无法，只得丢下连队独自逃去。专员、县长5日逃跑，12月8日资中正式解放，在这之间的几天时间，资中处于真空时期，为了防止坏分子乘机进行破坏，“维持会”就把地方武装部队和青年学生组织起来，做了很多安全保卫工作。特别是青年学生，更是表现出以往少有的热情，个个生龙活虎，精神饱满，风里、雨里、夜里踊跃争取工作，不论是维护治安、交通，看守机关、学校、档案、工厂、仪器等，什么事都抢着干，不讲报酬。当时在人们脑子里，只有“迎接解放”4字，都在想怎样才能多干工作来为资中解放出力。此期间，在“维持会”的组织指挥下，人们主要做了以下工作：

（1）看守保护机关、学校、厂矿的财产、文件档案；

（2）供给解放大军通过资中的粮秣、柴草，每天派人员到48个场镇催送；

（3）对反动军队败退时破坏的成渝公路资中境内的桥梁涵洞，派人到各区、乡征集材料进行修复；

（4）在城区和沿沱江河渡口站岗和巡逻；

（5）在地下党员游萍和社会人士刘公台、蔡军识的策动和帮助下，促成了专区保安大队副司令黄家齐率领部队投诚起义；

（6）组织人民群众，欢迎解放大军入城。

与此同时，“协解会”也在为迎接解放积极地努力工作。当时的专区保安大队副司令黄家齐统率有13个保安中队，属于资中地区的重要武装力量，该部队的行动，对资中的和平解放影响很大。通过游萍、蔡军识和刘公台多次做工作，并晓以大义，希其顾全大局，顺应时势，保全乡里，促使黄家齐心服口服，终于率部在莲池铺投诚起义，为资中的和平解放打下了基础。

12月1日，游萍、蔡军识等在资中七贤街邱家祠堂召开了资中城区各镇的工商、学界、社会名流及袍哥（主要是启民社的成员）等几十人的会议，讲述了资中即将解放，各界人士应做好宣传工作，安定地方，稳定民心，各镇应把粮食、街道、房屋、交通要道等保护好，把社会秩序维持好，严防坏人破坏等。为了做好迎接解放军进城的准备，他们在各地都出了墙报，写了大幅标语，散发《没有共产党就没有新中国》《团结就是力量》等宣传材料，做了大量的三角旗、袖章等。游萍还亲自教大家唱歌、扭秧歌，教的歌曲有《向前、向前，我们的队伍向太阳》《你是灯塔》《团结就是力量》《解放区的天》等。当迎接资中解放的一切工作准备就绪之后，游萍又前往内江，与上级组织汇报联系，欢迎解放大军早日到资中。

金紫山战斗是中国人民解放军解放资中时仅有的一场遭遇战。1949 年 12 月 7 日 11 时，中国人民解放军第二野战军第十军三十师八十八团三营三个排，乘汽车从内江驶至银山糖厂门口，首车停下，一指挥员下车询问敌情，答："前面四五里有敌人"，指挥员听为"前方十五里有敌人"。上车后命令"拉开距离，继续前进"！敌军分散兵约一营人，居高临下开枪伏击，解放军立即反击。接着，解放军第二三辆车开到，分路强攻，激战两小时后击溃敌军，俘敌 46 名，缴获战防炮 2 门，轻机枪 5 挺，步枪 25 支，子弹 7 800 发；解放军伤亡 20 人。战斗结束当天，人民解放军直达水南汽车站，由于天色已很晚，部队就露宿在资中老汽车站附近，部队所到之处，秋毫无犯，也没惊动周边的老百姓。1949 年 12 月 8 日，解放军渡沱江经西门进城，宣布资中解放。当解放军到资中的消息传来，顿时轰动了整个船城，在地下党员游萍及"维持会"和"协解会"的成员刘公台、刘雪雄、蔡军识等的带领下，各界群众倾城出迎。他们还组织了宣传组在各街头呼口号，唱歌，挥舞彩旗，组织纠查队在街上维持秩序，还备好烟、茶、水、果等招待解放军。游萍和部分"维持会""协解会"成员亲自过河迎接，陪同八十八团所属部分指战员从西门进城，经上、中西街，到鼓楼坝县政府衙门（现在武装部处）。解放军无论走到哪条街，都受到隆重欢迎，鞭炮声、欢呼声、掌声雷鸣。当天，在资中县参议会礼堂（现电影院）召开了庆祝资中解放的大会，会上解放军代表宣布"资中和平解放了"，受尽了剥削和压迫的资中人民从此站起来了，成了资中的主人。接着刘公台、蔡军识等也先后在会上发言。会后，维持会还组织了文艺晚会，热烈庆祝资中和平解放。

三、隆昌县的解放

1949 年 7 月 18 日，中国人民解放军第二野战军前委给各兵团发布《关于进军西南的批示》后，国民党隆昌县党、政、军头目，妄图凭借残余力量负隅顽抗。9 月隆昌县党部、青年党隆昌县党部、民社党隆昌县党部组成“三党联谊会”。青年党四川省党部执行委员会周文涛（隆昌县人），在泸县天洋坪召集泸、富、隆三县联防会议，策划组织地方武装，由葛蔓茵（天洋坪人）出面组织泸、隆两县“中国人民自卫军川滇黔游击队第 51 纵队”，控制云顶山脉一带，以阻止隆昌解放。10 月，七区专员罗国熙在天洋坪召集泸、富、隆 3 县联防会议，布置游击计划。隆昌在乡军官会主任李幼翔、总干事蓝家丰等人组成非常委员会，作为对抗中国人民解放军的军事指挥机构。11 月，重庆行辕主任钱大均来隆昌召开党、政、军、特主要负责人秘密会议，确定成立“反共救国军”，李劲翔任军长，集中 1 个师的兵力，以云顶寨为据点。国民党第 6 编练司令部编练处处长王伯楚与县参议长陈能芬密谈，计划将县的 2 个警察中队，盐井中队、隆圣公司厂警队中在圣灯山，统一指挥游击活动。中国人民解放军因进军神速，势如破竹，国民党隆昌党、政、军、特的抵抗计划破灭。12 月 5 日，中国人民解放军十军步兵三十师八十八团从泸州进军隆昌，在隆昌南部围歼国民党四十四军残部，活捉官兵 400 多人。随即进入隆昌县城。城内残存的国民党军政人员降下中华民国国旗，摘下县政府吊牌，向解放军投降，隆昌解放。

四、威远县的解放

在中国共产党的领导下，中国人民解放军进军我国西南，所向无敌。国民党逃窜西南的残部，望风披靡，节节败退，1949 年 12 月 30 日，中国人民解放军第二野战军的先头部队解放重庆后，便分兵向川南、川北进军。

威远县县长李天培、党部副书记长周利群和特委会秘书李庶康等人听到自贡市被解放的消息后，于 12 月 5 日晚即率领威远县政府、县警察中队、县自卫总队、县侦缉队和严陵镇镇长李文光所率领的镇警察队的官兵 200 多人武装向新场方向仓皇逃窜，妄图倚仗山地之隘与解放军为敌。

12 月 6 日早上，县城哥老会“义字”舵把子（实为“执事大爷”）官树章邀请余跃渊（城区哥老会“义字”“大爷”、淡石茶馆经理）、余思九（又名余泽群、城区哥老会“仁字”“大爷”）、张绍谦（城区哥老会“仁字”“坐堂管事”，又称“红旗管事”或“当家管事”）等在县城南街集贤茶馆商量组织群众力量、维持社会秩序和迎接威远解放等相关事宜。与会人员纷纷表示，愿与官树章一起共同负责维持城区社会秩序和做好迎接威远解放的工作，并决定成立威远县维持会以推动工作。当日上午，官树章即以威远县维持会的名义召集城区群众100多人在国民党威远县政府“大堂”前面举行紧急群众大会。官树章被群众推举为威远县政府代理临时县长、周俊辉（原民国威远县警察局第一科科长）为代理威远县警察局临时局长、陈有枢（原民国威远中学军事教官）为代理严陵镇镇长、何慎思（原城区西街文具店负责人）为代理严陵镇副镇长。为了办理迎接解放军进城后的粮秣等军需物资的后勤工作，临时县府要求严陵镇公所设置军民合作站，筹办解放军进城后所需的粮秣马干等物资，以及其他迎接解放军进城有关事宜。同时指定严陵镇代理临时镇长陈有枢兼任军民合作站主任。陈有枢收到指令后，即在严陵镇公所内有六七人在会上宣布，军民合作站由吴六明为总务干事、曾绥为记账员，同时指定与会的三四个城区商人协助办理军需物资的筹集工作，12月8日，威远县临时政府请求驻自贡市解放军司令部派遣解放军进军威远。驻自贡市解放军司令部回应，将于12月9日晚上派出解放军由界牌方向向威远进军。得此回应后，官树章便安排周俊辉、陈有枢等人组织群众于12月9日张灯结彩、摆设红桌围桌子、备好茶水并购置鞭炮，效“箪食壶浆以迎王师”的古法，准备迎接解放军进城。陈有枢便回严陵镇公所召集各保保长、自卫分队队长召开会议。会上，陈有枢传达了代理临时县长官树章关于维持好县城秩序、保护好公私财产和做好迎接解放军的接管工作的指示，并要求全城贴出“欢送国军撤退，欢迎共军到来”的标语口号，发动群众照样制作党旗，以作为迎接解放军进城时群众的手执旗帜；城区各保自卫队配合县城警察站岗巡逻。并按站岗巡逻的统一的“口令”和“复令”行事，切实维持县城的社会秩序。12月9日晨，官树章、余跃渊、余思九、张绍谦、周俊辉、陈有枢、何慎思等及城区人民群众在县城南门外列队恭候解放军至晚上未果，官树章又派出余九江、官玉光等5人去富谷桥方向迎接解放军。当晚深夜，余九江等于富谷桥西的“玉皇阁”附近与解放军一营相遇。解放军的营长查看由驻自贡市的解放军司令部发给官树章的指示并详细询问了威远城区的敌情后，由余九江等人带路向威远前进。解放军到达城南曾家街后，城区群众高举油灯，手舞旗帜、鞭炮齐鸣，热烈欢迎解放军。解放军进城以后，官树章率领威远县维持会人员等热情迎接解放军并安排住处。解放军营部设于西街“四川省银行”内（今县粮食局内）、战士未住民房，而是住在威远县政府门前至北街的屋檐下。城内群众皆异口同声地称道说：“真正是人民的好子弟兵。”12月10日下午，官树章以威远县维持会负责人、威远县政府代理临时县长名义主持召开军民联合大会欢迎解放军。在主席台就座的有威远县维持会的主要成员余跃渊、余思九、张绍谦、周俊辉、陈有枢、何慎思等，吴六明担任大会记录。出席大会的群众多达有八九百人。大会先由官树章讲明大会欢迎解放军的重要意义后，由陈有枢代表城区军民致欢迎词，然后，解放军晏营长做了重要讲话，宣传了中国共产党的方针政策，要求各行各业各安其业。12 月 12 日解放军第十军二十九师派出以孙冠生、吕馥斋为首的工作队 20 余人来威远县接管原国民党威远县政府的工作。17 日，原国民党威远县县长李天培被迫返任，原威远县政府急电各乡镇谓“天培已于即日返任”，即日，原威远县政府发出了“维持治安令”与“征收征借粮食、实物运送县城的令”。21 日原威远县政府令各乡镇 “原有各级员吏非经人民政府成立移交清楚，不得离职，违者严办”，使旧政权人员继续为人民政府所用。12 月 23 日上午，由解放军工作队吕馥斋主持召集原县府各科室负责人和乡镇长会议，宣布成立威远县人民政府，由吕馥斋同志任副县长。县人民政府随即发布了第一号、第二号布告，宣布：“中国国民党、中国三民主义青年团、中国青年党、中国民主社会党为非法组织，一律解散，停止活动，公产没收。”并宣布：“凡非法隐匿之各种武器及各种军用物品，着令即日起均应向人民政府迅速报告登记呈缴。”至此，威远县得以彻底解放。

后 记

历时两年多，我们完成了《历史的记忆——档案见证内江》一书的编撰工作。

在本书编撰过程中，得到了四川省档案局的大力支持，内江市各县（市、区）档案局（馆）积极提供档案史料、文章和图片，特别是内江地方历史文化研究专家学者和档案工作者毛建威、叶自明、杨修武、黄德平、张天津、李建友、周玖前、杨汉明、张勤、刘述恒、谢礼书等先生热忱地提供有关研究成果和照片，中国书法家协会会员吴小兵先生应邀题写书名，在此表示衷心的感谢！

由于编者水平有限，本书难免存在疏漏和错误之处，请读者批评指正。